教育學人报告

《名师成长研究》编辑部组织编写

"中学语文教师专业发展与名师成长研究"课题成果之

二十位语文名师

ER SHI WEI YU WEN MING SHI

经典课例实证研究

JING DIAN KE LI SHI ZHENG YAN JIU

葛维春◎主编

副主编

郑晓龙　高凤岐

编　委

曹殿成	单　波	丁亚宏	范　磊	冯　渊
顾　红	顾文年	管东奎	郭坤峰	胡　玲
胡春燕	黄富忠	黄维陆	金　铃	冷兴龙
李先虎	梁陆红	刘建明	吕　莉	亓东军
钱　军	孙　雷	张　峰	张青云	郑成业

现代教育出版社

图书在版编目（CIP）数据

二十位语文名师经典课例实证研究 / 葛维春主编 .— 北京： 现代教育出版社， 2015.3
（教育学人报告）
ISBN 978-7-5106-2777-4

Ⅰ . ①二… Ⅱ . ①葛… Ⅲ . ①中学语文课 – 教案（教育）– 教学研究 Ⅳ . ① G633.302

中国版本图书馆 CIP 数据核字 (2015) 第 056128 号

教育学人报告 二十位语文名师经典课例实证研究

主　　编：葛维春
责任编辑：王　静　李　颖
装帧设计：斑蓝视觉

出版发行：现代教育出版社
地　　址：北京市朝阳区安华里 504 号 E 座
邮　　编：100011

印　　刷：广东虎彩云印刷有限公司
开　　本：710mm×1000mm　1/16
印　　张：20
字　　数：416 千字
版　　次：2015 年 3 月第 1 版
印　　次：2015 年 3 月第 1 次印刷
书　　号：ISBN 978-7-5106-2777-4
定　　价：39.80 元

序

哈佛大学法学哲学博士卡斯洛说："每一个成功案例背后都隐藏着'之所以'成功的全部奥秘。"案例研究能够给研究者提供系统研究的观点，通过对研究对象尽可能多地进行完全和直接地考察，从而能够有比较深入和全面的理解。因而，案例研究风靡全球。在教育研究中，案例研究法早已成为最行之有效的研究工具之一。课例研究，作为案例研究的一种，是语文教育研究中最快捷、最准确的研究手段之一。通过课例研究，我们可以对语文课堂教学问题进行深入地研究分析，从中寻找带有共通性、普遍性的因素，从而归纳提炼出指导语文教育实践的一般规律、原则和策略。名师经典课例，凝聚着名师的教育思想和教育智慧，是其学识素养、教育技能、教学风格和个人禀赋的综合体现，是名师教育教学实践经验的结晶。研究名师经典课例，对探索语文教育规律、指导一线教师教学实践、加强语文学科建设有着非常重要的意义。

本书是对二十位全国语文名师经典课例实证研究成果的结集。全书共分为散文教学篇、小说教学篇、诗歌教学篇和文言文教学篇等四个单元。每一个单元均由"名师课例"、"名师小传"、"课例研读"、"教学之路"和"教学导航"五部分组成：

"名师课例"是从名师众多成功教学案例中精选出最具代表性的课堂教学实录，原汁原味地展现名师的教学风貌。"名师小传"以简笔速写的方式介绍名师生平、专业经历、教育理念、教学主张、教学风格和专业特长。"课例研读"对名师课例进行全方位、深层次的挖掘与剖析，揭示经典课例所蕴含的教育理念、教学智慧、课堂艺术、风格特点和教学规律。"教学之路"是对名师教育思想、教学风格的形成、发展和演变历程的历时性的研究和描述。"教学导航"则围绕某一文体归纳提炼名师教学智慧和一般教学规律，针对当下语文课程改革实践中出现的诸多困惑与难题，具体回答语文课"教什么"和"怎样教"的问题。

本书的综论部分，从理论的高度归纳概括了名师课堂所彰显的四种先进"意识"，即以学生发展为本的主体意识，教师创新角色的民主意识，注重教学过程的生成意识，关注学生思维品质培养的问题意识。旨在引领教师读者透过名师课堂丰富多彩的教学现象，运用语文教育的一般规律，力求从方法论的层面，阐释和分享编者的研究成果，从而给教师读者和研究者研究教学、改进教学、提升理论素养提供一种新的视角。

本书是一部理论联系实际的力作，具有以下鲜明特色：

一是课例的经典性与丰富性。所精选的二十篇课例都是颇具全国影响力的语文名师的课堂实录，这些名师代表着全国不同地区、不同层次、不同风格的语文教学流派，这些课例也都获过省市及全国教学大奖，是语文界公认的或是名师自选的"代表作"，本书是语文课堂教学的"精品展"，也是语文名师的"群英会"，代表了当下中学语文教育的顶尖水平。

二是学术的严谨性与开放性。本书本着"五湖四海"的学术胸襟，打破门户之见，兼容并蓄，研究对象既有公认的名师大家，也有颇受争议的怪才新秀，力求涵盖全国有代表性的不同流派的名师新秀。对课例的评析"言有物、论有据"，"不臆断、不虚美、不伪饰"，实事求是，一分为二。

三是表述的多样性与灵动性。本书坚持体例的一致性和表述多样性的统一，尽量保持不同评课者的学术个性和语言风格。持之有据但决不陷于琐屑考据，注重逻辑思辨而不弃人文诗意。书中不乏快人快语，但绝无故作高深的惊人之论，杜绝哗众取宠，所有的讨论都在"平等对话"的理念下进行，让人领略到智慧的多元和学术的碰撞。

四是有极强的针对性与实用性。本书将研究置于新课程改革的现实背景之下，所有的研讨基于语文教育的客观实际，研究的指向定位在一线教师教学中存在的主要困惑和经常遇到的问题。全书形散神聚，从不同层面指向和回答语文教学的最核心、最现实的问题：语文教学什么？语文怎样教学？语文为什么应该这样教学而不能那样教学？本书可作为语文教师教学的"实用手册"，也可作为语文教育研究者的实用参考书。

本书的编写者是《中学语文教师专业发展与名师成长研究》课题组核心成员以及来自全国各地教学一线的特级教师、知名教研员和语文教育学者，从这个意义上说，本书是全国各地不同风格流派的语文研究者思想成果的荟萃与融合，是集体智慧的结晶。

语文教学是一门遗憾的艺术，语文教学研究也是一门遗憾的学问。由于时间仓促，加之研究资料所限，书中疏漏、讹误之处在所难免，敬请方家和读者批评指正。

汤振纲　南京师范大学教授、博士
2014 年 3 月 18 日

目 录 /contents

李镇西

王开东

郑桂华

郑逸农

朱震国

散文阅读教学导航

郭初阳

李百艳

娄红玉

张国生

郑晓龙

小说阅读教学导航

诗歌阅读教学导航

李镇西

李镇西，当代著名语文教育家，成都市武侯实验中学校长，教育哲学博士，语文特级教师，杰出班主任。曾在四川乐山一中、成都玉林中学、成都石室中学担任语文教师，在成都市盐道街中学担任外语学校副校长。系全国优秀语文教师、成都市有突出贡献的优秀专家、成都市十大教育明星，享受成都市人民政府专家特殊津贴，2000年被提名为"全国十杰教师"，被誉为"中国苏霍姆林斯基式的教师"。先后在全国20多个省市自治区作教育学术报告数百场，在数十家报刊上发表各类教育文章数百篇，出版著作十多部，其著作多次获得国家级图书大奖。他极力倡导民主语文教育。他认为，"人"——人的思想，人的感情，人的精神的提升，人的个性发展，是语文教育的生命；极力主张语文教师要拥有爱与民主的情怀，尊重学生的个性与自由，鼓励学生挑战权威，培养学生的平等、自由、宽容等民主素养，使学生成为个性鲜明并具有独立人格和创造精神的现代公民。高度的民主性与热情洋溢的人文性，是他语文教学的风格与特色。

朴素即美

——李镇西《提醒幸福》教学案例研读

李镇西老师虽是大家，但是课上得却是十分的朴素与自然，与时下所流行的"美教"正好形成了鲜明的对比，对我们广大教师的教学应该具有很大的启示。

一、力避新奇，追求平易

李老师上课，一切都是平平淡淡的，一本书、一块黑板、一支粉笔，就是他的全部教学"家当"；也没有设计什么精巧的导入语，用"大白话"交代课题，直截了当地进入课文的学习；师生读读议议，互相交流，偶有"出彩"的发言，但绝没有"玩噱头"和"作秀"的意思，纯粹是"随意"、"自然"生成的结果，也未见"此起彼伏"的态势；即便是《元旦吟》的朗诵这样一个完全可以掀起高潮的环节，他也不是抑扬顿挫，而是用了比较平缓（却非常清晰）的语调……就是这样的，全无"精心打造"的痕迹，以至于有一个学生情不自禁地对他说："我觉得您也是个朴素的人。"

当然不是李老师不能把课上得那么跌宕起伏，精彩迭现。凭专业功底和人文底蕴，凭着对课文深入透彻的钻研和对学生情绪的"调控"能力，他完全能做到这一点。他的平和、平淡甚至平白，我以为，是一种自觉的选择，是一种"绚烂之极归于朴素"的理性追求，也是一种源自内蕴的自信。这里说的"内蕴"，不再是指他个人的"内功"，而是指课堂中教师对学生智慧的启迪，哲理的启示，对学生语文学习的有力导引；是指师生之间的智慧、思想的有益碰撞和交流，一言以蔽之，是课堂流程的高效率，课堂生命的高质量。有这样的高效率、高质量，他自然会大力摒弃一切枝蔓性的教学环节，自然会主动远离任何"形式大于内容"、形式损害内容的教学行为。"平的才是大的"，毫无疑问，这样的境界远比那些所谓的热烈、激昂的境界更难以达到。

二、让语文真正姓"语"

"幸福"是一个与情感态度价值观密切相关的话题。关于"提醒幸福"，一定有并且还将有不少老师在有意无意、有形无形中上成"思品课"。语文"改姓"了，不管怎么讲，都不是它的一件幸事。

新课改"似乎"有一种趋势，即强调学科整合，强调综合性学习，因而弱化学科界线。我说"似乎"，是因为人们的认识似是而非。其实，学科的独立性不容忽视；而综合或整合必须建立在较为扎实的学科基础之上，并且更多的应该是学习主体自我内化的一个过程。由此观照李老师的课，我们感觉，在他的课堂上，学科的地位始终是那么坚实、牢固，没有一点被削弱的倾向。小至生字词的正音解义，解题，大到对课文"形象表达"的研究、学习和借鉴；小至对一个细节化的生活情景的想象、品味，大到对学生质疑意识、批判精神的培养……无一不是"语文"的，易言之，无一不是工具性或人文性的。尤其是"形象表达"，这是大多学生平时习作中的最大的薄弱环节之一，就此，师生一起分析文中比喻、拟人、排比等修辞手法的妙用，然后结合各自生活体验进行仿写"幸福是……"，丰富的意象、绵远的诗韵，就在"对话"中不断生成。可以说，经由这样一个"仿写"的过程，学生形象表达的能力乃至感悟生活的能力一定能得到较大提高，而此种能力也必然会在今后的写作中实现迁移。"一课多得"，以此评价这一课，虽说不无功利色彩，但它是恰切的：如此"功利"，我们大有追求的必要！

三、阅读让学生学"聪明"

语文教学应该像尼采说的那样，让学生学聪明。李老师是怎样让学生读书越读越聪明的呢？

培养学生的批判意识。在这节课中，李老师就明白地告诉学生，读书要"读出问题"，即要读出疑难，提出质疑。在老师的启发下，学生的问题被充分地激发出来了，有不少学生提出了很有价值的问题，如"没有痛苦，为什么还要注意幸福呢？这前后不是相矛盾的吗？"这种发问不仅调动了学生学习的主动性，使他们变被动为主动，解决了一个个疑难，而且还真正培养了同学们的批判意识。当然，要想教出有批判意识的学生，首先必须有批判意识的老师。李老师就是这样的老师。他在交流中提出了文章中好几处值得修改的地方。

如第二段"灾祸似乎成了提醒的专利，把提醒也染得充满了淡淡的贬义。"我读到这儿总觉得不太舒服。"充满了"应该是很多很多呀，"淡淡的"，搭配上总有点疏漏。

"幸福有时会很短暂，不像苦难似的笼罩天空"，它用"不像苦难似的笼罩天空"这个比喻来说明幸福是很短暂的。那么这个"短暂"是一种时间上的概念，这个比喻好像不是很贴切的。

……

培养学生的生存意识。我们教学生不能只是单纯地为"知"而读书，最重要的是为"行"而读书。明人吕坤认为读书"其功夫又只在诵读时便想：此可以为我某事之法，可以药我某事之病"。那我们在学此文时该药什么"病"呢？我们要将教学从"认知"层面上升到"生存"层面，要对"义"辨其轻重：面对重于"义"之"生"在两者不可得兼时，舍"义"而取"生"；面对重于"生"之"义"在两者不可得兼时，舍"生"而取"义"。

李老师在最后给同学们讲的那个故事就很好地诠释了"幸福"的含义，校正了大家心中对"幸福"一词世俗理解的误区，肯定会影响他们的一生。很显然，在一般人的心目中，当局长一定比当一般教师幸福，但在李老师好朋友姚嗣芳的眼中，只有当老师是幸福的。这件事会让学生铭记一辈子，时刻在指导着寻求真正幸福的道路。这就是教学生聪明的课，很可能因为这节课，会让一些学生一生少走弯路，幸福安宁地享受生活。

李老师能讲善讲，在本课教学中他讲得很多，学生活动相对较少。比如，李老师在讲解什么是"读出自己"时，一连举了自己读《青狐》的例子，走路听《同桌的你》的例子等，花费了不少时间。其实，这个意思很好懂，稍加说明即可，这样可以节省出来时间让学生去阅读体会文本的意蕴。毕竟，语文能力是靠实践得来的，我们语文老师应该尽可能地把时间留给学生，老师不是不说，而是要精说，说出的话要高度浓缩。还有就是李老师说话的语速像他的思维一样飞快，估计很多学生听起来会很吃力，个别学生来不及咀嚼与思考，有些知识可能也很难得到消化和吸收吧。

李镇西老师《提醒幸福》教学实录

师：同学们好！

生：老师好！

师：今天我们学的这篇文章《提醒幸福》。刚才我和大家聊天的时候，了解到你们已经看过一遍了，我就想问一问同学们，喜不喜欢这篇文章，实话实说。

生：喜欢。

师：我这样问，不能够让每一个同学表达自己的一种真实意愿，咱们搞个小调查吧。我先说，觉得这篇文章写得一般，看了以后印象不深，没有什么值得学习的，咱们举个手吧。（没人举手）

师：是不敢举，还是觉得很好？觉得很好，喜欢这篇文章的举个手吧！

师：真是喜欢，和李老师一样的。我也很喜欢。读得懂吗？有没有什么读不懂的？（指出一名同学）你没有读懂？你说为什么没读懂？

生：有些段落，作者写得比较抽象，所以有些时候，有些段落比较难理解。

师：一会儿把你难理解的提出来大家研究，好不好？

师：我提个问题：究竟一篇文章读懂的标准是什么，怎么才算读懂了？你说吧。

生：能够理解文章的中心思想，能够大体说出它的内容来。

师：很好，请坐。一篇文章怎样才算读懂了？它写的是什么，我首先要弄清楚，

也就是他说的中心思想。好，这是第一个标准，还有没有呢？（一生举手）

师：好，这位同学说一说。

生：要了解作者的写作目的。

师：他的写作目的，就是为什么要写这篇文章，咱们等一会儿来研究吧。还有什么标准呢？

师：怎么才算读懂了呢，我这儿做一下补充，是不是还要研究一下他是怎么写的呀？写作上的技巧。我们是学语文的，又不是思想品德课，这里边儿有些思想品德的因素，但毕竟不是思想品德课，所以要研究他怎么写。好，刚才说了，第一，写了什么；第二，为什么写（目的）；第三，怎么写的。那么还有一点是不是该研究一下，同学们没有谈到，我做点儿补充，我们是不是还得把字认识一下，这是最起码的吧，这些要读懂吧，是不是？那天我在成都给通州的老师打电话，我就说叫同学们读的时候把不认识的字查查。我刚才看见同学们，几乎每个同学都是写得密密麻麻的，写得非常认真，我特别感动。我上公开课的地方还比较多，但是像你们这样认真的同学不是唯一的，但还是不多的，我非常感动。我这儿顺便问一下，除了书上给我们列出的这些生难字词之外，你们自己还找到哪些不太了解的字词待查的，我们交流一下，好不好？有没有，大家互相交流一下。

（师生交流字词难点）

师：刚才我们研究了一遍文章怎样才算读懂了。我们可以归纳一下，应该把我刚才补充的这一点放在第一位，弄懂生难字词。以后我们读文章就这样读，然后再弄清楚写了什么，为什么要写，怎样写的。这样，基本上就算读懂了。注意，我这儿说的是"基本上"，也就是说，还有一些东西要加进去。最后，我还要补充，怎么才算读懂了（边说边板书）：也就是说，还有一些东西要加进去。最后，我还要补充，怎么才算读懂了一篇自读课文，我来之前就在想这篇课文要教给我们同学什么？文章的意思、内容大家是不难理解的，那么我教给同学们什么呢？教给刚才同学们说的弄懂它的意思写法之外，真正读进去了还有一点就是要"读出自己，读出问题"。什么叫"读出自己"呢？从文章当中讲到引起自己共鸣的一段话，一个词，某个内容，把自己摆进去。举个例子，我最近读了一本长篇小说，刚读完。老作家王蒙的《青狐》，它写的是改革开放以后，一个知识分子，一位女作家的一段经历。我读的时候就特别地投入，经常读了以后就要停下来想想。但是反过来讲，如果换一个人，他可能没有这种感觉，可能觉得就是一个小说，写得一般。我为什么会有这样的感觉呢？我从中读到了自己，那段历史我非常熟悉。我就想到我读大学的时候，正是我们国家改革开放刚开始，风起云涌的年代，很自然地就想到我的经历，这叫读出了自己。又比如，最近我每天上下班都是走路的，走一个小时。锻炼嘛，减肥嘛。每天走一个小时，很枯燥的，怎么办呢？我就把我女儿的 CD 随身听带上，耳机插好。我相信肯定旁人看得有点滑稽：这么大一个人了，还像小青年一样摇头晃脑的。我听什么呢？每天我就拿一个碟子。最近我就听那个天使合唱团的，因为那组碟子我非常喜欢，是北京少女合唱团的，全是好些童声合唱。里面有一首歌我百听不厌，你们也肯定喜欢的，叫《同桌的你》。

生：（恍然大悟）噢！

师：我听完了以后马上倒过去再听，再听。为什么这首歌我特别喜欢呢？而且我相信很多人都喜欢。因为听这首歌，从中读到了自己。不一定有它歌词中描绘的那种具体的情节，但却很自然地想到自己的校园生活。"明天你是否还想起你昨天写的日记"等等。那么，我们读一篇文章也应该这样，像《提醒幸福》，我们如果是客观的一个阅读者，不算读进去了，要把自己摆进去。所以我说"读出自己"，它是什么呢？（边说边板书）它是"学习"，是"欣赏"，是"联想"，这个很重要，想到自己了，或"想象"。同时还要读出问题，一篇文章我们真正读懂了以后，问题会越来越多，没有读懂就不会有问题。我经常跟我的学生讲：拿一本自然科学的书籍给我读，物理、化学等等，我毫不熟悉的、一窍不通的那种书给我读，读了以后别人问我有什么问题没有呀？我说一点问题没有。这不是我读懂了，而是我根本读不懂，有什么问题呢？（生会意而笑）你看《提醒幸福》这么浅的一篇文章，我待会儿向同学们汇报，我提了很多问题，为啥？我读进去了。所以我们要带着一种研究的眼光去推敲。读出问题。我这儿也归纳一下，就是（边说边板书）要"推敲"（字词句），是"研究"，是"质疑"，即使名家名篇也可以提出问题和他探讨，乃至"批判"。毕淑敏是我非常敬重的作家，这篇文章也是让我怦然心动的文章，但即使如此，我还是发现了这篇文章中的很多问题。这些问题，也可能是我没有理解，但我可以提出来探讨。我们今天就要以这种态度来学习这篇课文。好了，我说得够多了，现在该同学们说了。你们课前已经预习过，现在我想请同学们快速地看一遍，也可以读一下，重点是找出你最喜欢的某一段，某一句。一会儿大家交流一下，读出自己。

师：（提醒）你们读的时候把自己最喜欢的段落勾一下，勾出来。

师：上一堂课，读一篇文章相当于就餐，吃一顿饭，每个人喜欢的菜不一定一样，你喜欢这道菜，他喜欢那道菜。咱们也一边品尝，一边分享。每个同学喜欢的段落不一定一样，大家通过交流收获就很大了。另外，我也把自己最喜欢的段落与大家交流一下。谁想起来说说自己最喜欢的段落？

（师生交流）

师：除了学习之外，欣赏之外，恐怕我们还要读出问题。有问题吗？

生：有。

（师生交流）

师：最后跟大家讲一个小小的故事作为今天上课的结束。这是一个真实的故事。

我有一个非常好的朋友叫姚嗣芳，她是成都市有名的中学语文老师，三十多岁，上课上得特别棒，很多学生到那个学校去就想听她的课，她是一个普通的老师。去年10月份听说她被提为成都市锦江区教育局副局长，很多人向她祝贺。我当时也想跟她打个电话，因为忙就没有打。后来听她腿摔断了，在家里养伤。一晃几个月过去了，今年元旦，我们几个聚会，她没来，她学校的校长来了，我就问："姚老师现在去当局长了？"他说："没有，还在我们学校。"怎么回事？他说："她不去呀！"大家都非常惊讶。当然，我这种惊讶带着世俗的眼光。后来我给她打了个电话，电话里聊了很久。姚老师她不是那么善于张扬的人，她是非常朴实的一个人。后来我一下子就理解她了，她说，我只觉得做老师是最幸福的。很多人觉得她傻，多少人梦寐以求要当这个副局长。她说："她只觉得做老师是最幸福的，于是我回到学校，就做一名普通的老师，无私奉献。"后来我说："姚老师，你既不傻也不高尚，你只是忠实于自己的心灵，实践着自己的幸福观，仅此而已。"我没这个当副局长的机会，我没有推辞过，但我理解她，这就叫做幸福。这些东西你们现在不一定能够理解，但我想以后随着年龄的增长，你们会逐步理解的。另外，建议大家去找找毕淑敏的其他作品读一读。

好，下课。

同学们再见！

生：老师再见！

文乎，人乎
——李镇西"民主语文"教学之路探析

李镇西老师极力倡导民主语文教育。他认为，"人"——人的思想，人的感情，人的精神提升，人的个性发展，是语文教育的生命；极力主张语文教师应拥有爱与民主的情怀，尊重学生的个性与自由，鼓励学生挑战权威，培养学生的平等、自由、宽容等民主素养，使学生成为个性鲜明并具有独立人格和创造精神的现代公民。高度的民主性与热情洋溢的人文性，是他教学的风格与特色。他倡导"共享式阅读教学法"，注重平等对话与文化内涵，追求"举重若轻，行云流水"的课堂教学境界。

一、语文，岂能"目中无文"

李镇西说："语文老师不一定是作家，但应该是文学爱好者"，"语文教学应该对学生的终身发展有用"。

1. 一本小说推他上了讲台

面对李镇西，感受更多的不是他的名师光环，而是他的激情。

青年时的李镇西是充满激情的。他说，上世纪七八十年代的他，是一个不折不扣的文学青年。1977 年恢复高考时，他填报的志愿居然全是"中文系"，虽然前面都冠着"师范学院"，但那不过是想享受录取时教师子弟"加分"的照顾，使自己早日离开农村而已。

但谁又能想到，"师范"二字竟成了他一生的归宿。

更让人想不到的是，真正让他对教育充满热情和理想的竟是一本小说。

大学毕业前夕，他偶然读到作家王蒙的长篇小说《青春万岁》，"书中洋溢的青春气息深深地感染了我，特别是郑波、杨蔷云们的理想主义激情和英雄主义情怀，引起了我的强烈共鸣。"就这样，他做了一名人民教师。他甚至想："我一定要把我带的班也建设成为《青春万岁》中所描绘的那样的班级！"

这一激情冲动使他对教育"痴迷"了 20 多年。

2. 语文必须姓"语"

李镇西认为，语文必须姓"语"。

语文区别于其他课程的根本点是，它不是直接作用于人的情感和道德，而是通过语言文字这一载体来传达。所以，解读小说，首先接触的应是语言文字。只有通过与语言文字的亲密接触，才能悟到背后的形象、情感、思想，甚至是一颗滚烫的灵魂。写作虽然和阅读正好相反，但归结点还是语言文字。不能和语言文字相遇、相知，就永远不能走进语文的殿堂。

因此，一切关乎语言、文字的因素，都应该是语文因素。诸如形象、情感、遣词造句、篇章结构，甚至是朗读吟诵、表达句式、标点使用等等。可以这样定位，小到一个标点符号的揣摩，大到文章建架结构的推敲，还有隐含在文本深处小说技法的探究等等，无不是语文因素。

3. 语文教师也必须姓"语"

正像他读书也让学生读书、他上课也让学生上课一样，李镇西认为，语文老师也必须姓"语"。

李镇西上课，一本书、一块黑板、一支粉笔，就是全部的教学"家当"；也不设计什么导入语，只用"大白话"交代课题，直截了当地进入课文的学习；师生读读议议，互相交流，偶有"出彩"的发言，但绝没有"玩噱头"和"作秀"的意思，纯粹是"随意"、"自然"生成的结果，也未见"此起彼伏"的态势；即便是朗诵这样一个完全可以掀起高潮的环节，他也不抑扬顿挫，而是用了比较平缓却非常清晰的语调，全无"精心打造"的痕迹，这与时下所流行的"美教"正好形成了鲜明的对比。

这当然不是李镇西不能把课上得那么跌宕起伏，精彩迭现。凭其专业功底和人文底蕴，以及他对课文深入透彻的钻研和对学生情绪的"调控"能力，他完全可以做到。他的平和、平淡甚至平白，其实是一种自觉的选择，是一种"绚烂之极归于朴素"的理性追求，更是一种源自内蕴的自信和真正语文教师的本质。

二、语文，岂能"目中无人"

李镇西说："民主，是对人的尊重与解放；民主教育，就是对人的唤醒与发展。而语文教育，理应'目中有人'——人的思想解放、人的感情熏陶、人的精神提升，人的个性发展，应该是语文教育的生命。"这也正是李镇西语文"民主教育"的精髓。

1. 人格语文

语文教育，实质上就是通过语文的途径对学生进行人格教育，即让学生通过语文教育具备高尚的情操、开放的思想、全面的能力和鲜明的个性。培养学生高尚的情操，是新时代语文教育的首要任务。拓展学生开放的思想，是培养学生具有海纳百川的文化胸襟，高屋建瓴的人文视野，不畏权势的民主意识，独立思考的批判精神。提高学生全面的能力，就是要全面提高学生的语文素养，使之善于在生活中学语文用语文，具备创新的能力。发展学生鲜明的个性，强调所培养出的每一位学生，都应该在禀赋、兴趣、气质、情感和技能等方面具备与众不同的特性，并拥有属于自己的心灵世界和独具魅力的精神空间，使他们无论今后从事什么职业，也无论其社会地位如何，都能成为心灵高尚而自由的精神巨人。

2. 自由语文

语文民主教育是充满自由精神的教育。新课程标准强调培养学生的创造精神，而创造的基础是心灵的自由；自由本身不能创造，但没有自由就绝对没有创造。因此，语文教育首先应该尊重学生心灵的自由。

尊重学生心灵的自由，就是尊重学生思想的自由，感情的自由，创造的自由。自由精神当然不是语文教育所独有的内核，而且也不是语文教育的全部内容，但没有自由精神的语文教育，便不是真正的语文教育。

3. 平等语文

语文民主教育是充满平等精神的教育。"对话"是新课程的一个重要理念，而"对话"的前提是双方的平等。虽然就一般情况来说，教师的学科知识、专业能力、认识水平等远在学生之上，但就人格而言，师生之间是平等的。

语文民主教育，首先体现在师生关系上，不但是教师对学生人格和权利的尊重，而且是把自己视为与学生平等的朋友与同志。其次，尊重学生就应该尊重学生的思考。真正优秀的教师应该是学生的引路人，应该是和学生一起追求新知、探求真理的志同道合者。

教师不但自己应该对每位同学一视同仁，而且还应该在教学中营造一种同学之间也互相尊重、真诚友好、平等相处的氛围。

4. 法治语文

语文民主教育是充满法治精神的教育。让学生依据共同制定的规则参与语文教学管理，是语文教育中法治精神的突出体现。学生作为语文学习的主人，其主体性不仅仅体现在主动学习和积极思考方面，也体现在参与语文教学的管理方面。既然尊重学生，而且承认教师的所有工作从根本上说都应服务于学生，那么，学生对教学更应有建议、评价与监督的权利。教师没有理由不尊重学生的这个权利。对真正的民主教育来说，教育者与被教育者的互相监督是理所当然的。

在整个语文学习的过程中，学生也要遵守统一制定的规则，但这不是传统意义上的"听老师话"，而是遵守公共规则——这规则里面既凝聚着集体的意志，也包含了自己的意愿。行为规范与思想自由是不矛盾的——前者是对他人的尊重，后者是对自己的尊重。而只有充分地尊重他人（老师和同学），自己的思想权利才能得到真正的保障。这种充满法治精神的语文教育，不仅仅有助于增强学生语文学习的主动性和自觉性，更重要的是学生会在潜移默化中自然而然地学会一种民主的生活态度。

5. 宽容语文

语文民主教育是充满宽容精神的教育。民主就意味着宽容：宽容他人的个性，宽容他人的歧见，宽容他人的错误，宽容他人的与众不同……既有教师对学生的宽容，也有学生对老师的宽容，更包含学生之间的宽容。

作为教师，当然承担着教育的使命，对学生不成熟的乃至错误的思想认识负有引导的责任。但是第一，学生的不成熟乃至错误是一种成长现象，其中往往包含着求新求异的可贵因素，如果一味扼杀便很可能掐断了他们创造的萌芽。第二，宽容学生的不成熟和错误，意味着教育者的一种真诚信任和热情期待：相信学生会在成长的过程中超越自己，走向成熟。第三，教师的正确引导至关重要，前提是尊重学生思想的权利，然后通过与学生平等对话，而不是居高临下的训斥；以富有真理性的思想，而不是所谓的"教师权威"去影响学生的心灵。

6. 妥协语文

语文民主教育是充满妥协精神的教育。"妥协"和"宽容"一样，也是现代文明社会公认的民主准则之一。在语文教育过程中，如果说"宽容"是善待他人的不同观点，那么"妥协"则是对话双方都勇敢地接纳对方观点中的合理因素，彼此相长，共同提高。

妥协也不是简单地向对方"认输"，而是服从真理以完善自己的认识。对教师来说，这本身也是对学生的一种民主精神示范。妥协的前提仍然是平等。教师要乐于以朋友的身份在课堂上和学生开展同志式的讨论或争论，并在这过程中主动吸取学生的合理见解。其实，更多的时候，所谓"妥协"并不是绝对的"甲错乙对"因而甲方在思想上向乙方投降，而是"双赢"——即在讨论争辩中，双方都不断吸收对方观点的合理因素进而使双方的认识更接近真理。

7．创造语文

语文民主教育是充满创造精神的教育。民主是对人本质的解放，而人的本质在于创造。发展学生的创造精神，是语文民主教育的使命。李镇西说："当务之急，不是对学生进行'从零开始'的所谓'培养'，而是'发展'他们与生俱来的创造性——首先是要点燃学生熊熊燃烧的思想火炬，让学生拥有自由飞翔的心灵。"每一位学生都有着创造的潜在能力；所以，教师要做的，是提供机会让学生心灵的泉水无拘无束地奔涌。创造，意味着思想解放。而学生一旦获得了思想解放，他们所迸发出来的创造力往往远远超出我们的意料。

当我们无视学生的潜在能力，把他们当做"低能儿"进行"培养"的时候，学生的表现必然会令我们失望至极。

三，语文，岂能"目中无分"

1．直面分数

语文教学不应该仅仅是让学生获得梦幻般的享受，还应该让他们掌握语言文字这一工具，所谓"学以致用"。因此科学的训练，必要的考试，乃至对分数的追求，不但无可厚非，而且也应该是语文教学本身的重要内容。语文教学非但不回避"应试"，而且要教会学生科学地"应试"，这没有什么不好意思的。只是要注意避免那种纯粹地"为了应试而教学"，因为这种"应试教学"不但使语文在学生眼里失去了应有的魅力，而且造成了学生语文知识"懂"与"会"的分离，"学"与"用"的脱节，语文教育成效无从谈起。

2．训练思维

不管是基础知识的传授还是听说读写能力的培养，都应以思维训练为统帅，只有这样，才抓住了语文教学的实质与核心。对于刚进初中的学生来说，听说读写的语言训练，应以口语表达训练为突破口，来带动其他语文能力的训练与提高：以说促写，以说练听，以说带写，以说助写。"说"是思维活动最直接最迅速的反应，口语训练本身就是最好的思维训练。基于此，李镇西从80年代中期开始了"以思维训练为中心，以口语训练为突破口，促进听说读写语文能力的全面提高"的教改实验，并取得了非常显著的成效。

3．服务生活

要真正扎扎实实地掌握并得心应手地运用语文这一人生工具，就必须打破语文与生活的厚壁障，让语文教学与学生心灵相通，让语文课堂与社会天地相接壤，使语文教学突破"应试语文"的束缚而成为"生活语文"。80年代后期，李镇西开始探索并实践生活语文的具体操作。

（1）"语文教学生活化"，包括语文讲读生活化、语文训练生活化和语文教育生活化。教师在传授语文知识和训练语文能力的过程中，自然而然地注入生活内容，进行生活教育，让学生在学习语文的同时学习生活并磨砺人生。

（2）"学生生活语文化"，引导学生日常生活语文化、班级生活语文化和社会生活语文化，形成"语文是生活的组成部分，生活须臾离不开语文"的观念，并养成事事时时处处吸收和运用语文知识，在社会生活中培养语文能力的好习惯。

"在教学中引导学生将语文学习与陶冶灵魂、磨炼思想和完善人格水乳交融，互相促进"。变语文自我封闭性为开放性，开发语文教育空间，面向生活，面向社会，面向活泼的中学生，不用机械训练消磨学生的青春……回顾自己的成长历程，李镇西一再申明：我从来不认为我的语文教育观点有任何原创性质。我的一切思考与实践，都是对老一辈大师和同代名家的思想和实践的学习与运用。作为一个从事语文教育实践的中学教师而非专业研究者，我并不因此自卑。能够站在巨人的肩膀上坐享其成地运用他们的思想种子，让其在我的语文园地开花结果，我很得意，也很幸福，于是偷着乐。

展望未来，李镇西依然激情澎湃："我将继续在语文教育的课堂上带着一群孩子发现风景，体验快乐，参与创造；我将继续享受着作为语文教师特有的幸福；我将继续期待着语文教育一步步逼近其学科特点，逼近人的心灵，成为最富个性最具魅力的精神创造，和最自由、最愉悦、最美好的心灵之旅。"

王开东

　　王开东，"深度语文"流派核心成员，全国知名语文教师。在安徽省无为县汤沟中学执教9年，2004年调至张家港外国语学校，现任副校长。系无为县首届教坛新星、县十佳师德标兵，张家港市优秀教师、市学科带头人，获江苏省首届基础教育成果一等奖，所教学生两获苏州市高考文科状元。在《人民教育》等核心刊物发表教育文章300多篇。著有《非常语文课堂》、《教育：突破重围》、《深度语文》、《教育：非常痛，非常爱》、《教育：谈何容易》、《高考不怕写作文》等。他主张以理想的教育实现教育的理想。坚持"深度语文"和"生态课堂"的研究，坚持文本细读，坚持对学生进行思维训练和智力挑战，努力使学生情智和谐发展。首创"三有六让"式的课堂教学模式，即"有趣、有情、有理"，"目标让学生清楚，疑问让学生讨论，过程让学生经历，结论让学生得出，方法让学生总结，练习让学生自选"，尝试"超链型课堂"和"对话式课堂"的和谐组合，在全国产生较大反响。

　　王开东老师以其才子的本色、诗人的气质与鉴赏经验，把学生领进了文学欣赏的大门，形成了"深度语文"的鲜明特色。王老师的课堂，氤氲着诗意，高扬着激情，弥漫着艺术的芬芳。《米洛斯的维纳斯》的教学就是一个很好的范例。

深度语文的"深度解读"

——王开东《米洛斯的维纳斯》教学案例研读

一、"有趣"的深度

众所周知，为应试升学所迫，现在的学生很累，而时常抱怨，头上有家长、学校和社会"三座大山"的压迫。当然，教师也累，也不能逃脱"三座大山"的压迫。所以，教师要有大胸襟，大智慧，以"宽容的心态"、"渊博的学识"、"睿智的思想"注重课堂的"乐趣、情趣、理趣"，打通"作者心、教者心、学生心"之间的联结，让学生真正喜欢自己，从而达到亲其师信其教传其道的教育效果。

所以，王老师在课始导入时，即伸出了"兴趣烛照"的触手，牢牢地吊住学生胃口，以饶有兴味的"空墙效应"，大大出乎学生的意外，让学生正中"计谋"，从而很自然地进入情境。

但，这里的"空墙效应"，绝不是浅层次的好玩、有趣，而是直通文本旨意的桥梁，是完全高层次的有趣。对学生生活有意义、有价值的东西，才是高层次的有趣；对学生终生有用的东西，更是高层次的有趣。

联系活生生的社会生活，注重思维训练和智力挑战，能让学生变得更聪明的知识就是有用的，鲜活的，也是有趣的。教育是科学，也是艺术。是科学，就有理性，是艺术，就有感性，充满着审美。

"有趣"就是发扬审美感受力，"有理"就是提高逻辑推导力，这样一来，课堂中既有文学的阐发，又有科学的概括；既有艺术的具象，又有科学的抽象；既有文学的"结晶"，又有科学的"结论"。理想的课堂，就是要实现"感性"和"理性"的沟通，"艺术"与"科学"的匹配，让学生最初在形象感染中陶醉，最终又在逻辑推理中清醒。

二、"飘移"的深度

原本，维纳斯的断臂，于今应该是纯审美意义的，是接受美学里的"以虚补实"；谈不上有任何"艺术创造"的东西，因为雕刻家最初的创造意图可不是要维纳斯断臂。而文本作者清冈卓行的解读也是基于纯审美意义上的。但王老师却由"审美创造"漂移向了"艺术创造"。

师：同学们刚才举了很多例子，诠释了虚实相生的艺术手法。中国诗画不分家，艺术上也是相通的。下面，我想通过实践的方式让同学们领会这种艺术手法的内涵。宋代几个皇帝都是大画家，那时的画院考题很有意思。比如要画"蝴蝶梦中家万里"，此诗的下句是"杜鹃枝上月三更"。宋代著名画家王道亨大胆构思，画了一幅《苏武思乡图》，结果独占鳌头。画中的苏武席地而卧，双蝶追逐其间，沙漠风雪中有一株枯树，树上一只子规，月正当空，耳间犹闻啼声……请同学们分析这幅画好在哪里？

这一"漂移"，无疑意义非凡，因为学生日后未必从事审美工作；但却绝不可能不进行艺术创造，即便是完全的自然科学工作也概莫能外。科学本身就是艺术的，所以，"漂移"的价值极其深远。

三、"颠覆"的深度

王老师的课堂，是随处闪烁着教师智慧的光芒的。如：

师：作者这个观点能不能经得起推敲，有没有偏颇？

这一设问，未使用高深的理论，自然也谈不上是神来之笔，看似平淡，但却不是一般教师所能操纵的。这一细节最大的价值，其实是在培养学生不唯书的怀疑精神，把立足科学的质疑精神传播给学生。这种"随风潜入夜"似的精神陶冶，也许短时间内并不能对学生学业成绩的提高起到作用，但却能把挑战权威、反对盲目崇拜的可贵种子种植到学生的心灵深处。

总之，王开东老师的《米洛斯的维纳斯》一课，是具有"认识深度"和"文化深度"的问题驱动下的学生情感、思维的有效激活，是师生合作碰撞的拔节提高。正因为如此，才使得原文本在师生的对话中生成为一个新的立体式的文本，一个经过师生创造性感知后赋予了新意义的文本。学生、教师、作者成了文本实际意义的生成者和创造者，课堂因此走向了多元主题、多元视界的解读和生成，成了知识的重新经历和复活，成了师生精神生命又一次苏醒。

四、"不可复制"的深度

看王老师的课例，很容易发现，学生的解读实在太有深度，是太过神奇了。教师仅仅起到提示点读的作用，学生便应声而对，出口成章了；且条分缕析、流利深刻、独到丰富，甚至堪称精致典雅、完美无瑕。全不见寻常课堂的空白、疏漏，以及有时为了调节气氛而不得不说的废话。这不能不令人生疑，学生高明如此，还有必要在此读书吗？

倘若，这课例还是仅仅经过后期文字技术处理的话，那倒也罢了；倘是纯粹的人为创造，而完全地不可复制，那就只能让我们这些学习者望"深"兴叹了。

五、"体验缺失"的深度

王老师的这堂课，看不出学生对文本体验的自觉主动的需求；至于文本的精神和艺术价值，尚未能使学生对文本的体验转化为生命的需要，而仅仅停留在教师引领下的被动了解。所以，学生的主动发现在课堂上很难体现，当然，也谈不上让学生从文本中读出"属于自己生活或生命的东西"。而这，正是阅读教学无法走向更深层次的关键。

原本，学生妙语连珠的精彩解读必然依托于课外阅读的积累和课内对文本的感悟；一语中的深刻体会必然形成于对文本的反复研读和着意推敲。对学生而言，课堂上至关重要的是，发现自己的阅读困惑，获得自己的情感体验，精彩的言说在一定程度上只能屈居二位。可是实录中，并没有发现太多学生品读课文的过程。这不能不说是该课例的一大遗憾。

王老师用"美丽是愁人的"来形容《米洛斯的维纳斯》的审美艺术；那么，语文教学作为一门遗憾的艺术，大概也是"美丽而愁人"的吧！

王开东老师《米洛斯的维纳斯》教学实录

师：法国巴黎的卢浮宫有三宝，同学们知道吗？

生：知道！（七嘴八舌）维纳斯雕像、胜利女神雕像和蒙娜丽莎画像。

师：同学们很有学问啊！我问你们，看过蒙娜丽莎的微笑吗？

生：（很兴奋）看过。

师：感觉怎么样？

生：笑得很甜美！

师：同学们回答得也很甜美。老师给你们讲一个蒙娜丽莎的故事，好不好？

生：好！

师：《蒙娜丽莎》是巴黎卢浮宫内的镇宫之宝。它一直挂在一方巨大的墙壁上，吸引了数以万计的游客。可是天有不测风云，1891年一个月黑风高的晚上，这幅名画却被人偷走了。于是……你们猜怎么样？

生：空墙前的游人大为减少。

师：同学们猜得很——不对！

生：（大笑）

师：让人万万没有想到的是，两年来来空墙前驻足流连的人，竟然超过了过去十二年来观赏《蒙娜丽莎》人数的总和！人们久久地看着空墙，感叹着、愤怒着、遗憾着、咀嚼着……那么，造成这一反常现象的原因究竟是什么呢？同学们想不想知道？

生：想！

师：好，现在让我们一同走进《米洛斯的维纳斯》，也许它能给我们揭开其中的奥妙。美丽的维纳斯浑身散发着迷人的色彩，如果在中国她应该是第五大美人。（笑）还是让我们一道来认识认识这个大美人。（展示断臂维纳斯的图片）纳斯是罗马神话中的爱神与美神，也是象征丰饶多产的女神。传说她在大海的泡沫中诞生，在三位时光女神和三位美惠女神的陪伴下来到奥林匹斯山，众神被其美丽容貌所吸引，纷纷向她求爱。宙斯求婚遭到拒绝后，就把她嫁给了陋而瘸腿的火神，但她却爱上了战神阿瑞斯，并生下小爱神厄洛斯。后来又帮助特洛伊王子拐走斯巴达国王的妻子——全希腊最美的女人海伦，引起希腊人远征特洛伊的十年战争。同学们看过《木马屠城记》吗？

生：看过，很好看。

师：我知道好看，这场战争就与维纳斯有关。还是让我们好好来欣赏维纳斯的美丽雕像。《维纳斯》雕像是举世闻名的古希腊后期的雕塑杰作，长期以来它一直被认为是希腊女性雕像中最美的一尊。不论观者从何种角度看，都有一种突出的感受：庄重的妩媚。尤其令人惊奇的是，女神的两臂虽已失去，却让人感到一种残缺的美。虽然不少人曾依照各自的推测补塑了她的双臂，但总觉不协调，还不如就让她缺两只胳臂，因而维纳斯以"断臂美神"而闻名世界。同学们现在进入文本，我把阅读分为四层境界。第一层是认读，第二层是解读，第三层是赏读，第四层是批读。认读是没问题的，我们就从解读入手。读了这篇文章，你发现作者的观点是什么？

生1：作者的观点是"维纳斯为了秀丽迷人，必须失去双臂"。

师：这一观点包含哪几层意思？同学们说一说。

生2：这一观点包含两层意思：第一，为了秀丽迷人，维纳斯必须有所失去。第二，维纳斯失去的必须是双臂。

师：作者如何阐述这一观点？

生3：作者先正面阐述失去双臂的妙处。"失去的双臂正散发着一种难以准确描绘的神秘气氛"，失去的双臂中"深深孕育着具有多种多样可能性的生命之梦"，"维纳斯虽然失去了大理石雕刻的美丽臂膊，却出乎意料地获得了一种不可思议的抽象的艺术效果，向人们暗示着可能存在的无数双秀美的玉臂"。

正面反复强调维纳斯失去双臂的好处，作者觉得还远远不够，所以又着重从反面指出"所有复原维纳斯双臂的方案，都是倒人胃口的，都是奇谈怪论"。其原因是"复原的双臂是受到限制的、不充分的'有'，而失去双臂却包含着不尽梦幻的'无'"。

生4：可能是作者对自己的观点特别专注。正面、反面论述之后，作者又从侧面强调，失去的必须是双臂，只有这样才恰到好处。

师：为什么失去的必须是双臂才恰到好处？作者是如何分析的？

生4：先从反面说，假如失去的是其他肉体部分，"这座雕像就不可能放射出变幻无穷的生命光彩了"。再从正面分析，"手在人的存在中所具有的象征意义，它是人与世界、他人或者自己进行千变万化交涉的手段……手是这些关系的媒介物……"而维纳斯正是因为失去了双臂，失去了手，失去了与外界关系的媒介，因而留下了大量的想象空间，所以才奏响了追求存在无数双手的梦幻曲。

师：从作者的阐述中，可以看出作者什么样的审美观？

生 5：作者的审美观是主张"虚实相生"的理论。这种理论类似于中国诗歌中的"以虚补实，以无胜有"的艺术手法。

师：能否举例来说明，注意，现在我们已经进入了阅读的第三个层次——赏读阶段。

生 6：好的，据说过去的某说书艺人，说到张飞一声怒吼，喝断长板桥，使夏侯杰肝胆俱裂，倒栽下马来。他只是张口怒目，以手佐势，不出一声，而听众却觉得雷霆于耳。我想，如果他把那一嗓子吼出来，观众反而觉得不过如此。我觉得这就是"以虚补实"——此时无声胜有声。

师：说得很好，我看中国的侦破电影，女人发现一具尸体，常常是不见其人，只闻惨叫……而国外就不这样处理，发现尸体之后，导演总是用特写镜头，让我们看见演员脸部的细微变化，然后张大嘴，却让她失声——究其原因，我想除了演员演技上的欠缺之外，更多的就是导演对这个美学观点的漠视。其他同学还有什么补充？

生 7：还有武则天的坟墓，据说武则天死后立了一块无字碑，上面写"己之功过，留后人评"。这块无字碑韵味无穷。我觉得这块无字碑，不仅显示了武则天的大气，还显示了武则天的狡黠。因为"无字"可以以无胜有，以少胜多。

生 8：还有北京大学的"未名湖"，据说过去曾征集湖的名字，后来觉得什么都不能概括湖的精神气质，所以，姑且就叫"未名湖"。"未名"胜过无数的美名，"未名湖"也成就了北大一段回味不已的佳话。

师：味道好极了，还有什么好的拓展？

生 9：《红楼梦》中，黛玉焚稿断痴情，临死时说："宝玉，你好……"然后就香消玉殒。这句话只说了一半，但恰恰是这半句话传达了一种极为复杂的感情。

师：什么感情？你能说说吗？

生 9：可能有愤怒、伤感、毁灭、无奈、谴责、绝望……

师：这就是不写之写，以少写多。

师：同学们说得高兴，我也来凑个热闹。你们看过契诃夫的微型小说《一个丈夫的账单》吗？

生：没有！

师：好，我来说说《一个丈夫的账单》！

招聘年轻漂亮女秘书的费用……

给漂亮女秘书买花的费用……

与漂亮女秘书共进晚餐的费用……

给妻子买钻戒的费用……

为丈母娘买貂皮大衣的费用……

……

招聘中年女秘书的费用……

谁来说说这个文本的独到之处？

生10：我觉得这个故事的独到之处是一张静态的账单，但背后的故事却波澜起伏。

生11：也就是说，后面有大量的空白等着我们的补足，而这个补足的过程，就是我们欣赏领悟的过程。

生12：我读出了这个故事背后：丈夫的花心，妻子的暴怒，丈夫被发现后的丑态百出，先是给妻子买钻戒，后来又搬出丈母娘助阵……最后，还是以丈夫解聘年轻女秘书，招聘中年女秘书而告终。作者不尽的嘲讽隐喻其中。

师：解得好，其他同学继续天马行空！

生13：在金庸的《雪山飞狐》中，胡斐在雪山之上与苗人凤比武，这是胡家刀和苗家剑的生死决斗。面对杀父的仇人和心爱女人唯一的亲人，胡斐抓住苗人凤唯一的破绽，举起了刀——整个故事到这里戛然而止，夺人心魄。试想一下，如果刀落下去，或者不落下，怎么会有这种效果？

师：这是一个武侠迷眼里的"虚实相生"。刚才有同学说，这个审美观和中国的诗歌审美很接近。谁来说说？

生14：我来说，比如钱起的"曲终人不见，江上数峰青"。他没有写音乐的如何迷人，而是直接写了听罢乐曲之后扑朔迷离的怅惘。在如梦如幻的一切乐曲沉寂之后，眼前江水如镜，青山如染，给人留下了悠悠不尽的思恋。

师：中国文人没有不喜欢这两句诗的，据说江青也喜欢，《江青传》上说，她很喜欢"江上数峰青"，所以改名为"江青"。还有吗？

生15：我觉得白居易的"东船西舫悄无言，唯见江心秋月白"写听美妙的琵琶曲，也采用了这种手法，不实写内心的巨大震撼，反而把镜头摇向江面，只见一江秋水，一轮残月。这也是虚实相生的手法。

生16：唐诗有"打起黄莺儿，莫教枝上啼。啼时惊妾梦，不得到辽西"，其中就有大量的空白。比如：黄莺是最美的鸟，为什么要打起黄莺？原来是怪黄莺在啼叫。而黄莺的叫声是最动听的，为什么不叫黄莺啼叫呢？原来是怕啼唱惊扰了美梦。为什么大白天在做美梦？原来是思念远方的征人！这样诗味就出来了。

师：同学们刚才举了很多例子，诠释了虚实相生的艺术手法。中国诗画不分家，艺术上也是相通的。下面，我想通过实践的方式让同学们领会这种艺术手法的内涵。宋代几个皇帝都是大画家，那时的画院考题很有意思。比如要画"蝴蝶梦中家万里"，此诗的下句是"杜鹃枝上月三更"。宋代著名画家王道亨大胆构思，画了一幅《苏武思乡图》，结果独占鳌头。画中的苏武席地而卧，双蝶追逐其间，沙漠风雪中有一株枯树，树上一只子规，月正当空，耳间犹闻啼声……请同学们分析这幅画好在哪里？

生 17：为什么要画蝴蝶和子规？我觉得这是最需要弄清楚的。我的理解是画家借用庄生化蝶的典故。以庄生不知蝶之为我，我之为蝶，突出了苏武思乡的迷梦之深，而且很好地扩大了审美内涵。

生 18：我觉得运用子规是画家的一大创造，子规就是杜鹃，杜鹃枝上杜鹃啼，为了自己的故乡杜鹃能够啼出血来，而且它的叫声就是"不如归去"。不说思乡，而是用杜鹃来暗示。这就是虚实相生。

师：妙解！还有这样一个考题，"嫩绿枝头红一点"。此诗的下句是"动人春色不须多"，最后夺魁的是一幅《侍女图》。仕女依栏而坐，樱桃小口与翠枝绿叶相辅相成、相映成趣。这幅画能够夺魁的原因是什么？谁来谈谈？

生 19：我觉得作者是出奇制胜。如果是红杏枝头春意闹，那就实了，也就俗了。

生 20：我觉得作者是把春色转化为春情，打通了两类之间的沟通。画意升华了，而且审美的空间扩大了。

师：说得好，春色和春情确实也是可以沟通的，比如"忽见陌头杨柳色，悔教夫婿觅封侯"，比如"似这般姹紫嫣红开遍，怎付与断壁残垣"。刚才同学们对画家的构思，都能从"虚实相生"的角度进行独到的评价，你们自己愿不愿意创造一些画？当然不用画，只说自己的构思。请以"深山藏古寺"、"蛙声十里出山泉"、"竹锁桥边卖酒家"、"踏花归去马蹄香"作画。第一组构"深山藏古寺"，第二组构思"蛙声十里出山泉"，第三组构思"竹锁桥边卖酒家"，第四组构思"踏花归去马蹄香"。

生 21：我不画"古寺"，我画深山外面有一个斑驳的古钟。斑驳古钟蕴涵古寺之意。

师：画得怎么样？哪个同学点评一下？

生 22：我觉得这种构思基本上属于"虚实相生"的艺术手法。用古钟很好，但是不符合实际情况。你想一想，把古钟放在深山外面，早起还要到很远的地方去敲钟，怎么可能？还有到那么远的地方敲钟给谁听？（学生大笑）

师：你是怎么构思的？说来听听。

生 23：我画一条弯弯曲曲的羊肠小道，一个老和尚来汲水。原因是"弯弯曲曲的羊肠小道"暗扣深山；有和尚必有寺庙，有老和尚可能就有古寺。

师：说得很好！第二组的同学挑战一下。

生 24：我的构思是画一道清澈的山泉，泉水中有很多蝌蚪在游戏。不画一只青蛙，却让人有蛙声十里之感。

师：画得不错。就是说蛙声画不出，就用蝌蚪来补足，而那么多的蝌蚪，后面一定有很多青蛙，这就让人感觉到蛙声扑面，是这意思吧。第三组的同学看看你们的杰作！

生25：我觉得我们这幅画的关键是个"锁"字，如果酒家出来了，那肯定是全盘皆输。而酒家不出来，卖酒家何以体现？

生26：他说的很有道理。所以，我的构思是画一座小桥，翠竹掩映，就在翠竹之中，若隐若现地出现一面杏黄色的酒旗。

师：我来插一句，为何是杏黄色的酒旗？

生26：我想显示它是老字号，还有——还有好像电视中出现的也都是杏黄色的。

师：老字号？有意思，我没有听说过，你有没有根据？有根据，我要向你学习。

生26：我姑妄言之！

师：好，那我姑妄听之！最后一组的同学，谁来展示一下自己的身手？

生27：我想这幅画，最大的问题就在于花香看不见、摸不着。如果画马蹄飞花，这不仅是暴殄天物，而且也太直白露骨，失去了含蓄蕴藉的美感。所以，我画一人牵马悠闲归来，马蹄边蜂飞蝶舞，让人们想象踏花归来的马蹄生香！

师：好的。刚才我们通过鉴赏和实践，赏析了艺术中"虚实相生"的道理。文艺理论上有这样一句话："山之精神写不出，以烟霞写之；水之精神写不出，以礁石写之；春之精神写不出，以草木写之。"这可以作为艺术家钟情"虚实相生"的一个注脚。对于作者审美观的赏读，我觉得差不多了。但赏读不等于拿来主义，更不等于照单全收。我觉得我们阅读一定不能做两只脚的书橱。帕斯卡尔说："人，只不过是根芦苇，是自然界最脆弱的东西，但他是一根能思想的芦苇。""思想形成了人的伟大。"我当然希望我的学生是一个思想者。我希望你们学会批判，然后在批判中吸收。在批读之前，还是请一个同学把作者的观点先概括一下吧。

生28：作者的观点是"维纳斯为了如此秀丽迷人，必须有所失去，而且失去的必须是双臂"。

师：作者这个观点能不能经得起推敲，有没有偏颇？

生29：我觉得作者的观点很有偏颇。第一，为了秀丽迷人，是否必须有所失去，是不是唯有残缺才是一种真正的关。第二，为什么失去的必须是双臂，而且只能是双臂呢？失去其他的就一定不行吗？

师：有味道，你们以此为突破口，看能否找到反驳的例证，然后再具体问题具体分析。

生30：还是回到卢浮宫三宝上，第一，卢浮宫三宝《蒙娜丽莎》画像完美无缺，为何不影响她伟大的艺术价值？第二，卢浮宫三宝《胜利女神》雕像失去的是头颅，不是双臂，为什么丝毫不影响她震撼人心的力量？

师：问得好！谁来谈谈？

生31：我觉得作者还是有道理的。比如《蒙娜丽莎》画像虽然完美无缺，但"蒙娜丽莎"美就美在她那个神秘的笑。这个笑，包孕着无数种"韵味"，给我们无限的遐想，创造了无数种可能。在某种程度上，这个神秘的"笑"等同于维纳斯那失去的神秘的"双臂"，所以，我觉得和作者的审美观并不矛盾。

生32：我也这样认为。"蒙娜丽莎"虽不残缺，但却神秘，所以也具备一种"无中生有"的美！鲁迅先生说："喜剧是把人生无价值的东西撕破给人看，悲剧是把人生有价值的东西毁灭给人看。"我们都觉得悲剧震撼人心，一个很重要的原因就是悲剧是残缺的，而残缺是一种刻骨铭心的"美"。

师：呵呵，你让我想起了美学上的一个论题：一个美女在微笑，丝毫产生不了美感；而一个长虎牙的美女在微笑，反而生动鲜活起来了。还有什么不同意见吗？

生33：我觉得不能一概而论。是否有艺术价值，本质上并不取决于是否残缺，是否虚实相生，而在于"文章本天成，妙手偶得之"！

生34：我也觉得，残缺或者虚实相生只是达到艺术美的一种方式，但并非是唯一的方式，连作者自己也认为："维纳斯舍弃部分获取完整只是一次偶然的追求！"仅此而已。

师：你的观点是说条条大路通罗马，虚实相生只是创造艺术美的一种选择，但并非是唯一选择！对吧！

生35：我对作者说的必须失去双臂持认同的态度。罗丹创作《巴尔扎克》像，后来好像也是特意砍掉手臂的。

师：罗丹特意砍掉手臂，究竟为了什么呢？谁来说说？

生36：罗丹砍掉手臂，与维纳斯失去手臂是两码事。罗丹之所以"砍掉"巴尔扎克手臂，是因为很多人认为手臂精美绝伦，部分的精美已经影响到整体的和谐，所以砍去了手臂。这个故事告诉我们，任何脱离整体和谐的部分之美，都是不值得的。

师：辨析得很有道理。对无头的《胜利女神》雕像，你们如何评价？

生37：《胜利女神》是无头的，但正是无头才更具有震撼人心的艺术力量。就像作者所说的一样，《维纳斯》雕像失去的必须是"双臂"，我认为《胜利女神》雕像失去的必须是"头颅"。因为维纳斯是爱神、美神，失去手，让爱神、美神与世界有了更多亲近的媒介，更能引起人无穷的遐想。而"胜利女神"战斗之神，是胜利之神，为了自由和胜利而失去头颅，这更能激奋人心。

师：说得好，我想起了陶渊明的两句诗"刑天舞干戚，猛志固常在"。还有批读的人吗？还有谁要发出自己的声音？

生38：我来说几句，我对作者放在维纳斯身上的观点举双手赞成，但对作者观点的迁移持保留意见。因为维纳斯只是一个特例，美神只有一个！

师：好，精彩！现在，谁来说说开头的"空墙效应"？

生39：空墙因为残缺，因为空白，所以引发猜测和联想。就像演员常常制造虚虚实实的新闻来进行炒作，这是一个道理！

师：妙解！今天的课就上到这里，让我们最后再看美神一眼，把美神永远留存心中！感谢同学们的精彩演绎，再一次谢谢你们！好，同学们，再见！

生：王老师再见！

"才子教师"是如何炼成的
——王开东"深度语文"教学之路探析

王开东主张以理想的教育实现教育的理想。坚持"深度语文"和"生态课堂"的研究，坚持文本细读，坚持对学生进行思维训练和智力挑战，努力使学生情智和谐发展。提出"三有六让"式的课堂教学方式（有趣、有情、有理，目标让学生清楚、疑问让学生讨论、过程让学生经历、结论让学生得出、方法让学生总结、练习让学生自选），尝试"超链型课堂"和"对话式课堂"的和谐组合，在全国产生较大反响。曾赴北京等地演讲数十场，受到一线教师的热烈欢迎。

一、一颗纯正的童心

这个世界富有才华的人不在少数，也有不少人因才华而锈蚀灵魂，失去纯真。王开东老师则不然。他虽是才华横溢，却少有浮躁炫耀气息，总是那么谦逊，接物待人总是那么恭敬。这种谦逊和恭敬不是故作姿态，是永不自满，是一种发自内心对人的尊重，是善良天性的自然流露。

王开东是一个"原生态"的人，丝毫没有被异化。在全国各地演讲了几十场的他居然还会说："我有点紧张啊。我讲课最开始总是有点紧张的，讲几分钟就好了。"在自己的课堂上，王老师偶然发现了一个女学生的美，他竟然停下来，毫不掩饰地夸奖她长得非常漂亮，并把这次夸奖作为唯一的礼物只送给这一个女学生，毫无造作和庸俗。在高三后期，在硝烟弥漫的课堂上，一个男教师真诚地赞叹一个女学生的美，并不常见。不虚伪，不矫饰，不做作，不为什么，就为美的本身。王开东还反思说，如果教育让我们忽略了美，这样的教育还有什么意义呢？

拥有一颗纯正童心的王开东，就像一条奔腾的河流，不圆熟，还有些青涩，但极富生命的活力。

二、以"理想的教育"实现"教育的理想"

1. 理想主义

每个人都有自己的理想，每个人都信守自己的理想，每个人都是理想主义者。厌学、厌上进的学生，不是脑子笨，也不是能力差，而是失去了理想主义的支撑，于是浑浑噩噩，随波逐流，失去了向上之心。倦学、厌教的老师，"非不能也，实不为也"。他们缺少的只是对美好事物的感知能力、对伟大事物的敬畏之心，对人生价值的理性选择，以及在此基础上形成的不为功利的、坚定的、执着的理想主义。

王开东说："什么都看透了，也不能放弃理想！"一个人有了这样的理想主义，就不会轻易被诱惑、被动摇，就能够远离功利，远离铜臭，远离庸俗，远离低级趣味，就能够获得无限持久的动力，就能够坚守自己的教育情怀，实现自己的教育理想。

2. 本色教育

真正的教育没有"大小"之分，只有"真假"之别。追求时髦的，吸引眼球的，为特色而特色的所谓的特色教育，很可能就是假教育。于是，追求本色教育，让教育回归原点，不懈怠，不折腾，就成了王开东的自觉追求。

正是基于对本色教育的追求，王开东才始终坚持"生态课堂"的研究。生态课堂是"学生的课堂，是常态的课堂，是体验的课堂，是发展的课堂，是效率的课堂，是智慧的课堂，是诗意的课堂"，旨在尊重学生个体发展，打造生态、和谐的全新课堂，让学生拥有一个幸福完整的人生。

3. 自去自来堂前燕

王开东认为，教育，只有在"自由状态"下才可能发生。在过分指导和严格监管的地方，别指望有奇迹发生，因为人的能力，唯有在身心和谐的情况下，才能发挥到最佳水平。当前的教育，恰恰就是以束缚、控制、压制、监管为特征的；以大负荷、高速度和快节奏为根本；以每节课都是"最后一课"，每次测验都是"最后一考"相要挟；把水灵灵的教育业，弄成了干巴巴的制造业：只有统一模型的"产品"，没有千姿百态的学生。

教育的意义是帮助人从孩提时代开始就不要去模仿任何人，永远都做你自己。通过"依赖"激励自己，就会产生恐惧，这是虚假的激励。真正的教育还必须摒弃经验主义。透过经验学习，只是根据个人原有的局限所造出来的新模子，甚至于"榜样"有时也应该摒弃。

"学"是主动的，"教"是被动的。秉承"自由精神"的教育要尽量减少乃至克服"训"的成分。

三、腹有诗书气自华

王开东的人生是审美的、灵性的、热情的、智慧的；王开东的语文教学是时时流动着诗意、处处叠加着意象的。《错误》教学中"互文性"诗歌的引入既丰富了诗歌主题的理解，又提升了学生的诗歌鉴赏能力，使他的语文课非同寻常。《项脊轩志》教学的结尾，只说树在生长，不说人在思念，"不言情而情无限，言有尽而意无穷"的强烈艺术效果与"与清风舞，共明月醉"婚联中的浪漫、诗意无不让人陶醉。

"他以他的才子本色、诗人气质与鉴赏经验，把学生领进了文学欣赏的大门。"这句话应该是对王开东教学风格的经典概括。

无法确定王开东"腹中"到底装了多少"诗书"，但却能从王开东著作涉及的古今中外著名和未著名的教育家、思想家、哲学家、文艺家的名字中作出最大胆的推测。所以，王开东领着他的一群青春少年在语文学习的舞台上且歌且舞，吟之蹈之，"走着走着花就开了"，"三有六让"的课堂教学模式就形成了。

四、语文的深度，生命的深度

王开东的"深度语文"是语文花园中一朵独特的小花。"深度"，只是对当前语文教育肤浅化的一种矫正，是相对学生最近发展区的"深度"，不是为深度而深度。"深度"表现有二：一是语文老师知识的广度和深度，这具体体现在对语文课程资源开发的深度；一是课堂拓展的广度和深度，这具体体现在学生思维的深度。深度语文是追求"诗与思结合的语文"，或曰"经由思抵达诗的语文"。强调将语文视为存在的方式与本质，将存在视为语言性生存，将语言视为存在的唯一实体；强调理解存在、语言与教育三者之间的关系，强调诗与思在语文中的重要地位。

深入的目标解读。语文课从本质上看无疑是"立人"之课，语文课的目的就在于"人"：解放人，充实人，提升人。在此基础上，深度语文则在语文的内涵上、品质上、思维上、审美上蕴含更多的价值追求。

深层的教学设计。教学设计是一种结构重建，是教师教学智慧的集中体现，应由浅入深、由低向高。深度语文具有鲜明的"我"的色彩，文本与我何干，强调"从生活中来，向生命里去"。

深厚的语言习得。深度语文将语言视为存在的唯一实体，积极引导学生涵泳语言文字。通过替换、删减、变形等多种方式，引导学生体味文本的言外之意，感受母语的独特魅力。

深切的情感体验。通过语言唯一存在的载体，入境入情，感悟文本背后的情感激荡。深刻的情感体验也是"深度"的题中之旨。

深刻的思维训练。没有智力挑战，没有思维训练的语文，就会逐渐走向肤浅和平庸，最终就会味同嚼蜡。保持深刻的思维训练，就是保持对语文的新鲜度，挑战性。瞻之在前，忽焉在后。

深远的人文关怀。语文不仅是一种符号系统，更是民族精神、智慧和文化的结晶。语文教育原本就应该在物质产品和精神产品的生产上，培养起学生浩渺宽广的精神视界，远大辉煌的文化理想，和对人类的终极关怀。并从中发现自己，认识自己，体验自己，丰富自己，体验到做人的快乐，并进而树立一种最充盈的幸福和最宽广的精神自由。

王开东始终坚持从生活中来，向生命里去，所以，他的课堂构成了对生活高度的认识，并不断获得高峰的体验。但这种"高峰体验"是基于年段特点、体裁特点、课时特点上的适度把握。深度不是"难度"，而只是揭示文本内在逻辑的一种智慧。

王老师的课，是在"认识深度"和"文化深度"的问题驱动下的学生情感、思维的有效激活，是师生合作碰撞的拔节提高。学生、教师、作者成了文本实际意义的生成者和创造者，课堂因此走向了多元主题、多元视界的解读和生成，成了知识的重新经历和复活，成了师生精神生命又一次苏醒。

五、斜风细雨不须归

2004 年 8 月，在安徽老家一个偏僻小镇上已经工作了整整九年的王开东，由于一次偶然的机缘他做出一次改变人生轨迹的抉择，夫妇双双来到了张家港外国语学校，从此进入了他柳暗花明般的专业成长期。

开东是一个重情知恩的性情中人，对家乡父老乡亲老师朋友以及给过自己鼓励和帮助的人，一直心存感激。他至今还记得在无为工作期间盛书山老师带领他进行教研的情景，还记得在一次省级课题成果交流会议上葛维春老师的报告对他的学术启蒙。"知识进入了哲学境界才能说是有了理论的自觉"，"凡是值得思考的前人已经思考，我们所做的只是重新加以思考"葛维春老师十多年前说过的这些话，他至今还能够脱口而出。这表现出了他对于新知的敏锐以及才子型教师惊人的记忆力和无比谦逊的品格。他说："一直到今天，我都不知道帮助我调动的那些人，也没办法感谢他们。我只知道，我唯一能做的就是献身港城教育，一步一个脚印。"2004 年进入张家港外国语学校，2005 年与朋友一起开创"深度语文"学派，2006 年，提出"三有六让"式教学法，2006 届高三，2007 年继续蹲守高三……

从汤沟中学到张家港外国语学校，从一个青涩的乡村教师到一个干练的校长助理，从一校一地的优秀教师到全国知名的深度语文领军人物，王开东在十几年的时间里实现了专业成长的三级跳，一路欢歌，收获多多，可谓"桃花流水鳜鱼肥"。飞瀑之下有深潭，王开东一直为他的"深潭"做着积蓄；"两岸猿声啼不住"，王开东一直奋力撑着他的长篙"向深度更深处漫溯"；"斜风细雨不须归"，王开东如今依然风雨兼程，为深度语文的梦想"沉醉不知归路"……

郑桂华

　　郑桂华，安徽怀宁人，学者型语文教师，课程论语文学科教育方向博士。上海师范大学中文系教授，硕士生导师，原华东师范大学语文课程与教材研究所所长。上海市新课标高中语文教材副主编、初中语文教材特约撰稿人，上海市青语会副理事长。著有《听郑桂华老师讲课》、《探究性学习教学示例》、《写作新视野》、主编《语文教育研究大系·中学教学卷》、《初中作文实验教程》、《新语文个性化写作》等。她认为语文阅读教学必须凸显文本的核心价值，教学的着力点必须由重视文本内容转变到重视文本表达；她主张建立不同的文本阅读图式，在教学方法技巧方面重视主问题设计，细节灵活处置。她的语文课堂教学充满激情，追求一种"家常味"的自然与充实。她总是贴近具体情境和教学对象的认知实情实施教学，善于把教学和生活紧密联系起来，使学生在学习语文时，心灵受到碰撞，智慧得到启迪，潜能得以开发。其教学风格是一种游刃有余的从容与大度，随机应变，大胆"生成"。

　　"从课堂教学的角度来看，提高语文学习效率的基本途径是将语文学习文本——课文所隐含的语文核心价值凸现出来，重点训练学生的语言感受力和表达力，把语文教学从关注文本内容转到重视文本形式上来，让学生理解文本内容与文本表达的统一"。郑桂华老师的这种理念，在她的《安塞腰鼓》教学中得到了生动的体现。

本色课堂，彰显语文核心价值

——郑桂华《安塞腰鼓》教学案例研读

一、落点于"文本表达"，旨归于"核心价值"

郑老师把《安塞腰鼓》教学的重点放在她认为本文最有"语文价值"的地方"作品的词语、句式等表达形式与作品思想情感的关系"。本课教学她设计了五个环节：检查预习，学习词语；观看短片，在具体情景中感受安塞腰鼓的气势；整体感知，指导学生朗读课文，感受文章的气势；研读课文，结合具体语句探究本文语言特点；探究决定本文感情色彩浓烈、语言表达形式特点的深层原因。牢牢把握"语言"这个核心，追求"对文本语句的感受，在文本语句的感受中开发学生的文学感官，让学生体验到文学感受细腻、丰厚的路径和方法。"课堂教学的起点和终点清晰可辨，实实在在，而且完全对头。这就彰显了《安塞腰鼓》这一课的核心价值。王荣生教授评价郑老师这节课"依据学情，关联体式，流程清晰，落点准确"，无疑是中肯到位的。

二、问题设计层层递进，细节处置浑然天成

郑老师的语文课是"基于学生学习语文的课，而不是着眼于教师教的语文课，这之间不是非此即彼的关系，而是教学立足点的转变"。在《安塞腰鼓》教学中，郑老师基于语文学习的目标精心设计教学的主问题，引领学生在语文的世界里赏析探究。教学的第一层目标（问题）：感受这是一篇充满豪迈激情的文本。第二层目标（问题）：发现这种豪迈激情是怎么表达出来？第三层目标（问题）：为什么《安塞腰鼓》会有这样充满激情的表达形式？这样设计不同层次的目标，教学就可以最大可能地避免学生没话说的情况，教师也能够根据实际的教学情况不断调整自己的教学行为。

从教学实录不难看出，能由学生说出来的，教师尽量不说；教师多实施课程方向调控，少理念意识的强迫灌输；她让对话承担起多种功能。这启示我们：对于一堂课来说，不存在一定要具备什么基础、达到什么理解程度的学生，没有哪些内容是非完成不可的学习目标，没有哪个内容非要用多长时间来完成不可。比如学习形式，虽然总体上以学生表达为主，但也没有认定哪些内容一定要让学生说出来才算好；再比如板书，虽然大体有设想，但具体用哪个词语，她的板书几乎都是从学生的发言中去选择，从学生的读书中去发现，在自我的调整中比较筛选。这样一来，教学就实现了"师生密切合作、学生积极参与"。教师就觉得自己在享受课堂，享受学生的智慧与成长。

郑老师的课堂是自然生成的，"不蔓不枝"逐步深入，真正的让学生"动"了起来。这让我联想到许多教师的教学设计，一段精彩的开场白、一段值得回味的结束语；

何时抛出一个新巧的问题，何时进行小组讨论，何时达到高潮……就像经营一篇文章那样，谋篇布局、起承转合、过渡照应。郑老师认为这种看上去热热闹闹的课堂是不足取的，因为这是按照教师对课文的理解，顺着教师预想的教学思路进行的，把学生的基础、理解力、表达的随意变化等可变因素排除在课堂之外了。这样的课结构完整却比较生硬，表面热闹却缺少生成性。

再看本课教学的一个细节处理：

师：还有同学愿意用新的词语来描述你的感觉吗？（等了一会）

有吗？我们看了录像，我们再读了文章……大家都认可黑板上的？

生：剑拔弩张。

师：这个词你会写吗？来，写到黑板上。

（该学生上黑板写，有同学鼓掌。）

师：同学给你掌声了！语文课上我们要做的事情主要就是把我们的感觉用语言描述出来，把我们的思考用语言描述出来。

师：写得对吗？"剑拔弩张"是什么意思？后面那个男孩子，你来讲。

生：形容形势紧张。

师：这里是形容形势紧张吗？用"剑拔弩张"来形容安塞腰鼓，你认可吗？

生：也许是场面雄壮有力。

（教师有点疑惑的样子）

生：雄健。

师：这个词好，它突出了一种充满活力的状态。（板书：雄健）

"剑拔弩张"在这里用了它的比喻义，这位同学用了一个聪明的表达。有时候我们直接来表达我们的感觉，比如"雄壮，轰轰烈烈"，这很好。有时候，我们可以把我们的感觉转化成一个比喻的说法，这样的表达就很形象。

多么自然的引导，多么恰切的评价。郑老师曾说："如果老师从来就不好好倾听学生发言，怎么能指望学生懂得尊重，懂得倾听的重要？课堂应该是一个'场'，而这个'场'首先应该由教师来营造。"

三、朗读赏析两相宜，学法指导细叮咛

《安塞腰鼓》一文，其最大特点是文本本身所具有的那种大气磅礴、豪情万丈、气吞山河的阳刚美。这种气势和情怀，主要是通过运用大量的排比、反复等整句形式表现出来的。学生学习这篇文章，能够受到这种阳刚之气的感染和熏陶，这就是这篇文章所蕴含的价值。"反复地诵读"是引导学生"体味和感悟"的手段。郑老师执教的《安塞腰鼓》，朗读的落点是"感觉"；先是"自由朗读课文"以形成"感觉"；再让学生各人读"传递感觉更强烈一点"的片段；接着交流时同学试读、教师范读；在教学流程的终端，同学们轻声读再"热烈奔放地"大声读，"体会感情与表达形式的关系。"整个教学流程中，"读"都是有功用的，不是为了读而读。

我们来看一处郑老师的范读处理：

师：怎样排比的？

生：第一个"有力地搏击着"，第二个"疾速地搏击着"，第三个"大起大落地搏击着"，表达的意思一个比一个强烈。

师：它跟下面的排比一样吗？"它震撼着你，烧灼着你，威逼着你。"

生：一样，一个比一个幅度大，都是越来越强烈。

师：用词上呢？我们再来看一遍。

（教师范读："后生们的胳膊、腿、全身，有力地搏击着，疾速地搏击着，大起大落地搏击着。它震撼着你，烧灼着你，威逼着你。"）

生：这里三个词都是说明了幅度。

（教师看到该小组有同学举手）

师：你们小组成员想帮助你一下。

生："有力地搏击着"是指力度，"疾速地搏击着"是指速度，"大起大落地搏击着"说明幅度。

师：这 3 个"搏击"和下面"震撼、烧灼、威逼"一样吗？

生：不一样，后面表明气势很紧张。

师：前面一组排比都是"搏击"这一个中心词，作者从不同的角度来修饰它，就像你用到的"力量、速度、幅度"。

（板书：多角度修饰）

而且都是从力量、速度这些有震撼力的角度来修饰的。

（板书：力量、速度、幅度）

下面是连续运用三个动词：震撼、烧灼、威逼。

在这里，郑老师把自己的范读适时的运用于对文本语言的赏析之中，目的还是在于强化学生的语言"感觉"，（这里是点拨，引导学生理解语言，赏析语言了）始终把握和体现学习语文的核心价值。

观一节好课，犹如站在山谷间，看溪流潺潺，而小溪的每一步流程都是依据山势天然形成，溪中的石头决定了小溪的形态和流向。郑老师的教学如同随物赋形的小溪，依据学情，循循善诱，从读书坐姿到课堂笔记，时时不忘组织教学和学法指导，面带微笑，亲和友善，让学生如坐春风。从头至尾，给人一种小溪般自然、清新的感觉。而且在这自然清新的背后，又能"深入到地层深处"，以至于"到达平流层自由飞翔的境界"。

郑桂华老师《安塞腰鼓》教学实录

师：今天我们学习的是《安塞腰鼓》，刚才我们见面的时候，知道大家都已经预习过了。你们是怎样预习的呢？

生：找出生词，标出节号。

师：节号都标了吗？生词有没有注音？

生：标了。

师：谁来把你圈出的词语告诉大家？

生：第 8 节的"亢奋"，第 11 节"晦暗"，第 12 节"羁绊"。

师："羁绊"的"羁"要注意，右下角是"马"，很容易写错。我今年教高三，默写"羁鸟恋旧林"，还有不少人默错了。

接着说。

生：第 13 节"蓦然"，第 15 节"冗杂"。

师：其他人还有没有补充？没有了。

我们标了节号，圈了生词，还有人圈了重点词语。

有没有人朗读过课文？读过的人请举手。

（教师数了一下）

朗读过的人好像比较少。

安塞腰鼓离我们多水的江南，离我们人间的天堂杭州是有点距离的。所以，在上《安塞腰鼓》前，我们先不妨看一段录像，感受一下安塞腰鼓的气势，也许感受之后，我们再来朗读，会有更清晰更明确的感受。

（学生观看录像，大约 2 分钟。）

师：有什么感觉？我们请刚才没有说话的同学先讲。

生：有一种野气。

（板书：野气）

生：他们打鼓的时候是热情奔放的，有一种轰轰烈烈的感觉。

（板书：热烈奔放、轰轰烈烈）

师：还有谁想讲？

生：他们的手势、脚步都很整齐。

生：动作整齐，气势雄壮，场面壮观。

（教师板书："整齐、雄壮、壮观"）

师：安塞腰鼓有 2000 多年历史了，它融舞蹈、武术、音乐于一体，可以几个人表演，也可以上千人表演。我们从中看到了野气，看到了奔放。

"野气"是什么？请提出这个说法的同学讲一讲。

生：我觉得野气有点像原始人的样子。

师：大家应该做做笔记。是一种原始人的……

生：非常朴实，所有的东西都是来自大自然的。

师：太好了！记下来了吗？我们同学有这么好的智慧，要把同学的智慧记在笔记本上，集中到我们的脑海中去。

（板书：原始的、朴素的、来自大自然的）

师：带着这样一种感觉我们再来朗读安塞腰鼓，肯定会有新的感觉。

我看到大家已经坐端正了，非常好！坐端正，拿好书。自由朗读课文。

读完之后，比较这些感觉（指着板书）与我们从文章里获得的感觉是不是一致的？自己读自己的，哦，开始吧！

（学生朗读课文，教师巡视。后来，有一些人看到旁边同学停下来也就停下来了。）

师：没有读完的同学接着读完吧。读完的同学可以回味一下刚才朗读时的感觉。

师：有的同学读得非常投入，也有同学声音太轻了。

（对着一个女生）我感觉你读得特别投入。你投入进去之后，感觉到的是否与我们看录像时的感觉一致？

生：我觉得是的。

师：再用几个词语来描述一下？

生：想不出来。

师：也可以用黑板上的词语来描述。

（该生没有说什么）

师：大概是什么样子？

生：大概跟刚才说的一样。

师：还有同学愿意用新的词语来描述你的感觉吗？

（等了一会）

有吗？我们看了录像，我们再读了文章……大家都认可黑板上的？

生：剑拔弩张。

师：这个词你会写吗？来，写到黑板上。

（该学生上黑板写，有同学鼓掌。）

师：同学给你掌声了！语文课上我们要做的事情主要就是把我们的感觉用语言描述出来，把我们的思考用语言描述出来。

师：写得对吗？"剑拔弩张"是什么意思？后面那个男孩子，你来讲。

生：形容形势紧张。

师：这里是形容形势紧张吗？用"剑拔弩张"来形容安塞腰鼓，你认可吗？

生：也许是场面雄壮有力。

（教师有点疑惑的样子）

生：雄健。

师：这个词好，它突出了一种充满活力的状态。

（板书：雄健）

"剑拔弩张"在这里用了它的比喻义，这位同学用了一个聪明的表达。有时候我们直接来表达我们的感觉，比如"雄壮，轰轰烈烈"，这很好。有时候，我们可以把我们的感觉转化成一个比喻的说法，这样的表达就很形象。

还有想表达的吗？

（教师看没有学生想讲）

如果没有了，我们可以把现在的交流告一段落，看录像，朗读课文，我们的感觉是一致的。大家在朗读课文的时候，你们有没有发现有些句子传递这种感觉更强烈一些？有些句子就不那么明显。

哪些句子让你们特别强烈地感觉到了这种热烈奔放？这种轰轰烈烈？这种雄健之风？这种原始的野气？能不能独立地圈一圈？

哦，已经有同学想讲了！

师：话筒，就近的同学先讲吧。大家拿起笔，我也拿笔记。

生：百十个斜背腰鼓的后生，如百十块被强震不断击起的石头，狂舞在你的面前。骤雨一样，是急促的鼓点；旋风一样，是飞扬的流苏；乱蛙一样，是蹦跳的脚步；火花一样，是闪射的瞳仁；斗虎一样，是强健的风姿。黄土高原上，爆出一场多么壮阔、多么豪放、多么火烈的舞蹈哇——安塞腰鼓！

师：好的。她找到了一处。大家圈一圈啊。接着来交流你找到的句子。然后我们再思考我们为什么找到这些。

生：第18节。后生们的胳膊、腿、全身，有力地搏击着，疾速地搏击着，大起大落地搏击着。它震撼着你，烧灼着你，威逼着你。它使你从来没有如此鲜明地感受到生命的存在、活跃和强盛。

生：每一个舞姿都充满了力量。每一个舞姿都呼呼作响。每一个舞姿都是光和影的匆匆变幻。每一个舞姿都使人颤栗在浓烈的艺术享受中，使人叹为观止。

（学生将"颤栗"读成"chàn lì"）

师：颤栗（zhàn lì）还是颤栗（chàn lì）？

生：颤栗（zhàn lì）。

师：是颤栗（zhàn），注一下音。

接下来，第四位同学在哪里？前面那个女孩子，你还没有讲过话呢。你有没有找到感觉很明显的句子？

生：黄土高原啊，你生养了这些元气淋漓的后生；也只有你，才能承受如此惊心动魄的搏击！

师：第19节。还有吗？

（教师离开后半部分同学，朝右前边的同学走过去。）

我们到这边来，没有说话的同学赶紧找找看，你特别有感觉的句子在哪里？往后的交流会越来越有挑战性，想说话的早点先说起来。

生：27节。愈捶愈烈！痛苦和欢乐，生活和梦幻，摆脱和追求，都在这舞姿和鼓点中，交织！旋转！凝聚！奔突！辐射！翻飞！升华！

师：非常好！你读得很有感情！好，旁边的同学……

生：隆隆隆隆的豪壮的抒情，隆隆隆隆的严峻的思索，隆隆隆隆的犁尖翻起的杂着草根的土浪，隆隆隆隆的阵痛的发生和排解……

师：很好。还有想讲的吗？

（看了一下）

没有关系，先前我们的预习是初步的学习，然后我们又进一步看了录像，朗读了课文。这篇文章的学习还是起步阶段。我们找到这么多已经很好了。接下来我们小组合作，四人为一小组。做两件事：第一件事是在大家交流的基础上，再找一些特别能传递奔放之情的句子；第二件事，能不能把我们的思考推进一步，想一想为什么是这些句子，它们在句式上有哪些特征？

（有学生觉得难）

有点难？

生：不难。

师：有点难也没有关系，四人小组来合作吧。

（学生讨论交流，教师巡视，约5分钟。与小组交流：看看这些句子句式上的特点。……第八节，好！想想为什么划它。……划了这么多！好样的！能找到它们的特点吗？写下来，等会交流起来就会方便一些。……归纳出两点了，好！还有吗？）

师：也可以在词语的选用上讨论，发现词语选用的特点。

（教师板书：句式、词语）

师：我们有些同学已经发现一些了。每个小组准备派一个代表来发言，展示你们讨论的成果。

（过一分钟）

好，我们可以停下来了吗？可不可以？

（有同学议论）

师：有同学说，如果没有说完，小组其他人可不可以补充，当然可以！我们在课堂上的交流应该是非常自由的。你随时可以调整你的意见，随时可以请同学补充，也随时可以去补充别人。

（有不少小组举手想发言）

师：现在还没有一个人说过话的小组有没有？

这儿有，要请他们先说了。好，大家看看他们的讨论成果。开始拿起笔，准备做笔记。

来，你们的代表，慢点，不要着急。

生：第 18 节，用了排比，语气上非常强烈，有递进的意思。

师：（板书：排比）怎样排比的？

生：第一个"有力地搏击着"，第二个"疾速地搏击着"，第三个"大起大落地搏击着"，表达的意思一个比一个强烈。

师：它跟下面的排比一样吗？"它震撼着你，烧灼着你，威逼着你"。

生：一样，一个比一个幅度大，都是越来越强烈。

师：用词上呢？我们再来看一遍。

（教师范读："后生们的胳膊、腿、全身，有力地搏击着，疾速地搏击着，大起大落地搏击着。它震撼着你，烧灼着你，威逼着你。"）

生：这里三个词都是说明了程度。

（教师看到该小组有同学举手）

师：你们小组成员想帮助你一下。

生："有力地搏击着"是指力度，"疾速地搏击着"是指速度，"大起大落地搏击着"说明幅度。

师：这 3 个"搏击"和下面"震撼、烧灼、威逼"一样吗？

生：不一样，后面表明气势很紧张。

师：前面一组排比都是"搏击"这一个中心词，作者从不同的角度来修饰它，就像你用到的"力量、速度、幅度"。

（板书：多角度修饰）

而且都是从力量、速度这些有震撼力的角度来修饰的。

（板书：力量、速度、幅度。）

下面是连续运用三个动词：震撼、烧灼、威逼。

还有其他发现吗？

生：第 7 节用的也是排比和比喻。

师：比喻怎么能有气势呢？排比有气势我能理解。

生：比喻也有气势的。把鼓点比喻成"骤雨"，骤雨就是比较急促，也比较雄伟。

师：等一会儿。大家要记下来。好，对好东西最好都要记下来。

生：用"旋风"比喻"流苏"，"骤雨"比喻"鼓点"，"乱蛙"比喻"脚步"，都有气势磅礴的感觉。

师：你的感觉很好！我发现你的思考很有特点。你从喻体入手，这是一种很好的思考角度。

（板书：喻体）

为什么这些比喻能突出豪迈的气势呢？你能不能还原得更具体一点明确一点？

生：这些喻体本身给人一种气势磅礴的感觉，用它们比喻要比喻的物体，也会产生气势磅礴的感觉。

师：好！你们有没有记下来？

生：骤雨。

师：对，"骤雨"的意象很突出，最后一句话有没有记下来？他说得很好，喻体的选择能够传达作者感情的。作者选择的都是有活力的喻体，都是有速度和气势的。你看，骤雨是速度，骤雨是急速而来的，旋风是非常快速的，甚至带着一种强大的不可抵抗的力量，乱蛙呢，有没有听到蛙鸣，什么时候有蛙鸣？

生：最有活力的时候。

师：斗虎，也是有气势的。还有两个小组要交流，哪个小组先来？

（一个男生让女生先发言）

师：很有风度！

生：我看到第 12 节。

（学生读："容不得束缚，容不得羁绊，容不得闭塞。是挣脱了、冲破了、撞开了的那么一股劲！"）

这里用了排比，写出了说不出来的一股劲。庞大的气势，一股劲。

师：你的朗读中好像没有把那股劲表现出来，你能不能重新读一下，试着把那股劲读出来？

（学生重新朗读这段文字）

师：有进步吗？

（问学生，学生点头。）

师：有一定进步，但感觉还不到位。有人好像想帮助一下她。

（另一学生朗读这段文字）

生：束缚、羁绊、闭塞、挣脱、冲破、撞开，感觉一步一步推进。

师：不错。现在有感觉了。这里三个"容不得"是什么语气？

生：反复

（板书：反复）

师：你们小组还有谁想补充？

（男生小组开始交流，朗读："这腰鼓，使冰冷的空气立即变得燥热了，使恬静的阳光立即变得飞溅了，使闲倦的世界立即变得亢奋了。"）

生：它这里用了"空气、阳光、世界"是从环境的角度，又用了"燥热"来修饰它们，使环境显得更加紧张。

师：我看到圈这一段的有好几个小组。有没有不同的想法，来一起碰撞一下？

生：我认为这里用了排比，"冰冷"和"燥热"，"恬静"和"飞溅"，"困倦"

和"亢奋"都是反义词，形成强烈的对比。

师：好！他的发现很有价值，在句式上用了排比，用词上运用反义词，后面还用了很好的说法——对比。很专业！

还有要补充的吗？

师：前一个小组是从环境描写的角度："空气、阳光、世界"，塑造了一种强烈、紧张的氛围。第二组从排比、反义词对比的角度。这节课我们从词语的角度来归纳一下，你们要做点笔记。

（教师发现有人举手）

好像还有人想讲？

（学生朗读："愈捶愈烈！形体成了沉重而又纷飞的思绪！愈捶愈烈！思绪中不存任何隐秘！愈捶愈烈！痛苦和欢乐，生活和梦幻，摆脱和追求，都在这舞姿和鼓点中，交织！旋转！凝聚！奔突！辐射！翻飞！升华！"）

生：这里"愈捶愈烈"用了三次，也是一个排比段。

（另一个学生不同意）

生：还有内容，这一段应该接下去，"人，成了茫茫一片；声，成了茫茫一片……"

师：他加了后面一句。你是有意的吗？

生：这一部分应该是一体的，说明人融入了，声音也融入进去了。

师：他有个词用得很好。哪个词？

（学生齐声回答"融入"）

教师问前一个学生：你同意他吗？

生：同意。

师：人和人，人和鼓，人和自然，一切都是交融的，就像有同学在前面提到的"是来自大自然的东西"，才使得安塞腰鼓变得这么震撼人。大自然的力量是无穷的。我们投身到自然，融入到自然中去，我们的力量也是无穷的。

（学生说"无限的"）

好，就用你这个词。有一个小组发扬了风格，现在轮到你们了，相同的就不用讲了。

生：第20节。多水的江南，用了对比的写法，衬托出了黄土高原的雄壮。

师：很好！还有吗？

生：我读到的是第12段。"百十个腰鼓发出的沉重响声，碰撞在遗落了一切冗杂的观众的心上，观众的心也蓦然变成牛皮鼓面了，也是隆隆，隆隆，隆隆。"这里"山崖"变成了"牛皮鼓面"，运用了比喻和夸张。

师："山崖"变成牛皮鼓，声音会怎么样？夸张是有磅礴的气势的，李白的"白发三千丈"、"燕山雪花大如席"，有气势吧。

生：（另一人）还有21节，这里有两个"厚"字，突出了黄土高原的悠久历史。

师：还有哪些发现？

生：我想为他补充一下。27段用了很多感叹号。我们觉得黄土高原的人们把发现的好与坏，全部发泄到捶鼓当中。

师：对，刚才也有人提到了感叹句。你们有没有注意到，这篇文章的感叹句特别多，多到什么程度？几乎每段都有。我数过，全文共30个自然段，有15段结束在感叹句上。为什么用这么多感叹句呢？或者说感叹句擅长表达什么？

生：用力。

师：作者的感情实在太强烈了。你看，轰轰烈烈，热情奔放，这样的感情都需要用感叹句。还有，这篇文章的句式段落都比较短的。短句一般有什么效果？

（板书：短句）

我记得朱自清的《荷塘月色》"微风送来缕缕清香，好像远处高楼上渺茫的歌声似的"，还有"弯弯的杨柳的稀疏的倩影"，他写荷塘的月色是什么感觉？

生：雅。

师：是环境的雅。节奏是缓慢的，所以他用的句子都是长句。而这里写猛和快，他的句子都是比较短的。在这里，我们要思考一下，这样的感情和这样的表达之间是一种什么样的关系？

下面，你们选择一段来朗读，体会感受一下这篇文章"感情与表达形式之间的关系"。

（板书：感情——形式）

（学生轻声朗读）

师：放开来，热烈奔放的！

（学生大声朗读）

师：时间差不多了，大家还想读下去，课后再好好读。

总结一下，作者写的对象是安塞腰鼓，它有什么特点？

（板书：安塞腰鼓）

（师生一起说"热烈的壮观的"）

师：表达形式带有强烈的感情色彩。大家看看做者是什么地方的人？

生：（齐声）黄土高原。

（板书：黄土高原）

师：一方水土养一方人，一方水土养育一方文化。作家是那里的嘛，如果换了我就写不出来。西北作家写自己的家乡，充满感情，所以用了（指着板书，师生一起说）"排比、比喻、反复、对比、感叹"，把对当地的热爱之情传递出来。

（板书：西北作家）

大家理解了他写的，说明他的传递是成功的。如果让你来写西湖，你能写出什么感受来？是不是像这篇文章写的那样"是易碎的玻璃"呢？

（学生摇头）

师：对，江南有很多的优点，西湖有太多的美丽。身在其中，你们的感受肯定是最深的。有兴趣的同学回去以后可以写一下西湖，看能不能写出你的西湖。

下课！

行行复行行，桂花香满蹊
——郑桂华"核心语文"教学之路探析

郑桂华主张语文教学必须凸显文本的核心教学价值，主张建立不同的文本阅读图式，在教学方法技巧方面重视主问题的设计与细节的灵活处置。她在课堂教学中充满激情，追求一种"家常味"的自然与充实。她善于把握教学情境和教学对象的认知状况，善于把教学和生活紧密联系起来，使学生在学习语文时，心灵受到触动，智慧得到启迪，潜能得以开掘。其教学风格是一种游刃有余的从容与大度，随机应变，大胆"生成"。近年来在全国各地举办讲座和执教观摩百余场次，好评如潮。

一、"我的天地在课堂"

郑桂华说："这么多年磨下来，我发现自己除了教书，几乎已经不会干别的了。于是，一而再、再而三地说服自己：我的天地在课堂。"

作为中学语文教师，郑桂华是极为独特的。一边上课，一边读研、考博。担任上海二期课改高中语文教材副主编的同时，还参与其他两套语文教材的撰稿；不搞题海战术，反对机械应试，但所带班级高考成绩又名列前茅；没有离开过课堂，又编书写文若干，在研究性学习、网络语文课、校本课程、作文指导以及语文教材的课程化建设诸多方面都有涉猎；开博客一年多，访问量超过二十万；以一个中学教师的身份，越级登上大学讲台……作为中学教师，能取得上述成绩之一项，已经颇不容易；郑桂华居然能在多个方面齐头并进，多有收获，并不为繁忙的工作所累，仍然视上课为乐事。

据说，郑桂华在大学读书时并不引人注意，生性羞涩，低眉轻声，从来没有担任过学生干部。她今天在课堂之上的游刃有余，又岂是教师素质、教学技巧所能解释了的？古人云："功夫在诗外。"她在课堂之外所下的种种苦功夫，恐怕是许多中学教师难以做到的。

郑桂华由平凡出发，成长为一名优秀的学者和中学语文名师，其经历，的确能给许多教师以很大的启迪。

二、"走，往前走，这是我梦中常有的意象"

郑桂华说："十几年来，一直在重复做着三件事，一是教书，从初中到高中，再到大学，偶尔还教教小学；二是读书，先学士再硕士、再博士；三是编书，十几年来先后撰写教学研究文章三十多篇，编著与语文教学有关的书籍十几套。"

1. 原地崛起

1990 年，郑桂华从华东师大中文系毕业进入华东师大二附中之时，正是中学教师地位的最低潮期，为此，许多人选择了出逃。但郑桂华"出身于安徽一个小县最平常的家庭，相貌普通，资质不算聪敏，没有才艺特长，几乎没有任何捷径可走"。虽然充分估摸自己各方面的资本和实力，就像埋在土里的豌豆芽，倾全部的力量，也许刚好能钻出地面；但郑桂华"也很早就认定，任何时候、任何单位都需要干活的人，只要认真做事，总有一块蛋糕属于你"。因此，她选择了原地崛起的方式，争取从厚厚的泥土里的钻出头。郑桂华说："走的意象，又回到了我的梦里。"从此，她开始了不断拜师、不断参加大奖赛、不断读书进修的道路。有路就走，有活就干，有课就上，有书就读，有老师就请教。

2. 广泛拜师

拜顾朝晶为师，学得"时刻注意调动学生"的理念；拜钱南山为师，学得"不管学生基础如何，都可以上好语文；不管课堂是不是热闹，都可以是成功的课"的信念；拜钱梦龙为师，学得"课堂的智慧和生活的智慧"；拜于漪为师，学得"对语文的激情、对学生的人文关怀"……

郑桂华说，小时候母亲请人为她算卦，说她命中"常有贵人相助"。其实，她的谦虚好学才是总遇到"贵人"的根本原因。"我是没有特长的人，唱歌跳舞、琴棋书画都不会，没有特长就没有骄傲的理由，只好多学习。"郑桂华能随时随地抓住学习的机会，发现学习的资源。也正是她的勤学，才使她的课能吸收各家之长。

3. 读书进修

成为一名合格的语文教师关键是要多读书。一个人需要突破的时候，更要去读书。郑桂华说："工作之余，别人的休闲方式是看电视，上网聊天，我的休闲方式就是读书。"

"语文教师需要读书"其实是一句老话，在很多人那里几近于废话。可是语文教师要想真正地提升自己，就必须大量地阅读各种书籍。郑桂华除阅读文学作品的书外，还阅读教育学、心理学的书、科普类的书，同时也阅读学生中间流行的"时尚书"。每次评课时，郑桂华都是妙语连珠，引经据典，显示出广博的阅读视野。每个听课老师提到的关于阅读中出现的迷惑，哪怕是教材中没有出现的文章，她都能很迅速的结合老师所提到的阅读文本来谈：她的心里，学术视野何其广博！

4. 编书著述

郑桂华于读书、教书外，常执笔著文、参与编书。当然，所写所编，大都不离本行——语文教学。在她看来，教书之余能够反思一点，写些什么给别人看，既可以让自己的教学经验凝固住，清晰化，也可以对他人有所裨益。

在教材编撰中，郑桂华能从课程理论和课堂教学实施这两个层面去审视语文教材。在语文教材编写中，她既注重文化内涵、又关注课程体系，还思考如何便于课堂教学实施，显示了她独特的眼光。而编书的经历，又促使她站在更高的角度审视语文教育，总结以往的教学经验。

她依据自己的著述经验，向年轻教师建议道：将你的思考深入下去，明晰起来，并尝试用语言表达出来。

三、"只因那始终纠缠着我的行走的梦"

郑桂华说："我用十几年的时间完成了从适应课堂到控制课堂再到享受课堂的过程，使语文课成为了我与学生共同成长的生命体。"

1. 郑桂华的课堂是"家常的"

平实自然的"家常味"，是郑桂华的课给人的第一感觉。不做作，不雕琢，从容不迫，扎实自然。自然亲切的微笑是郑桂华永远的名片，她文雅亲和的教态，让学生感到温暖而放松，贴近学情和现场情境的教学设计和随机应变的教学技巧，让人觉得她的教学总是那样妥帖；她上课虽有充足的准备，但是从不固守自己的预设，一切顺其自然；她不但允许学生自由联想、自由表达，她自己讲到动情处，也会浮想联翩，旁逸斜出，会扯出一些让学生心动或者捧腹的"闲话"。不管什么样的学生，在她的课里都变得愿说，能说，会说。她的课学生都能有收获，是实实在在的语文的收获。她的课这种行云流水般的家常味，真实、真切，让人倍感课堂生活的美好。

2. 郑桂华的课堂是"活跃的"

郑桂华的课堂经常是很活跃的。学生发言面很广，即使在高二高三，学生也举手如林。有时候，在讨论一个问题上，学生会纠缠不休，但郑桂华从不打断。曾经有人不解，可她却说："我理想的工作状态是，做学习型教师，在开放自由的课堂中培养活泼生动的人。"她宁可牺牲一堂课的完整性和流畅性，也要满足学生的争论与表达欲望。

3. 郑桂华的课堂是"功利的"

对于考试，郑桂华老师一点也不含糊，甚至有时表现得很"功利"。她别出心裁地把做语文题"变成"做数学题，使原本"神秘"的、令学生困惑的题目变得"明晰"。也许是求学所积累的学养，也许是编书所带来的思维方式，使她比较容易地向学生灌输一种有效的解读文本的思路；从高一年级开始她就交给学生用"画坐标"的方法解读课文，让学生不独在高考时、更在长远的人生旅途受益。

4. 郑桂华的课堂是"课程的"

郑桂华是那种具有较强的课程意识的教师。她知道哪些是要学生记住的，哪些是用来活动的，哪些又是可以用来聊天的。因此，她的课常常"废话"连篇，但又效率极高。她的课，完全是本色课堂、本色语文——学生参与面广，生成性好，即兴发挥随处可见，好像是精心设计的一样。但她从不事先"导演"，她的公开课就是家常课，家常课就是公开课。郑桂华说："我的课，你是随时可以进去听的。"

5. 郑桂华的课堂是"激情的"

郑桂华时时都带着丰富的感情上课。她会用她的语调、她的表情、她的措辞来让学生们感觉到她所要传达的情感。情感是从不疏远人的。所以她的课让人觉得亲切，觉得轻快，觉得自然，觉得惬意，觉得上课并不是一件无趣的事，也不是一件严肃的事，而是一件十分有意思、值得享受的事。难怪她常说："很有享受课堂的感觉。"

总之，听过郑桂华的课，才知道什么叫自然潇洒，才知道什么叫享受工作，才知道什么叫语文老师。郑桂华不仅潜心于语文课程和教学理论的研究与传播，同时还不辞辛苦地奔走于基层学校和中小学课堂，身体力行地推动着语文新课程的教学改革，在实践中实施验证并不断完善自己的教学理论，自觉培育自己的个性风格。她浑然天成，自然真实的课堂教学；她清新甜美，婉转质朴的语文讲座；她点评独到，中肯准确的评课分析；她坦诚无私，春风润物般的授徒品格……使她在语文教育的百花园中格外耀眼。

行行复行行，桂花香满蹊。郑桂华，这位常被学生称为"桂花儿"的老师，正以她桂花的品格，一路行走，一路播撒，让更多的学子和语文人享受着扑面而来的桂花芬芳……

郑逸农

郑逸农，浙江省特级教师，全国语文名师，"非指示性"语文教育的首倡者。浙江师范大学教师教育学院教师，硕士研究生导师。曾任教于浙江省江山中学，省教育厅"5522"名师培养人选、"3322"骨干教师高级访问学者人选。系全国优秀语文教师、全国中语会十佳教改新星。著作有《"非指示性"语文教育初探》、《中学生学习初探》等多种，在《语文建设》等期刊发表教育论文和教学案例近百篇。曾荣获浙江省基础教育教学成果奖一等奖。他认为在文学作品教学中，对于学生的学习，教师不能替代、不能指示：不指示学习目标（学习主题、学习内容），不指示问题答案。要求学生：用自己的心灵去感悟，用自己的观点去判断，用自己的思维去创新，用自己的语言去表达。教师不是明确指示者，甚至不是传授者，只是学习的组织者、引导者和促进者。

涵泳文本，体验阅读快乐

——郑逸农《胡同文化》教学案例研读

郑逸农老师倡导的"非指示性语文教学"我早有耳闻。《胡同文化》这个课例很典型地体现了郑老师的教学主张。该课例并非仅如时下一些教师追求的形式上的"学生主体"与轻松快乐，而是创设情境引导学生解读文本，让学生在老师点拨之下将解读引向深入，主动获取信息、直接体验情感的一个充实的愉快过程，或者说他不仅是让学生在"自由"的课堂中快乐学习，而更追求通过课堂教学让学生获得自主、充实而富有个性的学习体验。

一、这节课最直观的快乐源自让人沉醉的浓浓京韵

《胡同文化》是作家汪曾祺为摄影艺术集《胡同之没》所写的序言，文化内涵深厚，内容与这个时代的江南少年学生距离较远。因此，如果让学生对北京的胡同有种直观的感知，就会一下子抓住学生的兴趣，自然地引出对文本的解读，继而层层推进，去领悟胡同文化的魅力。所以在课堂开始，郑老师就运用多媒体，播放由老北京胡同图片合成的动画课件，让同学们在极具"京"味的歌声中欣赏老北京的胡同。京腔京曲，歌声悠远，韵味醇厚，再加上那发黄的黑白的胡同照片无言的诉说，一种别样的感慨很容易产生，这深深地吸引了学生。从表情中能看出他们在回味着，惊叹着，感受着北京文化那绵绵的艺术魅力，在教学的开始学生就感受到了文化冲击。文化本来是个抽象的内涵极为丰富的概念，通过这个环节，学生有了直观的认识和快乐的体验。

二、最有意义的快乐应当源自积极参与交流和主动获取情感体验

不少教师对学生的自主解读缺乏信心，或者为文本感动不能自已，急于和学生分享自己阅读后的情感体验，于是又把课堂当成自己表演的舞台。这种串讲和串读的课堂可能很有感染力，很有深度，但教师的强势剥夺了学生主动解读的机会，他们最后成了教师与文本交流的旁观者。基于教师精彩解读的快乐体验是被动的，很容易审美疲劳，因而也并非"可持续"的快乐。

郑老师的"快乐语文"充分尊重学生的学习主体地位。无论教师问到的是北京胡同的内容还是胡同文化的内涵，学生都能很快从文本中找到"我们通常说的北京的市民文化，就是指的胡同文化"、"胡同、四合院，是北京市民的居住方式，也是北京市民的文化心态"、"胡同文化是一种封闭的文化"、"北京人也很讲究'处街坊'"、"北京人易于满足"、"北京人爱瞧热闹，但不爱管闲事"、"北京胡同文化的精义是'忍'"之类的答案，从课例中我们明显可以感受到学生已经深入地研读过文本，绝非是课堂上第一次接触，这是高中语文课堂教学取得成功的前提。

课堂需要读者与文本的交流，更需要读者之间的交流，因为前者不局限于课堂，后者依赖特定的时间空间。

"快乐语文"当然离不开教师对课堂的主导。郑老师利用图片和音乐创设情境来消除文本和学生之间的疏离感，这一点很多教师也能做到，郑老师对课堂的高妙主导主要体现在问题设置的梯度。首先是检查学生对文本内容的整体感知和概括，这个问题一般学生基本可以解决，但的确是后面深入分析的基础，让学生表述既是对课后阅读的检查促进，也是帮助学生获取成功的体验，体会语文学习的快乐。其次"对胡同文化的哪个内涵印象最深"，这是一个具有开放特性的问题，学生可以依据自己的体验回答，是对学生主体地位的尊重，可以促成学生与文本的深入对话。对胡同文化的评价，是一个综合性的问题，可以训练学生的思维品质，我们的评价不能脱离作者的评价；一方面，我们留恋胡同文化的宁静悠远醇厚；另一方面，我们也要认识胡同文化的局限及其没落的趋势。

三、最为精彩的还有对语言的品味，这是语文教学的核心内容之一

作者的情感丰富而复杂，很难直白地说出，高明者却能用极简捷的字句含蓄地传递出来，引起读者的共鸣。若是草草读，往往无法完全理解，细加品味揣摩则会心一笑，久而久之，对文字的敏感度和运用文字的技巧也得以提高。这种"快乐语文"是本质的语文，充实且快乐。郑老师先让学生反复读"有窝头，就知足了。大腌萝卜，就不错。小酱萝卜，那还有什么说的"，指导学生揣摩北京胡同居民说这些话时的心态，读出他们的情感，再与"有窝头就好。大腌萝卜，好。小酱萝卜，更好。臭豆腐滴几滴香油。虾米皮熬白菜，最好"比较，感受京味十足的语言魅力。如前所言，郑老师绝不越俎代庖将自己的理解告知学生，而是让学生在对比朗读中品味体会。类似的例子还有对"西风残照，衰草离披，满目荒凉，毫无生气"的品读分析，也让学生明白不同的语体各有其表达的特色和优势。

郑逸农老师《胡同文化》教学实录

学生课前预习，整体感知。

一、序曲

上课铃声过后，教师打开多媒体，屏幕上马上映出古朴的北京胡同，高亢热烈、韵味醇厚的京腔歌曲《故乡是北京》在京韵大鼓的伴奏下袅袅而起，响彻教室。

师：看大家的表情，都被这画面和歌曲深深地吸引住了。感觉怎么样？

生：太美了！太有魅力了！

师：对，古朴辉雅的北京胡同，韵味醇厚的京腔京曲，让我们感受到了北京文

化绵绵的魅力。今天我们学习的是一位文化老人写的京味小品文《胡同文化》。（打上字幕"胡同文化"、汪曾祺肖像及简介。）

师：汪曾祺是江苏高邮人，但他长期生活在北京，生活在北京市民之中，加上他对传统文化情有独钟，所以他的小品文特别有京味儿。他主张"文化休息"，认为读小品文是悠闲的，可以得到有文化气息的健康的休息。因此，我们这节课也要好好地体验一下"快乐语文"。怎么样？

生：（兴趣倍增）好！

师：那就让我们走进北京胡同，感受胡同文化。

二、增长见识

1. 揭题切入

点击鼠标，再次出现"胡同文化"主页。

师：什么是"胡同文化"？请引用作者的一句话回答。

生：（读第5段的句子）"我们通常说的北京的市民文化，就是指的胡同文化。"

（用此法切入，一来可激发学生的思维，快速找到"文眼"，提取精要；二来可避免从第1段就开始讲。）

师：对。那作者为什么用"胡同"做定语，而不用诸如"草原"、"水乡"之类的词语呢？请再引用书上的话回答。

生：（仍读第5段的句子）因为"胡同、四合院，是北京市民的居住方式，也是北京市民的文化心态"。

（从"胡同文化"转到"胡同"，自然地转到了第1-4段的内容。）

2. 胡同

师：作者在1-4段向我们介绍了北京胡同的哪些内容？请引用段中的关键句回答。（学生回答略）

（意在落实单元学习重点"概括要点，提取精要"；同时避免了串读串讲。其中第三段没有关键句，引导学生自行概括。）

3. 胡同文化

师：（引导学生从胡同过渡到胡同文化）一方水土养育一方百姓，北京胡同造就了特有的胡同文化。让我们看看北京人的胡同文化是什么样的。

先请同学们分小组朗读。配上平和醇厚的京曲，请大家尽可能读出韵味来。（生朗读略）

师：作者以他深邃的洞察力，全面概括了胡同文化的内涵。找找文中的关键句，提取精要，说说胡同文化的内涵有哪些。

生："胡同文化是一种封闭的文化"；"北京人也很讲究'处街坊'"；"北

京人易于满足"；"北京人爱瞧热闹，但不爱管闲事"；"北京胡同文化的精义是'忍'"。

师：这么多个内涵，你印象最深的是哪个？下而自由发言，不拘一格，谈谈你的感受、你的理解。

生1：我印象最深的是它的封闭性。我们国家曾经历的封建社会太长了，一直处在闭关锁国的状态，身为五百年古都的北京就成了其中的代表。你看人家美国人，一辈子起码要搬四五次家，而我们却是"安土重迁"，不大愿意搬家。封闭的思想必将带来观念上的保守与落后，我们现在虽然"入世"了，国门打开了，不再闭关锁国了，但我们的思想观念基本上还是封闭的，所以要跟上世界步伐，首先要解决的就是思想观念问题。

师：说得够深刻的。

生2：我印象最深的是"处街坊"这一节。他们表面上是有来有往，礼尚往来，可"平常日子""过往不多"。可见他们的来往仅仅是一种礼节上的应酬，他们的内心还是封闭的。

师：你能够透过现象看本质。

生3：我印象最深的则是他们爱瞧热闹不爱管闲事。这挺让我到意外的。

师：为什么？

生3：毕竟北京是民主运动的策源地呀！

师：对，看似矛盾，可仔细想想，又在情理之中。你能解释吗？

生4：我想出来了！那是因为他们生活在首都——不对，古代应该称京城。

师：对！生活在皇城根下。

生：（众）生活在皇帝的眼皮底下！

师：越说越清楚了。

生4：所以他们不敢轻举妄动。

师：否则——

生4：否则随时都有杀头的危险，所以他们只能忍！

师：所以北京胡同文化的精义是一个字——

生：（齐声）忍！

师：对极了！

师：那我们该怎样评价这个"忍"呢？

生5：那个时候"忍"是他们的生存法则，以"忍"为上，明哲保身。

师：是的，任何现象的出现都有其历史背景、社会原因，所以西方一位哲人说，存在的就是合理的。

生5：但也正因为明哲保身，敢于站出来者少，所以我们的封建社会缺少活力，政治变革少，社会发展慢。现在，对于我们这一代人来说，生活小事上应提倡"忍"，这样人际才和谐，社会才和睦；但对于社会上的不良现象，我们不该"忍"，不该袖手旁观，而应见义勇为，否则我们的社会就没有正气；对于国家利益，我们更应该有主动积极的爱国热情，要像海空卫士王伟那样，勇于维护我们国家的尊严即使牺牲生命也在所不惜。

师：对。鲁迅留学日本时曾写过这样的感人诗句：寄意寒星荃不察——

生：（众）我以我血荐轩辕。

师：刚才这位同学说得不但辩证，而且感人。

师：另外，北京人也有一个极大的优点，你们发现了吗？

生6：北京人易于满足。

师：对。作者有几句非常典型的细节描写，你能念念吗？要念出韵味来，念出北京人的满足感和得意劲来。

（好的语言需要引导学生品味、涵泳，而且要与课文内容的理解、语言环境的感受融为一体，如果按常规在课文内容分析完后才单独分析语言，效果会打折扣。）

生6：（语速较快）"有窝头，就知足了。大腌萝卜，就不错。小酱萝卜，那还有什么说的。臭豆腐滴几滴香油，可以待姑奶奶。虾米皮熬白菜，嘿！"

（其他同学笑。读得太平淡无味了。）

师：从同学的笑声中，就可发现问题了。要读出韵味，读出北京人的满足感和得意劲来。特别是最后一个字，不能按常规读法念去声，应把这个音拉长，并且把声调往上提。请大家推荐一位同学来朗读。（朗读略）

师：接下来让我们再齐声朗读一遍，读出韵味，读出满足感和得意劲，好好品味京味儿语言的魅力。

（众生朗读。引导每个人在朗读中领悟内涵，感受魅力，并掌握朗读技巧。）

师：品味出京味儿语言的魅力了吗？

生：有点儿。

师：那我再让各位"多点儿"。请齐读屏幕上的话。

（屏幕打出：有窝头，就较好。大腌萝卜，好。小酱萝卜，更好。臭豆腐滴几滴香油，很好。虾米皮熬白菜，最好。）

生：（边读边笑，最后大笑。）

师：笑什么呢？笑它好还是不好？

生：（齐声）不好！

师：怎么个不好？

生1：呆板，单调。

师2：不活泼，没有生活气息。

生3：也不风趣。

师：被你们批评得一无是处了。不过这么一对比，京味儿语言的魅力应该品味出来了吧？

（笑）还只是一点儿吗？

生1：多乎哉，很多也！

生2：汪老先生真是语言大师。

师：一点儿没错！这位文化老人对传统文化有着很深的感情。让我们也带上感情，并带上我们刚才对胡同文化内涵的理解，再次朗读一下这些段落。这次朗读的方式是：以小组（6人）为单位，每人选一段自己较满意的读给小组成员听，然后互相评点。

（于是教室里再次书声琅琅，气氛活泼。）

师：（把学生引向课文的结尾部分）"作者对北京胡同、北京胡同文化的感情集中体现在哪几段？"

生：最后三段。

师：对。那就让我们来看看文章的最后三段。

（自然地从"增长知识"板块转到了"体验感情"部分）

三、体验感情

师：请大家齐读第13段，朗读时要能进入作者的感情世界，读出韵味来。（众生读）

师：读得比较深沉。基本上读出了作者的感情。请把最后几个短语再齐读一遍，细细品味其中的感情。

生："西风残照，衰草离披，满目荒凉，毫无生气。"

（比上一回低沉）

师：这次读得更到位些。这几句语言有什么特点？和前面写北京人"易于满足"一节是同样的语言风格吗？

生：不一样。前面是北京市民的口头语言，这里却是典雅的书面语言。

师：对。这是书卷气很浓的语言。如果将它们换成和前面一样的口语，怎么换？效果如何？试试看。

（学生在座位上七嘴八舌地说着，然后让几位同学起来说。）

生1："那种衰落的样子，还有什么说的。"

师：京味到家了！

生2："那荒凉的景象，真没得说。"

师：好是好，但与上句没啥区别，而且似乎还有些高兴的成分。（生笑）

生3："那片衰败，确实很惨。"

师：是口语，但不是典型的京味。

生：……

师：没关系，上面同学讲的两句话已经可以供我们比较了。看看它们的表达效果有何不同？

生1：口语放在这里一点表现力都没有了。

生2：没有意蕴，没有回味。

生3：更没有形象，无法让人联想开来。

师：是的。作者在这里连用四个书面短语，生动形象，而且意蕴悠长，感伤惆怅之情扑面而来。

师：学了汪曾祺先生两处不同的语言风格后，有什么启发或感受？请随口说说。

生1：什么地方用什么语言，要根据语言环境来定。

生2：要写出好文章，就必须掌握多样化的语言。

生3：语言要雅俗兼有，能雅能俗。

师：说得很好。汪曾祺老先生为我们提供了极好的语言范例，使我们受益匪浅。

（再次将语言融在内容的分析中学习）

师：再往下。面对如此衰败没落的景象，作者用了哪些词语表达他的心情？请从下一段找出三个词语。

生：（较整齐）怀旧，伤感，无可奈何。

师：这三个词加在一起，是不是说明汪曾祺老先生是一个跟不上时代的遗老，一个抱残守缺的保守派？

生：（不知怎么回答好）

师：（引导）让我们看看本段的下一句："在商品经济大潮的席卷之下，胡同和胡同文化总有一天会消失的。"再听听汪曾祺在另一篇文章《日子就这么过来了》中的话："过去的终归要过去，这是无可奈何的事。""在无可奈何之中，更有新的希望在生长。"

生：面对现实，作者也有他理智的一面，超脱的一面。

师：非常正确。（趁此引向末段）一旦准确理解了汪老先生的心情，就容易领会他在结尾句中流露出的感情基调。请大家用快、中、慢三种语速齐声朗读结尾句，体味一下三种语速表现的三种不同感情。（传授朗读技巧）可以读得夸张一点，快速的更快，慢速的更慢，这样容易体会、比较。

生：（快速）再见吧，胡同。

生：（中速）再—见—吧，胡—同。

生：（慢速）再——见——吧，胡——同。

（读完后大笑）

师：看来我们已经品味出三种不同的感情基调了。快速的表示什么感情？

生：欢快，轻松。

师：中速呢？

生：认真，郑重其事。

生：有悲有喜，复杂多样。

师：慢速呢？

生：沉痛。

生：悲凉。

师：那么本文该用什么语速朗读才得体呢？

生：中速。

师：非常正确！请用中速再朗读一遍。

生：（中速）再—见—吧，胡—同。

（品味涵泳，是学习语言的基本方法。课文中任何一处精彩的语言，都不能放过，都要"做足文章"。）

四、小结扩展

师：（回顾"快乐语文"）这节课，我们在快乐的氛围中增长了见识，了解了北京胡同的特点和胡同文化的内涵，感受到了汪老先生京味语言的醇厚魅力，也体验到了北京市民的散淡平和自足及作者的怀旧感伤与超脱理智。开始我们就说，要把这堂课上成"快乐语文"课，各位感受到快乐了吗？

生：（笑）感受到了。

师：北京对我们来说很亲切，但也很遥远。下面我们由远及近，联系一下我们南方的，我们家乡的地域文化。

我国南方有这样一个古镇，地理位置十分重要，是京城通往福建沿海的唯一陆上通道。历代官兵防守严密，南北商贾络绎不绝。这里山清水秀，景色迷人，来往的商旅及驻军抵制不住诱惑，纷纷定居下来，于是这个古镇人丁兴旺，阜盛繁华。由于地处在大山深处，至今还保存着大规模的明清古建筑群，引起了国内众多专家的关注。

这个古镇叫什么呢？

生：（议论纷纷。然后有人大声说出）廿八都！

师：对。远在天边，近在眼前，她就是我们江山市的廿八都镇。先请大家看一段中央电视台的报道。（同学哗然。教师点击多媒体，播放中央电视台"新闻30分"的报道，内容略。）

师：电视报道的末句说："民俗学者考证，这个古建筑群最为可贵的地方，在于她是多种文化的有机融合。"（紧接着问）为什么她是多种文化的有机融合呢？

生：因为居民来自各地。

师：是的。廿八都的居民除了当地土著外，大多是来自各地的商旅和驻军的后裔。

古镇四千余人，却有 132 种姓氏，9 种方言。历史形成的移民现象，使古镇民风民俗极具个性，丰富多彩，与我们江山市其他地区的民风民俗完全不同，专家学者称她为"文化飞地"。

（生颇为惊讶）

师：我们身为江山人，对这个远离县城、处在大山深处披着神秘面纱的古镇了解得却不多。还想了解吗？

生：（齐声）想！

师：好的。提起古代十大名关，我们都会想起嘉峪关、山海关、函谷关，殊不知廿八都镇南端的枫岭关也是我国古代十大名关之一。历史上有"操七闽之关键，筑两浙之藩篱"之称。

生：太奇妙了！

师：历史上的一位民族英雄曾在此驻扎过，知道是谁吗？（众生摇头）

师：他就是明代赫赫有名的郑成功。郑成功和他的父亲曾驻扎于此，并留下了"猎岭晴岚"的遗踪。（生惊讶）

师：廿八都的出现与另一位名人直接相关。他是谁呢？

生：（齐声）黄巢！

师：对，是黄巢。自从黄巢"刊山七百趋福州"，开辟仙霞古道后，廿八都开始兴起。这里的不少居民还是当年黄巢起义军的后代呢！他们中不少是河南人，至今还有踩高跷的民间习俗。（众生点头）

师：还想了解吗？

生：（齐声）想！

师：但我不说了。留着你们自己去研究吧。（生笑）我们正在开设研究性学习课。想把廿八都列为我们班研究性学习的课题吗？

生：（齐声）想！

师：好的。现在就分组，以十人为一小组。请各小组讨论一下，准备研究哪个方面哪个角度。廿八都古文化可以从多方面多角度进行研究。

（各组展开热烈讨论，五分钟左右。）

师：现在，请各小组长介绍一下本组的课题名称，同时请大家推荐一位打字速度快的同学上来，将各组的课题名称即时打上屏幕。

小组 1：黄巢当年怎么开辟廿八都的，起义军人马是怎么留下来的。

小组 2：郑成功在廿八都的时间及活动情况。

小组 3：商旅留在廿八都的主要是哪些地方的人？什么时候是高潮？

小组 4：驻军中的人是怎么留下来的？现在主要分布在哪些街道或村落？

小组 5：廿八都的特色食品"铜锣糕"考证。

师：课题都列得像模像样。但我发现一个问题：古建筑群竟没有一个小组来研究，怎么回事？

生：因为专家已在大规模研究，中央台已经报道过了。

师：（笑）所以你们专挑中央台没报道过的，到时候好报道一下，是吗？（生笑）课题具体的完成时间、研究方式、成果形式等等，还需要再细化，我们在下节课专门组织交流。

下课。

宁静为人，宁静为师
——郑逸农"非指示性语文"教学之路探析

郑逸农老师坚持"非指示性"教学研究多年，创造性地提出了"二不""四自"语文教学主张和教学模式。他认为语文教学特别是文学作品的阅读教学，对于学生的学习，教师不能替代、不能指示，而要最大限度地落实学生的主体地位；在"非指示性"教学中，教师非但不是指示者，甚至不是传授者，只能是学习的组织者、引导者和促进者；教师要学会在教学中"隐逸自己"，甚至"蒸发自己"。

一、让语文的柔媚之光照进每个学生的心灵

郑逸农特殊的成长之路，促使他对个体生命有着极为强烈的感觉和体悟，对文学作品纤细的感受力，更深化了他的这种感觉与体悟。这种对个体生命的独特感觉和体悟，让郑逸农对那些体现个体生命的"悲情诗文"往往情不能自已。这种对文学的敏感体验，深深地影响了他的教学思想的形成和教学行为的变化。他时时提醒自己："我是语文教师，我应该让语文的柔媚之光照进每个学生的心灵，让学生富有纤细的感受力、丰富的想象力和鲜活的创造力。"

1. 被迫突围

郑逸农出生在上世纪 60 年代中期，在兄弟姐妹中排行最小，没有吃过什么苦，童年和少年都过得十分顺利，既没有大悲，也没有大喜。成长之路上也没有特别的关注和特别的期望，但是严重的偏科给他留下了浓重的心理阴影。高考时，因一分之差而与本科无缘，在落寞中进了浙江师范大学，毕业后只能下乡执教。

1987 年，郑逸农回到了故乡，平静地走上了中学讲台，成了家庭成员中的第七名教师。那时的他，心里谈不上有什么成名成家的大志，只知道从眼前做起，踏实工作。于是，有了一次次夜深人静时的备课，有了一回回带着作文本回家度周末的经历。当然，他也并不觉得苦，夜深人静时备课，会有蛙声相伴；周末在家批改作文时，

似乎可爱的学生仍在眼前。

到了高三，和学生们一起一下子沉入题海，这才让他感到教书原来是这么辛苦。没完没了的高考模拟卷一张接一张，枯燥乏味不说，单是"标准化"试题就让他倍感"毫不标准"而力不从心，于是干脆照着"标准答案"编理由，然后神气十足地走进教室，侃侃而谈。可有时竟冷不丁冒出几个"不听话"学生质疑找茬，使他陷入窘境。

花开花落中，教了8届高三毕业班的郑逸农，自豪之余突然发现，这么多年一刻也没闲过。没时间反思，没时间整理，一直陪着学生在题海中沉浮，当着"游泳教练"，把一批批学生送到对岸，走进新校园，成了大学生，而他自己却只成了一名熟练的机械操作工，一个庸俗的教书匠，把语文教育这一拉小提琴式的艺术工作做成了拉大锯的机械工作。这让他心里充满了无限的悲哀。

悲哀之余，郑逸农开始逼迫自己去反思：

语文，应包括语言和文学。汉语言是充满魅力、充满人性之美的；文学作品则凝聚着作者的灵性和思想。两者结合，会放射出语文的柔媚之光，一旦照进人的心灵，就会产生巨大的人文魅力，并内化为一个人的情感、思想和素养，激发出一个人的想象力和创造力。可是以往，自己是不是把她肢解成浅薄的技艺之学了呢？

终于，郑逸农找到了自己的探索方向："我应该把语文的柔媚之光照进每个学生的心灵，让他们也用纤细的感觉去体会自然，用博爱的心灵去感悟生活，给自然赋上生命情感，给生活添上温馨情怀，使之散发出生命的气息，流动出人性的魅力。这样学生便能时时体验着感动，享受着美丽的笑和充满魅力的泪。"

2. 理论支撑

对心理学的热爱，使郑逸农在教学和研究的原点上就有了科学理论的支撑。

早年求学的特殊经历，使他对于个体与个性的关注成为一种心理习惯。在众多的教育心理学理论中，人本主义心理学家罗杰斯的理论给了他很深地影响和启发。

罗杰斯认为，每个人都有优良的潜能，都有成长与发展的天性，只要条件许可，都可以发展成为个性健全、富于创造的人；教育的作用就是创设一个宽松、自由、平等、民主的学习环境，让学生的天性自然地流露出来，主动地发挥自己的潜能，愉快地、创造性地进行学习。罗杰斯的学生坦恩鲍姆博士将此概括为"非指导性"教学。一是教学无固定结构。教师和学生对整个教学过程的进行无设计、无安排、无组织，教学完全在一种无拘无束的自由气氛中进行。二是教学无固定内容。教师不向学生提任何要求，课堂上只有学生随心所欲、不着边际的自由漫谈。大家谈的都是自己的想法，既不来自书本，也不来自教师或权威人士的思想。三是教师不作任何指导。不讲课，不提问，不评定学生，不干预学生的任何活动，只是认真地倾听每一个学生的发言，以一种既友好、又随便的态度与学生坐在一起。

据此，郑逸农开始了"非指示性"教育教学的实践探索。

3. 实践探索

郑逸农从参加工作时起就开始担任班主任，他像许多年轻教师一样把"严师出高徒"的理念奉为圭臬，但是他渐渐地意识到这种物化的"指示式"管理，是对学生生命活力的扼杀。于是他大胆尝试实施"非指示性"班级管理：不指示做什么，不指示怎么做，由班委自主、自由、自信地开展工作。从竞选班长和干部轮换制度入手，进行了一系列的班级管理工作的改革，在个体生命活力得到展现的同时，班级的生命活力也得到了激发。班级管理出乎意料的成功极大地激发了他彻底改革教学现状的信心和决心。

在经历了十三年静态的、预设的指示和灌输后，他决定改变教学方式，由教师主宰转向学生自主，由"指示"转向"对话"，师生间互为老师，相互教育。在充分的酝酿和策划之后，他决定从阅读教学入手，展开"非指示性"语文教学的尝试。在一个春光明媚的下午，他执教的《荷花淀》拉开了"非指示性"教学改革的序幕。

4. 模式建构

郑逸农一方面大胆地将罗杰斯学派的教育理论运用于教学实践，另一方面又果断地将该理论中"绝对不指导"的极端做法做了适当的修正与整合，逐渐形成了"非指示性教学"的理念和模式。

（1）非指示性语文教学的"二不""四自"原则

"二不"。"不指示学习目标"，教师对学生的课堂学习内容和目标不作单向性的预设，不以教师的判断代替学生的思考，而让学生在课堂上自主（或独立或共同）选择适合自己的学习内容，自主确定和生成学习目标。"不指示问题答案"，教师不对问题答案作现成的标准化的灌输，而让学生在生生之间、师生之间、师生与文本之间的多重对话中，自主探究和建构问题答案。

"四自"。让学生用自己的心灵去感悟，用自己的观点去判断，用自己的思维去创新，用自己的语言去表达。"四自"的根本就是要唤醒学生的生命自觉意识，实现自主成长。

（2）非指示性语文教学的基本模式

非指示性教学的常式为：教师激趣导入；学生初读文本，并说说各自的初读感受（即原初体验）；学生再读文本，自主（或独立或共同）确定学习主题（内容、目标）；学生围绕学习主题，研读欣赏；学生交流研读心得，并提出问题，现场讨论；教师补充提问，并介绍自己和专家、研究者的研读心得；学生聚焦优美的语句美读品味；每人反省自己的学习得失，并提出调整对策；教师提供课外作品，让学生比较阅读，拓展深化；下课前每人说一句结束语，总结本次学习的感受与收获；教师推荐课外阅读篇目。这种教学模式，教师不是把自己对于课文的理解直接呈现给学生，不代替学生去感受，而是让学生主动地、独立地去寻找，去感受，让他们自己去体会心灵的自由、思想的快乐和创造的成果。

在一片惊奇赞赏与争议声中，郑老师和他的"非指示性教学"逐渐成熟，渐渐走出校园，走出浙江，走向全国，成为一个重要的教学流派。

二、把人当做人

郑逸农说："我搞'非指示性'教育，绝不是为了哗众取宠，为了个人的名利，而是出于对学生个体生命的尊重，出于我对教育的热爱。"其"非指示性"语文教育的核心命题就是"把人当做人"，蕴含着三层要义：师生平等，真诚对话，自主成长。

1. 师生平等

"把人当做人"，就意味着师生之间是平等的，他们有平等的人格，平等的生命。郑逸农指出，教师要尊重学生的人格，尊重学生的生命，尊重并发挥学生的个性和创造性，让学生充分展示自己的生命活力，感受自己青春的涌动和生命的成长；和学生一起讨论问题，一起交流阅读感受，一起背课文名篇，一起写课文赏评。平等的参与，往往伴随着相互欣赏，伴随着师生的共同成长。

2. 真诚对话

"把人当做人"，就意味着师生之间应真诚对话。"非指示性"教育既不是"教师中心"下的"指示"教育，也不是"学生中心"下的"非指导性"教育，而是师生平等下的对话教育。郑逸农明确指出，师生之间要通过真诚对话，相互教育，共同成长；因为教学过程是师生双方共同发生转变的过程，在整个过程中，没有人是真理的化身，而每个人都有理解的权利。

3. 自主成长

"把人当做人"，不仅意味着把学生当做平等的人、对话的人，还意味着把学生当做自主成长的人。郑逸农"非指示性"教育中所倡导的"二不""四自"原则，目的就是要促进学生的自主成长。他要让语文课堂成为春天的小溪，不时激荡出生命的活力。

回首走过的路，郑逸农说：我并不是一个博学的人，但是我善于从关注个体生命的角度去思考教育教学；我的心愿就是让"非指示性"教育理念从语文走向所有学科，成为新世纪一个基本的教育理念；我的目标是"宁静为学，宁静为人，做一名终生与学生相伴的教师"。

宁静以致远。

愿郑老师在宁静而执着地追求中越走越远，不断地给语文给教育带来非指示性的惊喜和非指示性的精彩……

朱震国

朱震国，全国著名情感派语文名师。上海市杨浦高级中学语文特级教师。"语文报杯"全国中青年教师课堂教学大赛一等奖获得者，全国语文教学艺术研究会常务理事，上海教育电视台特邀主持，上海市演讲学会理事。1992 年曾赴日本京都教育大学研修学习。著作有《散文阅读技巧》、《高中生写作技巧训练》、《让您的朗读更动听——中小学语文课文朗读技巧指导》等。教学实录有《上海名师课堂·朱震国卷》、音像作品《中国名师·朱震国教学专辑》等。朱老师的朗读艺术堪称一绝，朗读教学指导独树一帜，他热情机智的"追问"能有效地调动课堂气氛，激发学生的学习兴趣。他富有个性的教学模式为"五个一"：看一遍课文、提一个问题、说一说感受、读一段文章、做一张卷子。他的阅读教学主张是："积极开放心态，努力激活心智，拨动心弦情声，讲究诗情画意，不可缺少新意。"近年来他在全国各地讲学获得广泛好评。

直抵心灵深处的语文课堂

——朱震国《星期一早晨的奇迹》教学案例研读

听朱震国老师的课，给人的最大感受就是轻松、愉悦，从 2006 年杭州"激情演绎 本色语文"上的《变色龙》，到 2008 年南京"新课程 新精彩 新走向"上的《白色方糖》，朱老师的课已经深深的抵进我的心灵。这次有幸细细品味他执教的《星期一早晨的奇迹》，再次被朱老师的"星期一早晨奇迹"般的风采所震撼。

《星期一早晨的奇迹》是一篇看似浅显的美文，却深刻地象征了现实生活中许许多多"不成文的规矩"，它提醒人们不要忘记自己内心深处还有一个"存放爱的地方"，要有勇气去打破那些不合理的所谓的规矩，希望建设一个人与人之间互相关爱的和谐相处的世界，以此来弘扬人性人情之美。

执教这篇"美文"，朱老师采用的是"朴实、本色"的课堂教学。他似乎在有意的回避"新、奇、趣"，一切都在平平淡淡中完成，课堂上，他没有设计什么精彩的导入语，用"大白话"交代课题，直截了当地进入课文的学习，师生之间平等交流，给人感觉纯粹是"随意"、"自然"。他一直在传统语文与现代语文的比较综合中寻找到语文教学的内核，即那些符合语文教学规律、能够体现语文教学之本的东西。

整个课堂结构是非常完整的，其流畅程度让人佩服。既对学生进行听、说、读、写的基本训练，又展示新课标倡导的自主、合作、探究的新理念。从内容到形式，步步精妙得当。一上课的提问"重音落在哪个词上"，抓住课题中的"奇迹"一步一步地引导学生去深入研究文本，当得到同学们关于"星期一到校上课的心情是伤心的"这一回答后，又适时将"伤心"改为"灰暗"，显示出老师对字词的理解和驾驭能力。之后对"规矩"一词的品析，继而完成对"约定俗成"的理解，逐步导向了人与人之间的关系上，将"他们用报纸在彼此间制造了天涯"一句的含义诠释得淋漓尽致。可以说，文本的把握和理解，必须依赖于对词语、句子的体悟，朱老师在对文字本身的细细的咀嚼上下足了功夫，透过文本的文字深刻地体会到作者渗透的情感。

新课程强调师生平等对话，通过自由对话，达到问题解决、知识构建、能力提升、人格完善的目的。在本课教学中，朱老师以自己真诚的微笑面对每一位学生，让学生真正地放松，并且在设疑之后反复鼓励学生大胆发言，让他们有一句说一句，让每位学生都有对话的时间和机会，充分体现了学生的主体地位。在这节课中，老师于不经意间引导着学生沿着文本的结构脉络，去深入理解、感悟情感。抓住"奇迹"一词，这等于抓住了文本的线索，理解了"奇迹"其实也就理解了整个事件情节所表达的主题。接着朱老师设问："在课文的前三段文字中，你认为哪一个句子，哪一个词语，哪一个细节，使你感到心里不舒服，产生了压抑的感觉？"这一问题将学生引入到文本前三段的研读之中，明白了"压抑"感的由来，希望打破这种"规矩"，冲出这种"束缚"，求得人性、人情、人生的美的愿望也就油然而生了。在理解了压抑之后，老师并没有顺着课文的自然段落教下去，而是把学生引入到后三段的阅读理解之中，启发学生理解了欢笑的内在含义。这最后三段跟前三段相比，显然是180度的改变，压抑的心情得到完全释放。

新课程强调语文课堂应该充满琅琅书声，语文的课堂应该是"响亮"的，只有"读"占鳌头才能"读"出心裁。阅读教学，要"阅"，更要"读"，只有多读，在读中进行感悟，才能更好地体味文章的内涵，领会作者的感情。在这节课中，朱老师将教学着力点放在了课文的朗读上。老师注重学生的读，从个别读、散读、范读的过程中，让学生真正沉浸到文本中去，体悟作者的思想感情。首先是读题目，在抓住重音的同时，也抓住了文章的关键所在，这就是"奇迹"，接着是让学生个别读课文的前三个段落，从这三段文字的朗读上，感受到这三段文字的感觉——"压抑"，之后是落实到读句上："这句话应该怎么读？重音落在哪里？"通过对具体句子的朗读指导，使学生理解了文章的内涵。最后是朱老师的配乐范读，让学生在已经把握文本的基础上再次体会文本蕴涵的情感，这在一定程度上起到了画龙点睛的作用，让学生再次跟随老师的声音和情感亲近了文本。

这堂课最大的特点就是：师生之间亲切的、无拘无束的交流，这也是朱老师课堂教学一贯的风格和特色所在。整堂课自始至终都在师生融洽的谈话中进行着，给听课老师的感觉是老师在"随意"的完成教学任务，而学生则赢得了充分的思考和活动的时间，充分体现了新课标"以学生为本"的教育理念，营造了民主、和谐的课堂气氛。在探索"以学生为本"的课堂教学过程中，教学应该以学生的实际为起点，朱老师在课堂上就体现了这一"起点"。首先，通过朱老师的课，我们能够感觉到，他在备课时，就把自己当学生去研读课文，设想学生在阅读这篇课文时可能出现的兴奋点或疑难点。其次，他充分尊重了学生已有的生活体验和认知水平，因为设置的教学"高度"都在学生生活体验范围之中。在课堂中，朱老师用自己的亲切，营造了一种"对话情境"，这里所说的"对话"，不仅仅是指教师和学生通过语言进行的讨论、交流或是共鸣，而主要是师生之间平等的心灵沟通，这种"对话"，师生的心灵彼此敞开着，随时接纳对方的心灵，也是一种彼此的"倾听"，这种对话情境的营造，使得课堂就像是朋友之间在聊天，给学生最大的享受。

朱老师的语文课是直抵心灵深处的。他的课堂可以用"实"、"活"、"美"三个字来概括。课堂上师生思维密度大，教得实在，能够融洽"教"与"学"的关系。同时，这个课堂是"活"的课堂，教材处理的活，学生调动的活，真正做到了"活教"、"教活"。在课堂上，他已经将教学内容与教学形式、教学手段有机地融为一体了。他的教学已经不再停留在具体的教学方式手段的组织上，而是教学方式的艺术化上，给人一种美的享受。听朱老师的语文课，无法做笔记，因为你早已沉醉在他的课堂中无法自拔了。

　　总之，在这堂课里，飞舞着的是他对教育的思考，对教学的激情与智慧，让我们看到了朱老师驾驭课堂的潇洒、自如。他的课堂，真正体现了新课标理念，成了我们今后教学努力的方向。

　　当然，我觉得这节课"预设"的痕迹过于重了些，课堂"生成"的东西少了些。教师过多的张扬与施展，挤压了学生独立思考和自主学习的时间和空间；步步紧逼的"追问"使学生喘不过气来，给人的感觉是学生一直是在老师的"牵引"下学习的，学生自由感悟少了些；再就是学生的表现太过于"完美"了，可能是学生素质优异，加之朱老师魔术般的点化所致吧。

朱震国老师《星期一早晨的奇迹》教学实录

　　师：早上好！同学们，这节课我们学习的课文题目叫——（学生齐读课题）重音落在哪个词上？

　　生：奇迹。

　　师：对，请大声地再读一遍。

　　好的，声音响亮。现在请同学们也这样大声地各自散读一遍课文。读完后，请大家回答一个问题：奇迹为什么会发生在星期一的早晨？好，请各位同学大声散读课文。开始——

　　（学生散读课文）

　　师：大家读得很认真，接下来该回答问题了：奇迹发生在星期一的早晨，你说大概会是什么原因呢？

　　生：大概星期一是新一周的第一天吧。

　　师：我们同学星期一到学校上课心情怎么样？

　　生：我个人意见：我非常伤心。（笑声）因为放了两天假，然后要投入到紧张的学习当中，不由得非常伤心。（笑声）

　　师：那你说大人们去上班时会是怎样的心情？

　　生：可能也会有点不愿意吧。

　　师：我给你改一个词，你说是"伤心"，用"灰暗"好不好？

　　生：同意。（笑声）

　　师：同学们，星期一的早晨，人们的心情有点灰暗。那么，在这个灰暗的星期一早晨发生了一个什么样的故事呢？请哪位同学为我们朗读一下课文的前三个小节？哪位自告奋勇？

　　（一男生举手，朗读课文。）

　　师：你的勇气我很赞赏。（对一学生）你认为这位同学读得怎么样？

　　生：很有感情。

师：是的，我也有同感，但我还是觉得似乎有些压抑了，你说呢？

生：那是因为这篇文章给人一种很压抑的感觉。

师：哦，文字本身是压抑的！嗯，很有道理。

刚才我们同学说了，星期一早晨的心情本来就带着灰暗，这会儿又从文字中读出了压抑的感觉，能不能请同学告诉我，课文的前三节文字中，你认为哪一个句子，哪一个词语，哪一个细节，使你感到心里不舒服，产生了压抑？

（学生纷纷举例回答）

师：同学们可真是火眼金睛啊！从短短的三小节文字中居然找到了这么多压抑：在车窗外看到了枯干的树枝和溅满了泥水的来往车辆，车厢里看到的是"笨重如牛"的乘客，还听到了"单调乏味的引擎声"，体会到了一种"窒息燥热"的感觉，不是因为气温热，而是因为心里的冷漠。窗外的风景很美，但是乘客们宁可看报纸也不看一眼窗外。从文章里，你能否看出乘客们看报纸还有一个什么原因？

生：（甲）还有一个原因是为了躲避邻座的目光。

生：（乙）不想跟别人……搭话。

师：他们为什么要这样？

生："这是芝加哥人坐车来往时的一条不成文的规矩。"

师：哦，对了，同学们，规矩，"规矩"是什么意思呢？

生：必须要遵守的不成文的规则。

生：没有什么地方规定过，也没有什么人宣布过，但是大家就这么做了，不能违背的。

师：如果违背了会怎么样呢？

生：那就会被人笑话，当做另类。

师：好的，于是这些乘客们为了不破坏"规矩"，他们是怎么做的？

生："把自己藏在报纸的背后！"

师：同学们，一张薄薄的报纸起到了什么作用？文本上怎么写的？

生：他们用报纸造出了"天涯"！

师："天涯"是多远的距离？

生：无法计算的远距离！

师：是的，就是这样的一个星期一的早晨，各位同学，按你的感觉，你觉得用哪一个形容词来形容它比较恰当？

（众学生纷纷：郁闷、无聊、没有生气、没劲、讨厌、死气沉沉……）

师：是啊，这样的一个星期一早晨谁也不会喜欢，连文章的作者他也不喜欢。现在，请同学们把课文的最后三小节散读一下，开始——课文的倒数第三节，我把它改了一下，请大家看看，感觉是不是有些不同？

（课件：原句：我听到了欢笑。一种在 151 号车上从未听到过的温暖悦耳的欢笑。改句：151 号车上传出了一阵热闹的笑声。）

（学生讨论、比较。）

师：（归纳小结）同学们说得都很好：①改句是客观地陈述，原句是主观地描述，说话人的立场角度不一样；②"热闹"是听觉感受，"温暖"则是心理感受，感觉的部位不一样；③"从未听到过"这五个字强调了一种由衷的喜悦。所以，还是原句的写法要好得多。

师：如果说课文的前三小节是压抑的，那么现在请大家告诉我：刚才你从课文最后三小节这些文字中读到了一些什么感觉？

（众学生纷纷：愉快的、欢乐的、开心的、起死回生、心情开朗的……）

师：原先是压抑的，现在得到了释放，有了欢笑和温暖的感觉。

你能不能在倒数第二节里边找到说明课文中的那位"我"和先前开头时候的感觉完全不一样之处，而发生了180度的改变，你能发现找到这些地方吗？

生：他观察到别的车上的乘客像雕像一样毫无生气，对"我那辆车"充满了自豪。

师：这句话应该怎么读？重音落在哪里？

生：重音落在"我"字上。

师：大家一起读！

（学生齐读）

生：他还和邻座说再见，微笑着目送"我那辆车"，真是好得不能再好了！

师："好得不能再好。"请问他的这番好心情会给他的这一天，会给他的生活带来哪些"好"处呢？我们同学替他想一想，可以吗？

生：上班心情好，留给老板印象好。

师：他还会对同事微笑，和他们打招呼。

师：把这种欢乐传递给更多的人，让更多的人心情都愉快起来。

生：我引用广告语——"心情好，一切都好。"

师：这话真好。（笑声）

生：好的心情、好的开端是成功的一半。会给他的事业带来飞跃。

生：还能教会他怎样与人相处，他以后每天乘车都会带动其他人……欢乐蹦蹦跳。
（笑声）

师：真是好得不能再好了！

同学们，从课文前三节到最后三节，这其中发生的巨大的变化。我们只有用哪一个词才能表明我们对它的感觉？

生：奇迹。

师：对，奇迹！只有"奇迹"这个词才能形容，才能表明我们对它的感觉。但是，似乎直到目前为止，我们还不知道这个奇迹是怎么发生的？谁能告诉我吗？

生：是在司机的命令下才发生的。司机命令他们放下报纸和邻座打招呼。

师：怎么打招呼？

生："早上好，邻座！"

师：你是说，这整个奇迹的发生就因为这五个字、一句话吗？同学们，回答有错没错？

生：没错。

师：是的，回答没错。但这五个字一句话怎么会具有这样的魔力呢？这些乘客中间有哈利·波特吗？（笑声）请同学们共同来商讨一下，"早上好，邻座"这句话究竟具有怎样的奥秘？（学生分组讨论）

师：我从许多同学的眼睛里看到了神奇的目光，相信一定能解开星期一早晨这个奇迹的奥秘。哪位同学先来说一下，"早上好，邻座"这句话为什么会那样神奇？

生：他们本来都是陌生人，就因为这句话，他们都变得不陌生了。

师：隔阂就这样容易地被打破了。

生：其实他们心里也有这个想法，只不过碍于不成文的规矩。司机一下命令，正好给了他们一个理由可以说出他们想说的话。

生：乘客之间有交流的障碍，其实这种障碍就像一层薄膜，稍一打破，路障就清除了。

师：说得好。原本不成文的、约束力很强的规矩其实就如同一层薄膜，一捅就破了。每个人心里都有一块特别柔软的地方，有人说那叫"存放爱的地方"。但很多时候，人们往往羞于表达这种情感，因为生活中有许许多多"不成文的规矩"在束缚着我们。司机的那句话，打破了不合理的规矩，冲破了心理上的束缚，赢得了大家强烈的共鸣，奇迹就是这样地发生了。

啊，奇迹原来很简单！那么，那些乘客们这样做这样说的时候他们是不是也觉得很简单呢？

生：（合）不是，他们很腼腆，声音也很轻。

师：噢，声音"很轻微"，表情上还"有点腼腆"。那么，请大家也学着轻微地、腼腆地，但却是整齐一致地互相说一声"早上好，邻座"。开始——

（学生边笑边与邻座打招呼）

师：对了，车上的乘客就是这样像中学生一样地说出了这句话，但他们都是大人了。怎么也会"整齐一致地"来说一句话呢？他们为什么要"整齐一致地"说呢？

生：他们本来很害怕，大家一起说，可以壮壮胆。

师：说到底，他们怕什么？

生：怕别人嘲笑。

师：是啊，"规矩"对人的心理约束太大了！如果形成一种环境和氛围，就会使更多的人自然地表达自己心中的情感，生活中就会多一份

生：（合）温暖和美好。

师：说得好！文章作者写得好，我们同学对文章的感受更好！

只是，课文接着下去的话我就不很同意，或者说，很不理解了：我们刚才说了，我们的这一份感觉能表达出来很不容易，但作者却说，我们表露的只是一种"寻常

的礼貌之情"！"很不容易表达"的怎么会是"寻常的感情"呢？这话说不通！你们说，对不对？同意我的请举手！——怎么，没有一个同意我？请你们说说，我错在哪里了？为什么这种礼貌的情感只是寻常的，而不是不同寻常很了不起的？

生：我觉得这种问好在中学生之间很正常，大人们就会觉得有束缚，不能突破，所以是"不寻常"了。

师：那同学们，我们刚才上课前师生互相问好，你们觉得很不寻常吗？

生：没有，很正常。

师：是的，表达一份爱心，表示一种礼貌是一个人的为人之本，就像阳光、空气和水分对我们每个人都很重要但又很普通寻常一样，这是我们的一种日常需要；而一个缺少爱心缺乏礼貌的人那才是"不同寻常"的。谢谢同学们告诉了我一个"寻常"的人生道理。

但是，我还是有一点不理解：既然这样一种"寻常的礼貌之情"是我们每个人的一种生命必需，没有它，生命就会黯淡无光，生活就会像在冬季，我们是那样地需要它，可这样的一种情感为什么会"长期受抑"呢？受到压抑、受到抑制呢？这是什么道理呢？

生：（甲）最主要不是他们彼此不认识，而是社会舆论，那些"规矩"压抑着他们。

生：（乙）这种隔阂其实就像一张薄膜，能一捅就破的。

师：原本正常的感情长期受到压抑，人就会显出不正常——请大家在课文倒数第4节里找出一个词来，说明车上的那些乘客原来已经是多么的不正常了。

生："发疯"。

师：唔，"发疯"，但"发疯"是形容司机不是指乘客呀？

生：乘客认为是司机"发疯"，可司机是正常的。

师：哦，正常的司机被看做是发了疯，那只能说明乘客们已经在说胡话了！幸好，他们马上清醒过来，开始点头赞许了。好，"路障已经清除了""我们起步了！"同学们，当消除了彼此间心理上的隔阂，互相有了心灵的沟通．你说，我们起步迈向的将会是怎样的一种人生旅途呢？

生：新的。

生：生机勃勃的。

生：奇迹般的。

生：温暖美好的。

师：对，是充满关爱的美好的人生旅途！

同学们，我们生活在其中的这个世界，有时候你会觉得人们彼此之间很遥远，比如，你和爸爸的心真的贴得很近吗？你和老师，老师和你从来没有距离吗？你和你的好朋友彼此一直很坦诚吗？你们家和隔壁邻居互相都很了解吗？你每天进出校门口对门房的老伯伯或工友叔叔阿姨问候致意吗？你天天见到他，知道他姓什么叫什么从哪里来是什么地方的人吗？

是啊，同学们，多一点宽容，多一份微笑，多一声问候，美好的生活从人与人之间的互相关心和交流沟通开始——这，就是星期一早晨奇迹的真谛！

现在，请听老师朗读课文最后五小节。

（课件：配乐、配画面，教师示范朗读。）

师：今天我们这里也有不少陌生人，许多老师我们也还不认识，你们愿意跟老师们打声招呼吗？

生：（面向台下，大声地）早上好，老师！

（场内师生热烈的掌声、笑声。）

师：同学们，今天也是星期一。祝贺你们刚才也创造了一个"星期一早晨的奇迹"！

"嘀嘀——"请同学们全体起立！我们的汽车到站了，各位同学。各位老师，也祝愿大家都有一个好得不能再好的新的开端！

（众学生齐声：弛——）

"三心二意"，妙语育人
——朱震国"情感语文"教学之路探析

朱震国老师有着深厚的文化底蕴，教学灵活多变，不拘一格。其基本教学主张为"三心二意一语"：开放心态，激活心智，叩动心灵，妙语育人。其个性化的教学模式是"五个一"：看一遍课文、提一个问题、说一说感受、读一段文章、做一张卷子。他的课堂，颇为"好玩"的设计、随机生成的"妙招"，机智风趣的"追问"，热情洋溢"渲染"，总能有效地调节课堂气氛，激发学生兴趣，引发学生思维，放飞学生想象，触动学生心灵。他的朗读艺术堪称一绝，其朗读教学独树一帜。近年来，他在全国各地的讲学无不好评如潮。

妙语——提升课堂境界

语言素养是语文教师最基本的专业素养之一，口头表达的专业水准是教师实现其职能价值的最重要的工具和手段。朱震国老师认为，对于语文教师来说，教学的艺术在很大程度上就是语言运用的艺术。不管教学辅助手段如何先进多样，也只是一种辅助，不可能替代教师的主导作用，不可能替代口语表达在教学过程中的主要地位。语文教学是一种鲜活自然的过程，口语表达的敏锐性，应变性和情感性才能保证这种鲜活与自然。朱老师总结出了语文教师语言艺术必须具备的三种特性：一是知晓性，即准确、清楚、规范；二是情感性，即亲切、悦耳、平等；三是艺术性，即好懂、有趣、回味。他在自己多年的语言实践中得出了如下体会：描述比陈述更具感性的力量；场景比事实更具说服的力量；想象比推理更具真实性；让听者身临其境，才更能促进参与的积极性。其中，朗读是语文教师语言素养最重要的方面，是语文教学的基本手段和方法，它对润泽学生心灵、培养学生审美情趣、提高学生语文素养具有不可替代的重要作用。

早在大学读书期间，朱震国就是全市大学生演讲比赛的冠军得主。于漪老师听了他的演讲后就认定，单凭语言，就是当语文教师的好材料。他的语言有磁性，对学生有吸引力。自1984年以来的二十余年间，他在市级的普通话、演讲、朗诵、教学录像等各种比赛中均获得过一等奖。除了曾在上海教育电视台主持或配音"收藏大观"、"家居装潢"、"名菜典故"、"诗情画意"等上千期节目以外，他还出版了《教德国人学汉语》、《汉语九百句》、《诸子八家》、"诗歌配音朗诵集"、《上海市初中教材语文课文朗读配音》等多种电子光盘读物。由他主播配音的音乐专题片《大漠日出》获2002年上海国际音乐节"评委特别奖"。同时，他指导的学生在各级各类比赛中亦成绩斐然。由于他出类拔萃的诵读和诵读指导艺术，2007年中央电视台"子午书简"栏目组织"我爱诵读"全国中小学生诵读大赛，葛维春老师力荐他为华东赛区的专家指导委员会人选。

正是具有扎实深厚的阅读功底，朱震国课堂上的朗读，每每给人留下非常深刻的印象，引来如潮的掌声，也成了他课堂的一大特色。朗读是一项口头语言的艺术，需要创造性地还原语气，使无声的书面语言变成活生生的有声的口头语言。假如说写文章是一种创造，朗读则是一种再创造。就教学而论，情感原是基于学习和培养的一种需要，消除隔膜才能最终打破隔阂，达到价值观的认同；而朗读则源自于人的表达和宣泄的需要，"借"本宣科，于我心有戚戚焉，达到耳濡目染的熏陶效果。照实说来，套得上一句流行语：朗读不是万能的，但没有了朗读的情感教学则是万万不能的。至少对于情感目标来说，朗读就处于这么一种并非万能却又不可或缺的重要地位。

对于语文教师来说，朗读是感知课文最基本的手段，在培养学生语感、促进知识记忆、领悟知识内涵、鉴赏文中真善美、帮助学生写作等方面都有着重要的作用。很多课文只要一经朗读，甚至不用教师一句话，学生就能够理解了。一个人的精神世界总是和他的语言世界相联结、相吻合的，精神世界的开拓同时是语言世界的延伸，语言世界的扩展同时也是精神世界的充实。海德格尔曾说过，"语言就是人的生命活动"。可见语言本身具有提高人类修养，使人精神高尚的人文价值，这也正反映了语文学科的主要规律。让课堂里的读书声响起来，让眼、口、耳多种感官动起来，让教学的节律活起来，让学生的情感丰富起来，也许这些目标看似互不关联，然而，当清朗的书声里升腾起充沛的情感，随耳膜地振荡激发起学习内驱力的时候，它们便叠印出了一幅日渐清晰而生动的画面：朗读酿造美好的情感，朗读使学习更具亲和力，更富有魅力！

"读"占鳌头，课堂才会充溢着浓浓的语文味。

魔法——拨动学生心弦

朱震国老师的教学魔法或许并不神秘，那就是于漪老师所说的"目中有人"，即心中有学生。他总能非常准确地捕捉到学生的现有水平，将其作为教学的起点，并给学生搭建合适的"脚手架"，让孩子们能够拾级而上，达到最大可能的发展。这魔法的依据就是前苏联心理学家维果茨基的"最近发展区"理论。

朱震国老师的课能够走进学生的心灵，与他对"最近发展区"理论的深刻领悟是分不开的。首先，在备课的时候，他就注意把自己当成学生去研读课文，设想学生在阅读课文时可能出现的兴奋点和疑难点；其次，在课堂上让学生朗读文本，并就朗读中感受到的困惑提问。学生的问题稀奇古怪，完全不能预设，但这些问题恰恰折射出他们对文本的第一感受和印象，是学生学习的起点。其三，根据学生的问题巧妙调整教学预设和问题程序，充分尊重学生的生活经验和认知水平，将教学的"高度"、问题的"台阶"确立在学生的生活体验范围之内。他从来不回避学生的问题，又总能在对这些问题不断深入地讨论之中，将学生引向对文本主旨的理解，促使学生形成深刻的认知体验。

他用自己的亲切，营造出一种"对话情境"，在对话的过程中，师生之间的心灵彼此敞开着，随时接纳对方的心灵。当代作家冯骥才谈到他自己如何与儿子结成"忘年交"的时候这样说："我……尽量不向他讲道理，哪怕这道理千真万确，我只是把这道理作为一种体验来表达出来而已。"冯骥才的育儿经验，给了朱震国老师很大的启发，晓之以理必先动之以情，打动人心的不是道理，而是"体会"，只有生活本身才能给予人真切的感受。朱老师认为：教育的使命，并非"挤"出事实背后的道理，或者是借着道理的名义罔顾事实，恰好相反，是要在走进丰富多彩的生活的同时，确立起对道理的"信仰"。他的课也确实如此。这种对话是拉家常般的朋友式的聊天，给了学生、也给了教师自己很大的享受。也就在这潜移默化之中，孩子们懂得了人生的真谛，明白了文本的价值。

"话"出真情，语文课才会走入学生的心田。

"心灵"的深处，才是语文的深处。

个性——彰显独特模式

每一个真正的名师，都会有自己独特的教学风格和教学模式。朱震国老师也不例外。他在不断丰富自己教学风格的同时，也在摸索适合自身特点的教学模式。"看一遍课文、提一个问题、说一说感受、读一段文章、做一张卷子"的"五个一"教学模式，就是朱老师独特教学风格的展示。

一堂课是否有语文味，可以从以下几个方面来衡量：一是课堂的重心是否放在对文本的研读上；二是课堂是否富有情感意味的"真实"环境；三是课堂上是否给足了学生各种形式的读书时间；四是教师是否关注言语形式，关注语言的品读赏析。按照这样的标准去看朱老师的"五个一"教学模式，不难看出，他就是想通过建构这样的教学模式，来让语文教学充满语文味的。

新课程特别强调"用教材教"。对于语文教学来说，这一提法所蕴含的主要目的是让学生在大量的语文实践活动中提高阅读和写作的能力，同时又读懂课文内容，关注学生学习能力的提升。"看一遍课文"，并非让学生看一下课文就算完事了，它强调的是对文本的粗读、细读和研读。这正是教学的基础和起点；"提一个问题"，强调在文本研读中的探索和发现，也就是努力把作家的作品，变成"我的艺术"。这是师生对话的焦点，促进思维的策源地。"说一说感受"，是随着对文本的不断解读和讨论而同步开展的。让学生充分进入文本的境界，在其中找到自己的位置，从而"读出自己"，是语文教学取得成功的关键。"读一段文章"，朗读能为学生的深化理解文本插上翅膀。"做一张卷子"，强调的是对目标达成情况的检测。一堂语文课是否有效，不能仅仅看师生的互动是否精彩，更要关注教学目标是否达成。朱老师显然深谙此道，在课堂训练、作业设置方面也有自己的探索和实践，这是一种负责任的态度。

教要有"道"，才能提升教学的效率。朱震国就是这样一位"得道"的教师。

语文，除了识文断字，还要给人以精神上的愉悦和享受。朱老师的课，带给人愉悦和享受。

赏大家风范，心留从容；思名师神采，贵在自然。"从容、自然"，乃为师之最高境界。学习朱震国老师，做他那样的思者、行者和智者。和学生一起，谈笑间，看云淡风轻，听心灵歌吟，赏诗意翩跹……

散文阅读教学导航

风光旖旎任君赏
——名师散文教学策略研讨

　　散文，是相对于韵文的一种内涵丰富的文章品类。散文素有"美文"之称，在人们的印象中它是一种文质兼美的化身，或自由灵动，或优美隽永，或朴实无华，摇曳多姿，美不胜收。长久以来，散文就像是千姿百态、趣味横生的园林吸引着许许多多读者寻幽探秘的目光。翻看中学语文课本，散文选文的比重尤大，就像一道芳香四溢的文学大餐摆在了学子的面前。美文，需要美读，也需要美教，经由不同的途径达到审美的境界，正是散文教学一贯地追求和探索。

一、设

　　"设"，就是设置情境。

1. 设置文本情境

　　情境并不仅仅指景物、场景和环境等，更多的是指人物、情节，以及景物、场景、环境所唤起的人的情绪和内心世界。语文课创设良好的情境，营造一种"氛围"、"感觉"，对于学习语文来说十分重要。这就好比电影的背景音乐，让观众在了解剧情前就被气氛感染。

　　《胡同文化》一文的教学，课始，郑逸农老师就运用多媒体，播放由老北京胡同图片合成的动画课件，让学生在极具"京"味的歌声中欣赏老北京的胡同。京腔京曲，歌声悠远，韵味醇厚，再加上那发黄的黑白的胡同照片无言的诉说，一种别样的感慨很容易产生。从学生的表情中，就能看出他们在回味着，惊叹着，感受着北京文化那绵绵的艺术魅力。教学之始，学生就受到了"胡同文化"的冲击，同时也对胡同文化产生了浓厚的兴趣。这样也就自然地走进了北京胡同的文化氛围，并期望对胡同文化有更深层次的挖掘。

2. 设置问题情境

　　问题情境，是指课堂上老师通过巧妙的问题设计，引导学生积极探索和思考，以求解决问题的一种课堂气氛。创设问题情境，可以使学生疑中生趣，由疑激思，促进学生独立思考和积极探索，进入最佳学习状态。

　　更为重要的是，教师应该有目的地创设情境，启发学生发现问题，提出问题，并组织学生讨论，教师适当点拨、引导，使课堂上形成一种积极思考、探讨的热烈气氛。其实，学生发现一个问题远比老师讲十个问题更有意义。

　　比如《星期一早晨的奇迹》一文的教学，朱震国老师在课一开始就紧抓"奇迹"

一词，用一个"主问题"贯穿："在课文的前三段文字中，你认为哪一个句子，哪一个词语，哪一个细节，使你感到心里不舒服，产生了压抑的感觉？"从而将学生引入到文本前三段的研读之中。明白了"压抑"感的由来，那么，希望打破这种"规矩"，冲出这种"束缚"，求得人性、人情、人生的美的愿望也就油然而生了。在理解了压抑之后，朱老师并没有顺着课文教下去，而是把学生引入到最后三段的阅读之中，启发学生理解欢笑的内在含义。这最后三段跟前三段相比，显然是180°的改变，压抑的心情得到完全释放。

3. 设置交流情境

新课程强调师生平等对话，通过自由对话，达到问题解决、知识构建、能力提升、人格完善的目的。所以在课堂上，老师要用自己的真诚和赞美、鼓励和包容、亲切和微笑，营造一种民主、和谐，朋友聊天式的师生"对话情境"。这一情境下，师生彼此对话、彼此倾听，达到心灵的沟通和共鸣。

课堂教学中，只有让每一位学生都真正地放松，给每一位学生"对话"的时间和机会，才能真正贯彻新课标"以学生为本"的教育理念。所以，语文教学要切实以学生的实际为起点。首先，教师要把自己当学生去研读课文，设想学生在阅读这篇课文时可能出现的兴奋点或疑难点。其次，要充分尊重学生已有的生活体验和认知水平，所设教学"高度"，都必须完全处于学生所能体验的范围之中。

二、读

"读"，主要是指朗读，朗读就是要以声传情。

就本质而言，阅读过程其实就是一个多向的对话过程，其中主要的一个方面是读者与文本、与作者的对话。鉴于此，在散文阅读教学中，关键的一点就是"读"。在读中，品味语言的格调、情调，揣摩语言的内涵、内蕴，联想语言的文外之意，想象语言的空白艺术。

语文新课标强调"反复朗读"，就是因为朗读是一门艺术，朗读是一种能力。可惜今天的语文教学，却把朗读放到一个可有可无的位置，或者只是把朗读当做课堂的点缀，点到为止，不落到实处。这种脱离了朗读的教学，早已失去了语文教学的要义。

1. 要读得正确、流畅

这是朗读的最基本要求。教师要训练学生疏通文本，流畅阅读。

2. 要读出韵味

一篇优美的散文在内在的神韵上、意境上，以及外在的结构组成上、语言形式上都有丰富的内涵。学生朗读，就要掌握好语调、语速、语气、节奏、停顿等方面的技能，仅仅依靠标准的普通话是很难达到这一要求的。

3. 要读出情致

散文是一种文学体裁，描绘的是作者的情感世界和思索过程，重在冶情。散文要带着感情去读，用声音传达出文本内蕴丰富细腻的情感。平淡无味无情趣、"新闻播音员式"的朗读不是真正的朗读，不是艺术性的朗读，更不是创造性的朗读。

朱震国老师在《星期一早晨的奇迹》一文的教学中，就将着力点放在了课文的朗读上。老师注重学生的读，从个别读、散读、范读的过程中，让学生真正沉浸到文本中去，体悟作者的思想感情。首先是读题目。在抓住重音的同时，也抓住了文章的关键所在，即"奇迹"。接着让学生个别读课文的前三个段落，从这三段文字的朗读上，感受这三段文字的感觉——"压抑"。其次读词句。"这句话应该怎么读？重音落在哪里？"通过对具体句子的朗读指导，使学生理解了文章的内涵。最后配乐范读。在学生对文本有了具体细致的理解之后，老师通过自己的示范朗读，让学生在已经把握文本的基础上再次体会文本蕴涵的情感，亲近文本，这在一定程度上起到了画龙点睛的作用。

三、知

"知"，是对文本的整体明确。

1. 知文本内容

首先要知文本中心；其次能准确定位文本。

2. 知行文思路

理清思路是阅读理解的前提。梳理思路的过程，就是学生与作者心灵对话的过程，就是对文本解读的过程。

"形散神凝"，既是散文行文的思路，也是散文结构美的集中表现。作者可能思接千里，神骛八方，上下五千年，纵横数万里。但作者的构思也绝非"脱缰之马"，如此丰富的材料绝非"碎琼乱玉"，而是有一根红线贯穿。一如诗有"诗眼"，文有"文眼"。

诗文之"眼"实质上就是关键词，是最能帮助读者理解文本主题的关键语句。一如人心灵的窗口，透过它可以感受到文本脉搏的律动，领略到文本的精神内涵。散文教学，倘能紧扣文眼突破开去，便能牵一发而动全身，收到"驱万途于同归，贞百虑于一致。使众理虽繁，而无倒置之乖；群言虽多，而无梦丝之乱"的良好效果。

四、品

"品"，是揣摩、品味，是对重点内容的琢磨、感受、体验。

1. 品情境

带着问题轻声读作品，依托文本，通过联想、想象，使文本文字转化为活的画面，进而谈自己的所悟所感。这样，学生就能在"话画互变"的心理转换中自然地加强语言、情境的感受，为语言理解奠定基础。

2. 品语言

散文的语言优美洗练，人们常用"余音袅袅的洞箫、明净无尘的水晶、色彩鲜明的玛瑙"来比拟；散文的语言质朴而自然，人们又用"甘洌清澈的山泉、曲径通幽的园林、烟波云海的扇画"来形容。散文教学，品析语言美是重点。教学中，应引导学生咬文嚼字，揣摩散文语言的准确性、生动性和蕴藉性，品析其巧处，体会其妙处。"默读静思考，潜心会本文。"默默地边读边想可以更好地理解蕴涵于语言文字中的意思。

3. 品文法

在理解内容，领悟语言的内涵后，让学生在语言形式与语言内涵的结合上深入探究，从中深刻领悟语言的规律，形成理解和运用语言的能力。

4. 品感情

散文无不蕴含着作者的感情。在阅读教学中，教师就要侧重于引导学生以审美的视觉深入挖掘文本的内涵，品悟、感受文本的情感美。同时，这反过来又能加深对文本的理解，达到"以情解文"之目的。

5. 品意境

散文既有诗一般的语言，又有诗一般的意境。读《荷塘月色》，无不感叹作者笔下的景色太美了：那"淡淡"的月光，那"亭亭的像舞女的裙"一样的荷叶，那"明珠、星星"一般的荷花，那"远处楼上渺茫的歌似的"清香，那"梵婀玲上奏着的名曲"似的光和影……一切的一切都"像笼着轻纱的梦"。

作者之所以要创造一种朦胧美的环境，是因为这环境正是他此刻的心境——"这几天心情颇不宁静"。尽管景色"恰是到了好处"，尽管"我也像超出了平常的自己"，但是我仍然"什么也没有"。在此，作者欣赏到了无边的荷香月色，心里涌起了几丝淡淡的喜悦。但眼前的美景仅使他暂得偷闲而已，那暂时排遣又不能完全排遣的几丝淡淡的忧愁始终缠在心间。这朦朦胧胧的心境，不正和月下荷塘朦朦胧胧的环境丝丝相扣么？

五、比

"比"，就是比较，可采取"比点引读鉴赏法"。

1. 一文比读

先根据具体内容，从主旨、内容、思路、表达方式和语言运用等不同角度拟定若干可比点，然后带着可比点去认真阅读分析，以达到透彻理解文本的目的。如赏读《提醒幸福》一文，可拟定如下可比点："提醒灾祸"、"提醒幸福"、"'提醒'的困惑"、"《提醒幸福》比喻多"、"排比句和排比段给《提醒幸福》增辉"等。然后读文，求得印证。

2. 多文比读

同是谈生命问题的《敬畏生命》与《热爱生命》两文，《敬畏生命》综合运用叙述、描写和抒情等多种表达方式来赞美"生命"的执着和顽强；《热爱生命》则以议论为主，阐述作者对"生命"问题的看法。前者侧重抒情，后者侧重说理。从行文思路看，《敬畏生命》围绕中心事件，按照时间推移，渐次写出作者的感情变化，表达作者的感受。《热爱生命》则先对比写对待生命的两种不同的态度，然后揭示生命的本质，表达"我"对生命的热爱。

六、悟

"悟"，即领悟、体悟，不单是对文本内容理解上的阅读联系、阅读发现，更是一种创造性的阅读形式。

1. 悟道理

"文以载道。"学生在阅读中要认真学"文"，把握"文"的意义、内涵；同时，还要从字里行间发掘出更深的东西，悟道明理，并运用这些道理去思考人生。

2. 悟社会

文本在反映作者思想、情感的同时，自然会折射出社会。学生要在阅读活动中通过对文本的解读，跨越与时代的距离，间接认知古今中外的社会，贴近广远的世界，挖掘出文本的历史意义和现实意义。

3. 悟自我

通过阅读文本，学会将自我放进文本，与作者以及文中人物心灵沟通. 确定自己的思维方向和认识价值，同时还要学会跨越"旧我"与"新我"的距离。具体来说，就是使自身的知识经验得以扩充，观点得以改变，思想感情得以升华，方法技巧得以迁移，实现自我在量度上的增加，在本质上的提高，在价值上的飞跃，在能力上的练达。

七、疑

"疑"，就是质疑。与旧的教学观"照本宣科"相对，新课程主张教学的开放性和生成性，因为课堂不是教师教学行为模式化的场所。师生交流对话中生成的"突发性质疑事件"，是新课堂期盼的最佳教学的效果。

张峰老师的《论美》一课，最引人注目的亮点，就是学生对课文语句的突发性质疑。第一处："我觉得第二段前后语意自相矛盾。前面说'造物是吝啬的，他给了此就不再予彼'，可后面却又说'但这话也不全对'，还举了一大堆例子证明，这是很明显的语病。如果我们在作文中这样写，老师肯定会在旁边批上'前后矛盾'的。"第二处："我对结尾一句不赞同。结尾说'把美的形貌与美的德行结合起来吧。只有这样，美才会放射出真正的光辉'。这么说，那些不具备外在美的人岂不是永远也做不到真正的美了吗？"

毋庸讳言，两处质疑都有突然袭击的味道，大概张老师事先也没有想到会出现这样棘手的问题。但张老师表现出了良好的语文教师素养，沉着应变，进行了积极的引导，使难点变成全课的"亮点"。他的具体做法是这样的：

（1）先幽默地赞许学生说得有一定道理，但未必全对："很有道理。我觉得我改到这样的作文一定也会这么批。可这是培根写的，我不能，可能也不敢这么批。"

（2）范读全文，让学生边听边揣摩还不太理解的语句，看能不能消除一些疑问。

（3）安排学生互相讨论，解决疑难。

（4）补充介绍作者培根"还是一位杰出的散文家"，并借此机会激发了学生敢于向权威挑战的批判精神。

（5）最后正面说出自己的看法："其实，老师也对文中出现的这些问题迷惑不解，但我先前不如你们敢于向权威质疑，只好找了两个牵强的理由来说服自己，也算替伟人开脱。你们也来看一下，能否权且接受。"

八、融

"融"，是指让语文与生活共融。生活处处皆语文，语文时时现生活。这是大语文观所体现出来的语文和生活的关系。散文更是作者对生活的深刻体验和感受流淌于笔尖的产物。因此，散文教学，要以课内知识为触发点，从课内延伸到课外，融入丰富多彩的社会生活，作一次又一次的探究性学习。语文教师，要尽可能地扩大学生的视野，把更多的生活资讯融入到语文课堂之中。叙事散文《背影》是一篇文字朴实、情感丰厚的文章，惨淡家景之下，冬天父子相别，儿子心目中的父亲"背影"，意蕴深远而令人回味无穷。文本中的细节极具生活化，初读时很容易觉得平淡。这就需要教师适时引导，寻找同样感人的生活细节来引起学生的心灵共鸣。不妨在课前布置作业：积累生活中令你感动的亲情细节，以便在课堂上交流。

上述诸环节，用于散文阅读和鉴赏教学，只要遵循学生的认知规律，突出学生的主体地位，注重学生阅读能力的培养，关照学生独特情感的体验，便完全可以重组整合多种有效地程式。

摆脱预设桎梏，张扬个性情思
——散文教学的弊病与诊治

散文教学的主要目的，是让学生掌握散文阅读的方法，提高鉴赏散文的能力，积累语言，培养语感。良好的阅读方法应该是能够正确地看待特定的文本，能够看出这个独特文本的特定的意味。散文阅读教学的方法应该依据文本的体式和学情来斟酌选择。但是现实的教学中违背文学规律，无视散文特点，注重功利应试，忽视个性化阅读，制约学生思维的现象比比皆是。回归审美高效的散文教学之路，目前必须重点规避以下几种教学误区：

一、过分强调人文性

关心人，关心人的生活，"长叹息以掩涕兮，哀民生之多艰"，这确实是语文教学的一个目标，但语文教学更重要的目的还是提高学生对文字的感悟、鉴赏及应用能力，绝不可本末倒置。一教师教毕淑敏的《我的五样》，整节课没有任何对文本的分析，只是仿照课文内容的游戏，设计了一个游戏，让学生在纸上写下自己的五样，然后一样一样划去，最后只允许剩下一样。这节课从人文性的角度说无疑是成功的，许多学生都流下了泪水，但是对于培养学生的语文阅读能力却没有太大的帮助。

　　所以，语文不管从哪个角度联系生活，都不能脱离文本，都不能脱离听、说、读、写的语言实践；新课标倡导师生对话、生生对话和师生与文本的对话，但这些对话都必须着眼于师生与文本的对话。离开了与文本的对话，教学就会漫无边际。漫无边际的教学，就会使学生的课堂活动如同空中楼阁，看起来美妙无比，但其实是子虚乌有。

二、过度追求新奇性

　　一本书、一张嘴、一块黑板、一支粉笔，原本就是语文教师的全部教学"家当"；不需要什么精彩的导入语，用"大白话"交代课题，直截了当地进入课文的学习；师生读读议议，平等交流，偶有"出彩"的发言，但绝没有"玩噱头"和"作秀"的意思，纯粹是"随意"、"自然"生成的结果；绝不见"此起彼伏、高潮迭起""新、奇、趣"的态势，一切都在平平淡淡中完成：这才是语文教学的真正内核，符合语文教学规律、能够体现语文教学之本的东西。

　　而"豪华"课多半只能"看"，不能"用"。特别是公开课、展示课和竞赛课，完全脱离听、说、读、写的言语实践，搞生活会式的"实话实说"，或者声光电乐一起上，用各种相关甚至不相关的音像、图画资料填充课堂，让人眼花缭乱，反而给人不实的感觉。同时，将一课书最精彩的部分集中在 40 分钟里拿出来，这样的课平时常规教学不能复制，同样给人不实的感觉。难怪许多教师在观摩学习后感叹，"课上得很精彩，但我们学不了"。所以，课堂教学还是要以实效为本，不能"画蛇添足"；倡导课堂教学的不断创新没错，但绝不能"买椟还珠"。

三、无视学科独立性

　　新课标"似乎"有一种趋势，即强调学科整合，强调综合性学习，因而弱化了学科的界线。这里说的"似乎"，是因为人们的认识似是而非。其实，学科的独立性绝不容忽视。"整合"也好，"综合"也罢，都必须建立在较为扎实的学科基础之上。学科的地位必须始终是坚实、牢固的，绝不容有半点被削弱的倾向。小至生字词的正音、解义和释题，大到对"形象表达"的研究、学习和借鉴；小至对一个细节化的生活情景的想象、品味，大到对学生质疑意识、批判精神的培养等等，无一不是"语文"的。尤其是"形象表达"，更是不少学生写作中最大的薄弱环节。据此，教师还是要和学生一起分析文中比喻、拟人、排比等修辞手法的妙用，然后结合生活体验进行"仿写"。

四、文本解读同质性

　　散文原本就因异常自由灵活而呈现出"无体"的特质，然而具体到课堂教学时，不仅仅是散文，即便是诗歌、小说、戏剧、寓言等等，无不是一个模式下来，绝少个性解读和个性体验。《语文课程标准》强调："阅读是学生的个性化行为，不应以教师的分析来代替学生的阅读实践。应让学生在主动积极的思维和情感活动中，加深理解和体验。"可惜目前的中学语文教学，仍旧是"学生散乱地找东西、教师额外地讲东西、学生活动了一番、教师展示了一场"。不是引导学生去细腻地体悟作者独特的体验，而是将作者的经验抽象化，企图让学生具有与作者等同的情感认知，将抽象情感放大化，让所有人都具有。这样，建立的只能是与"外在环境"的链接，而绝非与"这一篇"课文的链接：无疑是荒谬的。

五、启发诱导桎梏性

对于语文教学来说，我们不应是培养庖丁解牛式的"剖"文的熟练工，而应是使受教育者的思想情感日臻成熟乃至完美。这，才是散文教学的重要目标。学习的必经之途固然是解析散文的语言、内容、结构、表现技巧等等，但学习的真正目的却绝不止于此。解构的目的在于重构，重构一个学生参与的"自我"的新的文本体系。这是学习过程的需要，更是学生心理的迫切渴望。所以，启发诱导不应成为达成某一共识而设置的桎梏，而应允许学生有张扬的空间。教学倘入法，学生就会在学习的过程中，从潜意识里求取"自我"性质的内容，达到"审美"的境界；并在教师目标意识的引导下超越自我认识的局限，达到深入文本重构"自我"认识的新境界。

总之，散文的教学，应不桎梏学习目标，不指示问题答案，让学生根据自己的学习特点和文本特点，自主确定或共同确定适合 自己的学习目标和学习内容；要让学生深入到文本的语言中去，用自己的心灵去感悟，用自己的观点去判断，用自己的思维去创新，用自己的语言去表达；要把课堂还给学生，把创造还给学生，让学生自主生成对文本的理解和感悟，自主生成语文素养，自主走向精神成长，自主形成健全人格；要转教师主宰为师生对话，师生互为老师，教学相长，共同提高。

郭初阳

郭初阳，全国最具个性的语文名师之一。先后在杭州市翠苑中学、杭州市外国语学校任教，曾获杭州市初中语文阅读教学优质课评比一等奖，浙江省高中语文阅读教学优质课评比一等奖，2005 年获全国中小学"个性杯"语文课堂教学大赛特等奖第一名。2008 年"逃离"公办学校，创办越读馆，立志培养有独立精神与自由思想的现代公民。他近年来致力于语文课堂生态改良，对现行语文教育及其教材提出尖锐批判，与蔡朝阳、吕栋合称"浙江三教师"，是国内比较有影响的新生代语文教学流派。郭老师著作有《言说抵抗沉默》等多部，其中与他人合著的《救救孩子：小学语文教材批判》曾引起轰动，近著《新蒙学丛书》陆续面世。

　　他极力倡导"有趣、有料、有种"的课程理念，主张互文式阅读，注重文化品位，倡导批判精神。他常常在课堂中，一步步带领学生去"颠覆"课文，把课堂变成一场思想的历险。他的教学以其超大的信息量和离经叛道的呈现方式而颇受争议，有人说他是"为语文课堂重新立法"的革命者，也有人说他是挑战现有体制的叛逆者。

无限风光在险峰

——郭初阳《项链》教学案例研读

鲁迅先生认为："短篇小说的写法技巧，当以《项链》为范"。的确，《项链》是一篇很值得揣摩寻味的教学范文。反复品味郭初阳老师《项链》一课的教学，犹如一路华山登顶，险峰迭现，异彩纷呈。

一、鲜明的逻辑性与深刻的启发性

教学起始阶段，郭老师引导学生结合四幅画面，用"借、丢、还、惊"四个字概括小说情节。言简意赅，干净利落。能迅速穿透驳杂的事件而直接抵达教学的核心部分（人物分析与主题探讨），体现了较强的文本挖掘和课堂驾驭能力。从学生的参与度上也可看出，这样小而巧的切入，迅速激活了学生的思维。

问题的设计具有很强的逻辑性。首先从小说的情节入手，引导学生思考"主人公玛蒂尔德的外貌是否发生了变化？"引起学生的兴趣，然后，教师追问"她的性格发生变化没有"，接着很自然地引导学生思考"这是一部关于 ______ 的小说？"让学生对小说的主题进行多角度地描述。从玛蒂尔德外貌变化到性格变化的追问，由浅入深，因势利导，收到了比较理想的教学效果。

教学中面对大量繁杂的语言现象，能够删繁就简举重若轻地剥离出文本的核心要素，体现教者技术层面的娴熟自如，这是建立在长期的思考与教学实践量变基础上才可能产生的突变。

二、始料不及的追问引发学生思维的突围

教学过程中，郭老师通过大量始料不及的假设追问，使学生陷入思维困境，被迫突围，从而获得一种新的阅读体验。例如在引领学生进行文本梳理之后，导入莫泊桑本人的女性观和创作谈，接着，又通过"原型上溯"，将这个故事叠影于欧洲"灰姑娘"故事的模式中去进行分析比较，并佐证以名家经典论断；之后，再引导学生将《项链》主人公玛蒂尔德的形象与电影《窈窕淑女》、《奥黛丽·赫本》、《流星花园》、《曼哈顿女佣》四部电影的女主角和伊丽莎白、简·爱、爱玛一一比照，最后对文本作出了"属于自己的、新鲜而卓越的阐释"（郭初阳语）——《项链》是"一篇关于独立对抗命运的女性小说"。在这个过程中间，郭老师不断追问学生：

"那我想追问一下，就是玛蒂尔德如果处在十年之前，她要怎么样做，我们才说她不虚荣？"

　　"那么，我们来思考一下，面对她这样的变化，如果是莫泊桑本人，作者，他会更欣赏哪一个玛蒂尔德？"

　　"但是我倒是有个疑问了，莫泊桑他不是遵循那个原则的吗，他不是要把一切都藏起来的吗？"

　　"玛蒂尔德有没有表现出自己的主见？文章里面有没有？"

　　课例中可以看出，郭老师不断抛出新异材料来瓦解学生固有的认知，不断为学生设置思考的陷阱，逼迫着学生不停的走出原有的局限而产生新的感悟。追问成了他一以贯之的教学姿态。强有力的追问犹如重磅炸弹，一步步把学生逼上绝境，起到不断激化学生思维，不断获得新知的教学效果。

三、精神风暴与文本"貌离神合"

　　对于郭老师的教学，赞誉者说课堂上掀起精神风暴，批判者说外部信息过多疏离文本。《项链》一课，郭老师课堂上精神容量巨大的特点已经显露端倪。例如在进行厘清情节的预热后，分析玛蒂尔德性格变化时引入莫泊桑的女性观，分析虚荣主题时引入安贫与乐富的道德评判标准，从"她也是一个美丽动人的姑娘"的"也"字引出与灰姑娘的文化对比，继而总结此类小说的模式，列举了影视作品引出女性主题。他的课堂，一步步带领学生去"重构"课文，把课堂变成一场思想的历险，对传统语文课堂进行强有力的"爆破"。而争议恰恰也多集中于此。我们需要廓清两个问题：

1. 彰显文本丰富的人文内涵

　　张志公先生提出"文学是人学，文学以灌注情感和意蕴的形象来建构整体性的人的生活世界，这是一种富于人文情态、人文精神和人文情感的生活世界。"因此，文学教学在使学生了解并感悟历史和现实的人文情态、人文精神和人文情感方面具有为其他学科教学所无法取代的功能和作用。也正是在这种意义上，我们强调以文学教学为代表的人文教育的功能和意义，这是因为人文科学是我们这个时代深刻的需要。同时《九年义务教育语文课程标准(实验)》在强调"正确理解和运用祖国语文"课程目标的同时，肯定了"能初步理解、鉴赏文学作品，受到高尚情操和趣味的熏陶，发展个性，丰富自己的精神世界"这一文学教育目标。语文课堂的品位提升之路，要跨越"文章"、"文学"、"文化"三个显著的台阶。长期以来，我们的语文课堂一直在"文章"这个最低级的台阶上徘徊，语文已经不足以承载文化和思想传承的使命。我们在面对"教什么"的传统命题时，我们必须正视这个现状。培养健全的有尊严的人是教育的终极目标，语文课堂引入精神价值的判断，道德标准的讨论，毫无疑问，应该是我们始终坚持并且不能动摇的方向。郭老师在这方面的思考和努力，应该得到肯定和认同的。

　　至于精神价值的引入的量的控制及效果或许尚可商榷，但是从课例中我们可以看到，课堂之所以能形成精神风暴，根源在于郭老师长期保持着广泛的阅读和深刻的思考状态，也才形成了他丰厚的理论素养、广阔的知识视野、深刻的人文关怀。教师的精神境界毫无疑问在影响左右着学生的成长。而阅读和思考，又恰恰是目前在应试重压下的教师群体欠缺的，一直被忽略的。语文教师只有以丰富的高质量的阅读做底，才有了自我意识、比较意识、批判意识，不人云亦云，不盲目跟风，才有了挺进更高更深的教学层次的胆气与底气。

2. 海量信息并不疏离文本

语文需要区别于政治等其他课程，在人文精神引入量与度方面需要有一定把握。引入过多，使用过多的文本或其他媒介进行比较阅读，固然容易让学生理解，但是也弱化了学生对文本的理解能力，丧失了提高学生阅读能力的一次契机，在彰显教者学识渊博的同时，也体现了教者对于文本解读能力的不自信。最有说服力的无外乎文本本身，而非引用外部背景材料来激活学生思维，开拓教学思路。

所以引入多少，应该建立在对文本挖掘的深度与广度基础上的。叶圣陶先生说"教材无非是个例子"，但是一旦确定了教材，必然要首先对固定的教材进行开掘，这样以文本为教学核心，才避免了疏离文本的危险。如果仅以精神树立与道德培养作为教学目标，这一篇区别于另一篇又在哪里呢？语文教学同样存在着宽度与限度。

长期以来，语文教学在文与道或者工具性与人文性之间摇摆不定，两者往往成了两张皮。说到底语文教学终究要以提高学生的汉语素养和文学素养为目的与宗旨，两者不可偏废。单单擎起一个方面的旗帜，纵然旗帜再鲜亮夺目，怕未必经得起历史的考验。站在"以学定教"的立场上，郭老师《项链》的教学既彰显了强烈的人文精神，引入海量的相关信息，又能最大限度地切合文本分析，在语文教学的高度与限度达到比较一致的和谐。

当然，本课在人文特色鲜明的同时，也有值得商榷之处。比如预设性太强，以学生为主体的意识不强。作为小说阅读，如果能尊重学生，引导他们获得一种由浅入深的阅读体验，将初读的体验、质疑的机会留给学生，解决学生真正的疑惑，而不是强有力的引导，这样的语文课堂会不会更真实更踏实？

虽然郭老师已然离开了中学语文教坛，但是他赋予了语文课堂以学术的深度、理性的光照、精神的启蒙，极大地提升了语文课堂的文化品格。尽管他的教学还存在着"缺憾"，尽管他的课堂拥有极高的险峰体验而难以复制，但是不能因为他的语文课堂异样或者开放就否认语文课堂的这种存在可能，况且哲人黑格尔言"存在即合理"。郭老师对中学语文教学的思考和探索并不因他的离去而消失，毕竟他为语文课堂提供了另一种范式。对于曾经如此执着探索的教育工作者，我们唯有以其为镜躬身反省，才能表达对他最真诚的敬意。

郭初阳老师《项链》教学实录

预习作业：根据我个人的阅读和理解，这是一篇关于 ______ 的小说。
（部分同学的观点与姓名做入课件中）

师：上课，同学们好！

生：老师好！

师：请坐。今天很高兴跟大家一起来学习一篇莫泊桑的小说。

师：其实看一下题目，我们就知道，所有的情节都围绕什么展开？

生：项链。

师：非常好。整个情节分成四大板块，这里有四幅插图，我想请四位同学，各
用一句话，来简要地概括它的内容。

师：（示意）来，第一幅。

生：她向那个……她向她的朋友借项链。

师：谁？

生：（低头看书寻找）

众生：（低声）佛来思节夫人。

师：佛来思节夫人，是吗？她向朋友借项链，为了参加舞会。请坐。
（示意后面）

生：（沉默）

师：对着镜子一声尖叫。

生：哦，她发现那串项链没了。

师：发现项链丢了，请坐。（示意往后）第三幅。

生：她去寻找项链。

师：她去寻找项链，寻找，然后试图要——啊，这里好像是在拖地板哎。
（众生笑）

师：在寻找项链吗？怎么说？

生：她在挣钱。

师：挣钱干吗？

生：挣钱还项链。

师：哦，挣钱还债赔项链，是吗？很好，请坐。（示意后面）最后一幅。

生：后来碰到那位朋友，得知真相。

师：得知真相，真相是什么？

生：那根项链只值五百法郎。

师：哇，只值五百法郎！原来是一根假项链，请坐！这就是这个故事的整个情节。围绕"项链"这个词语，我们其实用四个字就够了。

师：我们继续。（示意）来，后面那位同学。第一个情节，用哪一个字比较好？

生：借。

师：借项链。非常好，请坐。（示意继续）

生：丢。

师：丢项链。请坐。（示意往后）怎么说？

生：还。

师：还项链，或者说是赔项链，是吗，很好。（示意）往前。最后，用个形容词吧。

生：惊讶。

师：惊讶，惊讶的项链？

生：不是。

师：惊讶，发现这根项链是——

生：假的。

师：很好。这就是整个小说的梗概，好，经过这样一周转之后，我们的主人公玛蒂尔德，她的外貌是否发生了变化？变了没有？

生：（齐声）变了。

师：真的，大变。

师：我们有一位同学，傅学磊，他在读的时候，他说：这是一部关于"变化"的小说。真的发生变化了。那么，我要问，玛蒂尔德她的外貌，发生了怎样的变化，她起先是怎么样的？轮到谁了，（示意）你来说，起先玛蒂尔德的外貌是怎么样的？

生：一开始，她的外貌很年轻，很漂亮。

师：文中有更加具体的话吗？

生：有——"美丽动人的姑娘"。

师：还有吗？

生：（朗读）"因为在妇女，美丽、丰韵、娇媚，就是她们的出身；天生的聪明，优美的资质，温柔的性情，就是她们唯一的资格。"

师：你所朗读的这些，玛蒂尔德她都具备吗？

生：有一部分具备。

师：哦，有，绝大部分都有。（示意）很好，请坐。后来的玛蒂尔德，变成了什么模样？（示意）来，前面一位同学来说一说。文中是怎么描写她的，朗读一下好吗？

生："她成了一个穷苦人家粗壮耐劳的妇女……"

师：稍微大声一点，这样大家才能够听得见。

生："她成了一个穷苦人家粗壮耐劳的妇女了。她胡乱地挽着头发，歪斜地系着裙子，露着一双通红的手，高声大气地说着话，用大桶的水刷洗地板。"

师：（示意）非常好，请坐。用大桶的水刷洗地板，头发乱，裙子胡乱系，手是通红的——成了这么一个人。外貌发生了如此巨大的变化，那我要继续问，她的性格发生变化没有？有没有变？

生：（众低声）有。

师：变了没有，变了？

生：（众低声）没有。

师：没有？

生：（众低声）变了。（笑）

师：（笑）我们用一分钟时间，看书，从文中找出答案！独立思考，看一看，性格到底有没有变？

不讨论，不讨论……从文中找出依据，来断定她性格上是否发生了变化。

（学生阅读思考）

师：好，同桌两人，可以轻轻地交换一下意见。

（同桌讨论）

师：好，谁来说一下，她的性格上，是否发生了变化？刚才有很多同学说"是的"，有的人说"她没有变"——这次请举手回答吧，或者你想说话，想回答问题，就看我一眼。

（生举手）

师：哦，这位同学，你来说。

生：我觉得她没有变，因为最后文章说——"于是她带着天真的得意的神情笑了"——这证明她觉得自己还这个项链很了不起，还是一种虚荣吧。

师：哦，一种得意，是因为虚荣而得意，是吗？

生：（点头）嗯。

师：她的虚荣没有变，是这位同学的看法。还有吗？（示意）你来说，你认为她变了没有？

生：我认为她没有变。

师：你也认为她没变？

生：（朗读）她现在还是喜欢一个人坐在窗前，回想那个舞会呀。

师：傻傻地想。

生：哎，就是好像她年轻的时候一样，一天到晚想这种……跟妄想症一样。（众人笑）

师：白日梦。还是没有变，还是那么爱虚荣。同桌有没有什么不同的意见？

生：我觉得她是变了。然后她的回想呢，就是回忆一下当年，以前她是很向往那种富有生活的，而现在她已经安于这种生活了。

师：她现在已经面对贫困，安于这种生活了。还有谁要发表意见，（示意）你来说。

生：我认为她变了，习惯了那种粗笨活儿，和厨房里的讨厌的杂事了。

师：她原来是一个非常娇嫩的人，是吗，她现在已经习惯了粗笨的活，不太爱惜自己了。请坐，（示意）后面那位女同学，你能继续发表一下你的意见吗，你认为她变了没有？

生：我觉得她没有变，没变。

师：什么都没有变？

生：性格没变，还是一样虚荣。

师：还是一样虚荣，难道她的性格中只有虚荣吗？

生：（沉默）

师：请坐。（示意）你来说。

生：我觉得她性格已经变了。最开始的时候，她不敢去见佛来思节夫人，因为她觉得自己很贫穷，没有漂亮的衣服，可是后来当她把债还清了，她在公园里又看到了佛来思节夫人，依旧那样年轻，那样美丽动人；而她那样苍老，却有勇气上去见面。我觉得她是变了。

师：可见她有直面的这样一种态度，请坐。

师：那么，我们来思考一下，面对她这样的变化，如果是莫泊桑本人，作者，他会更欣赏哪一个玛蒂尔德？他更欣赏变化之前的玛蒂尔德，还是变化之后的玛蒂尔德？他是喜欢玛蒂尔德 A，还是玛蒂尔德 B？

我请一位男同学来回答一下。（示意）你来说，你猜一猜。

生：我觉得，应该是后面一个——前面一个很虚荣，后面一个比较真实。

师：很实在？请坐。我们同学把莫泊桑想成一个革命无产阶级作家，可惜情况恰恰相反。

（众生惊讶，笑，低声议论。）

【投影】

莫泊桑之女性观

您是否看过龚古尔兄弟写的《18 世纪的妇女》这本书？它是我所知道的最令人赞赏的一部作品，其中论述了作为一个女性的艺术。我看到这样一段话：

姿态、容貌、嗓音、目光的流盼、举止的优雅、矫揉造作、漫不经心、矫饰、她的美貌、她的身段，妇女从世间应该获得这一切和接受这一切。

伟大的小说家的这些话说得多么真实！妇女依据她生活在其中的社会的形象塑造并改变自己。在哪个时代法国妇女达到了尽善尽美？正是在 18 世纪期间，在作家如此细腻地和我们谈论的这个杰出的女性世纪。

——莫泊桑：《莫泊桑随笔选·论女性》百花文艺出版社 2001 年 10 月，第 80 页

年老的妇女已不再是一个单纯个别的女人，她似乎是妇女的全部历史……我们

不应该对她的魅力抱有太多的期望，因为她已经接受了一个女人所能忍受的最可怕、最折磨人的酷刑：她苍老了！

——莫泊桑：《莫泊桑随笔选·老妪》百花文艺出版社 2001 年 10 月，第 112 页

师：这是莫泊桑的女性观，莫泊桑最欣赏的女性是——18 世纪法国女性，是怎么样的？姿态、容貌、嗓音、目光的流盼、举止的优雅，甚至是矫揉造作，甚至是漫不经心，他认为这构成了完美的女性。

而且他认为，一个女人所能忍受的最可怕、最折磨人的酷刑就是：她苍老了！

所以，根据莫泊桑本人的女性观，他更应该欣赏哪一个？显然，玛蒂尔德 A，但是他在文中却没有丝毫的流露，为什么？因为他的创作原则——

【投影】

莫泊桑创作谈

小说家不应辩解，也不应饶舌和说教。只有情节和人物才是应当着墨之处。另外，作家不要作结论，而要把它留给读者。

——莫泊桑：《莫泊桑随笔选·小说》百花文艺出版社 2001 年 10 月，第 88 页

师：莫泊桑的创作观，继承他的师父福楼拜，很具有现代性，就是——作家不要做结论，而要把它留给读者——所以他在文中没有流露出来，对吧，隐藏得非常好。

不管她是发生了变化还是没发生变化，也许我们可以读出更多的变化与否之外的东西来，也就是这篇小说的主题。莫泊桑要我们自己来作结论，我们同学做了预习以后，我把同学们的意见都放在上面了，有这么多不同的观点。（示意看幻灯）

【投影】

"我"的阅读：这是一部关于 _______ 小说

虚荣　　　　　（王奇旻……）

诚信　　　　　（陈　璐……）

贫穷、差异　　（许乐乐……）

梦想、欲望　　（陶洁婷……）

命运　　　　　（王富强……）……

师：五大类，我们看看同学的名字，每一类都请一位同学来大致地说一说，简要地说一说你的观点，以及你的理由。

来，首先，王奇旻，你来谈谈——虚荣。

（众生笑）

王奇旻：我认为她是一个很爱慕虚荣的人，因为她出身不是很好，很向往贵妇人的生活，崇拜有钱的同学，那有钱的同学是她的好朋友，但是她除了在借项链这件事情上去跟她见过以外，别的事情上，却没有去和她进行过交流。

师：为什么不敢去？

生：因为她感觉自己和她有身份的差距。

师：她自己也体会到了，从所有这一切中，都发现她的虚荣，所以这个小说的主题是虚荣。请坐。陈璐，你来谈一谈你的观点。

陈璐：我觉得还是诚信吧，因为她一开始是买了一条一模一样的项链，还给她，再去慢慢还这个债务，本来可以和夫人说一下，慢慢再还她钱的，但是她现在这样就表示——你把朋友的东西弄丢了以后，朋友总是不太舒服的——她觉得不应该让朋友担心，于是把这东西还给了她。

师：如果她不是一个诚信的人的话，她也许有别的方式来解决，是吗？

生：就是。

师：有什么样的方式？

生：她们是好朋友嘛，她说，那就算了。

师：（笑）哦，索性就算了，或者就索性逃跑，可能方式也很多。（示意）请坐。挺诚信的。

好，下面，许乐乐。

许乐乐：我写的是差异，差异就是真实和外表之间的差异。宝石是很漂亮的，但是它也可能把真实掩盖掉了，然后它会把背后的事实也掩盖掉，混淆了真假。

师：哦，是很现实的一种差异，项链的真和假的差异。

那么，（示意PPT）上面还有一个张超，张超是怎么看的？

张超：我觉得，玛蒂尔德丢了这个项链，她要去努力地去还这个项链；如果是佛来思节丢了的话，她就可以很轻松地解决这件事情。

师：你的意思是说，如果这件事情发生在佛来思节夫人身上的话，也就——有没有问题了？可能很轻松，一点都没问题，丢个几条都没关系，是吧？但是发生在玛蒂尔德身上——

张超：那就比较困难了。

师：她要付出什么样的代价？

张超：十年。

师：要付出十年的代价。这是为什么，为什么同样的事情发生在两个人的身上就有这么大的差异呢，因为什么呢？

张超：因为贫富的差距。

师：贫穷的问题，是吗？（示意）请坐。这里我们倒也可以看出，一个小人物，她对风险，对生活中的偶然事件，她的抵抗力怎么样？

生：（低声）很弱。

师：好像比较弱。所以以后张超如果去开个保险公司的话，可以拿《项链》这篇文章作为传单给大家看，对吗？

（众笑）

师：需要买点保险哦，小人物对抗风险的能力比较弱，也有道理。

（示意PPT）继续看，陶洁婷。（师在过道第二排处，审视全场，看不见人）在哪里？（陶洁婷原来在第一排，众生笑，在你后面！）

陶洁婷：我觉得她本身就是一个物质欲望比较强烈的人，这个欲望就是她的虚荣心，从一开始她为了参加晚会而去借项链就可以看出来。结果项链丢了，有一种万念俱灰的感觉，所以，我认为小说的主题和欲望有关。

师：那么她最后，十年之后，她还有欲望吗？

陶洁婷：欲望，我觉得……（沉吟）她，她，她起先是非常漂亮的，所以她追求漂亮，还是一种欲望吧。

师：哦，这是一篇关于欲望的小说，但是我们也可以用一个稍微带点褒义色彩的词来说，这是一篇关于梦想的小说，是吗，这两个词语在某种意义上，是等义的。

好，最后，王富强，谈谈命运。

王富强：本文写了玛蒂尔德一段比较悲惨的命运。

师：她为什么会这么悲惨？

王富强：就是因为掉了一根项链，她为了还债，而要干任何的杂活，为此从原来一个比较美丽的妇女，变成了后来一个……

师：这么苍老的一个人，是吗？

王富强：苍老的人。

师：请坐。凌琪，关于这一点，还有补充吗？

凌琪：因为这篇文章，表露出玛蒂尔德的宿命问题。

师：表达一种宿命！"宿命"这个词用得好。

凌琪：因为从整篇文章来看的话，作者流露出一种悲观的感情，他感觉，像玛蒂尔德这样，先借到项链，然后又把它丢掉，然后又赚钱来偿还这根项链，是一种必须经过的过程。

师：好像冥冥中都已经注定好了，是吗，命运的观点，有点像古希腊的悲剧。凌琪这个观点，说得非常好。

好，那我们回到王奇旻这里来，他关于虚荣的问题，那我想追问一下，就是玛蒂尔德如果处在十年之前，她要怎么样做，我们才说她不虚荣？高姗姗你来说。

高姗姗：就是她在做完那条裙子之后，她完全可以戴两朵鲜花，去参加那个舞会。

师：哦，插一朵鲜花，她就不虚荣了。（众笑）继续，继续，还有吗？

高姗姗：没有了。

师：请坐。鲜花代表不虚荣。可有的女孩子很爱花，我们也说她很虚荣啊，要九百九十九朵玫瑰，她难道不虚荣？这有点很难讲啊。胡佳斌，你怎么看？要怎么样才不虚荣？

胡佳斌：他不做梦。

师：没有梦想，不做梦。拍拍她，好醒了，不要做白日梦了！（众笑）还有吗？

胡佳斌：没有了。

师：还有的同学说，要爱劳动。（众大笑）那就不虚荣啦？其实大家是否发现了，我们有个价值判断在里面，她既然这么贫穷，她应当怎么样？好像应当安于贫穷，我们才说她不虚荣——有个"安贫乐道"的观念在里面。安贫乐道是否是判断一切的标准？我们可以"安富乐道"吗？"安富"就不能"乐道"吗？也很难说，这个问题我觉得挺值得思考的。不要一味地侧重"虚荣"。

那么我们再来看，你在读小说的时候，你是否发现这个作家莫泊桑，他在文章中有没有流露出小说主题？有没有表达他自己的观点？如果是在（示意PPT）这五点里面，他的看法接近哪一点？有发现吗？好，有同学在说是"命运"。（示意）你来说，为什么？

生：小说一开头说，因为命运的差错，她嫁给了一个小书记，这就违背了玛蒂尔德她最初是想嫁给一个有钱人的。但是因为她的命运——出身不太好嘛，那只有违背自己的意愿，嫁给他。

第二个是因为她的虚荣，问同学借了项链去参加舞会，最后却意外丢失了。这时候她的虚荣心就作祟，觉得自己很高贵，不能跟她的朋友说，"我把你的项链弄丢了"——这是很耻辱的事情。她只能花十年的时间，去还这条项链。

最后，快结尾的时候，作者也写到了，一件极细小的事情，可以让人生改变很多，可以败坏她，或者是成全她。然后，我觉得作者在这里就是在感慨，本来是一个这样的人，因为不同的形势，会变成完全两样的人。

师：完全是由于命运的捉弄，是吗，请坐。这位同学回答得真好，但是我倒是有个疑问了，莫泊桑他不是遵循那个原则的吗，他不是要把一切都藏起来的吗？

【投影】

莫泊桑创作谈

作者的想像，即使让读者模模糊糊地猜测到，都是不允许的……一行一行，一字一句都不应当有一丁点作者的观点和意图的痕迹……他深深地藏匿自己，像木偶演员那样小心翼翼地遮掩着自己手中的提线，尽可能不让观众觉察他的声音。

——莫泊桑《居斯塔夫·福楼拜》

师：莫泊桑在讲他的老师福楼拜的时候，承认一个原则完全被他继承过来——要小心翼翼地掩藏自己的观点，一点都不能泄漏，仿佛一个木偶演员掩藏自己手中的提线那样。他怎么会在文中，一不小心就说了这么一段有关"命运"话呢？就是刚才那位同学所读的这段话。我觉得，可能只有一个理由可以解释，你联系上文看一看，（示意）这位同学，你能回答吗？

生：摇头。

师：你来说，凌琪。

凌琪：是因为……具体我也不知道。（众笑）

他后来成了精神病，我怀疑他脑子有毛病。（众笑）他后头成了精神病，我怀疑他脑子有毛病。（众笑）

师：这样解释，可能有点不太合理。回到上文，我觉得可能是，因为莫泊桑本人他过于地为玛蒂尔德感到——

生：（轻声）惋惜。

师：感到惋惜了，是吗？你有没有找到那一段，五十六页。看一看，就是刚才所读的"命运"那一节，找到了吗？"要是那时候没有丢掉那挂项链"，以及上面那一节，"路瓦栽夫人现在显得老了"——他就是感叹她的苍老之后，突然来了这么一段议论，你看看是不是这样？

所以说命运有时候会弄人啊，我们把这两节来读一读好不好，女同学读上面那一节，男同学读下面那一节。好，女生，"路瓦栽夫人现在显得老了"，读出一种命运的沧桑感。开始。

（学生朗读）

师：你看，多么可悲。一串改变命运的项链，一场改变生活的舞会。我们静下来考虑，大家是否发现了——舞会、马车、丢了东西，然后逃跑——是不是让我们回忆起小时候一个非常经典的故事？什么故事？

生：灰姑娘！

师：太像了。

【投影】

相同点	《灰姑娘》	《项链》
个人特质		
家庭生活		
不满的家人		
某次契机		
外力帮助		
在舞会上		
马车		
失物		
寻找比照		
……		

师：思考三十秒，然后请同学来找出相似点。看上面的表格。

生：（思考）

师：好，我请同学来说。（示意）你来说。相同点，她们在个人特质上——

生：她们的个人特质，都是美丽动人的。

师：美丽动人，而且关键的一点，她们都——

生：都很贫穷。

师：非常好，请坐。贫穷而美丽。（示意）后面，"家庭生活"。

生：都是不美满的。

师：不美满，感到自己很不幸。请坐。（示意）后面，"不满的家人"。

生：不满的家人，对灰姑娘来说，是她的后妈，还有两个姐姐。

师：经常欺负她。

生：《项链》中不满的家人，是她的丈夫。

师：丈夫太没钱了。

生：让人不满。

师：请坐。（示意）后面。"某次契机"。

生：都是一次舞会。

师：请坐。（示意）后面。"外力帮助"。

生：灰姑娘是魔法师帮助。

师：魔法师，一个老婆婆点化了她。

生：《项链》是朋友借给她的。

师：谁借给她的？

生：佛来思节夫人借给她的。

师：都有外力的帮助。请坐。（示意）继续往后。舞会上。

生：舞会上，她们都显示出了自己从来没有过的美丽。

师：哇，说得真好！灰姑娘引起了谁的注意？

生：王子。

师：玛蒂尔德呢？

生：玛蒂尔德引起了……

师：文章中有一句，你注意到了吗？

生：玛蒂尔德引起了部长的注意。（众人翻书）

师：引起了部长的注意。请注意——都引起了大人物的注意。太相似了。（示意）同桌。"舞会一结束"。

生：她们都显得很悲惨。

师：她们都匆匆忙忙只做了一件事情，舞会一结束就出去要干吗？

生：逃跑。

师：跑。为什么，灰姑娘为什么要跑？

生：因为魔法。因为她们都不是很真实。

师：哦，都要现出原形？（众笑）一个是魔法要失灵了，一个是通过什么现出原形？

生：外套。

师：她的一件丑陋不堪的外套。都要现出原形。（示意）继续往前。"马车"。

生：马车，灰姑娘使用的是由南瓜和老鼠变成的马车；在《项链》中，那是很破的一辆马车。

师：晚上才会出来的马车。也很像。（示意）继续往前，"失物"。

生：灰姑娘的失物是她的鞋子，而玛蒂尔德丢的是项链。

师：都丢了非常珍贵的东西：透明的水晶鞋，项链。请坐。（示意）最后——

生："寻找比照"。灰姑娘她是……鞋子……挨家挨户去试穿。

师：项链中有一个类似的情节：拿着一个东西来比。

生：噢，她拿着那个盒子，到处去店里寻找一模一样的项链。

师：请坐。

大家看，（示意 PPT 表格）一二三四五六七八九十，太可怕了——感觉就像玛蒂尔德知道那串项链是假的一样——目瞪口呆！ 怎么会这么像？莫泊桑，他知不知道这个故事？

【投影】

欧洲有一个著名的《灰姑娘》童话故事；十七世纪法国人培鲁的故事集里和十九世纪德国格林兄弟的童话集都收进了这个民间传说。据过去考证，在欧洲和近东有三百四十五种大同小异的这个传说。

——杨宪益：《译余偶拾》，三联书店 1983 年 6 月，第 78 页

（母亲）在文学上造诣也很深，不但熟读古今名著，而且有精审的鉴赏力。她经常给小莫泊桑讲述希腊罗马的神话故事，娓娓动听；朗读莎士比亚话剧中的精彩片断，洋溢着炽烈的感情。

——张英伦：《莫泊桑传》，山西人民出版社 1985 年 8 月

师：他必然知道这个故事，因为这个故事在欧洲大陆非常流行，而且是一个法国人，你看噢，十七世纪的法国人就把它收进故事集里了。而且，莫泊桑从小，他的母亲就对他进行良好的文学教育。并且他的老师福楼拜也是具有极高的文学修养，所以他必定知道。

那么，我们就要问了，这么相似，那不是盗版吗？《项链》还是经典吗？

【投影】

盗版？经典？

师：（示意）你说，是不是盗版？

生：不是。

师：为什么？

生：因为它们有区别。

师：有区别是吗，请坐。有区别。文章的第一句话是什么？（示意）你给大家念一下好吗？朗读小说的第一句话。

生：她也是一个美丽动人的姑娘。

师：唔，读得真难听，请坐。（众善意地笑）

"她也是一个美丽动人的姑娘"。来，后面一位同学，如果就小说内部来看，"她也是一个美丽动人的姑娘"，这个"也"是针对另外一个人，是谁？

生：她朋友。

师：她朋友佛来思节。请坐，（示意）继续往后。

但是就小说外部来看，好像莫泊桑他有意地，他针对谁在发言？"她也是一个美丽动人的姑娘"。

生：灰姑娘。

师：请坐，其实小说一开始，他就在告诉你们，我要写一个跟灰姑娘有关，但是又不一样的故事——"她也是一个美丽动人的姑娘"。请注意这个"也"字。

好，接下来，我们思考两个问题。

【投影】

"她也是一个美丽动人的姑娘……"

①灰姑娘和灰姑娘和玛蒂尔德的区别在哪里？

②《项链》是如何创造性地改写，颠覆了《灰姑娘》的童话模式？

师：第一个问题：灰姑娘和灰姑娘和玛蒂尔德的区别在哪里？第二：《项链》是如何创造性地改写，颠覆了《灰姑娘》的童话模式？思考一会儿，不讨论，独立思考。

生：思考。

师：好，我们四人小组讨论一下，前后四人小组。

生：（四人小组讨论）

师：好，我请同学来回答。"灰姑娘"其实是一个模式，把灰姑娘模式里面的基本要素理清楚了，玛蒂尔德与其的不同点也就分明了。我们先想想，这个模式里面，有哪些要素？它包含了哪些东西。（示意）你来说。

生：灰姑娘这个童话，主要是说她的青春……主要涉及的应该是爱情吧。

师：噢，灰姑娘她追求一种爱情是吗？有着青春的绽放。就这样？好，请坐。（示意）后面同学，还有补充吗？

生：而《项链》的女主人公她……

师：哦，我们继续讲灰姑娘，不要急着讲项链。

生：灰姑娘，最后她得到了幸福的生活。

师：从此过上了幸福的生活，结局非常好。很好，请坐。还有吗，还有补充吗，关于灰姑娘？（示意往后）

生：和他们差不多。

师：灰姑娘，本来很贫穷，但后来由于爱情和王子结婚了，她的等级有没有发生变化？

生：等级发生了变化。

师：请坐。好，最后一位同学，你把前面三位同学的要点，总结一下。

生：也就是……她的身份……总的讲起来，这个故事比较有戏剧性的，一个大转折。

师：大转折。请坐。

其实我们会发现，灰姑娘的模式，有这么几点要素：

【投影】

"灰姑娘"模式的核心——

绽放的青春。

以爱情超越等级，

幸福的结局

师：第一，青春的绽放。舞会上，一下就发现这么美！然后，以爱情来超越等级；最后，有一个极其幸福和完美的结局。

那么，你仔细考虑一下，会发现，莫泊桑他在这几个要点上——青春、爱情、等级、结局——每一点上，都不一样。

谁来说？随便请一个同学来说。（示意）你来说，青春的问题，玛蒂尔德是否有绽放的青春？

生：玛蒂尔德她有。

师：有？有过。最后呢？

生：最后，由于命运的差错……（沉默）

师：请坐。后面的同学，你可以补充一下吗？关于"青春"的问题。

生：她应该也是有青春的吧，只不过她觉得嫁给她丈夫以后，就浪费掉了。（众笑）

师：嗯，在舞会上，青春绽放。但是最后呢，十年之后呢？十年之后青春还在不在？

生：不在。

师：她已经怎么样？

生：已经老了。

师：已经苍老了，请注意——用"衰老"的主题来替换掉"青春"这个主题。请坐。

好，关于"爱情"的问题，请后面这位男同学来谈一谈。

生：灰姑娘的爱情是美满的，她得到了王子。

师：玛蒂尔德是否追求爱情？

生：不完全是。

师：这是一个爱情故事吗？

生：不是爱情故事。

师：这是一个什么故事？

生：比较实际。

师：关于婚姻的故事是吗，在这个故事里面，没有爱情。她追求什么东西？

生：她追求物质的东西。

师：她追求物质生活，这就导致我们对于虚荣的批判，是吗？请坐。这一点很重要，（示意）继续往后。"等级"。

生：玛蒂尔德是生活在社会中下层。

师：灰姑娘起先也是这样，对吗？后来……

生：但是灰姑娘变成了上层，而玛蒂尔德还是保持在原来的阶层。

师：（惊问）还是保持？

生：更下层了。

师：降格了对吧，继续往下降，她最后变得像文章里面的那个谁呀？

生：勃雷大涅省的小女仆。

师：请坐。她降格了，灰姑娘是往上升的，是吗？（示意）最后，"结局"。

生：结局……虽然她把钱全部还清了，但是她跟以前变得不一样了，变得更加衰老、贫穷。

师：衰老，贫穷。请坐。

如果我们把整篇小说看做一场足球赛的话，莫泊桑他真正射门的时候是在哪里？（示意）你来说。

生：是在结局的时候。

师：结局怎么样，哪句话？

生：是最后一句话。

师：最后一句话，你给我们念一下好吗？

生："唉！我可怜的玛蒂尔德！可是我那一挂是假的，至多值五百法郎！……"

师：啊，读得真好，请坐。（示意）同桌，为什么这句话这么有杀伤力？

生：因为在前面，为了这串项链，她付出了她所有的东西——金钱、劳动、青春，还有很多。

师：她把一切都付出了。

生：后来感觉就……当她听到这句话的时候，感觉她所有的东西都不值了。

师：取消了她十年艰辛劳动的所有的意义，对吗？所以说她最后是目瞪口呆。

啊，所以有人读莫泊桑的小说，读出这种感觉，读到后来你会发现——

【投影】

"莫泊桑"读后感

莫泊桑的小说是一个痛苦多，欢乐少，笼罩着一片悲观主义的凉雾的世界，"其境过清，不可久居"，久居则有"凄神寒骨"之虞。

——郭宏安：《莫泊桑的眼睛》，《同剖诗心》，中央编译出版社 1996 年第 6 期，第 117 页

（莫泊桑）的许多短篇小说我连续看下去，只觉得越来越冷，如同到了寒带……短篇中的《项链》一再被人选读……冷酷无情的面貌下藏着一颗热心。这和我们的习惯只怕有点相反。在法国也不合时宜，他只能最后神经错乱了。

——金克木：《关于世纪法国小说的对话》，《读书》1988 年第 6 期，第 48 页

这是一部关于"悲伤"的小说

——张含彬

师：只有一个字——"冷"！莫泊桑太冷酷了，太冷静了，太冷了。

我们有一位同学读得跟翻译家郭宏安、北大教授金克木一样，这是一部冷得让人"悲伤"的小说。张含彬站起来！张含彬，你为谁而悲伤？在这篇小说里，你为谁而悲伤？

张含彬：玛蒂尔德。

师：玛蒂尔德真可怜。请坐。这是一个让人悲伤的故事。

好了，我们暂时走出悲伤，我们继续来进行我们的探讨，继续回到我们刚才那个问题上。大家看一看，《灰姑娘》这个模式，其实发展下来了——

【投影】

顺承，于是通俗	颠覆，然后经典
《窈窕淑女》 （奥黛丽·赫本） 《流星花园》 《曼哈顿女佣》 ……	1796 年，简·奥斯汀《傲慢与偏见》 伊丽莎白：拒绝没有爱情的求婚 1846 年，夏绿蒂·勃朗特《简·爱》 简·爱：女性主见，不愿妻以夫贵 1857 年，福楼拜《包法利夫人》 爱玛：追寻浪漫，服毒身亡 1884 年，莫泊桑《项链》 玛蒂尔德：……

师：《窈窕淑女》看过吗？

生：没有。

师：《流星花园》看过吧？

生：（众笑答）看过。

师：《曼哈顿女佣》看过吧？

生：（部分）看过。

师：好，我请一位同学来讲讲《曼哈顿女佣》，这里面是不是一个……怎么一种模式？灰姑娘的模式有吗？

生：有的。她原来是在一个酒店里打工，做女佣，然后因为巧合，认识了一个议员，结果她就和那个议员相爱了。而且她是借钱买礼服，还有最好看的项链，是她儿子帮他借的。

师：哦，也有一串项链！有舞会吗？

生：有。

师：天哪，也有舞会。

生：参加舞会，最后是舞会结束后的那天，揭穿她了……

师：等会儿。她舞会上大放光彩吗？

生：有。

师：也大放光彩！

生：舞会结束后的第二天，她就被揭穿了。最后是因为她的智慧，和她儿子的勇气，最后他们得到了爱情。

师：从此过上了——

生：（笑）幸福的生活。

师：（示意）请坐。大家看，通俗的大片里面，灰姑娘的模式，百试不爽，对吧？奥黛丽·赫本《窈窕淑女》，一九六四年，奥斯卡七项大奖，同样一个卖花姑娘；其实她来自一个小说《卖花女》，萧伯纳的，都是非常通俗的，《流星花园》里面那个谁啊？（示意）你来说。

生：杉菜。

师：杉菜是吗，这个算不算？

生：算的！

师：好像也算得上的噢。

但是，但是这里面，你看看（示意PPT）——右边这一路下来，从《傲慢与偏见》到《简·爱》，到莫泊桑的老师福楼拜的《包法利夫人》，一直到《项链》，你可以看出一条什么样的传统？

生：（沉默）

师：一二三四，凌琪，你来说！什么传统？看出什么东西来？

凌琪：悲剧！

师：悲剧？（示意）请坐，同桌两人商量一下，我们从右面的一排里面看出一种什么传统？

生：（讨论）

师：好。谁来谈？我们抓紧时间，时间不多了。谁来说，你看出了一些什么东西？（示意）你来说。

生：右边那一排都是，爱情高于物质。

师：都是爱情高于物质生活。请坐。（示意）你可以发表一下意见吗？

生：这里都是写的是，她们都有很美丽的外表，但是她们一开始都没有很好的外部条件来支持她们。整个故事的发展，就是围绕她们如何通过一系列的事情，然后把她们这些美的外表最后终于让别人得知，表现出来。这个就是故事中主要要告诉我们的事情。

师：（示意）请坐。伊丽莎白她拒绝了达西，因为她觉得达西向她求爱不真诚；简·爱她知道阁楼上有个疯女人，所以她不愿意嫁给罗切斯特；爱玛，追求浪漫，服毒身亡；那么，玛蒂尔德呢？

这些女子，你是否发现，她们都很有自己的主见，对吗？玛蒂尔德有没有表现出自己的主见？文章里面有没有？

生：有。

师：真的有吗？（示意）你来找一段，从哪里可以看出玛蒂尔德的主见？她真的有主见吗？

生：有有有！刚开始发现项链丢失以后，她就辞退了女佣，搬迁了住所，自己开始干家务。

师：文章里面有很好的一句话，你给我们念一下，好吗？

生："瓦裁夫人懂得穷人的艰难生活了。她一下子现出了英雄气概，毅然决然打定了主意。"

师：太好了，请坐。"她一下子现出了英雄气概，毅然决然打定了主意"——所以你从中可以看出这是一个多么有主见的女人啊！

大家看一看，我想说的就是，在十九世纪的欧洲小说里面，它蕴含的一个主题就是——"女性的自我发现"。所以在这个意义上，我非常佩服我们班的三位同学。

【投影】

"我"的阅读：

这是一部关于女性的小说

（程璐　莫剑俊　愈晨浩）

师：程璐，莫剑俊，俞晨浩。他们说，这是一部关于"女性"的小说。（众笑）三位同学各讲一句话吧，来谈谈女性。

来，程璐，你谈谈女性。

程璐：女性天生是爱美的……但是女人善变。

师：善变，爱美。对玛蒂尔德而言，她的美丽的容颜的凋零，太可悲了噢。（示意）请坐。莫剑俊，谈谈女性。

莫剑俊：（沉默）

师：随便谈谈，轻松一点。

莫剑俊：女性比较在乎自己的外表。

师：所以说外表改变了，她会比较地难过，外貌对她来说，太重要了。（示意）请坐。最后，俞晨浩，你也来说一句吧。

俞晨浩：因为这篇小说中的主人公就是玛蒂尔德，她是一位女性，然后……（沉默）（众笑）

师：非常好！（示意请坐）其实小说里面除了路瓦栽，其他所有的人——当然除了她丈夫和那个部长——其他都是女性。

所以中国很著名的一个文学家，鲁迅的弟弟周作人，他在他的《书房一角》里说过这样一句话，他说："我们看一个社会是否宽容，有一个很简单的办法，就看这个社会对于女性的评价。"就这么简单。

所以有时候，我们映照一下，我们读了《项链》以后，我们对于玛蒂尔德，到底是如何评价，如果你对她的评价过于严厉的话，也许可以看出你还不够宽容。（众笑）

好了，那么课后如果大家还有兴趣的话，我建议大家顺着两个思路，继续去思考，两个问题：

第一个问题就是，中国古典小说中，有个著名的模式，什么模式，大家有印象吗？才子——

生：（齐声）佳人。

师：才子佳人模式，和欧洲大陆的灰姑娘故事的模式，到底有什么异同？这是第一个思考题。

第二个思考题，有关于作家——盲作家，从古希腊的荷马，到英国的弥尔顿，到莫泊桑，莫泊桑他几近失明，当他开始创作《项链》的时候，已经看不清东西了，一直到最后，现在的博尔赫斯，失明的作家，和他的创作之间，究竟是怎样一种关系？这个也可以去思考一下。

莫泊桑说："我具有一种第二视力，我具有精神的目光。"他用精神的目光，看到了玛蒂尔德。

其实我们去读一读，想一想，也许可以看得更深一点。

今天就上到这里，谢谢大家，下课！

叶上初阳干宿雨
——郭初阳"互文式语文"教学之路探析

郭初阳老师极力倡导"有趣、有料、有种"的语文课程理念，主张互文式阅读，注重文化品位，倡导批判精神。他常常在课堂中，一步步带领学生去"颠覆"课文，把课堂变成一场思想的历险。他的教学以其超大的信息量和离经叛道的呈现方式而颇受争议，有人说他是"为语文课堂重新立法"的革命者，也有人说他是挑战现有体制的叛逆者。

一、阅读思考成就其丰厚学养

郭初阳课堂的"革命性"，在于他赋予了语文课堂以学术的深度、理性的光照、自由的启蒙，从而极大地提升了语文课堂的文化品格。

他把单一的作品置放于作家的整体创作体系中，置放于作家作品赖于诞生的历史时代背景中，置放于一个互为关联、互为映衬、互为对照的文本群而形成的更为广阔的人文坐标中。通过互文性多元观照、比较和呈现，对文本进行深度阐释，这是郭初阳课堂的一个显著特征，被称为"后现代互文性解读"。他的成名课《项链》即是一例。

很明显，"后现代互文性解读"需要教师有广博的文化视野、深厚的文化底蕴和独立的人文精神。

1992 年郭初阳考入杭州师范学院，在经历了一个极为短暂的青春迷茫期之后，迅速从阅读中找到了实现自我救赎的门径。在蒙昧的大学时期，学术渊厚、人文荟萃的"文教区"，为郭初阳的学养育成提供了一块肥沃的土壤。他在丛生的书林中遭遇李哲厚、刘小枫、余英时等人，阅读了大量高质量的书籍，为他投身教育做了充实的理论和知识铺垫。

郭初阳喜欢买书，喜欢看书，喜欢写读书笔记。他曾说："我喜欢一个城市的程度，与这个城市里面好书店的数量成正比。"他有五千多册藏书，涉及哲学、历史、经济等诸多类别。

丰厚的知识储备、开放的教学思维，让郭初阳的语文课堂显得颇为另类又具有强大的冲击力。"郭初阳的上课方式是奇怪的，在形式上是上一篇课文，但这几十分钟下来，实际上至少有五篇或更多的文章被读掉，语文课本在他手里只是一个道具，要耍而已，而真正在里面起作用的乃是思想和开放的思维方式。"一个学生曾这样评价郭老师的课堂：那是一扇干干净净透明的窗。这扇窗的背后，应该就是堆叠在他书房的那一册册厚薄不一、或新或旧的各类书籍。

据说郭初阳是从不读教育著作的，而且几乎到了鄙视的状态。就教师专业阅读而言，郭初阳有极端之倾向，容易误导在专业成长路上孜孜不倦的求索者，但他启迪着我们思考，语文教学是需要向文学、文化层面上深度探寻的，而这需要教师深厚的文化底蕴为支撑。

二、躬身践行提升其教学素养

他早期的公开课《诗二首》（艾青《我爱这土地》和郭沫若《炉中煤》），将两首诗打通，进行互文性比较阅读，中间用一颗大大的写有"爱"字的红心，将两边的板书缀连在一起。两首诗郭初阳只用了一个课时就解决掉了。尽管这堂课与他后几年上的公开课不可同日而语，但他在后来的课堂教学中所呈现出来的一些风格和艺术上的基本要素，例如比照解读法等，已初露端倪。其后郭初阳幸得名师指点，教学技术上渐臻佳境，而且逐渐形成了激发兴趣、关注当下、自我坎陷这三个几乎涵盖其课堂全部秘密的鲜明风格。

事实上，我们也看到了郭初阳在新课程教学改革的悬崖下，继续向上奋力登攀的身影——2003 年获浙江省高中语文阅读教学优质课评比一等奖、2005 年获全国中小学"个性杯"语文课堂教学大赛特等奖第一名，就是他跃上的两个较大的石级。《人民教育》编辑赖配根说："郭初阳是 2005 年一个具有标本意义的人物。他的出现，对语文界来，是一个震撼。他的课例，比如《珍珠鸟》，比如《愚公移山》，都可以说是在语文教育界扔下的重磅炸弹。"

郭初阳老师教学素养跨越式的提升，离不开对教学的实践和反思自省。2006 年出版的郭初阳课堂实录《言说抵抗沉默》，厚厚的一本书里只收入五堂课的课堂实录，因为每一实录后都有其深度的理论阐释与教学反思，而这些恰恰是郭初阳老师一路前行躬身实践的辛勤积淀，也是其教学素养迅速提升的依据和基础。

三、宽松土壤加快其孕育成才

解读郭初阳，我们无法避开杭州翠苑中学和杭州外国语学校这两块催生郭初阳这株教坛奇葩的肥沃母土。

1996 年，郭初阳从杭州师范学院毕业，分配至杭州市西湖区的翠苑中学任教。西湖区是杭州市中学语文教学的一个"重镇"，为杭州市中学语文教学界培养和输送了大批领军人才。重视语文教学科研一直是翠苑中学的传统，上个世纪 90 年代西湖区和杭州市教研室组织开展的语文教学观摩活动，大多放在翠苑中学举行。胸藏万卷的文化底蕴，际遇了这样一个研究氛围浓郁的教学场，再加上方顺荣、王曜君等名师的悉心指点，郭初阳的课堂教学艺术取得了长足的进步。

2002 年，郭初阳调入杭州外国语学校。作为浙江省教育厅唯——所直属中学、被教育部认定享受 20% 高校保送生资格的全国 13 所外国语学校之一，录取分数线一直位居杭州第一。能进入这样一所高素质的学校任教，对郭初阳来说，得到了一所更适合施展教学才华、实现教学理想的绝佳舞台。在此期间，常常为了阐释一句话，郭初阳老师跳进书海，多方搜求，仔细考证，只为了给学生一个多元的阐释空间，呈现创造的多种可能。从这一点说，他是这样一个有心人，既拥有广阔的学术视野，从而超越现实的功利计较，又拥有做具体事情的耐力，从而一直立足课堂，知行合一。

翠苑中学和杭州外国语学校为郭初阳的迅速成长提供了宽广的平台，高层次的学术教研打开了他的教学视野。这两块教研沃土极为包容教师的教学个性，尊重教育和教师，让教师获得了教学的幸福与满足，反过来促其全力以赴地投入教学的改革与实践。这种浓厚而宽松的学术氛围，无疑使郭初阳获得了专业成长的助燃剂，迎来了向更高山峰攀登的契机。

四、网络助推促其二次成长

2002 年起，中国互联网的蓬勃发展，让每一个投身教改的人都无法置身于外。正是这一时期，郭初阳在教育在线上与干国祥、铁皮鼓、魏勇、蔡朝阳等一大批语文教学的探索者们交流对话琢磨，与万松生、傅国涌、余世存、林贤治等著名学者、作家网上论剑切磋学术。通过网络，他从这些人的身上认识到自身存在的价值，滋润了其一以贯之的理想和激情，坚定了他对教育的思考和探索。

没有经历深入探索的人是无法理解孤身前行者的艰难与痛苦，孤独与寂寞的。道不孤，必有邻。所幸，郭初阳们在同行者的鼓励与扶持下，互相砥砺，携手相将，终于抵达一片水草丰茂的教育峰顶，见识到了旖旎瑰丽的风光，获得了一览众山的高峰体验。

李永宁这样评论他："从'颠覆'的意义上讲，郭初阳的公开课所带来的最大的意义在于它全面地提升了语文教育的讨论层次，我们只能从广阔的多得境界视野来看待郭初阳的突破与局限。而从前即使有在相关层次和境界上的探讨，也更多的处在一个纸上谈兵的阶段，郭初阳为这种探讨提供了第一个现实的可参照的实践活动。如果驾驭得当，我相信郭初阳的公开课会成为一场声势浩大的发自民间的基础教育课程变革的开始。郭初阳写入中国教育史已不可避免。"

或许正如其在《项链》一课中所说，古今中外的盲作家都具有一种第二视力，都具有精神的眼光。而互联网的蓬勃发展，为郭初阳们打开其第三只眼提供了可能。它拉近了同行者的时空距离，从而形成一股洪流，挟裹着这个群体不断前行。在这个网络时代里，我们已经无法坐井观天闭门造车，这或许是给我们年轻一代有益的思考。

——他为教师的才、学、识树立了一个标杆。他的学者型课堂，对普通教师的学识储备提出了一种挑战，形成了一种"威压"。

——他为语文课堂开辟了一条新路，给广大语文教师提供了一种方法论的借鉴。

——他以自己受到学生欢迎的语文课堂告诉我们：语文课堂成为一种师生共同的幸福乐园，不是完全没有可能。

也许郭初阳的语文课在体制内还是存在着太大的争议，所以他最终还是选择离开教学的舞台，淡出中学语文人的视野。但这并不是他语文教师生涯的终结，相反，他以一种更为开放自由、同时也更丰富深刻的姿态开创了"越读馆"，在一种完全市场化生活化自由化的状态中实践自己"以读为本、以写为乐"的教育思想。2011年底，他出版《郭初阳教学实录2：癫狂与谨守》时对媒体说："原谅我这一生不羁放纵爱自由"，告别现有体制，创办越读馆，就是为了能够独立地探索语文作为人文学科的教育秘籍，实现语文教育的终极关怀，培养有独立精神、自由思想、敢于表达的公民。

在大学时代，郭初阳最爱的乐队达明一派演唱的《十个救火少年》中，第一个少年锻炼太少觉得危险，第二个要跟爱侣甜蜜，第三个因为母亲的劝勉，然后三个少年翻了脸，还有一个说理论上救不了火了，最后只剩下三个少年义无反顾地去救火。郭初阳就是在语文教学的道路上义无反顾的救火者，幸好最后去救火的少年不是孤单的一个，郭初阳也有不少跟他一样被语文界视为另类的志同道合的朋友。他们跟郭初阳一样有丰厚的理论素养、广阔的知识视野、深刻的人文关怀，思想敏锐，站位前沿，他们中的大多数人也曾寄希望于新课程，但新课程远不能达到他们企望的高度，于是他们中的一些人不得不回到原点，开始重新审视教育的本质。他们在教育理念和教育实践中一致地秉承自由精神，坚守独立人格。

望着郭初阳才情洋溢的凝思眼神和结庐入境的从容身影，我们想到了入世的执着与出世的淡定……

李百艳

李百艳，沪派新生代语文名师，1970 年生于黑龙江。上海市建平实验中学副校长，浦东新区初中语文学科带头人，上海市名师重点培养对象，上海市青语会秘书长。曾获上海市中小学中青年教师教学大赛一等奖、全国中语会创新写作课堂教学大赛一等奖，系全国中语会教改新星、优秀语文教师。参与了上海课改语文教材修订、《教学参考》编写工作，主编或参编教学用书多部，发表论文、课例 20 余篇。

她主张通过有魅力的母语教学不断拓展学生的精神边界，培植学生的精神根基，丰富学生的精神体验，激励学生的精神独立，努力建构学生成长的精神家园，培养"真、善、美"统一的美好人格。善于培养学生的学习兴趣，带领学生学会语文学习。长期致力于"魅力语文"的实践研究，善于挖掘语文本体魅力，张扬学生主体魅力，形成了"情动辞发，富有感染力，契理应机，催生创造力"的课堂教学风格。经常在全国各地执教观摩课、研究课，广受好评。

经由语言，通达人物与主题

——李百艳《雁》教学案例研读

《雁》一文虽短，却有一种震撼人心的力量，雁的悲剧命运极其容易激起读者的共鸣。学生阅读此类文本，很容易"入境"，被文中的故事情节所打动、所感染，但是，缠绵悱恻、动人心扉的情节又会让学生停留在一种"感动"的情绪之中，漂游在文本所营造的悲剧效果中，从而忽略构建故事、产生这种艺术效果的"语辞"。李百艳老师恰恰是提前预测到了学生在阅读中的这种倾向，于是，她所确定的本篇小说的教学内容，便是"关注语言因素，体验表现思想的语言形式，把握'主人公''雁'的形象以及作品主旨"。

很显然，李老师所确定的教学内容与传统小说教学的要求相契合，抓住了小说三要素中的"人物"与"主题"。但，可圈可点的是，在教学组织的过程中，她所力图实现的是，经由"语言"通达"人物"与"主题"。

诗人海德格尔说，"语言是存在的家园"，这个"语言"就是"存在"，即英文中的"being"，也就是人，人的生命。毋庸置疑，关注文本语言，或者说关注那些浸透着强烈感情倾向的"语辞"，就是在体贴作者笔下的人物的生命，乃至作者试图表达的生命情怀。李老师深谙此道。同时，从李老师惯常的教学主张，"语言是语文最核心的东西，语言这个载体所承载的源于生活、高于生活、美于生活的思想感情，正是由于有了我们汉语这种形神兼备、声情并茂、细腻而辽阔的语言，才得以淋漓尽致地表达。"我们同样可以感受到她对于文本语言的重视。

于是，在学生进入文本的情境之后，她便以一个不显山露水的问题，直接带领学生进入到文本的"语言"层面："作者是怎样塑造这篇小说的'主人公''雁'的形象的？"这个问题确实是稀松平常，但是这种问法的确值得关注。在大多数教师的课堂之上，他们的问法是"文中塑造了一只＿＿＿＿的雁，从＿＿＿＿可以读到。"虽然这两个问法，都涉及"语言"因素。但是，略作斟酌，我们便能得出一个判断：李老师的问法，让学生首先关注的是塑造形象的语言及言语形式，而后一种提法，则是让学生依据阅读语言的感觉得出一个形象的概念；两种提法的侧重点不同，前者培养了学生阅读时注重考量"文本怎样写"，而后者则是引导学生了解"文本写了什么"。

当然，仅提出这个问题，也只是给学生指明了一个方向，而只有进行语言涵泳、字词句的沉潜、乃至把握住语言形式，那么这个问题才能落到实处。课堂之上，在李老师的引领之下，学生开始梳理塑造雁的语言，把目光汇聚到关于雁的神态描写的句子，并且对于这些句子作了细致地品味，大到一句话，小到一个词，甚至还有隐含在字词句中的信息和情绪。

比如生 11 对于'望'字的咀嚼："冬天来了，她仰头望着天空，然而她看不见她丈夫的身影，也不知道她什么时候能再来，她的孤独和痛苦都从'望'字中体现出来了。"还有，李老师在此处适切的补充："形单影只的她望着落雪的天空，可能还有许多美好的回忆。然而，回忆越美好，现实越痛苦。就像元好问的词——'欢乐趣，离别苦，就中更有痴儿女。君应有语，渺万里层云，千山暮雪，只影向谁去。'真的让人落泪。"一个"望"字，师生共同揣摩出一个丰富的境界。

这种品味是扎实、有效的，从李老师紧跟着的一次提问中，我们可以获得验证。"如果把雁当做一个人来看，你心中的雁的形象是怎样的呢？"

生 15 的回答，堪称"神来之笔"："老师，我还是想把雁当成雁来看。因为，我觉得大雁对爱情的坚贞是超过人类的。大雁对爱情是那样忠贞，不能相爱，宁可双双殉情。而且我知道所有的大雁都是这样，一个配偶死了，另一个终生不再嫁或者不再娶。"倘若，没有前面通过对语言的深入体察，这个学生无论如何是不可能作出如此精彩的表达，即便他早就知道大雁的此种习性。对于文本语言表达的反复把玩，使得学生已经能从"生命"的高度来认识雁的形象了。

而李老师并未止步于此，对于文本表达方式的欣赏，对于语言的寻索仍然在继续。"请同学们圈画出对雁的语言描写的句子，找出来，你想象一下，如果我们人能听懂雁的话，这些雁鸣告诉我们雁在说什么？"小说中有数次对于雁鸣的描写，很显然，每一次鸣叫，它所传达的信号或者说情感都是不一样的。小说不能直白地告诉读者，否则，文章便少却了许多意蕴。恰恰因为这种含蓄，学生很容易在阅读的过程中将那些丰富的意蕴滑过去。而李老师搭建的这个"台阶"就是让学生通过合理的想象还原故事发生的情境，从而进一步把握"雁"的情感、"雁"的形象。当然，学生想要将"雁语"完成，也必须结合之前讨论、圈画的语言，并在吸收作者语言的基础之上，转化为自己的语言。李老师对于"语言"的聚焦，可谓棋高一着，技高一筹。

课上到这里，学生于文本中雁的"形象"已经认识得较为充分了，怎么样让学生深化对于作品的主旨的认识？不单单地认为这是一个关于雁群里的爱情故事。李老师化繁为简，宕开一笔，将"张家的男人和女人"介入到课堂讨论中来，"你怎样看张家的男人和女人？""你们看一看，这样的雁和这样的人相比，谁更可怜？"

课堂上出现了不曾预约的精彩。生 25 关于"鸟类追求忠贞和爱情"较之于"人类追求物质利益"境界更高的论述，足见其活跃的思维与敏锐的洞察力。从现场来看，这个学生的思考点燃了大家对文本主旨的认识。"鸟儿都有如此高贵的灵魂，人类啊，你当羞愧。""让我们善待一切生命，就像善待我们自己。""身为万物之灵长的人类，你的心灵不应该再麻木。""人啊，让我们对同类或不同类的生命都多一些理解和同情吧。"这些简洁精炼的话表达了学生们对于文本的更深的感悟。

在很多小说教学课的最后，都会关注到"主题"的问题，但是不少课堂呈现出来的状态都显得生硬，有概念化空泛化的嫌疑。但是，李老师的课堂却让人觉得是水到渠成、自然而然。再对这个片段细细琢磨，答案便又能揭晓：她还是从文本出发，从文本的表达切入，从"张家男女"这两个人的安插在文中所起到的作用，让学生在比对中，获得认知。

到此，李老师完成了自己的教学内容，学生也完成了对于"人物"与"主题"的认识。反观整个教学过程，行云流水自然家常，但是，却真实、丰实、扎实、厚实，因为，它守住了语文的命脉——语言形式，富有个性色彩的语辞表达。

李百艳老师《雁》教学实录

师：同学们好！今天我们来学习石钟山的小说《雁》。这是一篇催人泪下的小说。谁愿意"以声传情"地朗读课文，带领同学们走进小说的感人情境中去？

生1：（举手，师示意朗读。起初读得有些平淡，越往后，情感随着雁的悲剧的升华而越积越浓。教室里安静极了，那悲怆的声音，就像那两只雁的悲鸣声，在教室里低迷回旋，师生都沉浸在其中。忽然，学生停止了朗读，他竟然哽咽了，既而哭着读完文章的最后两句"两只雁头颈相交，死死地缠在一起，他们用这种方式自杀了"、"僵直的头仍冲着天空，那是他们的梦想"。）

师：感谢你入情入境的朗读，因为你完全把自己沉浸到小说中去了，所以也把我们带进去了。同学们，他的朗读做到了以声传情，也请你们来谈谈听读后最强烈的感受。

生2：不能自由地相爱，宁愿死亡，两只大雁选择死亡的行为让我们很痛心，也很敬佩。我觉得他们对爱情的忠诚度非常高。一开始母雁落在了一群鹅当中，她的丈夫犹豫了很久才重归到雁队里。但是第二年春天他还是回来了，不顾危险地来到他心爱的母雁身边。人类太自私了，他们为了一点私利，把雁最美丽的羽毛给剪掉了，他们剪掉的不仅是大雁的毛，也剪掉了他们的梦想，就等于剪掉了她生命的一半。

师：非常好，看来这篇小说确实令你感慨颇深。你刚才的发言表达的意思其实可以用匈牙利诗人裴多菲的一首诗来表达："生命诚可贵，爱情价更高，若为自由故，二者皆可抛。"同学们，内心情感涌动最强烈的时候，可以用一句话或一句诗来表达，说你最想说的话，最想脱口而出的话。好，继续——

生3：生命虽然结束了，真爱却永恒！（众生鼓掌）

生4：大雁都钟情如此，更何况人呢？（众生鼓掌）

生5：身体是用来相爱的，灵魂是用来歌唱的。（众生鼓掌）

生6：不自由，毋宁死。（众生鼓掌）

生 7：残忍的人们啊，你为什么不能为爱放一条生路。（众生热烈鼓掌）

师：每个人的发言都很精彩。看来，若真是动了情，就会有惊人之语。哦，还有这么多同学想说，是不是有一种"如鲠在喉，不吐不快"的感觉呀？（众生跃跃欲试）好，最后一个机会，你来说。

生 8：我想到金庸武侠小说里的一首歌：问世间情为何物？直教人生死相许。（众生鼓掌）

师：这句歌词我们很熟悉，但是金庸也是引用，不是原创。你们知道歌词最初的出处吗？

生 8：我知道好像元好问有一首词，其中就有这两句。

师：没错，你的阅读面是很广的。大家来看看这首词，我们来一起读一读。（出示课件）

摸鱼儿·雁丘词

作者：元好问（金末元初）

问世间，情是何物，直教生死相许？
天南地北双飞客，老翅几回寒暑。
欢乐趣，离别苦，就中更有痴儿女。
君应有语：渺万里层云，千山暮雪，只影向谁去？

横汾路，寂寞当年箫鼓，荒烟依旧平楚。
招魂楚些何嗟及，山鬼暗啼风雨。
天也妒，未信与，莺儿燕子俱黄土。
千秋万古，为留待骚人，狂歌痛饮，来访雁丘处。

众生：（齐读）

师：同学们，我还下载了一首歌曲，歌词就是这首词的上阙，我们来听一听。
（播放湘女的演唱，教室再度充满了感人的气氛。）

同学们，看来音乐更具有它独特的气氛，又一次让我们动情。我们来看这首词的结尾一句"千秋万古，为留待骚人，狂歌痛饮，来访雁丘处"，诗人的意思是留待后来的骚客文人们凭吊，也留待他们写出更多更好的诗文。今天我们学的这篇文章，就是现代文人石钟山对这个故事的独特演绎。不过，他写的不是诗词，而是小说。一首词要写得简洁，但作为一篇小说却不一样。要展开叙述，要细致描写，要交代故事发生的环境，要安排故事情节，要动用多种艺术手法来塑造主人公雁的形象。我们再来浏览一下课文，看看，作者是怎样塑造这篇小说的"主人公"雁的形象的？

众生：（读课文，师提醒："我们以往学的小说的主人公都是人，但是这篇小说的主人公却是雁，看看做者是怎样塑造雁的呢？"）

生8：老师，我认为作者写雁和写人一样，对雁的神态进行了描写。

师：很好，那我们大家一起来找找有关雁的神态描写，看看这些描写刻画了雁怎样的形象？

生8：第2自然段："她的神态以及那身漂亮的羽毛使周围的鹅黯然失色。……她的目光充满了绝望和恐惧。"这一处神态描写写出了受伤的母雁令人同情的形象。她受伤了，飞不起来了，没办法回到雁群里去，回到伴侣的身边，听着心上人在空中呼喊，她内心充满了绝望，而且还不知道她自己将面临怎样的命运，她的恐惧可想而知。

师：非常好，你们见过雁吗？有没有想过雁也可能会有这样的神态？

众生：没见过。（部分学生说看过图片）

师：我这里选了几幅雁的图片。（演示多媒体图片）有在空中飞翔的雁阵，也有在湿地里双宿双栖的合影。同学们看一下，你能想象出那种处境下的雁会有那样令人动容的神态吗？

众生：（摇头）

生9：老师，我觉得作者是用了拟人化的写法，把受伤的母雁写成了一个受伤的妻子，所以，她的神态和人的神态一样真实感人。

师：非常好。一个悲剧爱情故事里的女主人公，形象感人至深。还有其他的神态描写吗？

生10：第4自然段："受伤的雁目送着那只孤雁远去，凄凄凉凉地叫了几声，最后垂下了那颗高贵美丽的头。"我觉得这里虽然没写她到底是怎样的神态，但是写她目送着她的伴侣远去，而且垂下了那颗高贵美丽的头，让人仿佛就看到那生离死别的一幕，让人读了心里很难过。

师：让人很同情，还不完全是同情，一个如此高贵美丽的生命身陷绝境，让人痛心。还有吗？

生11：第14自然段："她仰着头望着落雪的天空，心里空前绝后地悲凉。"冬天来了，她仰头望着天空，然而她看不见她丈夫的身影，也不知道她什么时候能再来，她的孤独与痛苦都从这个"望"字体现出来了。

师：形单影只的她望着落雪的天空，可能还有许多美好的回忆。然而，回忆越美好，现实越痛苦。就像元好问的词——"欢乐趣，离别苦，就中更有痴儿女。君应有语：渺万里层云，千山暮雪，只影向谁去？"真的让人落泪。小说的第16、17自然段还有神态描写，我们一起来把这两段读一下，然后一起来分析。

众生：（齐读第16、17自然段）

师：同学们来圈画一下描写雁的神态的语句，然后来分析。

生12：我圈的是："她仰着头，凝视着天空掠过的雁阵，发出兴奋的鸣叫。"

这里写出了母雁经过了一个冬天的企盼和煎熬，在春天到来的时候一直盼望着她的丈夫的到来，"凝视"说明她一直看着天空，唯恐错过她的丈夫。

生8：我觉得这里也写出了雁一直在等待，一次次的守望，一次次的期盼，她没有放弃过希望，因为她坚信他一定回来。

师：可谓是"望穿秋水等你来"，这等候是痛苦的，也是甜蜜的。还有吗？

生13：我觉得最感人的就是第17自然段："她彻底绝望了，也不再做徒劳的努力了，她美丽的双眼里蓄满了泪水，她悲伤地冲着丈夫哀鸣着。"母雁的梦想破灭了，我想任何一个有感情的人都会为她难过，她的心该怎样地痛苦与绝望。这一切实在是太残忍了。

师：小说的情节发展到了高潮，故事的悲剧氛围也到了高潮。同学们，刚才我们非常细致地分析了关于雁的神态描写。同学们也指出了作者用了拟人化的手法，那么，如果把雁当做一个人来看，你心中雁的形象是怎样的呢？

生14：我只说母雁吧，我觉得她是一个美丽的、高贵的，又非常不幸的女性，她很能忍耐，为了丈夫的诺言，她在屈辱中忍耐，等待着与丈夫团聚，她的遭遇很让人同情。

生15：老师，我还是想把雁当成雁来看。因为，我觉得大雁对爱情的坚贞是超过人类的。大雁对爱情是那样忠诚，不能活着相爱，宁可双双殉情。而且我知道所有的大雁都是这样的，一个配偶死了，另一个终生不再嫁或者不再娶。（众生鼓掌）

师：非常好，你很了解雁的生活习性。是的，正如你说的，因此雁有"义禽"之称。所以，人们会把雁拟人化，有的文章也会用拟物的手法，把人当成雁来写，比如把游子写成孤雁等。总之，这篇小说里的雁的确是两个闪耀着生命尊严的形象，让人同情，更让人敬佩。同学们，对雁的描写除了神态描写，你们看还有什么描写？

生9：还有声音描写。

师：确切地说应该是对雁的鸣叫声的描写。那么，同学们，这鸣叫声就是雁的什么啊？

众生：语言！

师：雁鸣即雁语，非常好。请同学们圈画出对雁的语言描写的句子，找出来，你想象一下，如果我们人能听懂雁的话，这些雁鸣告诉我们雁在说什么？

生16：第2自然段："她应和着那只孤雁的凄叫。""她高昂着头，冲着空中那只盘旋的孤雁哀鸣着。"还有第4自然段："那只孤独的雁留下最后一声哀鸣，犹豫着向南方飞去。""受伤的雁……凄凄凉凉地叫了几声。"

师：非常好，先找到这里。同学们把这几处文字自由读一读，联系上下文，想象一下，如果你能听懂雁的话，你觉得这两只雁在说什么？

生17：我想那只雄雁的最后一声哀鸣可能会说："等着我，一定等着我，亲爱的，明年春天我来找你。一定等着我。"（众生笑）

师：同学们先不要笑，你们觉得她的想象合理吗？

众生：合理。

师：既然合理，我们可以参考她的发言，展开想象。

生18：我想说的是第2自然段的母雁的鸣叫，她应和着孤雁，可能会说："你别管我了，我飞不了了，你赶快去追赶我们的雁群吧，这里太危险，你快点走啊。你不要下来，快走吧！"（生说得很感人，学生鼓掌。）

师：看来，我们已经和雁心心相印了，能够想雁之所想，说雁之所说。还有谁来说吗？

生19：我想受伤的雁"凄凄凉凉地叫了几声"。她的叫声应该是这样的话："好的，我等着你，一定等着你，等春天来的时候，你一定要来找我。"

师：同学们，你们真是聪明，后面还有几处写到雁的鸣叫，你们课下把那些句子抄下来，然后展开想象，这样，可以使你加深对小说的理解。这是今天的一项作业。接下来，同学们，看一看，第4自然段对母雁的叫声的描写用了一个形容词"凄凄凉凉"，而第21自然段写雄雁的鸣叫却用"凄厉绝望"来形容，你觉得这两个词能互换吗？为什么？

生20：不能。因为凄凉是用来形容母雁的，声音不是非常响，而且她那时身上有伤，又没有和丈夫一起飞走，她的内心很伤感，所以用凄凉。但是，"凄厉绝望"是用来描写雄雁的，雄雁的声音应该和母雁的声音不一样，再有，后来雄雁是绝望了，他才会发出凄惨而又尖厉的叫声。

生21：我觉得雄雁的叫声里有绝望，更有控诉，他可能是对着地面上的人大喊："人啊，你为什么要这样残忍，我哪里得罪你们了，难道我与家人团聚的小小的梦想你也一定要打碎吗？"

师：两位同学说得非常好，随着悲剧高潮的到来，雁的鸣叫也随之而发生变化。凄惨的程度在不断加深，他们在绝望之余，终于选择了死，选择了有尊严地死。假如我们真的耳闻目睹了这一切，我想铁石心肠的人也会落泪。然而，同学们，文中的人们表现如何呢？你怎样看待张家的男人和女人？

生22：我觉得他们是愚蠢而又自私的。他们无法理解雁的追求，他们只想着蛋和肉。

生23：我觉得他们一点同情心都没有，他们剪掉了母雁的翅膀，看她飞不起来，不但不惭愧，竟然还在嘲笑，一点没有恻隐之心，我觉得他们太麻木了，简直不配当人。

师：同学们，你们看一看，这样的雁和这样的人相比谁更可怜？

生24：我觉得当然是雁可怜，因为雁是被人逼死的，雁是弱势群体，而人是凶手，这样的人不是可怜而是可恨。（众生鼓掌）

生25：老师，我和他的看法不一样。我觉得这里的张家夫妇固然可恨，但他们更可怜。其实，这篇小说写了两个世界，一个是追求忠贞爱情和自由的鸟类世界，

一个是追求物质利益的无情的人类世界。人类还没有鸟类的境界高，人不是更可怜吗？（众生更加热烈鼓掌）

师：有一句话叫做可恨之人必有可怜之处，可怜之人亦有可恨之处，可能用来形容张家的男人和女人比较合适。然而，就是这样可怜可恨的人，他们竟然是我们的同类，面对这样的同类，面对被人类逼上死路的鸟类，同学们，你有什么更深的感悟吗？请用最简洁精炼的话来表达。

生 26：鸟儿都有如此高贵的灵魂，人类啊，你当羞愧。（众生鼓掌）

生 27：让我们善待一切生命，就像善待我们自己。（众生鼓掌）

生 28：身为万物之灵长的人类，你的心灵不应该再麻木。（众生鼓掌）

生 29：人啊，让我们对同类或不同类的生命都多一些理解和同情吧。（众生鼓掌）

师：同学们的发言都非常精彩，备课时我想到了法国哲学家史怀哲提出的"敬畏生命"。他说过一段有名的话，我们一起来读一下

（投影展示）

如果我是一个有思维的生命，我必须以同等的敬畏来尊敬其他生命，因为我明白：她那常常地渴望着圆满和发展的意愿，跟我是一模一样的，所以我认为毁灭、妨碍、阻止生命是极其悲伤的。——史怀哲

众生：（齐读）

师：同学们，我们爱护、敬畏自己的生命，也要爱护、敬畏其他的生命。不懂得敬畏生命，是被摧残的生命的悲剧，也是摧残者的悲剧。让我们再来读一遍课文的结尾，愿这悲剧的一幕永远作为一种警戒，愿这样的悲剧不再发生。

众生：（齐读 23、24 自然段）

第二天一早，当张家的男人和女人推开门时，他们被眼前的景象惊呆了：两只雁头颈相交，死死地缠在一起，他们用这种方式自杀了。僵直的头仍冲着天空，那是他们的梦想。

师：好，这篇小说就学到这里，下课！

世事沧桑心事定，胸中海岳梦中飞
——李百艳"魅力语文"教学之路探析

"世事沧桑心事定，胸中海岳梦中飞"这是冰心选自龚自珍的两首诗歌中的句子，李百艳极为喜欢，因为这两句诗不仅道出了她对语文教育的情有独钟，更道出了她对生活的态度和对理想的追求。李百艳说：回望自己十几年的语文教学生涯，我所走过的路可以简要地概括为"被语文的魅力征服以及用语文的魅力去征服的过程"。

一、世事沧桑心事定：为语文而生——被语文的魅力征服

李百艳的学生评价李百艳："是为语文而生的。"

1. 魅力无穷

舒婷说："魅力汉语对我们的征服，有时是五脏俱焚的痛，有时是透心彻骨的寒，更多的是酣畅淋漓的洗涤和'我欲乘风归去'的快感。"

于漪老师说："哪一门学科能有语文那样的灵动蕴藉；哪一片天地能有语文世界那样的斑斓多彩！"

李百艳说："语文是最有魅力的一门学科，这种魅力是语言的魅力，情感的魅力，思想的魅力，人格的魅力，文化的魅力。"

每个以汉语为母语的中国人都当期待这样的征服。因为被语文征服，不是一场短暂美丽的邂逅，生命一旦与她相遇，她就不仅能改善我们外在的现实世界，更能美化我们内在的心灵世界；她由内而外，自始至终，让我们的生命多了一份永远的享受，永恒的美丽。

由此，李百艳认为，学语文和教语文都应该是一种美好的享受。

2. 情有独钟

李百艳对语文教育事业情有独钟，仿佛她天生就该是语文老师。她的气质，她的话语方式，尤其是她对语文教育的热爱，甚至到了痴迷的程度。"我喜欢上课。"李老师直言不讳地表达了对于语文公开课的热爱。"不怕失败"，是她做事的一贯风格。她说上公开课大不了就是两种情况：失败和不很失败。失败了也无所谓。就是这种无所畏惧的态度，使她的课堂更加坦然，更加真诚，也更具魅力；正是这种不怕失败的态度，使她比别人获得更多的机会。浦东的语文公开课常常有她的身影，上海市的青年语文教师活动，常常是她参与主持或策划，外省市的语文教学观摩活动常常也有她的示范课和教学报告。她更多的是在自己的学校、自己的任教班级，带着自己的学生一起借助语言来建构生命的精神家园。在她诱人的语言、巧妙的点拨、满腔的激情感染下，她的学生总会不断产生强烈而持久的爱语文、学语文的情感冲动。她领着学生从"仿佛若有光"的文字"小口"，"复前行，欲穷其林"，慢慢走进魅力语文之门，走进"豁然开朗，土地平旷，屋舍俨然"的语文桃花源。

"语文，我没有理由不爱你。"这是她每教一届学生第一节语文课讨论的话题。

"语文，你是我永远的享受。"这是她每教一届学生最后一节语文课总结的主题。

语文，早已从最初外在的工作、事业，变成了李百艳内在的守候与梦想。不管世间万象如何风云变幻，也不管语文教学改革怎样沧海横流，李百艳始终坚守着自己的梦想。

二、胸中海岳梦中飞：飞翔的梦——用语文的魅力去征服

"让学生爱上语文、让学生享受语文。"学生心中的语文画卷，一直是李百艳心中飞翔的梦。

1. 梦之困

寻梦途中，李百艳也像诸多同仁一样，存在着这样那样的困惑。

首先，语文教学常因内容实在、庞杂不定而陷于"无法可依"的尴尬境地。加之全球化时代英语热浪的冲击，信息化大潮的影响，图像时代、后现代文化对语言艺术诗性魅力的消解和对文学审美经验的淡化，越发使学生难以领略语文的魅力。语文似乎也成了问题最多的学科。由于学科基本理论的模糊和混杂，导致教学实践的迷失和困惑，一不留神，就会走入"呆语文"、"死语文"、"泛语文"、"去语文"的泥淖和误区。

其次，因长期受功利价值取向的影响，教学策略出现了同质化、平淡化，甚至是重复化、平庸化的倾向。"千人一腔，千课一面"，年复一年，课复一课，语文的灵动蕴藉、斑斓多彩已经成了一种奢求。教师的个性被淹没了，学生的兴趣被抹杀了，很多学生甚至把语文当成负担。语文简直就像一个长期处于亚健康状态的人一样，气血两亏，晦暗无华，成了一门孱弱苍白、毫无魅力的学科。

语文魅力的回归，已然成为语文教学改革的应有之义。

所以，李百艳下定决心要走出功利主义、技术主义的泥潭，找回语文的魅力，重新科学定位语文教学的目标。语文教学不仅要教给学生知识，帮助学生形成能力，提升综合素养，还要让学生在语文学习中成长，建构认知结构，唤醒人格生命，丰富情感世界，提升精神境界，建造学生的精神家园。

先哲海德格尔"语言是存在的家"的思想，给了李百艳很好的启迪，使她清醒地认识到，借助语言来建构生命的精神家园是人类的一个特质；从而基于四个立足点来打造"魅力语文"：一是立足于语言文字，拓展学子的精神边界；二是立足于民族精神，培植学子的精神根基；三是立足于语文生活，丰富学子的精神体验；四是立足于个体认知，激励学子的精神独立。

2. 梦之途

李百艳所追求的"魅力语文"教学正是契合初中生心理的理想语文教学。她从初中生学习语文的心理特点出发，思索语文学科独特的育人功能，立足于课堂教学，探究魅力语文的内涵，从实践到理论，再从理论到实践，努力让语文课堂产生一种悦人心目、牵人情思的吸引力，一种扣人心弦、激人追求的感染力。

2000 年起，李百艳开始尝试打破定势，以更自由的思想，更新颖的创意，更个性化的设计组织教学，以"魅力教师"的理想来激励自己，探索出"触摸语言，臻语文之美；开启心灵，扬教学之善；体验生命，育人格之真"的魅力语文教学策略，

尊重学生、欣赏学生，激活学生的情思，开启学生的心灵，使学生产生向学的动力。在师生互动、生生互动中把握对话的最佳时机，机敏、灵活地应对点拨，为学生的思维开源畅流、铺路搭桥，使学生能够动心、动情、动脑、动口，以课内带动课外，以"学得"促进"习得"，鼓励孩子们在语文学习中争做"魅力学生"。

李百艳认为，语言是语文教学的核心，"魅力语文"的关键在于挖掘和发挥语言的魅力。

3.梦之境

"求真、乐善、臻美，以美唤美，以情动情，以心印心，以智启智，以活激趣"是李百艳追求的魅力语文的理想境界。李百艳努力为学生提供唯有在语文学习中才能获得的独特的经历与体验，让学生不断地产生强烈而持久的爱语文、学语文的动力，带领他们走进魅力语文之门，逐步走进"豁然开朗，土地平旷，屋舍俨然"的语文桃花源、生命桃花源，走向广阔而优雅的精神生活。

李百艳常对学生说："任何一门学科的教学，如果不能让学生领略到这门学科特有的美，那一定是一个极大的缺憾。若干年后，你们可以把在我的课上学的东西都忘记，但只要你们还记得，语文是最有魅力的一门学科，那就是我最大的满足。"

李百艳一直把自己定位于一个终身的学习者、实践者、研究者，反思者、创新者，始终本着"对待事业要有心栽花，花不开也要栽；对待名利要无心插柳，柳成荫也无心"的人生态度，秉承"用生命培育生命，用灵魂陶冶灵魂"的教育信仰，不懈耕耘着脚下的热土。

如今，语文和语文课，对于李百艳来说，已不再是一门单纯的学科和一份工作，而是她的生命存在的一种方式和价值体现。她说，我衡量自己的课上得怎么样，我就问我自己"愉快吗？"从执教语文到享受语文，这是一种专业境界的飞跃。马克思说，当劳动成为人的内在需要，劳动就会变成自觉自愿的活动，劳动就不再是苦役，而是一种快乐。

愿李百艳老师的"魅力语文"，一路欢歌，魅力悠长。

娄红玉

　　娄红玉，岭南新生代语文名师，河南唐河人，教育硕士。广州市景中实验中学副校长；南粤优秀教师，广州市教研室语文中心组成员，海珠区教研会初中语文中心组组长，特约研究员。广州市"百千万"教育专家培养对象。第六届"语通杯"全国中语"教改新星"，主持完成广州市"十一五"规划课题《有效教学策略的实验与研究》、广东省"十二五"规划课题《情境体验式作文教学研究》，取得了丰硕的研究成果。在《教育导刊》、《语文教学通讯》、《语文教学与研究》等核心刊物发表文章多篇，著作有《语文课堂教学的策略优化》等多部。

　　她近年来致力于"情境体验教学"实验研究，该研究从构建良好的课堂教学情境入手，以学生的体验、实践、感悟为组织依据，实现师生之间生命与生命的交流、沟通，凸现的是对学生主体生命性的关注。她曾赴各地进行课例研讨和讲座交流，激情、灵动、睿智的教学风格，受到一线教师的广泛赞赏。

波澜不惊，暗藏"玄机"

——娄红玉《泥人张》教学案例研读

娄红玉老师的这节《俗世奇人·泥人张》小说教学课，初看起来，中规中矩，波澜不惊。但，细读之后，却让人感受到一种隐藏在平实表面下的丰实与厚实，从课堂内容的选择到教学形式的设计，无不精心雕琢，这是一节很有功底的阅读教学课。我们将从每个教学环节的设计与安排，逐一分析其暗藏的"玄机"。

一、听一听，理清以下内容

①天庆馆发生了的事。

②第一回合：海张五，泥人张回击。

　第二回合：海张五，泥人张回击。

③俗不可耐，俗中见奇。

解析：这是学生在听读完课文之后，需要完成的 3 个小问题，它们涉及到这个故事的主要人物和关键情节。但，这 3 个小问题，又绝不止只让学生完成对人物、情节的把握那么简单。它要求学生在对人物、情节了然于胸之后，通过一番"提炼"，寻找到合宜的词语，完成内容上的"空缺"，这本身就是对学生语言概括能力的一种培养。

二、说一说，泥人张"奇"在何处

解析：这个问题的目的是让学生把握泥人张的形象。学生需要回答这个问题，必须对文本进行细读。而这种细读，因为有了"奇"字的引领，就变得方向明确，内容集中。可以说，这个"奇"字对于学生阅读文本，感受人物，有一个"内牵力"，这种力量帮助学生去粗取精，抓住最核心最关键的文本细节，感受人物最主要的特征。

三、读一读，品味精彩词句，体会语言的简洁传神

解析：这个教学环节的安排，表面上是让学生体会文本语言简洁传神的特色。实际上，品味的过程中，学生通过对字词句的涵泳把玩，可以继续深化对人物形象的感悟，同时还能对文本中蕴涵的情感倾向有所辨别和把握。可谓一箭三雕。

四、议一议，作者是怎样描写人物的

解析：这个环节是对文本中人物的再次关照，只是，这次关照不是着眼于人物

的形象，而是探寻塑造人物的手法、方法，以及其达到的表达效果。其目的在于总结出"不同的人物性格应采取不同的描写方法"这个写作规律。这个规律的总结，不完全立足于当前的阅读，它有着长远的意义，可以指导学生在今后的写作中运用这个规律。

五、仿写填词

__________，单只妙手见功夫 (手艺奇)；

巧回击，__________ (行事奇)；

护尊严，__________ (人品奇)。

解析：这是对本课学习内容的一次归纳与总结。但这个归纳与总结的任务，交由学生来完成，与以往由教师来完成的最大区别在于，可以进一步检测学生本课的学习效果。同时，还能让学生在"仿写填词"的过程中，锻炼语言表述能力和概括能力。

五大教学环节，每个教学环节的安排都落实不同的教学任务，达成不同的教学目的。但最终的任务和目的在于培养学生听说读写的能力，提高学生的语文素养。娄老师对于本课的设计可谓是匠心十足。而这种设计的底气和实力，来源于娄老师对语文课程目标的准确把握。

在这五个教学环节中，我们还想提及的是第三个环节，"读一读，品味精彩词句，体会语言的简洁传神。"我们都知道，品味语言，是语文教学的重头戏。语文教育家吕叔湘说，"不抓语言的语文教学是'半身不遂'的教学"。可是，面对扑面而来的文本语言，究竟用什么样的方式来"抓"，来欣赏品味？这是个难点。娄老师采用的方式是示范。"'戳'字何解？立也，放也。可这'戳'还有着速度和力度，表现出泥人张内心的愤怒、鄙夷与不屑。"先抓住语言中的特色词语、关键词语，然后结合这个词语所处的具体环境，作具体的分析，它对表现人物、推进情节有何作用？娄老师通过对一个"戳"字的具体欣赏，给学生指明了一条语言欣赏的路径。倘若没有这种有效的示范，完全放手于学生，那么学生对于语言的欣赏就会失之于细腻。因为多数学生对于语言是有感觉，只是知道作家写得好，究竟好在何处，怎么个好法，他们往往缺少一个抓手，一种路径，去解码语言的精妙。而娄老师的示范就解决了学生的这个困难。这样，学生在进行语言欣赏之时就显得从容得法，并且游刃有余了。所以，我们认为，在对文本的语言进行赏析之时，教师绝对不能完全放手，让他们自由感悟，应该如娄老师一样，在一定程度上给予帮扶、指导，只有这样，学生对文本语言的学习才能是有效、高效的。

娄红玉老师《泥人张》教学实录

一、导入新课

师：同学们，老师先给大家讲个故事。这大千世界，无奇不有！话说咸丰年间，天津卫出了件稀罕事！大名鼎鼎的张锦文找上了泥人张的麻烦。这张锦文是谁？盛京将军的义子，又叫海张五，靠贩盐赚下了金山。可最后，一脸狂气的海张五，居然被捏成泥人，成批贱买。

这事呀，一传就传了一百多年，直到今儿个。欲知详情如何，请看课文《俗世奇人·泥人张》。(说书语调)

师：下面老师给大家放录音，请同学们结合课下注释，圈点勾画感受较深的词句。(师放录音，板书课题，巡视。)

二、初读感知

师：同学们，听完了课文，你能读准这些字音吗？

(屏幕显示)

摞高的　　　发怵　　瓢似　　的阔绰

(生齐读)

师：同学们对字音掌握得不错。接下来能理清课文的主要内容吗？

(屏幕显示)

听一听，理清以下内容。

①天庆馆发生了 ______ 的事。

②第一回合：海张五，泥人张回击。

　第二回合：海张五，泥人张回击。

③俗不可耐，俗中见奇。

生 1：天庆馆发生了海张五嘲笑泥人张的事。

师：下一道题呢？

生 2：第一回合，海张五用脏话侮辱，泥人张捏泥人回击；第二回合：海张五取笑泥人张的手艺，泥人张用贱卖泥人回击。

师：回答很准确，"侮辱"和"取笑"也就表明了故事发生的原因和公理所在。同学们，这俗字也有不同的理解。俗，庸俗也；俗，俗世也。那么，下面这道题该怎么答呢？

生 3：海张五俗不可耐，泥人张俗中见奇。

师：同学们，当我们感知了故事情节后，泥人张的形象一定在你脑海中挥之不去了。下面请大家说说你的想法。

三、精读领悟

（屏幕显示）

说一说，泥人张"奇"在何处？

生 1：泥人张手艺奇特。课文中说他"左手伸到桌子下边，打鞋底抠下一块泥巴。右手依然端杯饮酒，眼睛也只瞅着桌上的酒菜，这左手便摆弄起这团泥巴来"，不一会儿就捏咸一个泥人，说明他技艺高超。

师：不错，手艺人靠手艺吃饭，练就一手绝活是谋生的基本条件。

（板书：手艺奇）

师：泥人张还有别的奇处吗？

生 2：泥人张与旁人反应不同。海张五到饭馆以后，"吃饭的人都停住嘴巴，甚至放下筷子瞧瞧这位大名鼎鼎的张五爷"，"泥人张只管饮酒，吃菜，西瞧东看，全然没把海张五当个人物"，说明他处事很奇。

师：这位同学有自己的发现。行事奇特一定与人的个性、风格有关，大家还有别的发现吗？

（板书：行事奇）

生 3：泥人张的性格也很奇特。别人受了侮辱，一般会大发雷霆，他却一声没出，只是用自己的手艺来还击。

师：（点头。）这位同学对文章读得很透，很仔细。如果说手艺奇靠的是反复磨炼，那么，泥人张沉稳、内敛的品性便是他胸有咸算、后发制人的基础。

（板书：人品奇）

师：奇人奇事，自然过目难忘。下面让我们来品味精彩词句，体会语言的简洁传神。

（屏幕显示）

读一读，品味精彩词句，体会语言的简洁传神。

师：品味精彩词句，可以采用作批注的方法。

（屏幕显示）

随后手一停，他把这泥团往桌上"叭"地一戳，起身去柜台结账。

"戳"字何解？立也，放也。可这"戳"还有着速度和力度，表现出泥人张内心的愤怒、鄙夷与不屑。

师：同学们，请先在文章中作批注，然后进行小组讨论，准备发言。老师相信，你的精彩词句一定有你更精彩的体会与诠释。

师：现在，哪位同学代表你们小组发言？

（生纷纷举手，争相发言。）

生 4：我找的是这一句："右手依然端杯饮酒，眼睛也只瞅着桌上的酒菜，这左手便摆弄起这团泥巴来。""摆弄"这个词体现出泥人张手艺熟练，技艺高超。

师：讲得不错，要体现手艺高超，"摆弄"这个词该怎么读，你能示范一下吗？

（生 4 读）

师：好，读出了重音，读出了动词的表现力。

生5：我找的是这一句："吃饭的人伸脖一瞧，这泥人真捏绝了！"这个"绝"字有两种含义，一是说明泥人张手艺高超，二也打击了海张五的霸气。

师：(赞赏地)你对"绝"字的理解有自己的思考，能读一下试试吗？

(生5读，"绝"字的读音较重，尾音拖得较长。)

师：有进步，"绝"字读得很有味道。

生6：我找的是这一句："中间一位穿着阔绰，大脑袋，中溜个子，挺着肚子，架式挺牛，横冲直撞往里走。"这个"牛"字写出了海张五的嚣张态度。

师：不错，"牛"，傲气，张狂，怎样读才更显其牛呢？

(生重读，"牛"字读得较重，语调上扬。)

师：(点头)好，你读出了一种天津味，读出了一种方言色彩。同学们还有别的发现吗？

(板书：方言色彩)

生7："一个泥团儿砍过去？"砍也是天津方言，"砍"字还表现出动作的干净、利落。

师：这位同学反应很快。由此可以推测出当时人们怎样的心理活动？

生：(众)气愤、愤慨。

师：请大家带着这种感情再读一遍。

生8：我还找到了这一句："比海张五还像海张五。只是只有核桃大小。""核桃大小"体现出泥人张的手艺高超，动作很快，回击很妙。

师：因此读的时候要突出哪些词呢？

生8："只有"、"核桃"。

师：看来，大家对词句的品味越来越细致了。

生9："几个手指飞快捏弄，比变戏法的刘秃子的手还灵巧。"这一句中的"飞快"体现出泥人张的手艺精妙，读的时候应该重一些，快一些，有种赞赏的意味。

师：你的品析很到位，也比较完整。大家还有别的发现吗？

生10："就赛把海张五的脑袋割下来放在桌上一般。""割"字体现出人们对海张五的行为很愤怒，要重读。

师：对，一个"割"字，形象体现出老百姓的善恶区分，价值取向。另外，人愤怒时，语速也应该更快一些。

（板书：生动形象）

师：老师在大家的感染下，也找到了这样一个例子。"海张五那边还在不停地找乐子，泥人张这边肯定把那些话在他手里这团泥上全找回来了。"这句话中有两个"找"字，海张五找乐子结果找到了什么？

生：（众）自找麻烦，自讨苦吃，自找倒霉，自找没趣。

师：泥人张的找则是用手艺找回尊严，所以前一个"找"字要读出一种轻浮、张狂之气，后一个"找"字要读出一种沉稳、自尊的个性。

同学们，我们刚才品味的词语有一个共同的特点：那就是简洁、传神，用词俭省而境界尽出。正如一位外国作家所讲：我们写作就是要寻找那唯一的形容词，唯一的动词。

（板书：简洁传神）

四、品读赏析

师：好，接下来，我们对文章中的人物描写方法进行评议。

（屏幕显示）

议一议，作者是怎样描写人物的？

人物	描写方法	效果
泥人张		
海张五		

生1：写泥人张是用动作描写，因为他捏泥人要用手。

生2：泥人张是用动作来回击海张五的嚣张。

师：那写海张五呢？

生3：语言、外貌、神态描写。

师：主要运用了哪种描写方法？为什么？

生4：语言描写，因为他口出狂言。

师：看来，不同的人物性格应采取不同的描写方法。好，咱们一起来读读描写泥人张动作的这一段。

（生齐读"只见人家……起身去柜台结账"。）

师：请推荐一名同学读读关于海张五的语言描写。

（生5读："这破手艺也想赚钱，贱卖都没人要。"）

师：这位同学将"破"与"贱卖"重读，读出了海张五的张狂。哪位同学再来试试？最好再加上手势。

（生6一手卡腰，一手前指，读"这破手艺也想赚钱，贱卖都没人要"，形神兼备。）

（生热烈鼓掌）

师：两位同学都读出了自己的理解，虽是同桌，但读起书来，各有各的风格。大家应该向他们两位学习。

世间万象中，黑白曲直，善恶美丑的故事天天都在发生。泥人张对海张五的反击，对权贵的蔑视，折射出千百年来劳苦大众的价值取向。下面老师给同学们提供了一道仿写填词题，让大家来写一写，表达自己的独特感受。

（屏幕显示）

写一写，仿写填词。

__________，单只妙手见功夫（手艺奇）；

巧回击，________（行事奇）；

护尊严，________（人品奇）。

（生在笔记本上仿写填词，师巡视指导。）

师：有的同学已经写好了，请他们在黑板上写一下，好吗？

（三位学生到黑板上写）

泥人张，单只妙手见功夫；（手艺奇）

巧回击，贱卖泥人笑权贵；（行事奇）

护尊严，一身傲骨远传扬。（人品奇）

师：看来，同学们对故事情节的把握是到位的，对人物形象的理解是准确的，对俗世奇人泥人张的个性挖掘是深刻的。

巍巍中华，奇人辈出。市井俚俗，令人感慨；街谈巷议，妙趣横生。民间文化，就这样代代相传！愿同学们在浩瀚的民间文化艺术中发现美，欣赏美。

2006 年的金秋，我因为语文来到了博罗；2006 年的金秋，我因为文学结识了博罗的孩子们。今天，外面虽然是秋风冷雨，但我们的内心却满是温馨。因为语文永远让我们充满激情，文学永远是我们求真、求善、求美的精神家园。

五、作业

师：最后，老师给大家提供一套作业自助餐，请同学们大家各取所好，选作一题。

1. 学习课文人物速写的方法。

（1）补写泥人张"头都没回，撑开伞走了"后的行动和心理。

（2）续写海张五看到小杂货摊上成排贱卖泥人后的神态、语言或动作。

2. 写写我身边的"俗世奇人"。注意抓住人物动作、语言、神态等方面的特征，写出他们的奇处。

人物	描写方法	效果
泥人张		
张海五		

新星是这样升起的
——娄红玉"情境体验语文"教学之路探析

她近年来致力于"情境体验教学"实验研究，该研究从构建良好的课堂教学情境入手，以学生的体验、实践、感悟为组织依据，实现师生之间生命与生命的交流、沟通，凸现的是对学生主体生命性的关注。她曾赴各地进行课例研讨和讲座交流，2011 年在华南师范大学做教师培训讲座，受到参训教师的高度赞扬。

一、"磨"出来的获奖"明星"

1. 成长从一节课开始

1995 年，刚刚从河南调入赤岗中学的娄老师带着几份羞怯和向往来到了广州这座现代化大都市，虽然与岭南文化的融合可以说是从头开始，但自幼对语文学习的热爱让她在课堂上得心应手，教学效果也还不错。广州人的行事风格低调、踏实，因此，她也没有过多的"非分之想"，在备课、上课、作业的三点一线中安安分分地做着一个普普通通的语文教师。2001 年秋天，海珠区教育局教研室的阮桂卿老师来赤岗中学听课时，发现了这个亲近学生、善于引导的年轻老师，便决定让她在全区上一节公开课。"磨课"的过程是艰辛和痛苦的，从学习目标的设置到教学环节的推敲，从学生活动的预设到教法学法的辅助，从课堂动态的生成到教学细节的斟酌，常常是苦思冥想、思虑阻塞，忽而又灵感突来，柳暗花明。但伴随着艰辛与痛苦的还有"磨"出来的严谨与欣喜，成熟与顿悟。从这节课开始，娄老师开始了对语文教学孜孜不倦的追求。她实施自主阅读教学策略，通过自主阅读、自主探究、自主评价、自主发展的教学策略的实施，使学生形成一种主动的、建构性的学习体系，创设以讨论、辨析为主的语文阅读课教学模式，注重教师、教材、学生及知识、能力、情感等诸要素间的相互调配、相互融合，她充分挖掘、涵泳文本；开发各种教学资源，在语文教学的旅途上渐入佳境，乐此不疲。

2. 十年磨一剑

2005 年娄红玉老师在广州市初中语文新课程阅读教学课例研讨评选中获得二等奖；2006 年在广州市首届初中青年语文教师命题大赛中荣获一等奖，在广东省文学作品研讨课大赛荣获一等奖；同年获得海珠区首届"名教师"高级研修班结业证书，并被聘为广州市海珠区语文科"特约教研员"，广州市初中语文中心组成员。2007 年在海珠区第二届"明珠杯"课例研讨大赛中荣获一等奖，并参加市级、省级骨干教师培训。5 年时间，娄红玉老师由一名平凡的语文教师成长为省级骨干教师，被别人戏称为"获奖明星"，用她自己的话讲："人的潜力是无限的，只要把压力变成动力，你的眼前就会是春意满园。"

2010 年娄红玉老师代表广东省参加教育部在北京举办的"义务教育阶段学生语文学习质量监测标准研讨活动"，2011 年在华东师大参加"国培计划—骨干教师研修项目"培训，同年参加"海珠区教育专家发展研究计划"培训。十年间，她在市级以上刊物上发表文章 20 多篇，在省、市、区组织的课例、科研论文评比中 30 多次获奖，编写教辅资料近 10 本，指导学生在市级以上报刊、杂志上发表文章 50 多篇。她任教班级的学生成为当年校语文中考状元，教学成绩年年名列前茅。2009、2011 年被评为广州市第一、二批农村地区教师培训积极分子。

二、沉下去的精雕细琢

在荣誉和掌声面前，娄老师并没有沉醉其中，而是沉下心来静静地思索语文教学的得与失。

1. 和文本的"亲密接触"

娄老师认为：语文教学的核心任务是引导学生正确理解和运用祖国的语言文字，即培养提升学生的语感。《俗世奇人·泥人张》教学中，她找准牵一发而动全身的切入点，删繁就简，并以此为主线贯穿整个教学过程，文本中草根文化的无奈与抗争，扬善惩恶、大快人心的传统文化意识深深感染了学生。在《热爱生命》的学习过程中，她则紧紧抓住几个极具内涵的语言点，引导学生感知、咀嚼、品味、揣摩、感悟文本的言语形式，巧妙点拨，总结比较，通过学生对"这个人"的精彩解读，明白"意志"就是这篇小说的灵魂，它展现出的是人在困境中的抗争拼搏和"知其不可为而为之"的灵魂之坚强。在《敬业与乐业》教学中，她让学生独立面对文本，进行原生态的绿色阅读，进行"独到"钻研，获得对言简意赅，意蕴丰富的经典名言的再认识。进一步加深了对"敬业"二字背后蕴涵着的克制忍耐、隐忍自敛的中国人生哲学因素的认识。

娄老师的课，是有嚼头的课，"情感激发"的真挚有趣，"咬文嚼字"的细致体味，"补白模拟"的联想想象，把课堂变成了一个激情、活跃、高效的学习场。娄老师的课是有文化味的课，教师底蕴丰厚，"引而善发"，"长善救失"；师生合作交流、碰撞激发，创造生成，在文本、作者、教师、学生之间形成新的视界融点，是师生精神世界生命体验的唤醒与提升。

2. 关于写作的本真体验

2010 年，娄老师在《广州日报》发表文章时提出：写作应在积累中培养悟性。教师应通过大量的阅读、周记、读书笔记等引导学生透过平凡现象挖掘不平凡的本质；通过生活琐事引出深刻的哲理；借助平常事物抒发真挚的感情。

写作应注重思维品质的培养。思想是文章的灵魂，只凭借材料的堆砌和华丽的词句无法让学生的思维趋向深刻，思想趋于成熟。作文教学应注意的是：在审题时训练学生思维的深刻性，在立意上训练思维的独创性，在选材上训练思维的灵活性，在修改时训练思维的批判性。

写作的过程性指导不容忽视。写作前：学生有没有审题，能不能把自己的想法有条理地表达出来（建议用列提纲的方式来训练）；材料选取上有没有个性，从广度和深度上来做文章（建议学生看报纸、广州电视台 5 分钟的"早上读报"）。写作中：运用怎样的布局才能让文章中心明确，层次井然；选择怎样的词句和修辞手法才能突出自己的语言风格。写作后：一定要重视修改以及修改后的个人小结，力求让每次作文训练都有收获。

三、走一步，再走一步

1. 在阅读、思考中前行

语文教师的成长史往往也是一段阅读史。木无本则枯，水无源则竭。娄红玉在《学记》、《叶圣陶语文教育论集》、《张志公文集》中汲取着前辈先哲的教育智慧；在《言语教学论》、《语文教育研究大系·理论卷》中重新审视着语文学科的课程性质与特点；在《中国著名特级教师教学思想录》、《不跪着教书》中不断思考着教学内容与策略的选择，教学细节与品质的体现，教与学的思维碰撞、交流与融合，努力让教学成为艺术。

她的课堂是充实丰盈的：因为她重视语文知识的积累，紧紧抓住语言这根弦；她的课堂是精雕细琢的：因为她强调回归文本，挖掘文章的灵魂；娄红玉老师的课堂是充满语文味的，她努力使自己的语文课堂去伪存真，去粗留精，在常态中体现优美与深刻，在朴素中体现人文与关爱。

2. "多一盎司定律"

盎司是英美制重量单位，一盎司只相当于 1/16 磅，其实这是微不足道的，著名投资专家约翰·坦普尔顿通过大量的观察研究，得出的"多一盎司定律"指出：取得突出成就的人与取得中等成就的人几乎做了同样多的工作，他们所做出的努力差别很小——只是"多一盎司"，究其结果，所取得的成就及成就的实质内容方面，却经常有天壤之别。2006 年娄红玉老师以案例研究为切入点开展教学教研工作，主持校本教研课题"四环节"教学法实验，2007 年成为海珠区教育科学"十一五"规划课题负责人，2008 年成为广州市教育科学"十一五"规划课题"有效教学策略的实验与研究"课题负责人，并于 2011 年以优秀等级结题。课题研究提高了她对语文教学的认知层次，使她视野更开阔，思考更成熟。她在《科研成长小传》中写道：教学问题化、问题课题化、课题常态化，就是一线教师的幸福之源，让科研与教师生涯同行！

四、沉醉与迷恋

娄老师说：语文教学，要找准语言品悟的基点。引导学生"读进去"，读透一个字，读细一个词，读深一句话，才会有体会、感受，才谈得上味道和理解。语文教学，要给予学生更多的空间。语文教学，要注意"实践"与"人文"并重。以"语言"

为核心并不是"唯文字论"。学生语感的不断广化、深化、美化、强化的过程其实也就是学生心灵的成长发展过程，语文教学的人文价值得以体现，以课文言语的实践、创造来规范学生的生命活动、心灵活动，并且努力使之臻于美的境界。"人文"原在"语文"中。

娄老师坚持对"情境体验教学"的实践与研究，并提出：情境体验更应关注作为课堂教学"教"的主体——教师对于情境的创设，以及由此而引发的"学"的主体——学生的体验性学习。二者互为依托，构成一个完整的有生命的课堂发展系统，它是情感的、创新的、具有人文价值趋向的课堂教学，应当贯穿于整个的教学实践之中。情境体验教学强调调动学生认知与情感的统一体，依托教学情境达到对学生认知的实现，这是情感的"外射"功能；同时，情境的丰富、认知的发展也在促进学生情感的积极完满，这是情感的"移入"功能。"情境体验教学"在于促进学生的综合发展。

在娄红玉老师的教学生涯中，语文已成了她生命中不可缺少的一部分。她沉浸于教学内容的界定，文本细读的深入，课后反思的提升……在一节节语文课上醉心于文字的灵动，词句的绝妙，迷恋于语文教学的深厚隽永。

阿尔卑斯山矗立着的石碑上写着"慢慢走，欣赏啊！"它在提醒行路者，不要忽略了道路两旁风景的美丽。探析娄红玉老师的语文教学之路，我们细细回味她敏锐独到的教育思想，激情自然的教学风格，深度开发的课例讲座，严谨求是的科研态度时，也衷心祝愿这颗语文教育新星更加闪亮夺目，璀璨动人！

张国生

　　张国生，"大语文教育"教学流派的代表性人物。河北省特级教师，全国中语会理事，全国中语会"大语文教育"课题组主持人。早年师从张孝纯先生，参与"大语文教育"的创立与实验研究。独立研发的"大语文课件"，获益师生百万计，有"中国语文课件第一人"的美誉。曾获得全国中语会综合成果一等奖，河北省优秀教育科研、教学实验成果一等奖，全国多媒体课件大赛一等奖。在核心期刊发表论文近百篇，主要著作有《大语文教育论集》、《大语文课件》、《语文多媒体课件精选》、《生活处处有语文》等。

　　他秉承"生活即课堂，课堂即生活"的教育理念，勇于突破语文学科教学的藩篱，把生活、社会、文化的活水与语文教学融为一体，开辟语文教学的新天地、新气象。他创造性地运用现代教育手段，使语文教育的优良传统焕发出勃勃生机。他的课堂教学风格独特，极具魅力。"教学即教育"，在他的教学中得到了生动的演绎。

好风也似并刀快，剪得春光入卷来

——张国生《斑羚飞渡》教学案例研读

  语文课到底要教给学生什么？一个优秀的语文教师，不能把一堂语文课囿于一篇课文的单纯教学，而应变"例子"为"引子"，在教学中广纳百川，充分发散，让学生能学习、吸收到更多的知识营养。作为一种当今普遍采用的文选型教材，在我们教学时，语文教材的教学价值需要我们教师和学生共同去填补。唯有这样，才能做到"举三反一"，才能让学生走进真正的语文，培养出真正的语文能力。

  张国生老师执教的《斑羚飞渡》，是一堂闪耀着思想光彩的课，蕴含着丰富的学识、深刻的思考、独到的设计。凸显出语文教学不可或缺而曾被漠视的人文关怀。无论从课堂教学的设计理念上，互动流程上，学习方式倡导上、知识能力指导上和情感态度与价值观形成上，都是值得充分肯定和推广的。

一、整合三维教学目标，形成立体开放教学模式

  本节课例中，教师注重将三个维度的教学目标巧妙整合起来，形成一个有机的教与学的动态工程。课堂上，着眼于学生的"学"，以合作探究的学习方式为主线，理解文章品味语言与认识人与动物的关系，感悟动物身上的可贵精神互相融合，你中有我，我中有你，一石三鸟。教师在课堂上扮演的是学生学习的促进者、鼓励者、帮助者、辅导者、合作者和朋友的角色，是"作为学生的教师"，因此，他并不用严格的甚至是苛刻的课堂秩序约束和限制一个个活生生的灵性，消减学生感受知识魅力和价值的欲望，也没有以"标准化"的教学和测量，简化学生的思维，扼杀学生的创新能力，而是鼓励学生大胆的发言质疑、激烈的争论，倡导多维互动的活动，唤起学生内在的精神动力。特别在这堂课的最后，教师让学生自己提出疑问，解答问题，甚至为学生提供网络互动这样一个发表的天地，这就使课堂有了让师生感受得到的生命的绽放、灵感的闪现、情感的激荡、思维的碰撞等等一系列飞跃思想的行为，有了学生精神发展的足够的空间，达到了学习的高潮。虽然，学生在质疑探究上还有些不足，学生在一定意义上仍然束缚在教师既定目标之下，缺乏学习的自主性。但是，白璧微瑕，这堂课毕竟是一堂高质量的好课。

二、梳理教学互动流程，注重灵动、考究的板块过渡

  本节课例中课堂是活泼的，有序的，既有"以教定学"，继承传统教学的精华所在，让学生获得教师对已有知识的总结，又有"以学定教"，倡导学生是学习的主体，教学流程的完美与否关键看备课过程中教师的教学设计，教学设计是通过教

师与学生，学生与学生，学生与教材之间的多向互动，在发现问题——解决问题——引发新问题——解决新问题的循环中进行，因此决定了课堂的教学内容不可能面面俱到的预设，而要给学生留下更多的空间，从而感悟文章，构建自己的知识体系。

为了实现教是为了不教，教师在教法的选择上注重以"尊重、赞赏、帮助、引导学生"的理念为原则，选择能使每个学生自主去学习的教法。围绕"师生互动，生师互动，生生互动"来贯穿教学过程，实现教学统一学生生动活泼、自主学习是实现教学效果的保证。在教学过程中，教师注重指导学生感受、表达、自学、归纳、探究、表演等学习方法，通过让学生用心体会、动口表达、动脑思考、共同探讨等活动参与教学全过程，让学生在主动积极的思维和情感活动中加深理解和体验，有所感悟和思考，引导学生质疑，调查、探讨，激发学生积极性，尽量启发学生"自己想"、"自己试"、"自己说"、"自己找"，与他人讨论合作，从中培养学生的主体意识和良好的学习习惯。

例：这么引导学生。"作者写这篇小说是什么目的呢？……他肯定是提倡，或者赞扬一种什么精神。"学生"鸟瞰"文章后得出观点：赞扬"心甘情愿用生命为下一代开辟一条生存的道路"的精神！赞扬"在面临种群灭绝的关键时刻，为了赢得种群的生存机会，从容地走向死亡"的精神。在经过了文章的"解剖"之后，进一步引导学生：镰刀头羊具有"集体主义精神"，是值得人类社会中的"领导干部"学习的榜样。不难看到，教师在课上注重学生通过文本获得精神体验，进而进行精神提升。

再如：制作运用多媒体课件，导入对比课外文本，以及课堂开设"主人论坛"……都力求创设一种源于生活而又高于生活的生活态"情境"，创设一种内容完善、形式考究的教学板块，创设一种灵活而多变的师生互动过程，从而达到教学目标。

三、优化课堂结构设计，实现和谐有效的师生对话

一节好的语文课，应该是一个多向对话的过程，而教师是一系列对话的引导者，是使对话有效进行的关键要素。这堂课最大的特点是：师生之间亲切的、无拘无束的交流和沟通。自始至终都是在师生融洽的谈话中进行，给人的感觉是教师在"悄悄"地、"随意"地达成教学目标，完成教学任务，而使学生赢得了充分的思考和活动的时间、空间，这对于体现"以学生为本"的教育理念和营造民主、和谐的课堂气氛是完全必要的。教师恰当引地导学生进行有效的对话，会使教学效果得以相应的提升，它不是简单的交流过程，而是一个多边高效的互动过程。例如，有这样一个问题：请同学模仿镰刀头羊三次"咩"声，并说出每次"咩"叫的意思。这一设计无疑就是学生与文本中的人物实施对话。而学生答题时要想圆满，应该从镰刀头羊内心活动和镰刀头羊在毅然以自己的死亡换取种族延续的情况下，可能与小斑羚进行的交流两个层面上去与文中人物镰刀头羊进行沟通，产生共鸣。然后再与老师和同学进行多边交流。师生的双边交流是推动学生与文本对话的重要形式。我们常说

要改变教师的课堂形象和完成教师的角色转换，教师不仅是学生的长辈、引路人、知识传递者，更应该是学生的朋友和同志。在课堂上和生活中，师生之间人格是平等的，对话是民主的，相处是和睦的，这对于学生的自我意识的增长、潜质的发挥、才能的培养具有深刻的意义。

钦佩之余，又不能不为课堂中教师多次提出"玩语文"感到迷惑和不解。我们觉得，语文课堂在追求前卫活跃与创新的同时，也需要甚至更需要雅致和沉潜，需要"慢慢品，慢慢赏"，这样才能给学生带来更大文化的熏陶和精神的乐趣。

四、拓展思维视野广度，开掘新鲜、丰富的课外资源

作为教学内容的重要载体的语文教材，无论是旧版还是新版，在遵循学生的心理发展特点，从学生的兴趣与经验出发，以多样、有趣、富有探索性的素材来展示教育内容等方面，虽然作了不懈的努力和多种形式的探索，但仍然不尽如人意，特别是对于学生的思维的开发和养成，都有一定的局限性。因此，语文教育呼唤与生活领域相衔接、相融合的教学素材，呼唤一种生命化、冥想型、多维体、原生态的课堂教学形式。

我们看到，教师在培养学生语文能力的同时，注重使学生形成语文学习的兴趣、态度、策略、方法等，因此，这课堂是开放的，阅读向文本开放，写作向读者开放；口语交际向生活实践开放，综合活动向社会开放，思维向心灵开放，力求让学生在使用母语的某一个特定专题的具体的生活态环境中去实践去感知，去思索，接受熏陶感染，接受潜移默化，实现了和学生生活的对接，拓展了学生精神的疆域，学生思维的高度活跃就是对老师引导的积极回应。

总之，只有充分将课堂活化，才能根据课标要求灵活的完成教学目标，实现用教材来教而不是教教材。课堂上，学生的思路就是我们教学的线索，我们只是引导学生前进，过去以传授知识为主，现在我们以促进学生发展为己任，过去我们带着知识走向学生，今天我们引领学生走向知识，过去我们把教科书作为学生的世界，今天我们要让世界作为学生的教科书。

张国生老师《斑羚飞渡》教学实录

一

师：张云娟，告诉听课的老师们，我们在语文课上经常干什么。

生：经常玩。

师：这堂课也是这样，与其说是学，不如说是玩；起码是一边学，一边玩。咱们该玩什么？

生：玩斑羚。

师：你们见过斑羚吗？

生：没有。

师：（故弄玄虚）我给你们找来了一只，想牵出来看看吗？……（像哄小孩）崔阳阳，你喊一声"斑羚出来"，它就自己出来了。

生：斑羚出来！

（随着"咩"的一声，一幅斑羚图片进入屏幕。生大笑。）

师：我们再进入一个介绍斑羚的网页了解斑羚。靳晓洁，请你读一读。

生：（读）斑羚，别名青羊、山羊，国家二级保护动物……

师：谁还了解斑羚的其他情况？请作补充介绍。……没有？老师再补充两点：它的角是珍贵药材，现在已被猎杀得濒临灭绝。这篇文章作者是谁？

生：沈石溪。

师：（投影）沈石溪，原名沈一鸣，祖籍浙江慈溪……被称为"动物小说之王"。把这几个字记在书上。这就是沈石溪（图片）。

二

师：下面我们"鸟瞰"课文。本文是什么文体？

生：小说……动物小说。

师：主人公是"我们狩猎队"吗？

生：不是。是斑羚。

师：作者具体写了哪几只斑羚？

生：（抢答）一只老斑羚……

师：我非常欣赏你的抢答。再重申一遍：如果没有别人回答，你就直接站起来答，不必举手；如果有两个以上的人答，就谦让一下。

生：……镰刀头羊……灰黑色母斑羚……半大的斑羚……

师：其中哪个是一号"人物"？

生：镰刀头羊。

师：作者写这篇小说是什么目的？……（一时没人回答）他肯定是提倡，或者赞扬一种什么精神。

生：赞扬舍己为人的精神，大公无私的精神不对，是"舍己为羊"的精神。

师：其实课文中有作者提示，看谁先找到。

生：生赞扬"心甘情愿用生命为下一代开辟一条生存的道路"的精神……赞扬在面临种群灭绝的关键时刻，为了赢得种群的生存机会"从容地走向死亡"的精神。

师：镰刀头羊是动物，可我刚才说它是"人物"，恰当吗？

生：恰当。他是借动物写人。

师：对。沈石溪说过：动物小说，折射的是——

生：人……人的世界……人类的生活……人类社会。

三

师："鸟瞰"就到这里，下面是"解剖"——阅读各段。请大家齐读第1、2自然段。

（以下教师从"食草类动物中的跳远冠军"一句引导学生品味文章中拟人手法的幽默风趣，进而欣赏了镰刀头羊的高大威武、光彩照人，并明确了它的特殊身份。）

师：下面我们玩的内容应该是——

生：学羊叫。

师：光学羊叫还不行，还得把"羊语"翻译成汉语。（学生大笑。）过去你们只做过把文言文翻译成白话文，把英语翻译成汉语，恐怕没有做过把"羊语"翻译成汉语。镰刀头羊一共"咩"了几次？

生：三次。

师：第一次怎样"咩"的？请你学一学。……有点不好意思是吧？没关系，咱们是"玩"嘛！把上课当成玩，就不拘束了。

生：咩——

师：不行，这只是"咩"，不是"哀咩"，再"哀"点。

生：（努力进入"哀咩"的状态）咩——

师：这回不错。是什么意思？再翻译一下。

生：唉，我是心有余而力不足啊！

师："心有余而力不足"这个词语用得好，不愧是"小才女"。

生：（非常动情地）唉！无能为力啊！（学生笑）

师：真好！第二次是什么时候"咩"的？

生：（读）灰黑色母斑羚的身体已经笼罩在彩虹炫目的斑斓光带里，眼看就要一脚踩进深渊去……

师：再学一学。

生：咩，咩。

四

师：学羊叫，译羊语就玩到这里吧。下面该"飞渡"了。斑羚的"飞渡"写得实在是太精彩、太感人了！对了，我告诉你一个提高口才的方法——凡是精彩感人的文章，你都尽量复述下来，讲给别人听，这样既感染了别人，又锻炼了自己的口才。下面请你复述斑羚飞渡的情景好吗？

（生复述）

师：复述，包括简略复述、详细复述、创造性复述。你对哪种最感兴趣？

生：创造性复述。

师：好，下面请大家创造。怎么创造？

生：我把自己当成一只老斑羚或者小斑羚，以斑羚的口吻复述……

师：你真有创造性！这就更新颖、更有趣了。

生：我一边说，一边用动作比画，还模仿斑羚的叫声。

师：好，加上了体态语和"效果"更生动形象、有声有色了。

生：我觉得作者写彩虹写得不好——彩虹不可能只有六米，也不可能一头连着伤心崖一头连着对岸。我让斑羚先看到山上的云彩，受这个启发，把云彩当跳板……

师：好！你真有创造性。

生：我复述时用景物描写渲染悲剧气氛，开头写："阴霾笼罩着伤心崖……"

师：真好！我说你是才女嘛！真是才女！

生：我给每只斑羚起个名字。落崖的那只就叫它"落崖"吧……（学生笑）

师：那落崖的有好几只，得叫"落崖一号""落崖二号"。（学生笑）

生：被救的那只叫他"希望"……

师：啊，有创造力，起名字也要学问的。

生：我觉得"在半大斑羚的猛力踢蹬下，它像只突然断翅的鸟笔直坠落下去"并不好，不如说像块石头一样落下去，形容摔得重。

师：有道理。

生："就像踏在一块跳板上，它在空中再度起跳"这一句，应该加上一句——"跳板反弹，了一下"，——因为平时跳远时跳板是要反弹的……

师：哎哟，你真注意观察生活！我估计你将来也能写小说，当做家。可能还有别的创造性方案，就先说到这里吧。（课堂时间有限，没有实际复述。）

<h1 style="text-align:center">五</h1>

（师生互动学习，品味课文中关键词的情味，如井然、盯、溜，并斟酌词句的重读问题。）

师：请你用一个词语概括你对镰刀头羊的评价，注意是用一个词，要符合"一词说"。这是谁的主张？

生：福楼拜。

师：你用一个什么词语概括？这可检验一个人的语言能力啊。

生：临危不惧……无私奉献……舍己为人……舍己为羊……舍己为后……把生的机会留给别人，把死的危险留给自己。

师：也对，但这不是一个词，而是一个句子。

生：有集体主义感。

师："集体主义感"不合适吧？可以是"集体主义精神"或"群体意识"。对了，现代社会任何事业的成功，都不是一个人的力量所能完成的，都要靠群体合作。所以一定要有群体学会合作。

生：以身作则……临难从容……宁死不屈……泰山崩于前而面不改色。

师：对，但这也是一个句子。

生：以身殉职……有王者风范……

师：镰刀头羊应该是属于"领导干部"吧？所以我的意见是——领导干部的楷模。（学生笑）社会需要镰刀头羊这样的领导干部。再用一个词语概括"人"的特点。

生：残忍……贪婪……自私自利……冷酷无情……冷血动物……铁石心肠……残害生灵……动物界的帝国主义者……

师：真给人类丢脸啊！作为人类的一员，我真为他们汗颜……

六

师：这一课学到这里似乎可以结束了，但其实最多完成了一半——以上你们只是完成了课本和老师为你们安排的任务，还没有自己提出疑问，解答问题。而这比上面的内容更重要。因为（投影名言）：

1.尽信书不如无书。（孟子）

2.读书无疑者须先教有疑，有疑者却要无疑，到这里方是长进。（朱熹）

3.学贵有疑。小疑则小进，大疑则大进。（陈献章）

下面进入"主人论坛"，请"主人"们发表对这一课的疑问和见解。我们先说哪里写得好，然后再说哪里写得不好。

生1："我们狩猎队分成好几个小组，在猎狗的帮助下，把七八十只斑羚逼到戛洛山的伤心崖上。""逼"字用得好。（以下略去教师评价）

生2：结尾一段"只见它迈着坚定的步伐，走向那道绚丽的彩虹……它走了上去，消失在一片灿烂中"写出了斑羚死得伟大、死得光荣，说明斑羚闪光的精神，我为此而感动。

生3："每一只年轻斑羚的成功飞渡，都意味着有一只老年斑羚摔得粉身碎骨。"它们掉到河里，怎么能"粉身碎骨"呢？

生4："我看得目瞪口呆，所有的猎人都看得目瞪口呆，连狗也惊讶地张大嘴，伸出了长长的舌头。"这一句不真实。人有可能被感动，那么狗也可能被感动吗？猎狗的狗性决定，它，这个时候只能是精神亢奋地追逐、围捕、狂吠、撕咬，而不可能被感动得惊讶地"张大嘴，伸出了长长的舌头"。

……

师：我在这里给大家提供另一个发表的天地：网络互动。我已经在"人教论坛／中学语文教师论坛"发帖——《〈斑羚飞渡〉质疑》，请大家登陆参加讨论。（师登录论坛）这就是我质疑的文章。你们看，后面已经有了许多跟帖……想发表意见的同学请课后登录这里，去与老师们论上一论，怎么样？我觉得咱们许多同学有这个能力。这样，全国各地的老师、同学教能看到你的意见，我们这堂课的境界就大大扩展了。还有，老师推荐大家阅读沈石溪的动物小说。（点击进入"沈石溪动物小说系列"网页。师依次点击并进行简要说明。）请看《再被狐狸骗一次吗》，再看看《保姆蟒》，让大蟒当保姆，《狼与"狈"的生死爱情》写爱情写得很感人哟！（学生笑）还有《鸟奴》，人里头有奴，鸟里头竟然也有奴！我特别推荐阅读《刀疤豺母》。总之，我所看过的沈石溪的动物小说，每篇都比《斑羚飞渡》要好，也就就是说，这篇《斑羚飞渡》最"差"！……这堂课上到这里就要结束了，但还不能算完，可能只上了 1/4，甚至 1/10……

下课！

因"痴"成就大语文
——张国生"大语文教育"教学之路探析

他是我国大语文教育思想创始人张孝纯的嫡传弟子，大语文教育的领军人物。

他和张孝纯老师一起凭着异乎寻常的执着和勇气，大胆突破学科封闭的藩篱，把生活、社会、文化的活水与语文教学融为一体，开创了中国语文教育的一道独特的风景线。

他就是河北省邢台市六中语文特级教师——张国生。

他说："有人认为我太孤独，太寂寞。我也觉得确实是孤独寂寞，但我痴痴地鼓励自己：古来圣贤皆寂寞，看一个人能取得多大成就，就看他能在多大程度上和多长时间内忍受孤独。"

一、痴于"书"

张国生老师从《毛泽东选集》读到样板戏剧本，从《电工学基础》读到《唐诗选注》……不但读，还背。他读了几遍《红楼梦》，特别是读了俞平伯、周汝昌等人的《红楼梦辨》、《红楼梦新证》之类，做了大量笔记，痴痴地想做红学家。

他研读过大量名人传记：李白、苏轼、陆游，鲁迅、胡适、林语堂、朱自清等。

张老师不但阅读《小说月报》、《小说选刊》、《收获》和《十月》等文学期刊，而且对历史文学作品研究颇多。

跟"大语文教育"思想的创始人、特级教师张孝纯先生搞"大语文"之后，他通读了《论语》、《诗经》、《左传》、《战国策》，还背了不少唐诗宋词。读这些经典他很重视背诵，有一段时间他每天早晨 5 点钟起床背《左传》。

就凭这种硬读，痴背，他开阔了知识面，成为"杂家"，教起语文来得心应手，他的语文课变得丰富有趣。

几十年来，张国生老师总是把"读万卷书"作为自己上好语文课、制作好语文课件的最重要前提。听过他的课、看过他的课件的人，一般都认为比较"大气"。那是他"读万卷书"之后所开的花，所结的果。

当初，他为制作《边城》的课件，先读了《边城》原著，又读了沈从文许多其他作品，读了关于《边城》的许多文学评论，还看了电影《边城》。为了一个作者介绍，他通读了《沈从文传》和《从文自传》，还在网上搜索了不少研究沈从文的资料……

然后，他介绍沈从文，才能抓住沈从文一生中最具反差，最有波澜，也最有吸引力的东西，例如"不懂标点符号，竟成著名作家"、"只有小学文凭，却当大学教授"、"大红大紫之时，忽成'反动作家'"……这介绍绝不是照本宣科，每一句话都有资料或实地考察的依据，因此这个课件才有震撼力。

他对"政治"厌恶至极，决不想与它搭界，甚至不想和政界人物搭界；对经济也不"感冒"，全民经商和全民炒股的风潮中，他一点不为所动。但他对各种政治问题、经济问题却很感兴趣，包括国际政治、国内时事、国计民生，包括三农、失业、矿难、两极分化、国资流失、环境污染、生态恶化等等。不仅读"正面"的，还读"反面"的，因为兼读则明，偏信则暗。这样的阅读使他的思想感情、他的课件、他的课贴近生活，贴近社会，贴近时代，和人民的脉搏搏动在一起，也对学生产生磁石般的吸引力。

二、痴于"行"

"纸上得来终觉浅，绝知此事要躬行"。"躬行"，可以加深对书的感悟，得到从书中得不到的东西。

痴于"行万里路"成为张国生老师提升教学修养，提高课件质量的重要途径。凡是课文涉及之处，凡是作者的故居遗迹，凡是和语文教学相关的名胜古迹，他都想去走一走，看一看。

教学《边城》时，他为制作这课课件而读沈从文，产生了去拜访他的强烈欲望，于是暑假专程跑到湖南凤凰。走进他的故居，看着他的遗物，近距离地和他接触，了解和理解他的人生历程和思想历程。站在他的墓地前，看着那块奇异的五色大石，才真正感受到他的博大与深邃。漫步沱江两岸，住进江边的吊脚楼，亲自感受"边城"的风光、风俗和民情，才真正理解《边城》中的风情是何等的真实与淳朴，理解他"用悲悯的洞箫吹奏幽美的牧歌"的文学价值和社会价值。于是张老师制作的《边城》课件又达到一个新的境界。

这些年来，他的足迹踏遍大江南北。当有人问及，为什么不从网络上下载资料，一定要亲自前往时，张老师说，他游历大江南北，是想得到自己感同身受的资料，同时也为了拥有自己的独立知识产权。

张国生老师"行路"不忘拜访名师。成长之路上他得到许多大师级人物的指点：刘国正、钱梦龙、魏书生……还有一批语文教学法教授：东北师大的朱绍禹、北京师大的张锐……也结交了许多新生代才俊：程翔、韩军、袁卫星……近朱者赤，和这些高人交往，他的学问、思想也渐渐进入较高的境界。他还和原学校签合同停薪留职南下深圳，两年后到碧桂园这所国内最成功的民办学校工作了4年。这里高手云集，竞争激烈，于是他又实现了一次飞跃：教学艺术进一步提高，而且开始掌握电脑这个新式武器，起步开发"大语文课件"。这使他在语文教学信息化的领域处于先行者的位置——这也是"行路"的收获吧。

他认为，以信念的执着保持着信奉的虔诚，就是这种痴迷，才能成就大语文！

钱梦龙先生感叹地说："正是这种'圣徒精神'、'圣徒气质'，才使国生当之无愧地成为'中国语文课件第一人'！"

三、痴于"难"

清代文学批评家赵翼说过："国家不幸诗人幸，话到沧桑句便工"。诚哉斯言！李白壮志难酬，才会有"欲渡黄河冰塞川，将登太行雪满山"的感慨。杜甫命运多舛，才有了《三吏》、《三别》和《茅屋为秋风所破歌》。

一个缺乏生活阅历，特别是缺乏生活磨难的语文老师，很难设计出承载时代重负的教案。而张国生老师的教学和课件之所以被认为"大气"和厚重，那是因为他是共和国的同龄人，且一直处在社会的中下层，经历了共和国的种种苦难：整风"反右"、"大跃进"、"文化大革命"……近年又看到工厂倒闭、工人下岗、贪官横行……

世道不公和人生不平也可养"浩然之气"，正是这些人生的遭遇，丰富着他的阅历，提高了他的教学水平，提升了他人生的境界。

四、痴于"课"

张国生老师对待上课、写教案十分认真，谓之"如临深渊，如履薄冰"，又像"狮子搏兔，亦用全力"。

记得开始到"带帽初中"教书时，先是教一个"慢班"（每个学生都 5 门以上不及格），经过一年的艰苦努力，中考时该班平均分只比普通班低 0.1 分，被评为先进班级；后是教一个文化课并不好的"文艺班"，中考创了记录。他只有"老高一"的学历，可领导偏偏安排他教高中毕业班和高考复习班。他痴痴地认为这是重用，便拼死拼活地痴干，高考又创下历史纪录。一起干的同行都当了校长局长，他不想当官（又是一痴），况且凭他的痴，也绝无当官的能力。现在的他只痴于教书，痴信孟夫子的"得天下之英才而教育之……"

张孝纯先生看中他的痴，选他一起搞这个课题。实验进行得异常艰难，遭受种种打击。但他认准了这条路，便痴心不改，一痴到底。

就是凭着这种痴性，张老师发表了七八十篇论文，获河北省第 3、4、5 届教育科研成果奖，也评了个"高级"，成为"大语文教育"思想的传人。

教的学生也争气，本来考不上重点班级，才来张老师的实验班，这些原本成绩不理想的学生，后来却有一批人成了国内外名校的博士和博士后。有的还获得了团中央组织的"全国红领巾读书读报活动奖"和"全国创造杯活动奖"。

五、痴于"积"

其实，张老师很早就开始了语文课件的研发工作。早在 1997 年，他在广东碧桂园学校任教时，就尝试制作语文课件，教学效果显著，于是一发不可收。

标志他的课件在国内处于领先地位的，是全国中语会"2002 多媒体教学研究大赛"，他一举夺得"论文"和"课件"两个一等奖。2005 年 9 月，教育部"第五届全国多媒体课件大赛"，他的课件《〈论语〉十则》获一等奖，《济南的冬天》获三等奖。他是唯一来自普教系统的一等奖得主。那次颁奖，他被称为"语文课件王"、"中国语文课件第一人"。

目前，张国生已为人教社课标版初中语文课本的全部课文都制作了课件。

先是北大附中网校使用他的"大语文课件"，接着是北师大远程教育网使用，而且还录制了他 200 多堂视频课；再接着是深圳诺亚舟公司把他的全套课件改造成在诺亚舟学习机上使用的专用课件，以"张国生老师精品课件"的名称在自己网站提供下载。最近，张老师又与多家出版社、报刊联系合作事宜……

他为之献身 20 年的"大语文教育"课题被全国中语会评为综合成果一等奖。人民教育出版社出版了他的《大语文教育论集》一书。后来，他的论文《电脑辅助教学，那是一种境界》和课件《谁是最可爱的人》双双获得全国中语会"2002 年多媒体教学研究大赛"一等奖。

现在看来，如果他不痴，就不会有这些成果；但如果他真痴，也不会有这些成果。什么叫真痴？聊斋老先生说："慧黠而过，乃是真痴。"

六、痴于"远"

谈起自己的专业成长之路，张国生老师感慨良多。他说这些课件是自己几十年心血的结晶，又是经历了两次死亡的威胁完成的，但毕竟没有死亡，所以他把课件的"跋"定名为《几乎是用生命换取了你》。

张老师说，后面还有更大的工程等着他做：要完成《张孝纯文集》的编纂工作，要完成一部《大语文教育论》，一部《大语文校本课程》，一部自己拍摄的《语文教学图片集》……张老师说，他现在没有别的想法，只想一门心思——和时间赛跑，争取多活一点时间，完成自己的著述计划，少留下一些遗憾。

"书痴者文必工，艺痴者技必良。"

关注他的专业发展，了解他的痴言痴行，会给我们更多一线教师以启迪，让我们走得更稳，飞得更高！

仰愿张国生老师体健身轻，痴心翱翔于大语文的蓝天之上！

郑晓龙

郑晓龙，首都师范大学附中语文特级教师，硕士生导师。系"山东省科技拔尖人才"、"山东省青年语文教师教学十佳"、"山东省语文教学能手"、"全国优秀教师"。参加人民教育出版社初中、高中语文新课标教材编写，发表教育教学论文六十余篇，教育专著有《庄子选读》、《作文教学二十课》、《阅读教学三十课》等。

从教 30 余年，从乡村民办教师到全国名校教师，执着探索语文课堂教学规律，教学风格以亲切自然、质朴厚重、扎实深刻见长。主张以本真的心态教本真的语文，对文本的解读常有独到见解，对教材的处理不乏别样匠心。教学中机智幽默，循循善诱；不做惊人之语，却常常发人深省；从不迁就讨好学生，却让学生如坐春风。

洞小泉旺，弦细声宏

——郑晓龙《守财奴》教学案例研读

优秀的文学作品，注重细节，能"借一斑略知全豹，以一目尽传精神"（鲁迅《三闲集》）；而优秀的课堂，同样要能做到从细节入手，名师的课堂之所以精彩，正因为他们往往会在切入时抓住细微之处做文章，由一个细小的点，扩大到面；由一个细小的情节，深入到教材内容。

一、选材小巧，牵一发而动全身

好的细节切入，可以起到提纲挈领的作用，它能够发散和收缩全文内容。老师在备课时，必须从整体上把握教材，选取能"牵一发而动全身"的细节切入，让学生思路清晰地进入到课堂学习中。

郑老师的这堂《守财奴》，在材料的选择上是花了一番心血的，他主要选择了"以'守财奴'命名课文是否好"这个小问题，开始全文的探索。这是一个精心设置的问题，表面上是探讨题目是否合适，实质上是在分析主旨问题，是对全文的整体把握。这正如开了一个小"洞"，涌出来的却是关乎"主旨"的旺泉，在讨论过程中，全文的主旨也就了然了。

第二个精心选择的内容是"抢梳妆匣"。这是一个精彩的细节描写，充分表现了他对"金子的执着狂"，表现他视金钱如命的性格特征。郑老师由此启发学生扬起思维的浪花，利用一个个细小的"点"，衔接起下面的内容：

由抢到匣子的"喜悦"，到得到继承权的"喜悦"。

利用"喜悦"二字，顺利地由动作细节的描写，转到个性语言的讲述，除了有衔接自然的好处之外，也化繁为简，突出本堂课的中心：动作细节和个性化的语言。得匣子"喜悦"，但相比之处，得到继承权更值得喜悦，于是有了本堂课的关于"别多嘴"的分析，有了"到那边来向我交账"的分析。

这个内容的设置，是以"抢梳妆匣"定性格基调，引发课堂后面的内容，用"喜悦"一词从字面上串起了课堂内容，同时达到了提纲挈领的效果。

二、分析精细，切入时层层递进

即使是细节，在分析时，教师也要能看出层次来，细中有细，细得具体，学生在理解时才能更有所得。且看，一个简单的"抢匣子"情节，郑老师细化到了什么地步：

①简单提问：她丈夫做了什么？——引出"纵""扑"，由简入手。

②深入提问：七十老头，可能吗？——要害处点拨。

③学生提问：是否看清？——重视学生提问，这是一个更细节处，用教学机智

继续引向深入。

④似无疑问处发问：为什么不称"匣子"？——这是一个转折处发问，所以既是对这个细节的总结，也是转向对语言的分析的开始。"是真金，金子。"语短，而声却震人心魄，眼中无亲情，心上仅真金！真可谓"弦细声宏"啊！

一个细小的情节，分解成了四个小问题，层层递进，问问精到，从表面动作的描述，到内心龌龊的剖析，都直指葛朗台的心魂深处！

而要做到这样精细的分析，没有对教材的深入理解、全面把握是做不到的。而且体现出老师对学情是十分了解的，郑老师没有急于要学生一下子就领会细节要表达的深意，而是循循善诱，稳步推进。

三、讲授心细，顾及学生的心理

"细"处入手，不仅指教材内容选细，分析课文细致，而且对学生心理也非常细心地呵护着。因为一堂课不仅是知识的传递，也是心灵的沟通，只有在感情上顾及学生，才能让学生从被动地接受知识，到乐于追求知识。在这个过程中，教师应该用自己的细小的言行，激发出学生的热情。这样的课堂，就是充满人情味的课堂！

在这堂课上，我们可以深切地感觉到郑老师爱护学生的艺术细节：

1. 提标准，好坏自己思考

对于开放性问题，老师不要轻易否定学生的答案，而是给出一个标准，让学生去想想自己答案是否准确。这就给了学生思考的空间，避免了由老师来做评判。对养成学生独立思考的习惯很有好处。

在这堂课中，郑老师所说的"小说拟题可以从主人公、情节、主题、环境等多角度考虑，还要考虑到鲜明、生动、含蓄，引人入胜"，就是一个拟题的标准，他没有说任何一个学生的答案不好，但是对于学生的独到见解，他还是给予了评析，这种评析，其实就是老师对答案的肯定。这样，既没有伤害拟题不太好的学生，又最大限度了激发了勤动脑筋学生的学习热情！

这种对学生的答案进行肯定的细节，在课堂中比比皆是，这是名师调动学生积极性的良方。

2. 筛沙金，错误之中有光点

对于回答错误的学生，郑老师也会择其答案中的可取之处给予肯定，从而保护学生发言的积极性，没有负担地投入到课堂当中。

在谈到为什么七十岁的老头还能动作敏捷时，有学生说："我认为作者的描写过于夸张，七十六岁的人动作已经迟缓无力，所以描写失真。"郑老师在等另一个同学回答问题之后说："作者是用了夸张的手法。但是正如刚才这位（第二位）同学所说……"

"夸张"是第一位同学提的，正确；后面见解则采用第二位同学的。这样同学就会有这样的一种感觉，老师的答案是由两位同学的答案合成的。这样保护了学生的表达热情。

3.幽默生，在轻松中长知识

课堂的结尾，利用马克·吐温的故事，既切合文章的主张，又风趣顿生，让学生在轻松的环境中接受了知识的熏陶。

总之，这堂课选材小巧，分析精细，细致地顾及学生的感情，是一堂十分精致的好课，它不但激发了学生的思维，激起了学生情感的浪花，让他们进入柳暗花明、豁然开朗的阳光世界，更能让师生产生心灵的共鸣，达到良好的教学效果！

郑晓龙老师《守财奴》教学实录

（上课，师生互致问候。）

师：今天，咱们一起学习《守财奴》。哪位同学给大家介绍一下小说的作者？

生：作者是法国的巴尔扎克，我曾经读过他的另一部小说《高老头》。

师：那么，他的《人间喜剧》是一部什么样的作品？

生：是巴尔扎克全部九十六部小说的总称。

师：巴尔扎克是十九世纪法国批判现实主义作家，他用毕生的心血在塞纳河畔筑起一座不朽的文学金字塔——《人间喜剧》。其中《欧也妮·葛朗台》、《高老头》是他的代表作。今天咱们要学的节选自《欧也妮·葛朗台》中《家庭的苦难》一章。《守财奴》的题目是课文编者加的。根据大家的预习理解，你认为这个题目好吗？如果不好，你可以拟一个你认为好的题目吗？

（由题入手，明里是讨论题目的好坏，实质却是引导学生总体把握文章内容。一举两得。）

生：我认为不错。因为节选部分的主人公是葛朗台，这个人物的主要特征是守财，所以以"守财奴"或"吝啬鬼""聚敛狂"之类都可以。

生：小说的主要情节是抢夺女儿梳妆匣、诱骗女儿放弃财产继承权以及临终守密室抓十字架，这些事发生在家里，写出了家的变化，所以可以用"家的变迁"作题目。

师：小说是主要写家事，而家中诸如儿女婚嫁、亲人故世、财产分配等就是家中大事了。作者正是把葛朗台放在独生女儿的爱情，妻子的生命，自己的生命和金钱的关系的取舍上，放在对父女情、夫妻爱等人间至情的处理上，通过人物的自我表现来塑造人物表达主题的。所以以"家的变迁"为题目是有一定道理的。

（以评论的方式，肯定其闪光点，最能激发学生的热情。）

学生：我认为在亲情与金钱关系的处理上，葛朗台放弃父女情夫妻爱而只取金钱，在金钱面前暴露了人性的弱点，即贪婪和愚昧。所以从小说主题角度考虑，可以命名为"爱的沦丧"或"人性的泯灭"或者"钱与爱"。

（鼓掌）

师：大家的鼓掌肯定了这位同学分析理解的深刻。小说拟题可以从主人公、情节、主题、环境等多角度考虑，还要考虑到鲜明、生动、含蓄，引人入胜，大家可以从刚才的题目中选择，或者重新拟定。

（教师对学生讨论发言的总结，没有否定任何一个同学的意见，哪怕是不太准确的意见，而是提出一个准则让同学思考，一方面让学生有思考的空间，让学生自己去思考心中那个题目，另一方面又最大最限度地保护了学生发言的积极性。）

师：鲁迅先生说："高尔基很惊服巴尔扎克小说里写对话的巧妙，以为并不描写人物的模样，就能使读者看了对话，便好像目睹了说话的那些人。"这是说作者的人物语言高度的个性化，而作者还善于捕捉描绘传神动作的细节刻画人物。请大家从文中找出你认为最生动传神的细节，把你的感受理解介绍给大家。

（引用名言过渡到另一个内容，特点是"细"，总括为个性语言和细节描写两方面的"细"。）

生：葛朗台发现梳妆匣时，"一见丈夫瞪着金子的眼光"的"瞪"字比较生动，作者虽然没有细致描写"瞪"的神态，但从葛朗台的妻子的反应"上帝呀，救救我们"可以看出其凶狠贪婪。因为他善良温柔隐忍的妻子最理解丈夫的脾性，她反应之强烈说明她知道丈夫要做什么。

师：那么，她的丈夫究竟做了些什么？

生："老头身子一纵，扑向了梳妆匣"。"纵"和"扑"动作幅度之大之凶猛，骇人听闻，有力表现了攫取占有的强烈欲望。

生：我认为在"纵"和"扑"的细节描写中还体现了作者对葛朗台的嘲讽。因为动作的主语是"老头儿"，"老头儿"和"老虎"形成鲜明对比；而"老虎"和"睡着的婴儿"又形成对比。正是在对比中刻画了葛朗台的贪婪和凶狠。

师：七十多岁的"老头儿"动作却这样迅捷有力，这可能吗？

生：我认为作者的描写过于夸张，七十六岁的人动作已经迟缓无力，所以描写失真。

生：我认为是合乎情理的。因为金子是葛朗台毕生孜孜追求的东西，人往往是渴望追求的东西一旦可能得到，会爆发出超常的力量，所以葛朗台在金子面前勇往直前是符合实际的。

（鼓掌。）

师：作者是用了夸张的手法，但正像刚才这位同学说的，这个夸张是合乎艺术真实的，正像李白"白发三千丈"不一定合乎生活真实，但却真实地写出了无边的愁绪，因而是有表现力的。

（肯定前一位同学对夸张手法的认定，这是从错误中发现闪光点；也肯定后一位同学的解释。这就是对正确的激励。）

生：我不明白，葛朗台拿着宝匣往窗前走的时候，嘴里却说"什么东西"。没看清什么东西为什么就抢？

师：这位同学的发现确实有意思，是看清还是没看清？没看清就抢是否是作者疏忽？

（这是老师无法课前备课的内容，是学生的意外发现，但老师没有逃避，而是继续引导向深入。）

生：他没看清镶着金块的匣子是什么东西，但看清了金子，所以就抢。

生：我认为他连金子也没看清，或许他只是看到了一点闪光，因为葛朗台是金子的执着狂，执着到了看到闪光就抢的地步。这样更突出其贪婪。

（鼓掌。）

师：妙！这种理解更符合人物的性格。文章下面也写到"是真金，金子！"那么，他手里拿的这个东西是叫"金子"吗？

（从动作转向语言。衔接自然，从动作是否看清匣子，自然转到守财奴"眼见"与"口言"的差异性，转到个性语言的分析。）

生：应该叫"匣子"，虽然匣子上镶有金子，但是金子只是装饰，而主体还是匣子。

师：那他为什么不称它为匣子呢？

生：因为在金子占有狂的眼里，看到的不是匣子，他对非金子的东西常常熟视无睹，而抢眼的只有金子。

教师：这种解释本身就是有力地讽刺，且入骨三分。

学生：我觉得葛朗台抢到金子以后，直接流露出了自己的喜悦，高兴得像个孩子，说明他还是比较诚实的。

（笑）

师：那些地方怎样流露出他的喜悦？

生：作者用了三四个语气词，用了六个感叹号，三个问号，表现了对出乎意料的收获和认为占了女儿便宜的不能自禁的喜悦。

生：在他眼里根本没有爱情之说，只有金钱交易，他玷污了女儿的爱情。

生：还有，这一段话语言比较简短，便于表达他喷薄而出的狂喜。

生：我认为葛朗台是个很有心计的人，从后面骗取女儿放弃继承权就可以看出。所以他并不诚实，他发财就是靠抢和骗而来的。这一会儿只是他得到金子后的忘乎所以而已，因为他本来就是拿定主意准备来"巴结"女儿的。

师：是的，葛朗台的这一段富有个性的话确实很精彩，感叹句，疑问句兼用，语调急促，语流简短，惊叹惊喜语气喷薄而出，而且"美丽的金洋""这交易划得来"，都充分暴露了守财奴充满铜臭的灵魂。大家的理解与体会正确、深刻。

（由抢匣子到巴结女儿的言辞，再到弥留之际的语言。这些都转换自然而且中心突出。）

学生：我觉得葛朗台剥夺女儿继承权目的将要达到时说的话和动作也很精彩。"别多嘴，克罗旭。一言为定"，然后又写他"抓起"女儿的手放在自己手中一"拍"。他的语言和动作，让人觉得是生意场买卖达成时的拍板成交，没有点点的父女之情，有的只是商人的讨价还价。撕去了原来装老卖傻，赤裸裸地暴露了投机商的真面目。

师：能否把"别多嘴，克罗旭"改为"克罗旭，别多嘴？"

生：不能。因为他担心克罗旭多嘴，女儿反悔，急于制止，所以先说"别多嘴"恰好反映了他的特定的心理。

144

生：葛朗台弥留之际，女儿跪在面前，吻着他冰冷的手要他祝福的时候，我以为他会说些忏悔动情的话，因为人之将死，其言也善。没想到他竟然说出了"把一切照顾得好好的，到那边来向我交账！"这样无情的话。

师：是的，这句葛朗台"经典"的话，的确给守财奴的一生画了个圆满的句号。他真正为金钱做到了"鞠躬尽瘁，死而不已"，无怪作者说"基督教应该是守财奴的宗教"。这让我们想起了关于马克·吐温的一则名为"一针见血"的笑话：一个富翁镶了一只假眼——

生：别人都说跟真的一样。有一天他问马克·吐温哪只眼是假的，马克·吐温一下指出了他的假眼。富翁问他何以看得那么准，他说"因为只有这只眼还有一点点仁慈"。

师：那"一点点仁慈"还是假的，这个故事用在葛朗台身上也是"一针见血"！好，下课！

（引用马克·吐温的幽默轶事总结全文，巧妙而精彩！）

为师不识语文味，教尽经典也枉然
——郑晓龙"本真语文"教学之路探析

郑晓龙执着探索语文课堂教学规律，教学风格以亲切自然、质朴厚重、扎实深刻见长。对文本的解读常有独到之处，对教材的处理别具匠心。教学中主张以本真的心态教"本真的语文"。平易中常含奇崛，机智中不乏幽默。

一、在我自己看来，我确实也只是一名普普通通的语文教师

人群中的郑晓龙并不起眼，与一般教师并无多少不同，也不是更聪明或更有天分，但多了一份别人所没有的坚持——对教育事业数十年如一日的热爱。他一直都是一名耕耘者，勤勤恳恳，尽情展示着语文教师走可持续发展之路的不凡历程。

1. 无书，更读书

郑晓龙出生在鲁南农村，所以，直到九岁的时候，他才真正拥有了书，虽然不过是一本"语文"、一本"算术"而已。可也足以使他心荡神驰，尝到了阅读的甜头，从此埋下勤奋读书的种子。

上世纪六七十年代，愚昧疯狂的时代不能给他多少营养，但这并没有打消他求知的念头，反而激发了他对读书更强烈的渴望。

这种渴望沉淀心头，最终化为一份解不开的情结。时时阅读，处处书相伴。书籍，充实了他的精神世界，并改变了他的一生；齐鲁大地浓厚的乡土文化，又在潜移默化中滋养着年轻的郑晓龙，使之为人处世处处闪动着泥土般朴素的色彩。

2. 为教，苦修炼

一位哲人说过，每个修炼的人未必都能成佛，但成佛的人一定经历过修炼。

初入职场，首先想到的自然是立足生根。而一个教师，立足之本就是教好书，这也是刚进校门的郑晓龙唯一的想法。不断地学习，不断地摸索，逐渐把课讲得生动而富有感染力，教师滔滔不绝，学生津津有味，渐入佳境，臻于完美，练就了自己的"嘴"上硬功。

最辛苦的事是备课。摊开参考书、工具书，查询疑点，设计环节，反复推敲，细细考量，一丝不苟，最后句句落实、字字在案。厚厚的备课笔记，成了他教师生涯起步的最好见证。

得到别人的认可还不算难，但要赢得别人由衷的赞许和敬佩，就不是一件简单的事了。尤其是强手如林的全省重点学校，需要绝对的实力证明自己。名师云集，就有模仿的榜样。课堂上，听课学习；课下，闭门修炼，不断地培根固本。从专科到本科，一路艰辛。清贫的日子里，灯光下，备课结束，默默自学，古代汉语、现代汉语，字词句篇语法修辞……苦尽甘来，学科知识得到充实，学历之梦得以实现。

3. 宁静，致高远

读书、实践、思考、总结，再实践、再思考，这是一个有意义的过程。

跨入新世纪，郑晓龙来到了京城，步入更大的舞台，掀开了新的生命历程。这里是读书、教书的好地方，人文环境、教育传统、科研氛围都为郑晓龙的成长发展提供了更为优越的条件。

起先，他有机会和教材编者交流，提出修改的意见；后来，他自己也成为了教材的编写者，而且可以从更宏观的视角来审视教育，在宏观思考和微观实践的交叉中产生灵感，给自己事业一个更为崭新的平台，他进入了专业成长的高峰期。

新课标、新教材相继出炉，郑晓龙依旧耕耘在教坛，踏实稳健，含蓄内敛，不张扬，静思考，在语文圈内的认可度极高。

二、星星还是那个星星，月亮也还是那个月亮

面对纷繁绚丽的语文教改新局面，人们见新思迁，传统的经验否定的多了，失去了语文，最终失去了"自我"。郑晓龙又在静思：香港回归了，语文教学是不是也要回归了？语文教育是人生教育中最基础、最切实、最细致、最朴素的工作，来不得半点急躁冒进，要不得一点虚浮和装饰，无论语文教学怎样顺时演变，怎样与时俱进，都万变不离其宗，语文课本质的东西是永恒的。所以，"语文教学要回归本真，摒弃虚浮，讲求实效"。

1. 回归基础——重视基础，训练能力，继承创新

在潜心研究语文学科性质、特点、功能，研究学生学习母语的规律，不断反思总结教学得失利弊之后，郑晓龙认为语文课不应该是教课文，而应该是用教材教，最终使学生获取能力，形成素养。他坚决反对泛化语文教育功能，片面强调语文教育的思想教育功能，不顾语文学科的自身特点，把语文课上成班会课、思想品德课。从而确

立了着眼于学生语文素养的积淀，着眼于学生语文能力形成过程的语文教学目标观。

在教学花样不断翻新，教学手段百般变化，教学步骤密不透风之时，回归语文基本知识，抓住常规武器——听说读写，无疑是语文教学成功的关键所在。

社会的发展是需要创新意识，创新能力，但创新意识的培养还要从回归基础做起，只有储备丰富的知识，激发昂奋的情绪，才符合创造性思维的心理特征；只有荡起大脑信息的运转，使新旧知识重新组合连接，从而才能产生新的奇思妙想。一言以蔽之，只有在继承中才能创新。

2. 回归职业——脚踏实地，无私奉献，做好"匠人"

一直以来，教师工作都被人们奉为"太阳底下最光辉的职业"，振兴教育，要从尊师重教开始。但郑晓龙却认为，人为的炒作和制造辉煌不属于教师，教师的天职是奉献。教师职业是最需要付出的工作，它零零碎碎，婆婆妈妈，需要教师不厌其烦、苦口婆心地说教、引导、示范和矫正，最需要教师付出爱心、细心、耐心和智慧，是最细致、切实、绵长的工作，白天让人牵肠挂肚，夜里让人魂牵梦绕。教师职业要日积月累，要循序渐进，要滴滴洒汗，要具体到位，要在一个又一个日出日落中推演、成长。

因此，脚踏实地，无私奉献，做好"匠人"，是教师职业进行一切工作的基础和生命之源。

3. 回归备课——自我感悟，适当借鉴，以研促教

郑晓龙认为，教师备课的主要精力不能放在准备讲的内容、说的"答案"上，备课要从教材、学生两个方面着手，根据教材特点，根据学生实际来确定。然而，这些只是"有形"的备课。

郑晓龙的备课"秘诀"，还在于他持之以恒地备"无形"的大课，以研促教。他的教学论文，都是"解困"之作，既有微观教学研究，又有宏观教学研究。

4. 回归模式——一句句读，一段段悟，读想议悟

郑晓龙从教育教学实践中吸取营养，从现实困境中探索语文教学的出路，逐步形成了自己的语文教学框架，为整个中学语文课堂教学探索出了一条切实可行的路子。具体表现在，语文阅读教学中语言训练的基本操作规程，作文教学中的可操作技巧训练形式等。

这些精心梳理和搭建起来的一个个明确的教学框架，直接指引、匡正着学生阅读、写作的行为，以简驭繁，使整个教学活动过程处处有规范，事事有章法，最终保证了学生良好学习习惯的形成。反复训练，方法慢慢就变成了学生自身具有的、运用自如的能力。实现语文能力的培养，正是语文教学的根本目的。而且这样做，是实实在在的有效教学。

总之，"回归本真"，是郑晓龙追求语文教学高效率的深邃思考、细致做法，是他为人、从教的最好诠释。一路走来，追寻了三十多年，思考了三十多年，也身体力行了三十多年，郑老师以自己扎实、丰富、本色、有效的教学实践谱写着人生精彩的篇章。

小说阅读教学导航

行走在小说的世界里
——名师小说教学策略研讨

小说的世界，风光旖旎、气象万千；小说的教学，是师生共同温暖灵动、诗意自由的行走。在这个"行走"的历程中，怎样才能够尽情领略两岸风光，满载而归，促进师生共同成长？

一、捕捉小说教学的契机——主问题引领

1. 主问题引领探究

众所周知，小说教学"可教点"是遍布小说各个角落的。如逐点赏析，教学过程势必琐碎、拖沓，最终师生都将深陷泥淖而疲惫不堪。当前小说教学中大量充斥的无效分析、外围打转、由表面到表面滑行，就是这一"恶习"的最好佐证。

如此，如何通过一两个"牵一发而动全身"的问题，引领学生讨论探究，做到既丰厚扎实又不拖泥带水，理当是亟待并致力解决的问题。

《守财奴》教学中"以'守财奴'命名是否十分合适"和"抢梳妆匣时，七十多岁的老头儿，动作却如此迅捷有力，可能吗"，以及《孔乙己》教学中"孔乙己最后究竟死没死"之问，毫无疑问都是很好的小说探究的主问题。

"以'守财奴'命名是否十分合适"之问显然是个精心设计的问题。表面上是探讨题目是否合适，实质上是在分析小说主旨，是对全文的整体把握。"抢梳妆匣时，七十多岁的老头儿，动作却这样迅捷有力，可能吗"之问，则充分表现了老葛朗台对"金子的执着狂"和视金钱如命的性格特征。一个极细小的"点"，就衔接起"抢到匣子的喜悦"，再到"得到继承权的喜悦"。由"喜悦"顺利地转到对个性语言的赏析。既衔接自然，又化繁为简，突出了本节教学的中心——动作细节和个性化的语言。相比之下，得到继承权比得到梳妆匣更值得"喜悦"，于是就有了下文对"别多嘴"和"到那边来向我交账"的赏析。这一问题的设置，同样达到了提纲挈领的效果。"孔乙己最后究竟死没死"之问也是一个"牵一发而动全身"的主问题。抓住了这一问题，课堂内容立刻就变得集中起来，结构层次也立刻清晰起来。

2. 主问题的提出者

主问题引领探究的真正意义其实并不在于主问题设计的巧妙性，而在于这个问题的来源。从根本上讲，是主问题最先由谁提出的。教师提出问题，那是教师的研究发现，传达着教师的阅读感受；而学生自主提出问题，则是他们在主动参与文本阅读与学习基础上的思考和发现。其间最大的区别是发现的"主体性"问题。

发现问题、提出问题的过程是极具创造性的，对科学探究极具重要意义。学生

发现一个问题远比老师讲十个问题更有意义。

学生一旦进入主动发现者的角色，其热情和积极性就会被无限地唤醒和调动起来，那么，学习与探讨就不再是一件苦差事，而变成了一种富有挑战性的"登山运动"；他们迫切地渴望登上"山顶"，一览风景。

学生能主动提出问题，不被教师的一个又一个的问题"牵"着鼻子往前走，有主动意识和进取精神，正是《语文课程标准》大力倡导的。

3. 主问题的提出重心

小说探究教学的主问题提出的轻重点上也有讲究。比如，同是"语言赏析"层面上的主问题提出，"作者是怎样塑造小说的主人公形象的"和"小说塑造了一个什么样的主人公形象，从文中哪些方面可以看得出来"，提供给学生的探究指向就有着根本的区别。前者指示学生阅读时注重考量"文本怎样写"，而后者则是引导学生了解"文本写了什么"：实是天壤之别。

二、审视小说教学的内核——人物体验

1. 变人物形象分析为人物形象体验

传统的小说理论认为，人物、情节、环境是构成小说的三要素；三要素中，"人物"又是最关键、最核心的要素。文学评论家也认为，小说主要靠人物形象体现其效能和价值。而阅读经验又提醒着我们，当文学的烟雾散去之后，最终留在我们记忆深处的还是那些个性鲜明的人物。因此，小说教学理当首先审视人物，对人物形象进行分析、欣赏。

而《语文课程标准》则明确指出，"对作品中感人的情境和形象，能说出自己的体验"。新课程下的小说教学，势必要发生一个质的转变，即由人物形象分析转为人物形象体验。

2. 人物形象体验技巧

人物形象体验的最大技巧就是，设身处地地为人物想想；或者干脆与人物换位，设定自己就是人物，置身于此情此景下，当有何所思所想、所见所闻、所言所行。《社戏》教学中的"设想一下，如果你来到平桥村，你愿意与谁交朋友呢"，《变色龙》教学中的"如果让你来处理类似的事情，你会不会变来变去"，《项链》教学中的"玛蒂尔德如果处在十年之前，她要怎么样做，我们才说她不虚荣"等，应该都是着眼于"人物形象体验"的考虑之问。

三、聚焦小说教学的灵魂——主题覆盖

1. 小说教学主题选配

教什么永远比怎么教重要。小说教学尤其如此。常规上讲，小说教学的内容应分为四个层次：一为知识层次。结合文本的教学进行有关小说基础知识的教学，丰厚学生的积累。二为理解层次。从小说阅读出发培养学生的理解能力。三为欣赏层次。培养具体分析作品情节结构、叙事方式、人物塑造、表现方法、语言特色、创作风

格等方面的文学审美能力。四为探究层次。在欣赏的基础上培养学生研读小说的能力。

2. 小说主题多元化

阅读，作为一种审美再造的艺术实践活动，因接受主体的差异而极具鲜明的个性差异。因为，一千个读者就有一千个哈姆莱特。一如鲁迅先生所说，一本《红楼梦》，"单是命意，就因读者的眼光而有种种：经学家看见《易》，道学家看见淫，才子看见缠绵，革命家看见排满，流言家看见宫闱秘事……"就是说，对于小说主题的理解往往不可求得答案的统一，而呈现出多元的特质。

然而，在实际教学时，我们往往受文化传统的影响，而习惯于依照传统或传统已认可的观念求取社会的和谐效应，致使在"求旨"解读上，更执著于趋同价值取向的认识：只承认一种"正确"的理解，并试图蛮横地强迫学生接受。这种强盗行径致使无数真知灼见湮灭在传统的大海里。因而，小说教学中，无论是学生，还是教师，对文本主题的理解都不应受某类特殊的人为规范。

《语文引课程标准》也明确指出："欣赏文学作品，能有自己的情感体验，初步领悟作品的内涵，从中获得对自然、社会、人生的有益启示。对作品的思想感情倾向，能联系文化背景作出对自己的评价；对作品中感人的情境和形象，能说出自己的体验。"一连用了三个"自己的"，正是要提醒教师，必须尊重学生个性化的体验和感悟。

所以，《药》"开了什么药方"、"治了什么病症"既然可以作为一种主题解读，那么，结合鲁迅先生"立人"的一以贯之的思想，将其主题定为"揭示民众的麻木落后"又有何不可？《祝福》既然"'四权'罪恶"、"礼教迫害"也能成为可以接受的阐释，那么，如果有学生也认为是"揭示民众的麻木落后"又有何不可？《我的叔叔于勒》的确是揭露了资本主义社会人与人之间赤裸裸的金钱关系，但解读为表现小人物生活的辛酸和痛苦又有何不可？诸如此类，只要不是无限衍义和附会之论都应予以肯定。

四、破译小说教学的密码——文本细读

1. 关注语文因素

语文姓"语"。语文区别于其他课程的根本点就是，不是直接作用于人的情感和道德，而是通过语言文字这一载体来传达。所以，小说解读，首先接触的应是语言文字。只有通过与语言文字的亲密接触，才能悟到背后的情感、思想、形象，甚至是一颗滚烫的灵魂。

因此，一切关乎语言、文字的因素，都应该是语文因素。诸如形象、情感、遣词造句、篇章结构，甚至是朗读吟诵、表达句式、标点使用等等。可以这样定位，小到一个标点符号的揣摩，大到文章建架结构的推敲，还有隐含在文本深处小说技法的探究等等，无不是。

有一类小说，很容易让学生"入境"；因为小说情节本身就有一种震撼人心的力量，极容易激起读者的共鸣。缠绵悱恻、动人心扉的情节会让学生停留在一种"感动"的情绪之中，漂泊在文本所营造的撼人效果中，因而忽略构建故事、产生这种艺术效果的"语辞"。小说教学倘仅仅存留于此处，那就根本谈不上是真正的小说课。

小说教学中，教师一定要务实、不遗余力地将"语文因素"注入课堂，使其成为课堂教学的一个又一个支撑点，最终架构起一个细腻而扎实的小说教学课。

2. 走进文本

走进文本，品味语言，是语文教学的重头戏。语文教育家吕叔湘说："不抓语言的语文教学是'半身不遂'的教学。"作者源于生活、高于生活、美于生活的思想感情，正是通过形神兼备、声情并茂、细腻辽阔的语言，才得以淋漓尽致地表达的。所以，走进文本，品味浸透着强烈情感倾向的"语辞"，就是在解读作者笔下人物的生命，领悟作者试图表达的生命情怀。

走进文本，品味语言，唯在"细"处入手。《荷花淀》中，水生从区上开会回来，说要上前线去了，妻子说了一句："你走，我不拦你。家里怎么办？"这里妻子的话中用的是句号，能否换成逗号呢？细细推敲，这里的句号看似毫不起眼，但其实却大有学问。如果是逗号，"你走，我不拦你，家里怎么办？"就成了，水生嫂支持丈夫参军是假，拿家里怎么办来拖他的后腿是真。用句号，"你走，我不拦你。家里怎么办？"则表明，水生嫂支持丈夫参军是真，而家里有困难也是实际客观存在的，何况作为一个女人，也需要丈夫的理解和爱怜。这里逗号和句号的区别实是两种人格的区别。

可见，要做到精细的解读，没有对教材的深入理解和全面把握，没有对学生十分的了解和细心呵护，是无论如何也做不到的。品味语言能否取得理想的效果，关键还在教师的引导和点拨。学生泛泛而读，往往浮于表层，对文本语言的表现力和作者的意图自然感受难深，无以进入更高的鉴赏层次。这就需要教师引领、激发、诱导，在学生理解了表层意义后，自然深入到另一个层次；于不疑处生疑，从而积淀素养，养成习惯，形成能力。切不可才刚刚走近文本，而非真正的"走进"，就草草收场，匆匆作罢，急不可耐地进入下一个环节的学习。

山重水复疑无路，柳暗花明又一村
——小说教学的弊病与诊治

毋庸讳言，现行小说教学中仍存留着诸多不尽如人意之处，不少甚至已经"恶化"为弊病与顽疾。这些长期未能解决的问题，不仅削减着学生阅读欣赏的兴趣，更制约着小说教学的长久发展。这里揭出几种"病端"，并尝试开具"药方"，就教于大方之家，但求引起"疗救"的注意。

一、突破僵化顽固的教学定势

一到小说作品的教学，不少教师就拿出了自己的"制胜法宝"，一种可以在任何小说课中套用的"模式"：首先梳理情节，其次分析人物，最后结合环境描写把握主题。这种"情节——人物——环境"的教学模式成为他们打开任何一扇小说之门的"金钥匙"。殊不知，这种机械甚至僵化、条分缕析的模式肢解了一篇又一篇的小说精品，致使小说教学陷入了一种无休止的重复，低效而乏味的泥淖。

或许有人会提出疑问，既然是小说教学，为什么不能以小说的三要素为抓手展开？何况小说教学理所应当紧扣"三要素"进行？但是，需要提醒注意的是，这里所质疑的，并非三要素本身，而是那种"从情节的梳理到人物的分析再到环境的赏析"一成不变的僵死的"教学模式"。

任何小说，无论是鸿篇巨作还是短小作品，无不是作家灵感乍现、精血诚聚的结果，无不沉浸着作家的智慧与才学。其创作的过程，绝非作家守着"情节——人物——环境"的清规戒律编排成的。既然如此，小说教学又岂能按照这种僵硬的模式实行？

从本质上讲，这种模式的实施，恰恰反映了教师对小说教学的"不作为"，不愿意花心智对一篇篇作品进行有针对性、有目的的"选择"、"剪裁"和"处理"；以为只要抓住了"固定模式"这根救命稻草，就能渡过"小说教学"这条大河。

同样一篇小说，不同的教师就有着不同的教学设计，所以，面对不同的小说，教师就更应该采取丰富多彩的教学方式。岂能守着僵死的模式，采取"一刀切"？祛除痼疾的方法，唯有拿出打破常规的勇气，敢于对文本进行有针对性的"二次加工"，发掘能撩拨学生兴趣、启发学生思维的问题，找到带领学生走进文本的路径。

二、挣脱"权威解读"的种种桎梏

1. 不迷信专家的"高见"

中学语文教科书收录的小说选文，绝大多数都是历经岁月洗淘，沉淀下来的经典作品。这些经典的小说历来备受关注、重视和青睐，于是，专家学者的一篇篇经典解读便应运而生了。这些极具权威的解读角度、解读方式、解读思路雄踞于教参之中，充斥着教师的大脑，占据着小说教学的课堂。

这里要探讨的绝不是权威的解读能不能作为教学内容——权威的解读无不是稳健踏实、耐人寻味、极有见地的，理所当然是可以作为教学的内容的——而是，总是反复地教学同样的内容，无疑会助长教师的怠惰思想。一到这些经典篇目的教学，教师根本无需备课，只要在心中默念着学者专家们的研究成果，带着一届又一届的学生在同样的风景中"潇洒走一回"即可。甚至于，有些教师还将这些成果奉为教学的重难点，颇为得意的认为自己把握住了重点，突破了难点。这种囿于经典，迷从权威的行为，只能使小说教学止步不前。

退一步讲，这些经典的作品，真的是被专家学者们解读得"淋漓尽致"了吗？真的是已经"无懈可击"了吗？真的是再没有再解读、再发现、再创造的空间了吗？恐怕未必。当所有人的目光都聚焦在《故乡》中闰土与杨二嫂身上时，我们有没有注意到那个叫"水生"的孩子？这个叫"水生"的孩子"正是一个廿年前的闰土"，但无论是脸色还是穿戴，两人都有着极大的不同。当年的闰土是"紫色的圆脸"，现在的水生是"黄瘦"的脸，一副营养不良的模样；当年的闰土，"颈上有一个明晃晃的银项圈"，现在的水生却什么都没有。先生在不露声色、不着痕迹的描述中，究竟想要表达什么？二十年，二十年过去了，从当年的闰土和今天的"小闰土"的比较中，我们可以深切地感受到二十年中人们的生活状态并没有任何丝毫的提高，反而是一种后退！二十年，社会非但没有进步，反而在倒退！先生借水生这个聊聊数笔的形象表达出了对故乡现状的极度失望和不满。这难道不是一种有价值的发现吗？

《故乡》的结尾，"我在蒙胧中，眼前展开一片海边碧绿的沙地来，上面深蓝色的天空中挂着一轮金黄的圆月"这一句景物描写，历来被人认为是鲁迅先生对未来美好生活的畅想。我们也都能发现这句与先前童年时代生活回忆的文字极为相似，"深蓝色的天空中挂着一轮金黄的圆月，下面是海边的沙地，都种着一望无际碧绿的西瓜"。至此，我们能不能继续追问一句，为什么先生对于未来生活的构建竟然与少年时代美好的回忆惊人的"重合"？先生在这种看似重复的文字描写中，究竟寄托了怎样的深意？这些追问无疑是对文本的深度探究，是进入文本的肌理层与作者深层次的对话。

2. 理性对待教参的解读"建议"

教学中，不少教师或受考试的影响，往往将教材和教参的阐析奉为圭臬，并以此作为评价学生理解程度的唯一尺度；或虽能坚持"启发诱导"，却始终在想方设法地把学生的思维引向教材教参预设的彀中，从而表现为认识尺度的过分趋同取向，而漠视学生阅读思维的个性差异，把学生对作品的理解导向僵化甚或政治标签的误区。

两种做法在扼制学生的个性发展和创新思维上，可以说是半斤八两、轩轾难分，都导致了学生创新思维的先天不足和后天乏补。而一旦学生对文本的理解与教材教参偏离时，常常不能正确地加以评价、肯定和激励，结果往往使学生在自己思维的成果得不到教师的赞赏之后产生思维上的惰性，而只满足于教师或参考书对文本的分析理解。所以，将作品解读固化为牢笼藩篱，并将学生的思维拘捕其中的做法，无疑是对学生创新思维与个性发展的恶性扼杀，是极其荒谬的。

比如《孔乙己》，教材教参将其主题界定为"揭示了封建科举制度所戕害的读书人的病苦，是一篇讨伐封建科举制度和封建文化的战斗檄橄文"。显然，这个主题很大程度上出于茅盾先生。茅先生的解读是存有特定的政治背景的，是残留着特定时代的暗影的，虽然也是一个很好的解读。而鲁迅先生自己却说："是在描写一般社会对苦人的凉薄。"我们凭什么强制学生接受"茅版"的"戕害"说，而否认"鲁版"的"凉薄"说呢？何况《孔乙己》主题的解读还有"反封建说"、"等级观念说"、"兼有说"的版本。只要学生有充分的理由言之成理，教师就应该接受，应该肯定。

作家毕淑敏曾说过，"经典的文字是常读常新的"。任何一篇小说，都是一个可以不断开挖的宝藏，而且是取之不竭、用之不尽的。我们完全可以对之进行发现式解读。专家学者的解读固然深刻独到，教材教参的解读固然整体划一，但，作为教师绝不能将之奉为"金科玉律"，唯唯诺诺、沉湎于其中不能自拔。

福建大学教授孙绍振也说："在对文本解读之时，要放弃'已知'，以一个'未知者'

的身份对文本进行陌生化的解读。"所以，教师要拿出"自信力"来，抛开任何人任何参考书的解读，真诚地面对小说文本，在文本中"来来回回地走"，对文本作充满个人独到眼光和发现的自我解读。只有解除了那种迷从于权威的思想禁锢，教师才有可能真正提高解读小说文本的能力，小说教学才有可能继续不断向前发展。

当然，鼓励教师个性化解读，绝对不是否定权威解读，而是希望权威的解读成为教师解读小说的"助推器"，不要成为小说教学发展道路上的"绊脚石"。

三、消弭小说鉴赏与生活体验的鸿沟

小说来自生活，或者说，小说本身就是生活。小说里的人物，虽然有着各自的经历、情感、性格和命运，但其实和今天的我们与今天的生活关系甚为密切。优秀的小说之所以具有穿越时空的恒久魅力，就是因为它以对人性的深刻揭示提醒我们应该怎样生活，使我们可以更清楚地认识到人性的光明与黑暗、刚强与孱弱。

黑格尔说，欣赏就是"在艺术中重新发现自己。"高尔基说："文学的目的在于帮助人能正确认识自己。"作家陈建功说："我读屈原，感到自己的卑琐；我读陶渊明，感到自己的势利；我读李白，感到自己的狭窄。"感到自己卑琐、势力、狭窄，往往就是走向博大、高尚、开阔的开端。

因此，小说教学中，教师要着力引导、鼓励、促使学生在小说中找到自己，绝不可抱着在看一个个与自己、与今天毫不相干的人和事的态度。

四、禁绝影像视听替代文本研读

如今的小说阅读课，有不少都因原著被改编成了影视剧，而上成了影视剧片段观赏；或因多媒体技术的全面介入，而上成了精心编排的课本剧。课堂上，学生是看得津津有味，听得如痴如醉，动得是手忙脚乱；课堂下，却依然是过眼云烟，对文本内容一知半解。其根本原因在于，小说是完全通过语言文字这一媒介传播知识和传达情感的，而不是依靠影像和声音。教学中，影像和声音这些丰富的资源倘未能和小说文本水乳交融，则只能是花里胡哨地瞎折腾一番，成为课堂的点缀；却过多地牵扯了学生的注意力，消解了学生对小说文本的浓厚兴趣。

大量教学实践证明，任何借助直观形象手段的教学，最终都必须落实到文本的语言文字上去。否则，这样的课堂，除了让人觉得虚华浮美、轻飘无依外，就是不扎实，不精致，不细巧。

总之，小说教学的原则应该与审美的原则同步一致；上述仅具一般性，不必每课都刻板生硬地遵守。相反，则应在遵循一般性基础之上，深入开掘每一小说的独特价值，带领学生创造性地走进小说的世界。想来，那定然是一种奇妙温暖又百感交集的旅程。

程翔

程翔，全国最具影响力的学者型语文名师，"文化语文"流派代表人物之一。北京101中学副校长、全国著名特级教师，"国培计划"首批培训专家。现任中国当代语文教学专业委员会副理事长、全国中语会常务理事、人民教育出版社教材编写委员会委员、北京大学语文教育研究所兼职研究员。全国青语会会长，首都师大兼职硕士研究生导师。曾获全国首届中青年语文教师课堂教学比赛一等奖和全国优秀教师称号。发表论文50余篇。专著有《语文教改探索集》和《语文课堂教学研究与实践》《语文人生》《课堂阅读教学论》《播种爱心》《路在脚下延伸》《说苑译注》等多部。

在教学和学校管理及学术研究诸多方面颇多建树，钟情于语文课堂教学，数十年痴心不改，乐此不疲。长期致力于语文课堂教学艺术的实践与探索，在阅读教学、写作教学、教材建设等方面均有较深造诣，秉承"有特色、有风格、高效率"的课堂教学理念。在多媒体教学盛行的潮流中，坚守语文本色，坚持纯粹基于语言的师生与文本直接对话式的朴素而高效的语文教学，在全国中语界具有广泛影响。曾在全国各地，以及香港、澳门、马来西亚等地讲学或执教公开课，大受欢迎。

课堂和谐显精彩　学法指导现个性

——程翔《再别康桥》教学案例研读

一、课堂和谐显精彩

程翔老师的课给听课者的最深印象是轻松和谐，精彩频现。整堂课学生主体地位得到最大限度的突出，师生、生生之间的交流和谐融洽。

1.学生活动充分，教师点拨精当

程老师的《再别康桥》一课，采用小组交流讨论的学习方式，上课的格局不同于往常，学生四人一组，面对面坐，这是课堂和谐的起点。然后程老师问学生"这首诗以前知道的请举手"、"以前知道这作者是徐志摩的举手"、"小组交流喜欢这首诗吗？为什么喜欢"、"你读了这首诗，有什么问题要问吗？小组交流一下"……就是这些看似不经意的"口头提问"确立了学生的主体地位，程老师从学生的原有的学习起点出发，调动已有的知识储备，引导学生交流自己的阅读体验，提出自己最困惑的问题，程老师适时给予精要的点拨，自己退到幕后，把学生推到舞台中心，学生真正成为课堂学习的主人。

当12名学生举手在全班提出自己的问题后，程老师问："我现在要调查一下，到现在为止还没有提出问题的请举手。"当又有四位学生举手问问题后，程老师又说："记住，我们都是学习的主人，以后不要沉默，不要做旁观者。"这个细节给我很大的启发，如果教师在课堂上自己充当"主演"，让学生扮演配角，课堂上怎能有真正意义上的和谐？

2.师生愉快沟通，平等对话

夸美纽斯在他的《大教学论》中提到，教育"是一种教来使人感到愉快的艺术，就是说，它不会使教员感到烦扰，或使学生发生厌恶的心情，它能使得教师和学生都得到最大的快乐"。这节课师生之间的沟通相当愉快、和谐。请看这样一个片段：

师：如果是我，我也甘心做一条水草。

生：（笑）

师：你们愿意做水草吗？

生：不愿意。

师：你们还小。

生：（笑）

程老师幽默的语言为师生之间增加了轻松和默契，课堂充满愉快和谐的气氛。

平等的对话现于整堂课，比如，程老师问："我问你，划船，一个人好，还是两个人好？"

一名学生答："两个人。"程老师追问："同性的好还是异性的好？说心里话。"

这名学生答："同性。"程老师表情沮丧地说："哇，我好失望呀！"引得学生大笑。我觉得课堂就应有这种效果，课堂就应是师生、生生的心灵之间真诚的、平等的、自由的交流和沟通。

3. 课堂提问设计富有艺术性

程翔老师在《提问的艺术》中指出："提问的艺术在语文教学中至关重要。"他执教《再别康桥》设计课堂提问时，大胆舍弃诗歌创作的背景，褪去诗人的爱情外衣，让学生纯粹的去感受诗歌的意象美，韵律美。

请看程老师设计的几个问题：从"金柳"为何联想到"新娘"？"看见'波光里的艳影'为何荡漾？'荡漾'什么意思？你们的心头'荡漾'过吗？""明明是'清泉'怎么成'彩虹'了，表达上是否有误？"……课堂始终以具有艺术性的提问巧妙启发学生联系生活体验进行联想和想象，从而理解意象，深刻体会诗人的用词之妙。

程老师的课没有花哨的课堂设计，但高潮迭起；没有热烈的掌声，但思想碰撞的火花时时闪现；没有多媒体辅助手段，但不乏精彩闪烁。无论是循循善诱，收放自如的教学过程，还是对学生亲切睿智的点评无不处处体现程翔老师丰厚的教学经验和文化底蕴，处处显示着"简约"典范课堂的和谐之美。

二、学法指导现个性

程老师执教《再别康桥》，除诗歌教学注重朗读指导外，非常注重学法指导，并且在指导中显现个性，很有借鉴意义。

1. 朗读指导显情趣。

在这节课上，程老师以诵读为主线，朴实地一节诗接着一节诗讲，但正是在这朴实的教法中，精彩纷呈，使语文课有了学生传达情感的读书声，回归到语文课的根本，具有了浓浓的语文味。

如程老师引导学生如何读"在我的心头荡漾"时，先让学生解释"荡漾"的意思，当学生回答不出时，程翔老师用了一个暗含选择的反问来启发学生："'荡漾'本意指水波动。这指水波动吗？"学生自然能回答出是"心情波动"。

为了让学生体会得更深，程翔老师再调动学生的生活体验："你'荡漾'过吗？"这个问题在羞涩的学生那里没有成功。接着程老师迅速转换问题，用诵读的动作来辅助诵读："抬头正前方、斜着，带着一种什么？"学生回答："憧憬"。程老师又追问"你们知道什么是'憧憬'吗？"于是引导学生进入诗中的那个情境。最后，程老师对学生进行技术上的指导："水波动荡，心也荡漾，怎么技术处理，'漾'能不能拉得长一点。"随即，程老师又进行了精彩的范读，学生终于读出了"荡漾"那摇曳的感觉。这使我想起叶圣陶先生的一句话："美读得其法，不但了解作者说些什么，而且与作者的心灵相通了，无论兴味方面或受用方面都有莫大的收获。"程老师的课堂无疑是对这句话做了最完美的尝试。程翔老师成功的原因何在呢？在于他的指导诵读小步前进，适合初二学生的学情，让学生在"跳一跳摘到桃子"的过程中得到实实在在的进步。

程老师在引导学生朗读第五节时，有这样一个片段："师：那你说，读这个地方的时候应该怎么读？"学生回答："声音大一点，站在徐志摩的角度，就是感情太多了，要宣泄出来。"师："'宣泄'出来，那手可以怎么放？"学生做张开双手的动作，师："头应该怎么样？"

学生把头扬了起来，师："好，你这样读一读。"学生张开双手昂着头深情地朗读，博得了全场热烈的掌声。程老师除在朗读教学中引导学生注重语调、节奏等，还引导学生辅以肢体语言，这无疑能促使学生更好地表达情感，使朗读妙趣横生。

程老师特别注重让学生自读自悟，绝不剥夺学生自己的原始阅读体会。他说"课堂不是教师展示的课堂，一定要鼓励学生自由发挥！""要总想着让学生学得好而不让自己上得好！" 在整堂课上每一节基本上都是先让学生读，老师就如同一位引路的智者，微笑着看着学生们徜徉在诗歌的海洋，同时还注意采用不同的方式，如自由读、指名朗读、齐读、小组读、分角色读等，这样避免单调。如程翔指导学生朗读《再别康桥》中的第六节，不仅点拨学生如何把握本节的情感，而且还指导学生如何用气声朗读，如何辅以体态表达情感，最后程老师亲自示范朗读。学生投入读，教师也倾情演绎，赢得了满堂彩，把课堂推向了高潮！最后一位女同学声情并茂的朗诵博得了全场热烈的掌声，也充分证明了这是一堂成功的课！

这就是我追求的语文课，有读书声，有语文味，朴素而真实的语文课。

2. 学法指导巧点拨

程老师的课注重学法指导，培养学生终生学习的能力。程老师在执教第四节时提出这样一个问题，"明明就是'清泉'，怎么就不是清泉了呢？"然后请同学们以小组为单位讨论。

教师追问"'榆阴下的一潭，不是清泉'那明明就是清泉，怎么不是清泉呢？那是什么呢？"学生讨论后交流：应该代表他的梦。然后程老师举同学们生活中的例子帮助学生理解：生活中有这种情况，比如你到商店里看到一种你非常喜欢的笔，但是，这种笔很贵，你回家问爸爸妈妈要钱去买，可你爸爸妈妈说你不是有很多笔吗，不买！但是，有一天，你爷爷给你买来了这支笔，你非常高兴。以后你每次看到这支笔，你就认为这不是一支笔，而是？这样，学生在程老师的启发下有所悟："爷爷的爱"。程老师抓住契机点拨："本来是一支笔，在你心里那不是笔，成了爷爷的爱。那么，这里作者说不是清泉，那是什么呢？"然后程老师向同学们介绍"宋代苏东坡写了一首《水龙吟——次韵章质夫杨花词》，'细看来，不是杨花，点点是离人泪。'杨花柳絮呀，同学们看过吧，我们看来，那就是杨花，可苏东坡却说不是杨花，是离人泪。这种写作手法叫'移情'……"

这就是真正的名师，凭借"授之以渔"让学生有能力去"终身学习"。

这就是我追求的语文课，和谐、简约且有内涵的语文课。这就是我所追求的语文课，培养学生终身发展的语文课。

虽然我只能仰望程翔老师，但程老师带来的《再别康桥》所激起的"柔波"，定会永远在我心里久久"荡漾"。

程翔老师《再别康桥》教学实录

师：上课，同学们好！

生：老师好！

师：坐下。今天上课的格局不同于往常，喜欢吗？（学生四人一组，面对面坐。）

生：喜欢。

师：这叫小组交流讨论的学习方式。不是你们听老师讲，主要是小组之间交流学习，有问题提出来，我们一起研究，好吗？

喜欢语文课的同学请举手。

生：（举手）

师：不喜欢的举手。

生：（没有举手的）

师：这说明你们老师语文教得好。

师：今天我们要学习的《再别康桥》，这首诗以前知道的请举手。

生：（举手）

师：这么多同学知道呀。说说，你是什么时候知道的？

生1：有一次电视上刚好有这首诗。

师：那是在什么时候？

生1： 一年以前。

师：你呢？

生2：我接触过几次。

师：（惊讶的）几次呀！最早呢？

生2：最早是小学，是一个同学在广播站朗读了这首诗。

师：以前知道这作者是徐志摩的举手。

生3：（举手）

师：请你将他的名字写一遍。知道为什么要写一遍吗？这个"摩"字要注意是吗？

生3：（板演）

师：好。记住了，徐志摩。下面请同学们自由地将诗歌朗读一遍。

生：（读）

师：有不认识的字举手。

生：（没人举手）

师：没有不认识的字，是吗？下面请同学们推荐一个同学来读一遍。

生4：（举手）

师：你推荐谁？

生4：我推荐 XX

师：你为什么推荐他？

生4：因为他读得还可以？

师：你自己读得怎么样？

生4：嗯……

师：那你推荐谁？

生4：推荐我自己。

师：有勇气，同学们为她鼓掌。

生4：（读课文）

师：好。谢谢你。读得不错吧？

生：（全体鼓掌）

师：有读错的吗？

生5：第五段"满载一船星辉"，她读成了"满载一城星辉"。

师：嗯。还有吗？

生6："向青草更青处漫溯"，她读成"青枣"。

师：嗯。还有一个地方，"沉淀着彩虹似的梦"，我们看应该读"似（shì）的"，还是"似（sì）的"？

生6：是"似（shì）的"。

师：对，彩虹似（shì）的。什么时候读"似"？

生6：相似（sì）。

师：下面小组交流一下。喜欢这首诗吗？为什么喜欢？

生：（小组交流）

师：好。这个问题比较简单，我们简单地交流一下。喜欢这首诗的举手。

生：（举手）

师：不喜欢的举手。

生：（没举手的）

师：没有不喜欢的。为什么喜欢？

生7：首先我喜欢是因为是抒情的诗，更喜欢二三四段，把景物写活了。

生8：我觉得这首诗给人一种做梦的感觉。

师：做梦的感觉，很好。还有这种感觉的同学举手。

生9：我觉得有音乐感。

师：还有这种感觉的同学举手。

生10：我喜欢这首诗，前后呼应，中间运用了比喻等修辞手法。

生 11：这首诗很缓慢，读的时候很享受，给人一种轻松的感觉。

师：我们读了这首诗的初步感受很好。接下来要做什么呢？你读了这首诗，有什么问题要问吗？小组交流一下。

生：（小组讨论）

师：好，同学们都写了很多问题，有的同学写了三个问题。请同学们提问题。

生 12：在"星辉斑斓里放歌"的"星辉斑斓"是什么意思？有什么意境？

师：你是不理解"星辉斑斓"的意思，还是不理解这个意境？

生 13：意境。

师：这是怎样的意境？在这个意境里怎么想到要放歌呢？这个问题好，继续提。

生 14：前面说"在星辉斑斓里放歌"，后面又说"但我不能放歌"，这不矛盾吗？

师：哦，矛盾，问得好。

生 15：第三段，在"康河的柔波里"，我们知道大海的波浪是汹涌澎湃的，为什么这里说是柔波？

师：大海的波浪是汹涌的，是吧？小河里的波浪会是什么样？是不是柔波？

生 16：为什么说余阴下不是清辉，又是清辉？

生 17：为什么是再别康桥？

师：以前来过，离开了；这次又来了，又要离开了。

生 18：第五段的"寻梦"，寻的什么梦？

生：第六段的最后一句"沉默是今晚的康桥"，不懂。

生 19：我想提两个问题，一个是，徐志摩写这首诗的背景；第二个是，第一段和最后一段为什么要重复地用"轻轻的、悄悄的"？

生 20：青草为什么是柔柔的，应该是光亮的？

师：还有新问题吗？

生 21：为什么用荡漾？

生 22：前面是"轻轻的"，为什么后面用"悄悄的"？

生 23：第四段为什么要用"揉碎"这个词？

师：我现在要调查一下，到现在为止还没有提出问题的请举手。

生：（举手）

师：有问题吗？

生 24：有。二三四段，为什么分别讲"金柳"、"青荇"、"榆阴"，为什么讲这么多景物？

师：还有吗？

生 25：题目是康桥，文章应该重点写康桥，可文章为什么重点写康桥边的景物？

师：同学应该知道，学习没有局外人，没有旁观者，大家都应该是学习的主人公。还有谁没有提过问题呢？

生 26：为什么在康河的波光里，我甘愿做一条水草？

生 27：为什么在六段中要用"沉默"？

师：记住，以后我们都是学习的主人，不要沉默，不要做旁观者。指名读第二段

生 28："那河畔的金柳，是夕阳中的新娘……"

师：你知道"金柳"是什么吗？

生 28：我知道。

师：为什么柳树是金色，是因为什么照耀着？

生 29：夕阳。

师：夕阳下，柳树一片金色。"那河畔的金柳"用了一个"那"，就是要往远处看。你看到了吗？

生 30：没有。

师：那么在什么地方？

生 30：心里。

师：对。"新娘"知道吧？为什么看到金柳诗人就想到"新娘"，你们会想到新娘吗？

生：不会。（笑）

师：诗人看到金柳，就想到了新娘，为什么？

生 31：应该是寄托思乡的感情。

师：你为什么会想到思乡？

生 31：因为我想家乡。

师：与你的情感有关吧，那诗人为什么想到新娘？与什么有关？

生 32：情感。

师：对，肯定有一段感情在里面。诗歌与一般的文章不同，要你去猜。"艳影"是什么意思？

生 33：美丽的影子。

师：谁美丽的影子？

生 33：新娘的美丽的影子。

师："我在心头荡漾"，"荡漾"是什么意思？

生 34：水波动荡的意思。

师：在这里是什么意思？

生 35：在我心里面来回想，徘徊。

生 36：不停地在我心头出现。

师：就是在你心头萦绕。

生 37：不可以忘记。

师：对，不可以忘记，很好。能不能读出水波荡漾的感觉来？

生：学生读"在我的心头荡漾——"

师：好，一边读的时候，一边感受水波荡漾，新娘在他心里跳。齐读这段。

生：（读）

师："在我的心头"应该停一停，（老师范读最后一句）"在我的心头——荡——漾——"

生：（再读）

师：你们是不是觉得小诗写得很有趣。现在学习第三节，请你读一读。

生38：（生读）

师：从感情的发展来说，你觉得这小节与前面相比是变得强烈了还是减弱了？

生38：强烈。

师：你怎么说是强烈？

生38：因为后面说"我甘心做一条水草"。

师：你从哪个词看出？

生38：甘心。

师：你说诗歌一开始，诗人看到了什么？

生38：天空。

师：天空没有什么意思。然后看到什么？

生38：金柳。

师：金柳好像下垂了，在看什么？

生38：水草。

师：金柳与水草你看着我，我看着我，好像人在交流感情呀。我们来读一下。

生：（齐读）

师：如果是我，我也甘心做一条水草。

生：（笑）

师：你们愿意做水草吗？

生：不愿意。

师：你们还小。

生：（笑）

师：读第四段。

生：（读）

师："那榆荫下的一潭，不是清泉，是天上虹"明明就是"清泉"，怎么就不是清泉了呢？原来是天上的虹。那虹揉碎了不是，为什么揉碎？请以小组为单位讨论。

生：（讨论）

师：好，下面交流。

生39：我们这小组是这样理解的：天上虹是康桥在水中的倒影，因为水面反射出夕阳的光，柔波荡漾，那桥好像睡了一样，自己的梦想也像彩虹。

生40：揉碎的应该是内心的思想，要离别，很悲伤。彩虹是内心的追求。

生41：夕阳余光照射在湖面，湖面形成波光粼粼的样子。

师：理解这一小节很难吧。

师："榆阴下的一潭，那不是清泉"那明明就是清泉，怎么不是清泉呢？那是什么呢？

生 41：应该代表他的梦。

师：徐志摩在上个世纪二十年代，在这里上学，有一些让他追求一生而无法实现的梦想。这康桥就是剑桥，剑桥大学，老师去过那地方，没有彩虹桥，只有一座很小的桥。剑桥大学是世界上著名的大学，希望你们将来能够去那儿读书。

那榆阴下的一潭，就是清泉，可作者偏偏说不是清泉，那意思是要提醒我们读者，你可千万不要把它看成是——

生：（无人举手）

师：同学们，生活中有这种情况，比如你到商店里看到一种你非常喜欢的笔，但是，这种笔很贵，你回家问爸爸妈妈要钱去买，可你爸爸妈妈说你不是有很多笔吗，不买！但是，有一天，你爷爷给你买来了这支笔，你非常高兴。以后你每次看到这支笔，你就认为这不是一支笔，而是——

生：爷爷的爱。

师：本来是一支笔，在你心里那不是笔，成了爷爷的爱。那么，这里作者说不是清泉，那是什么呢？

生 42：象征着梦

师：什么梦？

生 42：是……是……

师：象征着爱情，知道吗？

师：天上的虹，怎么揉碎了呢？　刚才说了是风吹，就不完整了，但这是表面的。破碎的是什么呢？

生 43：爱情。

生 44：希望，梦。

师：是消失了吗？

生 45：没有，埋在心里。

师：一起来读一下。

生：（齐读）

师：这种写作手法，不是徐志摩的独创，在宋代苏东坡写了一首《水龙吟——次韵章质夫杨花词》，"细看来，不是杨花，点点是离人泪。"杨花柳絮呀，同学们看过吧，我们看来，那就是杨花，可苏东坡却说不是杨花，是离人泪。这种写作手法叫"移情"，就是作者把自己的主观感情转移到了他所描写的客观景物上。直接写太直白，没有意思，这样写，让我们去猜，越猜越有意思。以后同学们也可以学习这种写作方法。

读到这个地方的时候，应该怎么读？

生 46：快一点。

164

师：但不是轻快，而是什么感觉？

生 47：忧伤。

师：为什么忧伤？

生 47：因为美好的梦想破碎了。

师：而他又没有忘记，他埋在心里，心应该荡漾一下，对吗？

生：嗯。

师：荡漾了多少下才合适？你们"荡漾"过吗？

生：（笑）

师：你们太小了。把前面的连起来读一下。

生：（齐读）

师：出现了梦，下面的小节应该写什么？

生：寻梦。

师：请你读下这小节。

生 48：（读）

师：好，我问你，作者是什么样的梦？寻梦，作者用的什么标点符号？

生 48：问号。

师：问谁？

生 48：问自己。

师：寻梦，你解释解释什么意思。

生 48：寻找彩虹般的梦。

师：那是什么样的梦？下面有没有描述？

生 48：星辉斑斓的梦。

师：那个梦好像与什么行动有关？

生 48：划船。

师：我问你，划船，一个人好，还是两个人好？

生 49：两个人。

师：同性的好还是异性的好？说心里话。

生 49：同性。

师：哇，我好失望呀！

生：（笑）

师：划着划着，划到哪儿去了？

生：青草更深处。

师：没人的地方吧。划着划着天怎么样啦？

生：天黑了。

师：应该怎么样了？

生：回家。

师：回家了吗？

生：不想回家。

师：不想回家怎么样？感情加深了吧？干什么？

生：放歌。

师：齐读这小节。

生：（读）

师：同学们能不能体会到这一节诗人的感情达到了高潮。能体会的举手。

生：（举手）

师：你说，你通过那几个字体会的？

生50：放歌。

师：人在什么情况下会放歌？

生50：愉快，特别高兴。

师：那是因为他回忆起了过去美好的情景。那你说，读这个地方的时候应该怎么读？

生50：声音大一点，站在徐志摩的角度，就是感情太多了，要宣泄出来。

师：宣泄出来，那手可以怎么放？

生50：（张开双手）

师：头应该怎么样？

生50：扬起来。

师：好，你这样读一读。

生50：（读）

师：请你也来读一读。

生51：（读，其余同学鼓掌。）

师：大家自由地读一读。

生：（自由读）

师：（范读，很陶醉。）

生：（鼓掌）

师：寻梦，诗人情不自禁地回忆这个情景，诗人想到这个场景，心都醉了。多好呀，这个场景。可是诗人放歌了吗？

生52：没有。

师：为什么没有放歌？读下面一小节。

生：（读）

师：但我不能放歌，与上节相比，来了一个多大的转折呀。一个人想要放歌，而不能放歌，内心是很压抑的，读到这个地方的时候，内心还轻快吗？不能轻快了。悄悄是别离的笙箫，笙箫是什么？

生53：乐器。

师：你会吗？笙箫是能够发出美妙声音的乐器，可"悄悄是别离的笙箫"，那么说，笙箫现在却沉默。下面一句是什么？

生 54：夏虫也为我沉默。

师：夏天的虫子，蝉、蟋蟀呀，它们怎么叫？现在它们好像也理解徐志摩的心情，也沉默了。最后一句是什么？

生 55：沉默是今晚的康桥。

师：整个康桥今晚都一片沉默，为谁沉默？

生：徐志摩。

师：刚才想放歌，现在都沉默了，还高兴得起来吗？请你读这小节。

生：（读）

师 还没有沉默。你来读。

生：（读）

师：好。这说明我们的同学深入到诗歌的境界了。这样的意境不适合齐读，你们自己再读读。

生：（自由读）

师：（老师在黑板上板书 2、3、4、5、6，并画上一条带箭头的直线）这是我们刚才研读的几个小节，这个箭头是表示感情，但是诗人的感情不是一条直线，想一想，应该怎么画。

生：（小组内讨论）

师：每一小组派代表板演。

生：（板演）

师：（老师逐个评判学生的板演）最后诗人说，说什么呢？我留一个问题，诗的最后说："我挥一挥衣袖，不带走一片云彩。" 诗人到底是带走还是不带走？这个问题我留作同学们的作业。下面我请一个同学朗读全诗。

生 56：（面对全体听课老师读，读完后全场鼓掌。）

师：好。老师很高兴，这节课看出了大家的进步，从开始的时候对诗的不理解，到现在的基本上理解了，这就是进步。当然这个同学在读的时候还有个地方似乎处理得不是很好，就是"在星辉斑斓里放歌"高上去了，但是，后面没有下得来。（老师范读）几乎都是气声。

生：（练读）

师：好。这节课上到这里。下课。

粉笔一支传道授业解惑，诗书半榻修身养性育人

——程翔"文化语文"教学之路探析

他以历史文化的宏大背景和宽阔视野研究和探索语文教育问题，积极倡导母语教育的文化使命，着力探索语文教育的科学体系和语文教学论的理论架构，在教学实践探索及学术研究方面颇多建树。他在阅读教学中创造性地提出了"素读文本"、"基本理解"的概念，坚持"有特色、有风格、高效率"的教学风格。在多媒体盛行的潮流中，他坚守语文本色，实践并倡导基于语言的对话式的朴素而高效的语文教学方式，以其鲜明的学术个性和独特的教学风格，在全国中语界享有盛誉，影响广泛。

一、情系课堂

1."当老师真好"

"喜欢上课"，是程翔作为一名"真教师"的真本色。他从 1982 年参加工作以来，先后在山东泰安六中、北大附中和北京十一学校任职，从普通语文教师，到校长、副校长和学术委员会副主任，30 多年来岗位和职务虽多次变化，但是他从未离开过讲台——"教书"是他的最爱。"走进教室，看到学生，便生出一种责任感；拿起课本，站上讲台，忘却了所有烦恼。一节课上到得意的时候，幸福的感觉油然而生——当教师真好！""一课上到得意处，类似酒鬼醉成泥。周身万物俱忘却，只有两片薄嘴皮。"喜欢教书，才能教好书，程翔的经历验证着这样一条最朴素的真理。

2. 在课堂中成长

真正的名师，都是从课堂上摔打出来的，程翔也不例外。他 1982 年参加工作时由一节《荷塘月色》立住了脚跟，1988 年执教《荷塘月色》获得山东省一等奖，1991 执教《孔乙己》获得全国首届中青年语文教师课堂教学观摩会一等奖。许多教师"一课成名"之后，便销声匿迹，而程翔却后劲十足。二十年过去了，他从地方名师到全国名师，从语文名师到教育专家，俨然是一棵语文教育园地的常青树，与时俱进，枝繁叶茂。这其中秘密就在于他对于课堂的"痴迷"，以及由于痴迷而不计成本地付出。鱼儿离不开水，瓜儿离不开秧，名师永不离课堂。

3. 结缘朱自清

他为了参赛，准备《荷塘月色》一课，看遍了学校和当地图书馆所有馆藏《荷塘月色》的资料。他还写信向《朱自清研究资料汇编》的主编朱金顺先生、北京大学的季镇淮先生请教，还打电话向华东师范大学的朱自清研究专家陈孝全先生请教。后来，他偶然在书摊上看到了陈孝全的《朱自清传》，他把自己的手表作抵押，借

钱买回此书。这次赛课不仅使他崭露头角，更重要的是使他经受了一次非同寻常的学术历练，经历了一次影响他几十年教学生涯的精神洗礼：朱自清"教师"、"学者"和"作家"三位一体的教师形象在他心里深深扎下了根。从此，程翔时刻以朱自清激励自己，不断奋进。

4. 修炼终成"文化人"

程翔心目中理想的语文教师形象是"有比较深厚的母语修养作为文化根基，能够广泛吸收外来文化，并拥有正确的教育理念，具备一定教学艺术的文化人"，应该在古代汉语、现代汉语、文字学、教育学、文学、艺术、宗教和哲学等方面有比较深厚的造诣，并具有多元文化的基础。他认为语文教师必须具备"三才"：口才、写才和帅才，能"出口成章，下笔成文"，才称得上是"文化人"。程翔按照自己心中理想教师的标准开始了自我修炼的"系统工程"。从中文专科，到中文本科，再到教育硕士，扎扎实实地接受正规的学术训练。古今中外，兼收并蓄，含英咀华，披沙拣金。他认为语文教师必须酷爱文化经典，把自己"浸泡"在文化的氛围中，做"语文式的栖息"。为了感受书法文化，他坚持用毛笔书写教案和书信，用毛笔批改作业、发布通知，让自己天天与笔墨纸砚打交道，使毛笔书法生活化，以此领悟书法艺术的真谛，熏陶自己的文人气质。

他说："在我的心目中，吃得差一点，穿得差一点，都没什么，但要有思想和精神，要在文化学术上有建树。"他背诵经典，批注《论语》，花费 5 年时间写成了近百万字的第七部著作《说苑译注》。对中外典籍的广泛涉猎与研究，大大开阔了他的文化视野，丰厚了他的学术功底，提升了他的思想境界。他在理论与实践的探索中不断涅槃与超越，一步步提升到更新更高的境界。

二、三次飞跃

1. 从"让学生佩服"到"为了学生的发展"

初为人师的程翔，把"让学生佩服"作为追求的目标，教学中引经据典，冥思苦想，插科打诨，"渊博、深刻、幽默"的教学得到学生们的赞赏与钦佩，但是由于对"双基"重视不够，导致"考分不高"。反思之后开始了第一次教学转向，从关注"自我表现"到关注"学生收获"，把"学生的发展"作为课堂教学的出发点和归宿。备课上课时时处处想着学生，"顺着学生的思路走，按照学生的天性做"。学生成为课堂教学的中心，学习的主动性和积极性大大提高，考试成绩明显上升。

2. 从关注"如何教"到关注"如何学"

随着教学经验的不断积累，程翔老师发现"教师懂不等于学生会"，学生对于知识的掌握，并不像"剜到篮子就是菜"那样简单。首先，学习要与遗忘作斗争；其次，知识的学习伴随着情感活动；再次，学习必须借助于理解；另外，亲身体验是真正掌握知识的关键。语文教师的学问，不仅仅表现在语言和文学修养上，还表现在教学技能和教学艺术上。没有教学技能就无法实现教学目的，没有教学艺术就不能达到教学的最佳境界。从考试来看，学生会了也未必就能做对题目，所以有经验的老师总是特别重视培养学生良好的学习习惯，总是在具体的方法上给学生以指导，而不是讲大而无当的道理。

3. 从"语文教学"到"语文文化"

程老师的第三次教学观念的飞跃是从反思知识教学问题开始的。参加工作初期，对静态的陈述性知识比较重视，而对动态的程序性知识重视不够，没有给学生提供更多的实用性的知识，学生受益少而浅，课堂效率不高。二十多年后他终于总结出一套比较实用的"方法"，传授给学生，让他们尽快地把知识转化为能力，"促进学生发展和提高"的目标落到了实处。

随着教学实践和学习思考的不断深入，程翔的语文教学观在宏大的历史和文化背景下得以深化和拓展。他越来越深刻地认识到"语文教学作为母语教育的文化使命"。他认为，语文教育通过两大功能对人的终生成长产生影响：一是培养人的表达技能，二是培育人的健康心灵。因此，对于语言文字使用能力的培养和健康人格的塑造便成为他语文教育的基本任务。

三、文化语文

程翔认为，不从文化学的角度来理解和建设汉语文教育，就难以从根本上把握语文教育的本质，就难以真正提高语文教育质量，更难以站在全球一体化的高度来审视汉语教育。语文教育就是从语言和文字的角度给学生奠定一个文化的底子，汉语文教育就是从汉语和汉字的角度为学生奠定汉文化的底子。

1. "母语教育的文化使命"

程翔认为，语文教育实质上就是母语教育。母语不仅是民族精神和民族文化的载体，也是民族精神和民族文化的重要组成部分。因此，语文教育必然承担着文化传承和文化创造的使命。语文教育的文化使命表现在"弘扬民族文化"和"构建个体文化"两个方面。语文教育的文化使命，可能更加深刻地体现在对个体文化的构建产生积极影响层面，体现在"文化立人"和人格塑造上。基础教育中语文教育的任务，就是从母语的角度给学生奠定一个精神的底子，塑造文化人格。

语文学科，第一要培养学生热爱祖国语言文字的感情；第二要让学生掌握一定的语文知识，获得一定的语文能力，为将来幸福地生活奠定一个坚实的文化基础；第三要在情感、精神、心灵的层面上对学生产生积极的影响。这三个方面做好了，才算完成了一个语文教师的基本任务。

师资培养和教材建设是完成语文教育文化使命的两个基本保障。

2. "培养学生心中的太阳"

程翔说："我有一个观点，教育是要培养学生心中的太阳。我们培养出来的人，如果能够拥有自己心中的太阳的话，他就会用自己心中的太阳去照耀别人，在精神上、思想上、心灵上不会去依赖别人。""这个太阳就是对于传统文化的深入学习和了解，对于整个人类优秀文化的吸收和发扬。只有这样才能给学生奠定良好的精神底子，促进学生人格健康和谐发展。"

多读传统经典。优秀的传统文化是中国人精神成长的母乳。中学生处于人生观和价值观形成的关键期，让他们尽可能多的阅读古代的优秀诗文，为构建其精神文化大厦积累建筑材料，塑造其"文化人格"。

涉猎中外百家。只有在多元文化背景下，才能塑造和谐健康的人格，培育出个性鲜明的人，培养出各种杰出人才。"语文教育要把传统文化原本丰富的大餐呈献给学生"，儒家之外、兼顾百家；让学生涉猎体现"科学"、"民主"精神的新文学经典和蕴含"自由"、"平等"、"博爱"等现代思想的外国优秀作品。"今天的语文教育已经不是纯粹传统意义上的语文教育了，它加入了外国文化的元素，具有了世界意义。"

3. "牢牢抓住语言的缰绳"

语文教育的人格熏陶，不是靠说教实现的，而是通过对语言文字的品读、揣摩、涵泳和感悟来实现的。"不抓语言的教学容易出现课堂走空，是语文教学之大忌。精神层面的东西是附丽于语言符号之上的，抓了语言，精神就跑不了；只抓精神，容易丢失语言。"思维训练也应该通过语言训练来实现，而不是另起炉灶。可以说，语言是语文教学的总"抓手"，有了这个总"抓手"，其他的事情就好办了。牢牢抓住语言的缰绳，在文化的原野上纵马驰骋，是程翔语文教学生涯的生动写照。

4. "文化语文"的教学艺术

（1）"基本理解"

程翔在阅读教学模式的构建中，创造性地提出了"基本理解"的观念。他认为阅读教学中的基本任务就是启发引导学生达到对课文"基本理解"：对字词句、写作技巧以及主题思想做出客观的具有一定认同度的理解。中学阅读教学有别于文学批评，不能把结构主义和解构主义文学批评的那套理论移植到阅读教学中来。由于原意与读者意会完全或者部分重合，所以我们可以在原意和读者意之间寻找一个平衡点，它就是"基本理解"。

学生对一篇课文可能有多种理解，但并非可以无限地任意地理解；语文课的任务也不是无休止地理解。理解课文是有规律可循的，课堂上的理解也是有限的。在教学中教师必须清楚课文中哪些内容是一定要让学生理解的。但是"基本理解"又是相对的，并非越深刻越好。超越学生心智水平的理解是没有意义的，适度的教学才是最好的教学。

实现"基本理解"的目的是培养学生的阅读能力，它本身没有政治倾向，它不排斥也不偏爱政治因素。所复杂者，师生都是社会中人，都有政治倾向，加之中国文以载道的文化传统和现实国情，阅读教学会自觉不自觉地陷入"政治误读"的怪圈，这才是应该引起语文教师警惕的。

（2）"原始理解"与"后续理解"

程翔认为，阅读教学中最重要的是，让学生通过对文本自主体验下的生命活动来实现认知和精神的双重建构，即"原始理解"和"后续理解"，这是语文阅读教学活动中促使学生生命成长两个必不可少的重要历程。

"原始理解"是指学生对课文进行原始阅读后的一种理解状态。在阅读教学中，程翔老师提倡以"素读"的方式来促进学生对文本原始理解的生成。"素读"即原始阅读，是学生在没有老师任何指导和讲解的情况下展开的一种"零阅读"。在此过程中，学生以自身原始积累的经验与文本展开倾情对话，用充满灵性的敏锐"触角"去初步感知语文文本的生命厚度。

"后续理解"是阅读教学的重点，其过程性特点，决定了教师要以一种全新的"课堂生命观"来看待阅读教学。课堂阅读教学并不是在寻求"标准答案"上分出贤愚智拙，更不是以考试成绩来判定学生前程的明暗顺逆。阅读教学，说到底是学生个性生命在阅读理解中得以体现的过程；是活生生的少年，鲜活的思想，鲜明的个性体验与教师和传统文化的交汇碰撞过程；是过去和现在、未来的交流、较量的过程。学生由"原始理解"向"后续理解"的过渡中，没有绝对的高下，更没有权威的神灵。有的只是师生间的平等交流、相互启发。在学生的心灵深处，铭刻下来的往往不是教参奉送的答案，也不是教师讲解的结论性内容，而是学生通过自身生命体验获得的发自内心深处的震撼与惊喜，是与文本在共鸣处感受到的情感的喷薄与颤栗。这是程翔语文阅读课堂独有的生命魅力所在。

从"原始理解"开始，经过"后续理解"，最后达成"基本理解"，这些环节构成了课堂阅读教学完整的过程。

（3）"言语体验"与"审美体验"

程翔强调，要引导学生与文本倾情对话，以自己独特的认知方式穿透言语的外壳，沉入作品，在意蕴中咀嚼，在文化中品味，在想象中驰骋，在情感中互融，在精神处共生。要使学生以瞬间的生命体验来领略汉语博大精深的文化韵致，获得母语文化的精神滋养，受到民族情感和智慧的熏陶，享受审美乐趣。

①诵读吟咏：诱发母语民族情感

程翔老师酷爱朗读，他善于在课堂上范读引情，以情激情，这也是他形成"情感派"教学风格的因素之一。他常常用饱含激情的语调把学生带入到作品境界之中，让他们获得身临其境的生命感受。他还将吟咏体验的时间充分交给学生，让他们通过反复诵读，亲自用情感去呼喊，用心灵感受来自语言文字深处的生命震颤。在情感共鸣处，程翔老师和学生们一起欢笑或恸哭。在这琅琅的读书声中，学生们感受到了人间挚情，懂得了铭记感动，内蕴于心的母语情感也被调动起来，纯净的心灵在发自内心的呼喊声中被充分唤醒，得到了丰盈和提升。

②涵泳鉴赏：品味文本文化韵致

涵泳鉴赏，就是让学生将自己独特的生命体验融入到文本的语言世界之中，引领他们穿透文本世界的形式层，深入到文本的再现层和表现层，从言语作品的物境进入到意境中去体验深藏其中的语言文化张力，活化蕴含其中的人文精神。程翔老师以此为目标带领学生们对文本进行"由表及里""言意统一"的鉴赏分析。课堂如潮，汹涌澎湃。这便是程翔老师在教学中一贯追求的一种文化境界，这种境界将教师、学生、文本三者融为一体，使学生在对文本语言进行"入乎其内，出乎其外"的文化体验的同时，感悟人生，丰赡生命，从而对文本内容和意蕴留下终生都难以忘怀的深刻印象

③激发想象：开启情智

程老师总是能恰到好处地运用各种教学手段带领学生展开想象的翅膀，在思维的天地间任意翱翔。或借题发挥，触类旁通；或浮想联翩，纵横驰骋。他善于利用"补白艺术"来激发想象，开启情智。他经常利用文本的"空白"来培养学生的思维能力，点燃他们头脑中充满激情的智慧火炬，从而使文本的阅读活动由一种"实板理解"的模式转化为一种独具生命力的"弹性理解"机制。给学生们插上想象的翅膀，打开他们情智的大门，学生们神奇可爱的心灵世界便会变得丰富活跃起来，课堂也由此成为了一个充满智慧，五彩纷呈的情趣世界。

④移情入境：陶冶心灵

程翔老师认为，在阅读教学中要让学生走进文本的情感世界，教师首先要走进学生的情感世界。中学生的情感实际上还处于天真幼稚的成长阶段。由于文学作品的内容往往与中学生的现实生活存在着一定的差距，学生们在对文本内容进行理解时可能产生种种困惑。因此，在阅读活动中，教师就要一方面善于和学生进行情感交流，另一方面又要善于捕捉文本中的"动情点"，因势利导，触动学生的真情，在求真求美的教学境界中为孩子们留住一片情感精神共生的纯净天空，生命接受洗礼，思想得到提升，学生的语文素养在融情于境的教学氛围中获得了潜移默化的建构和升华……

（4）"持守文本"和"尊重文体"

文本是语文教学的资源，是多元对话的平台和依据。因此，"持守文本"是阅读教学中应秉承的规律之一。在阅读教学中，要以文本为主，多媒体手段为辅。在遵循语文学科特有规律的前提下，让传统阅读教学方式与现代高科技教学手段接轨，语文课堂才能既不失民族文化本色，又显得庄严雅致，灵动活泼。

　　"尊重文体"是阅读教学的前提，这是在语文本色教学中始终都要予以关注的重要规律。在阅读教学中要针对不同的文体规律运用不同的教学策略和思维方式来指导学生阅读，适合朗读的就多朗读，适合讲解的就多讲解，这就是所谓的"不拘一格，因文定法"。

　　程翔一再强调，语文学科有着自己独特的规律，阅读教学的"诗意境界"一定是以遵循语文学科规律为基础和前提的，否则，就只能沦为舍本逐末的空泛"玄学"。在阅读教学中，文本是与师生展开生命对话的"活的生命体"，而文体所呈现的独特规律与学生的思维有着密切的关系。这都是语文学科的"本"之所在，在一定程度上决定了阅读教学得以展开的方法策略。

　　总之，少一些"聪明"，多一些质朴，教育就可能多结出一些硕果；少一份浮躁，多一份虔诚，学校就可能多造就一批人才。透视程翔老师丰富多彩的教学实践，挖掘他思考问题的理论根源，无论是对语文教育的理论研究者还是对于一线的教学实践者来说，都有着重要的借鉴价值和指导意义。

郭惠宇

郭惠宇，徽派语文名师的领军人物。安徽省特级教师，教授级高级教师。马鞍山市二中副校长、市导师团团长，安徽省教坛新星、省学术与科技带头人，全国中语会理事，安徽师范大学硕士生导师。全国先进工作者，全国模范教师，安徽省人大代表，省政府特殊津贴专家。第三届"语文报杯"全国中青年教师课堂教学大赛高中组一等奖第一名。在他的带动指导下，马鞍山二中一校三人摘取该项全国大赛一等奖第一名的桂冠，在全国中语界引起瞩目。在专业报刊发表文章近百篇，主编各类教辅用书五十余种，著有《灵动之美——郭惠宇老师教学艺术初探》，参与国标苏教版高中语文选修教材《史记选读》《传记选读》编写。主持多项省级立项课题研究，多次荣获省优秀教育科研成果奖。

他多年来一直活跃在语文课程改革教学实践的前沿，在语文教学艺术实践和研究方面颇多建树。他的教学兼具文化的厚重与诗意的灵动，严谨之中不失洒脱，儒雅之中常含幽默，深得学生的喜爱与仰慕。多次在省内外讲学或执教观摩课，多次参与和组织省内外大型的教学研讨和交流活动，在苏浙皖及中部地区语文教育界具有广泛的影响力。

比较阅读扩容增效，强化朗读注重体验

——郭惠宇《登高·蜀相》教学案例研读

郭惠宇老师的《登高·蜀相》采用比较阅读的方式，以诵读为主线，关注学生的阅读体验，强调知识积累，强化能力训练，课堂容量大，教学效果扎实，同时也很好地展现了教师的语文素养、教材处理能力和执教技巧，堪称一节扎实、高效、有示范意义的好课。

一、丰厚的教学内容

从教学内容的选取来看，本课教学的是杜甫的作品。选教杜甫作品，这本身就意味着一种厚重。杜甫是唐代伟大的现实主义诗人，他的诗歌真实形象地反映了安史之乱前后的时代风貌，有"诗史"之美誉；他的诗"穷高妙之格，极豪逸之气，包冲淡之趣，兼俊洁之姿，备藻丽之态，而诸家之所不及"（秦观）。在他的诗中贯穿着强烈的忧国忧民的思想、矢志不移的忠君爱国思想和深沉广博的仁爱精神，这不仅是他伟大的人格魅力之所在，更是其诗作能感人肺腑、震撼人心的力量所在。《登高》、《蜀相》创作于杜甫晚年，是他"沉郁顿挫"诗风的典型代表，其中《登高》被后人认为是"杜集七言律诗第一"，堪称"旷世之作"。其深刻的思想内涵、高超的艺术成就，即使一节课教学一首也亦足矣，教学两首就更见其教学内容的丰厚。

从教学目标的设定来看，本课的教学目标为"学习《登高》了解咏怀诗情景交融的特点，学习《蜀相》了解咏史诗借古伤今的特点"；"通过参照对比，学会鉴赏作品，进而体会杜甫沉郁顿挫的诗歌风格"；"把握重点词语，分析景物意象，体味作者的思想感情和作品的深层意蕴"；"感受诗人忧国忧民的情操和对理想境界追求的精神"。这一目标，既涉及了两首诗各自突出的特点，又涉及杜诗的主体风格和杜甫的思想感情，又涉及鉴赏诗歌的通用方法与技巧，同时提示了鉴赏文学作品的一个重要方法——参照对比。内容丰富，指向明确，贴近文本实际，符合高中学生的语文学习实际。

二、精巧的教学设计

巧妙的比较阅读。用一节课的时间，教学杜甫的这两首底蕴丰厚、感情深沉的诗，完成如此丰富的教学目标，是很有难度的。郭老师没有按常规的教完一首再教一首或详教一首略教一首，而是两首并进，两首并重，比较阅读。这是大胆的尝试，也是创新的成功的实践。比较阅读教学的关键在于找准比较点，郭老师根据两首诗的具体内容和共同特点，设计了从创作时间、季节、抒情特点、情景关系、感情基调等方面进行比较的表格，以完成表格的形式引导学生进行比较，在比较的过程中让学生对两首诗有了整体的、较为深刻的认识，然后以找诗眼的方式引导学生再次比较，品读诗味、品悟诗情，探究出两首诗的内在联系，由两首诗的不同回归到杜甫诗的相同，完满、完美，令人击节称赞。

清晰的教学层次。诵读感知，体悟诗趣；参照比较，觅取诗心；涵泳字句，品出诗味。郭老师的古典诗词"诵读三步法"，从感性到理性，从整体到局部再到整体，思路清晰，层次分明，不仅完成了本课的教学目标，同时让学生体悟到古典诗词的学习方法，极有层次地训练了学生的思维能力和表达能力。

精美的教学语言。作为一名语文教师，其教学语言应该是很"讲究"的，应该是能充分尊重学生人格尊严的语言，是能带出更多知识含量的语言，是能潜移默化地影响学生情感的语言，是能提升学生思维品质的语言。在这一课中，郭老师的语言就明显具有这些特点。他的精美的感情充沛的开头语和结束语，形成了一个充满感染力的语言场，将学生包裹在浓浓的诗意中。他的关于"好"字读音的纠正、关于咏史诗和咏怀诗的点拨、关于"乐景写哀情"的点评等，都在不经意间让学生记住了语文知识，丰厚了语文积累。他与学生之间的朋友式的、平等的、商讨的对话，体现了学生在他的课堂上的主体地位。

三、突出的学生地位

整个教学都凸显着学生的主体地位。从教学环节看，诵读感知，参照比较，涵泳字句，从感性到理性，从整体到局部，符合学生阅读的基本规律。从课堂进程看，诗是学生自己读的，比较阅读的表格是学生自己填的，对联是学生自己拟的，处处体现了学生的自主、合作、探究。从语文知识的积累与语文能力的训练来看，对于重点知识内容，如关于咏怀诗与咏史诗的知识讲解，用投影展出，强化学生的印象；对于古典诗歌的诵读方法，郭老师多次强调，强化学生的体认；拟写对联相对较难，郭老师就给出上联（示范），让学生拟写下联，降低训练难度，让学生"跳一跳能摘到苹果"。从课堂提问看，"大家来回忆回忆自己喜欢的杜甫的诗句"从学生的积累入手，调动学生学习杜诗的兴趣；"读完你们能体会到杜甫的心情吗？"关注学生的对诗歌内容与情感的初步感知；"读完两首诗后，你更喜欢哪一首？""文有文眼，诗有诗眼，你认为选择哪两个词，最能体现诗意？"在巧妙地引入下一教学环节的同时，依然关注着学生的阅读体验，只是这个体验已经在教师的一步步引导下，由浅入深了……课堂教学中如何引导学生自主、合作、探究？如何突出学生的主体地位？如何发挥老师的主导作用？从这节课的朴实、简明的师生对话中，我们可以找到答案。

这节课教学的是同一作者不同时期的两篇作品，如果在"参照比较，觅取诗心"这一环节对两篇作品的背景材料稍加介绍，那么学生对诗歌内容的理解可能会更到位。在教学将结束时，教师引导学生从"寻""悲"最终归结到杜甫的"沉郁顿挫"，找到了这次比较阅读的关节点。如果此时能对"沉郁顿挫"加以简析，那么这节课的深度将会更进一步，对学生的知识积累与语文素养将更有裨益。

郭惠宇老师《登高·蜀相》教学实录

（课前投影：《蜀相》、《登高》的课题背景幻灯片。）

（投影：杜甫肖像，配乐。）

师：（深情地）大家请看大屏幕：这是一位距今一千二百多年前的诗人，一位用他的诗歌感染了一代又一代心灵的诗中圣哲。他是仁爱传统精神的集大成者，他是辉煌唐诗队伍的领军人物，他是目光敏锐烛照黑暗的孤独的歌手，他是上下求索壮志难酬的执著的斗士。

今天我们通过他的两首诗作《登高》和《蜀相》，一起走近杜甫，去领略一位伟大诗人的人格魅力，去体会一位天才诗人的艺术天赋。

（板书：蜀相　登高）

（投影：杜甫简介）

师：我想请一位同学朗读一下这一段有关杜甫的介绍。

生：（朗读投影文字）杜甫（712-770），字子美，自称少陵野老，京兆杜陵人，唐代大诗人。他创作的许多诗歌，显示了唐代由盛转衰的历史过程，因而称为"诗史"。著有《杜工部集》。

师：你知道为什么杜甫的集子称为《杜工部集》？

生：因为杜甫曾做过官，官名叫工部。

师：工部员外郎。

师：大家来回忆回忆自己喜欢的杜甫的诗句。

生：我欣赏《望岳》中"会当凌绝顶，一览众山小"的豪气。

生：我喜欢《春望》中"烽火连三月，家书抵万金"。

生：《春夜喜雨》中有"好雨知时节，当春乃发生"。

生：我倒喜欢《前出塞》中"用剑当用长，挽弓当挽强；射人先射马，擒贼先擒王。"

师：看样子，大家很熟悉杜甫的诗，由此也可以看出杜甫在文学史上地位之高。关于杜甫，我国古人是这样评说的——

（投影：有关杜甫的评价）

师：（中速朗读）

尽得古今之体势，而兼人人之所独专矣

——[唐]元稹

穷高妙之格，极豪逸之气，包冲淡之趣，兼俊洁之姿，备藻丽之态，而诸家之所不及。

——[宋]秦观

世上疮痍，诗中圣哲；民间疾苦，笔底波澜。

——郭沫若

生：（摘抄评述文字）

师：下面请大家一起诵读两首诗，要求：先读《蜀相》，后读《登高》。

生：（齐读两诗）

师：读完你们能体会到杜甫的心情吗？诗味应该怎么读出来？

生：（试探性地）《蜀相》里似乎透露着诗人怀才不遇，应该读得忧郁、惆怅。

师：（微笑颔首）好，你读读！

生：（读得张弛有度沉郁而深情，很投入）

师：读得不错！注意"柏"（bǎi）和"好"（hǎo）的发音。"好"在这里究竟读"hǎo"还是"hào"，为什么？

生：读"hào"，表示喜欢。

生：不对，应该读"hǎo"，因为根据诗歌对仗的特点，前一句"春色"是名词，后一句"好音"应该是偏正结构的名词。

（其他学生都点头表示赞同后者观点）

师：《登高》应该以怎样的情感读出来？

生：悲凉。

师：请你读一读。

生：（读得极沉缓悲凉）

师：读得真好，怎么不给点掌声？

（学生笑，鼓掌。）

师：听了他们精彩的朗读，我也想读一读。

（投影：诗画。配乐朗读两首诗，读得抑扬顿挫，融入了中年知识分子对人生独有的感悟。）

生（听得专注，鼓掌两次。）

师：读诗应该读出诗味，读出诗情，读出形象。

（板书：诵读感知，体悟诗趣。）

师：读了两首诗以后你更喜欢哪一首？说说理由。

生：《蜀相》，尤其是它颈联。

师：读一读。

生：（朗读颈联）这首诗的诗意融入第三句"三顾频烦天下计"，依托第四句"两朝开济老臣心"展开。

生：我更喜欢《登高》的颔联，"无边落木萧萧下，不尽长江滚滚来"借景写诗人内心的汹涌，很悲壮。

师：我知道你喜欢李白的诗，李白的诗里也有一句颇具此气势。

生：君不见黄河之水天上来——

师：（和）奔流到海不复回。

师：李诗这两句和杜诗的这两句一样吗？（故意将"不尽长江滚滚来"一句读

得激昂）

生：不能这样读，李诗更豪壮，杜诗的前一句是"无边落木萧萧下"，显得更悲凉。

（重读了一遍《登高》的颔联）

师：大家猜猜看我为什么让你们先读《蜀相》？

生：按时间先后，《蜀相》写于 760 年，《登高》写于 767 年。

师：请大家完成这张表格。

（投影：表格）

	蜀　相	登　高
创作时间		
季　节		
抒情特点		
情景关系		
感情基调		

师：两首诗创作描写的景物分别是哪个季节的？

生：《蜀相》是春天，"映阶碧草自春色"；《登高》是秋天，重阳登高。

师：两首诗都是抒情诗，抒情特点有何不同？因何抒情？什么引发了诗人的情感？

生：《蜀相》由武侯祠想到诸葛亮，又由此及彼，想到自己；《登高》由秋色荒凉，联想自己老病孤独、长年漂泊。

师：《蜀相》借古人抒怀抱，属于咏史诗；《登高》借登台遣郁闷是咏怀诗。

（投影：咏怀多因景生情、抚迹寄慨，所抒多为今昔感衰、人事沧桑之感；咏史多因声兴感、抚事寄慨，所寓多为对历史人物的见解态度或历史鉴戒。）

师：我们再来找找两首诗写景的句子，看看诗句中情与景的关系。

生：《蜀相》中"映阶碧草自春色，隔叶黄鹂空好音"是景色描写。

师：这两句中什么词能表现诗人心情？

生："空"和"自"，春色、鸟鸣都与诗人无关，诗人是孤独、寂寞的，诸葛亮也是寂寞的。

师：请大家齐读这两句。

（学生齐读）

师：这叫乐景写哀情。

生：《登高》中写景句为"风急天高猿啸哀，渚清沙白鸟飞回。"

师：这两句写了多少景物？

生：风、天、猿、渚、沙、鸟。

师：诗人的情感表现在哪些词上？

生：急、高、哀、（低）回。

师："急风、高天、哀猿、清渚、白沙、飞鸟"给人的感觉：凄凉萧条。这是景中含情。

师：我们再来比较一下两首诗的感情基调。

生：《登高》悲壮苍凉，《蜀相》悲愤。

师：有"愤怒"吗？《蜀相》感伤叹惋，《登高》孤愁悲苦。下面我们带着这样的感情再读两首诗。

（师生共读两首诗）

（投影：已完成的表格，当然表格是在学生的比较下逐步完成的。）

	蜀 相	登 高
创作时间	760 年	767 年
季 节	春天	秋天
抒情特点	借古人抒怀抱 （咏史诗）	借登台遣郁闷 （咏怀诗）
情景关系	乐景写哀	景中含情
感情基调	感伤、叹惋	孤愁、悲苦

师：通过对两首诗参照比较，我们觅取了诗心。

（板书：参照比较，觅取诗心。）

师：文有文眼，诗有诗眼，你认为选择哪两个词，最能体现诗意？

生：《蜀相》的诗眼应是"寻"。因为杜甫在寻蜀相的过程中，他自己也是一直怀才不遇。

生：《登高》的诗眼应是"哀"。

师："哀"的主体是猿，有没有更好的词？

生："悲"。

师：诗人因何而悲？共有几"悲"？

生：秋天，作客他乡，年老，孤独，多病。

（学生纷纷补充，将两句所含悲意尽数说完。）

师：宋人罗大经在《鹤林玉露》中共总结出"八悲"——

（投影：宋人罗大经在《鹤林玉露》说说："万里，地之远也；秋，时之惨凄也；作客，羁旅也；常作客，久旅也；百年，暮齿也；多病，衰疾也；台，高迥处也；独登台，无亲朋也。十四字之间含八意，而对偶又精确。"）

师：层层叠叠的"悲"让杜甫艰于呼吸。这个道理也告诉我们，读诗应仔细品味关键语句。

（板书：涵泳字句，品出诗味）

师：咱们再来品读两首诗。

生：（齐读两首诗）

师：杜甫一生都在"寻觅"，"寻蜀相"不得而"登高"生"悲"，"悲"由"寻"来，因"寻"催"悲"。（板书：寻、悲）

师：从这两首诗，我们能看出杜诗的风格。

生：沉郁顿挫。

（板书：沉郁顿挫）

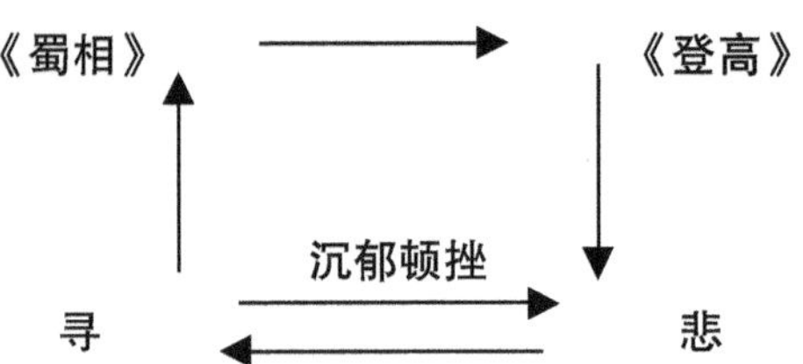

诵读感知，觅得诗趣

参照比较，探得诗心

涵泳字句，品出诗味

师：我根据《蜀相》的诗意拟了一幅上联——请大家根据《登高》的诗意对出下联。

（板书：寻蜀相英雄无觅几多愁）

生：（或低声讨论或苦思冥想或奋笔疾书）

师：（巡视指导）

生：悲登高作客多病独登台。

生：登高台百年多病空自吟。

生：登高台猿鸟哀回无限愁。

……

师：我也拟了幅下联：（板书）登高台孤客空叹万里悲。

（投影：杜甫音像）

师：（深情地）请大家再注目这位伟大的诗人，他有热烈的感情，但不是屈原式的殉情主义者；他有自己的理想，但又不是李白式的幻想主义者。因此他无论遭受多大的困难，承受多大的委屈，他都能够坚韧自持，而不会步屈子后尘，痛苦绝望，投江自杀；也不像李白一样，腾云驾雾，飘飘欲仙。诗人是这样走完他生命的最后一刻……

生：（凝神欣赏，眸子里满是对这位伟大诗人的崇敬，这一刻，文学的种子已被种下……）

以夸父精神铸就灵动之美
——郭惠宇"灵动语文"教学之路探析

夸父，是郭惠宇心灵的图腾，他推崇备至，心摹神随。多年的追慕与历练，铸就了郭老师不断追赶的精神品格和灵动精致的语文风格，其风骨与境界，深得夸父之高妙与超凡的三昧精髓。

一、"夸父"之"逐日"

夸父之能"与日逐走"，不独需惊人的勇气和超卓的胆识，更需昂扬心态的支持和壮丽理想的烛照。正如郭老师说，作为语文教师，要对自己的学科多一份"油然而生"的"痴迷"，多一份"纯粹忘我"的"投入"，多一份"理想主义"的"疯狂"，多一份内心的沉静与高贵气质的沉淀。

1. 昂扬心态的支持

（1）睿智而通达

睿智，是对变幻莫测的世事的洞悉，是洞悉后的平静、坦然和淡然。人，是社会的人，不可能完全按照自己的想法行事。所以，郭惠宇说："这世上又有几个人是真正为自己活着！"正是因为没有几个人是真正为自己活着，所以才"不要做太委屈自己的事"，没有人能真正代替自己的生存感受。

通达，是通脱、达观的生活态度。在面对浮华世事、人事变迁后，想执着地坚守什么，可能很难；但在一直的等待守望后，再言超脱、淡泊，可能更难。读书人大多有执著一念的习惯，习惯于认真地对待每一件事，可到头来，往往两手空空，一无所获。所以，郭惠宇说，"许多事能放就放"，学会放弃，才会更加执著；"努力干好一件事"，不可贪婪。

（2）率真而侠义

嬉笑怒骂发乎本心，不伪饰，不刻意；时而谈笑风生，时而拍案而起。爱打抱不平，为学生争，为老师争，"大侠"的美誉迅速传遍校园，"郭大侠"的美名也在皖江语文学术圈内不胫而走。

（3）自信而谦和

自信，从某种意义上说是能力的一种体现。因为有博览积淀下来的深厚的知识学问作"垫底"，因此郭惠宇面对自己的学科领域时，就会表现出异常的自信来，绝无自负。

从不摆师道尊严的架子，最喜欢和同事、和徒弟、和学生开些无伤大雅的玩笑，已经站在了中学语文教学的最前沿，却反觉得自己更"平凡"。郭惠宇始终是谦和的，绝无虚伪。

（4）幽默而淡泊

郭惠宇总能在陌生环境中，冷寂的气氛中，适时的运用"幽默"这杯调味酒。但，他的幽默绝不是轻薄，而是一种深沉明觉的智慧。酷爱人生而不过度，向往理想而不矫情，执着情深而又旷达超脱。郭惠宇的座右铭是"但求耕耘，莫问收获"，真个将"名利"看得甚为虚淡。

（5）时尚而入俗

豪情满怀地网上冲浪，童心四溢地研究动漫，兴致勃勃地体验电脑游戏的刺激；乃至茶楼歌厅里，握着话筒，唱着流行歌曲，自如而陶醉的，应该是另一个郭惠宇。

郭惠宇很时尚，但并不避俗。俗即真也。"入俗"、"从俗"彰显的是他对生命的敬畏和对大众的热爱。郭惠宇绝无清高地将自己置于"小人物"位置，正是其高妙所在。生活于众人中间，随遇而安，入俗也是超然。

2. 壮丽理想的烛照

（1）追求完美

郭惠宇是个追求完美的人，虽然他常说："凡事不要太求完美，许多缺憾累积起来，就会变得完美。"

今日之语文教学，强调凸显人文性的同时，也强调凸现工具性。郭惠宇在自己的教学实践中总是能找寻到工具性和人文性二者间完美的契合点；虽然他也明知道，任何一种寻觅"中和之美"的努力都是痛苦而艰难的。

尤其是对课堂教学宏观理念的把握，郭惠宇更是异常的挑剔和执着，坚决主张语文课要像语文课，不能像班会课、活动课，图个场面上的热闹。

（2）心中有生

郭惠宇说："爱你的学生比你教给他们知识更为重要。"我们总以为学生幼稚，学生简单，其实，学生的世界远非成人所能及。不和他们的生活同步，不和他们的节奏相应，就不能触摸到他们的脉搏，就不能走进他们的心灵，就不能拥有与他们共同的语言；课堂就不能充满他们欢快的笑声，教学就不能在他们心里产生共振，当然也不能去引导他们，感染他们，教育他们，改变他们。

所以，郭惠宇的心中才时刻装着学生，才试着去琢磨电子游戏的魔力，试着去欣赏港台歌星让人着迷的歌声，试着去读解武侠小说带给人追魂夺命的功力，也试着去玩味卡通画册叫人痴迷的原因……才力图把课堂的主人让给学生，把学习的主动权还给学生。同时，将语文教学与学生的人格培养结合起来，试图在语文教学的过程中强化学生的自主意识、渗透人文精神，以塑造健康人格为目标。于是，郭惠宇的教学中便有了一种自觉的东西和不变的精神内核。

（3）高考当头

郭惠宇的课堂教学华彩灿烂、文采斐扬。但如果你以为郭惠宇仅限于此，就错了。郭惠宇曾概括自己的教学才能：首先是高考应试的埋头研究——"做"；然后是教学问题的研究——"写"；再次才是课堂的教学——"说"。真是一语道破中学教学的天机。

谈到应试教学，不少人对重视分数的做法颇有微议，以为这是对教育本质的背离，是一种教学方略的倒退，可郭惠宇却郑重地说："我欣赏每个人的成功！"

二、"夸父"之"逐走"

夸父之"逐走"，充满了对梦想追赶的冲动和渴望，自信和执著，艰辛和勤勉。

1. 追赶

其实，对于教师这个职业，郭惠宇那时也和许多刚走上这个岗位的年轻人一样，也曾因迷茫而有过逃避的念头。1983 年，郭惠宇大学毕业，被分配到一个四周是农田的乡镇中学。于是，考研、调动、出教育口就成了热门话题和快捷路径。结果一样都是——碰钉子。可以说，乡镇中学的三年完全是在恍惚迷茫中度过的。

机会终于来了。

偶然的一天，分管教育的县长来视察，郭惠宇被莫名地拉去顶替别人上了一节课。正是这节课，促成了郭惠宇的调动，因为这是县长巡视全县中学一个月中听到的最精彩的一节课。

1986 年，郭惠宇终于回到了有着百年历史的母校——当涂一中，但此时郭惠宇的生存状态也只是满足于有一份可靠稳定的职业。

只是在与学生一次次的交往中，在送走一届届学生之后，郭惠宇才真正体会到作为教师的快乐和幸福，进而深刻理解教师职业的崇高使命感和责任感。

于是，带着"做一个能让学生喜欢的合格教师"的最简单愿望，郭惠宇开始了追赶，开始了对新知识、新观念、新方法的苦苦追赶，开始了用自己的方式去思考教育实践，开始了第一篇教学论文的写作，开始了科研意识的树立……

2. 执著

追赶的目标多起来，追赶的视野大起来时，追赶就转而成了执着。

从苏霍姆林斯基到皮亚杰，从教育目标分类学到现代建构主义，在一个又一个熟悉又陌生的名词术语中，郭惠宇开始读解着对教育的种种全新的诠释；既研究心理，又研究考试，既关注文学动态，又关注语文生态……

郭惠宇在一门又一门学科的穿行中去重新审视语文……

3. 勤勉

如今的郭惠宇，头上"光环"无数，每一个都是炫目的，但"光环"背后的故事却并不轻松。冰心说："成功之花，人们只惊羡她现时的明艳！然而，当初她的芽儿，浸透了奋斗的泪泉，洒遍了牺牲的血雨。"

当初，郭惠宇刚调到马鞍山二中，在他的临时宿舍里，一张床占据了半个房间，一张堆满书籍的办公桌使得房间更加拥挤不堪；在他生活的教师新村，他书房的灯光总是这个小区里最晚熄灭的一盏；而他的藏书之多给每个到他家去过的人留下极深的印象……

郭惠宇的专业成长历程，是写满脚踏实地、勤勉耕作和自强不息的艰辛历程。

三、"夸父"之"邓林"

夸父之绿叶繁茂、硕果累累的"邓林"，理当是夸父壮丽理想的结晶和奋力拼搏的见证。同样，"灵动之美"的教学艺术，也理当是郭惠宇始终坚守课堂、三十多年耕耘不辍的结晶和见证。

三十多年的教学生涯，郭惠宇渴求的就是充满"绿色"、充满"活力"的语文教学。他追求的"灵动之美"，其实就是一个字：活。

1. 活而"新"

新，是"活"的保证。首先，教师的教育观念、教学思维要与时俱进，赶上时代的要求，应合时代的节拍；要能引导学生向善向美，而不能落在学生思维视野的后面。其次，教学的内容要新鲜，能引逗起学生的学习兴趣和求知欲望。再次，教学的方法要新颖，能调度教学的形式，变换教学的课型，充分利用各种新颖独到的教学手段，为达到良好的教学效果服务。

2. 活而"深"

深，是"活"的关键。扎实的功底，较好的教学机智，非凡的应变能力，娴熟的教学技艺，应成为试图把课教活的教师所追求的境界。教师缜密的设计、精心的安排，能使学生在有限的时空内获取更多、更新、更系统的知识；能引导学生探求有思考价值的问题，获得持续性的教益。

3. 活而"效"

效，是"活"的目的。要借助"活"，多方考虑到"听说读写"的最优化组合，相机穿插识记、理解、应用、分析、综合、评价诸多能力，使学生能全神贯注地、积极兴奋地获取知识，体味到接受新知识的愉悦，使之记得牢，学得快，用得活，变苦学为乐学。

总之，郭惠宇的从教经历简单而典型，从当涂县薛津中学到当涂县一中再到马鞍山二中；从农村走向城市，从普通中学走向省示范高中；从普通教师成长为市级学科带头人、安徽省特级教师、全国模范教师，一步步汗水湿透衣背，行囊收获渐丰。审视他的成长历程，总结他的教育教学经验，会对更多的一线教师有所触动和启发。

心随邓林驱灵动，踏遍青山未下鞍。

树蕙滋兰辟蹊径，行看夸父谱新篇。

唯愿郭惠宇老师跨步更高，征程更远！

韩军

　　韩军，"新语文教育"的首倡者和领军人物，全国最具个性和影响力的语文名师之一。特级教师，教育博士，北京师范大学基础教育研究院硕士生导师，享受国务院特殊津贴，全国教育系统劳动模范，省级专业技术拔尖人才，曾宪梓教育基金一等奖获得者，全国青少年研究会学术委员。在语文教育改革进程中发表过《限制科学主义，张扬人文精神》、《反对伪圣化》、《中国语文教育的十大偏失》、《中国语文教育的两大痼疾》、《没有文言，我们找不到回家的路》、《新语文教育论纲》、《韩军和新语文教育》等一系列具有轰动效应的文章、著作和言论。

　　在全国及新加坡讲课数百场次。大力倡导"真实、自由、个性"的"新语文教育"，强调语文教育要回归人文，注重积累，加强诵读，负载文化，抓住文字，贴近生活。主张"举三反一"为主，"举一反三"为辅；着意于"精神"，着力于"言语"，必得益于"能力"。教学主张"强化语言揣摩，强化大量阅读，强化自我习惯"。他极力倡导美读与吟诵，"文字本是肉做的"，有体温，有生命，有动感，传达文字生命动感，必须诵读。其"新语文教育"的实质乃是一种奠基性的"精神教育"，旨在通过"语言"奠定学生的民族文化精神和真实自由的个性精神。

学道深时课自工

——韩军《大堰河，我的保姆》教学案例研读

中学语文是一门很中庸的课程——度不好把握。过去有笼统的"大纲"，现在有大尺度的"课程标准"，但是，学年度教学什么？学期教什么？每篇课文教什么？以及如何教学？或者靠考纲，或者靠道行。靠考纲，是现实，是功利；靠道行，是传统，是真功。

读韩军老师《大堰河，我的保姆》课堂实录，不只说明他有道行（教学本领与功夫），而且有学识，故曰，学道深时课自工。

一节课的功效实际是看学生的知、会、懂：知——获得知识和如何获得，会——读思说写，懂——哲理、情感、审美，而学生的知、会、懂则取决于老师的知识、学识和智慧（道行）。纵观公开课往往为：学浅方法多，智乏技巧繁。误导不少。韩军老师《大堰河，我的保姆》课堂教学绝非此类，且有"侍坐"之风，值得学习。

一曲二胡协奏曲《遥远的思念》，且不说韩老师多才多艺，值得琢磨的是其诗、曲、器的深得，并恰当地运用于教学！智慧的老师善于把自己的所学恰当地运用于教学。

曲声落，韩老师用自述的方式，介绍了《大堰河，我的保姆》这首诗歌写作的背景，基本内容和作者的身份。一见其作家及其创作知识的娴熟；二见其教育教学方式的自然；三见其教育教学效果的人文——感染。

范读，是语文老师的职能。正确的读课文是学生的素质。读能够把握文字的音形义、读能够理解课文的内容，读能够感悟、体验课文的道理、情感和审美。读者，诵书且解其意也。教师不能读、不敢读是缺欠，读得准确是本分，读得学生受感染、擦眼泪是功夫。

读课文是学习课文不可或缺的步骤。只有熟读课文，才能深入的学习课文——解析、欣赏课文。

语文课有个难题，即教学内容很难确定。学识欠缺者，扯文化——跑偏；道行不深者，展技巧——空洞。

其实语文课程内容就是两个价值：语言艺术价值和人文精神价值。语言艺术价值是：题目艺术、结构艺术、表达艺术、语言艺术等；人文精神价值：思想、情感、审美、意图等。教学只能在研究语言艺术价值的过程中，领会人文精神价值，不能倒置。

韩军老师这节课上得很典范。

教学过程简表（依据实录整理）

教学过程	教学内容	教学方法	领悟理解
师生研讨	身份关系	概括	身世关系
	语言艺术	语言修改	
		诗句改写	勤苦一生
		矛盾分析	
		引申比较	死后凄凉
		查字典确定词义	
		排比句修辞效果	
学生研究	紫色灵魂	探究	高贵与痛苦
			挽歌赞美

　　本节课的教学内容，就是《大堰河，我的保姆》的语言艺术欣赏。作为诗歌教学，语言欣赏是必需的，因为诗歌首先是语言的艺术。

　　这首诗一开始就显示了它鲜明的叙事性质。而重叠反复地咏叹"大堰河，是我的保姆"，为全诗奠定了浓郁的抒情基调。第3节，诗人描述了她的坟墓和家园的凄凉景象。第4节，连续用了8个"在你……之后"的句式，为读者真实地再现了大堰河勤劳操持家务的情景。第6节，将"我"回到自己家中的情形与在大堰河家里的情形进行对比。"我做了生我的父母家里的新客了！"并与第4节一样，连续使用排比长句，表现"我"在自己家里的陌生感、拘束感。第7节，写大堰河"流尽了她的乳液之后"，"为了生活"，"用抱过我的两臂劳动了"。连续使用六个"她含着笑……"，一方面写出了她劳动时的乐观态度，另一方面写出了她为了自己的家而付出的艰辛。每一句都展现了一幅令人心酸的画面。（摘引自人教版《教师用书》）韩老师对第一部分内容的概括，也是着重于学生对语言——大堰河、童养媳、保姆、母亲的准确把握而做出的。同时，诗歌的第一部分是承题，欣赏也必须弄清楚。最后一个环节"学生研究"也是集中于"紫色的灵魂"——语言鉴赏。

　　语文课的根本任务是学习语言，在语言学习中领悟人文。

　　而可贵的是韩老师运用了各种语言学习欣赏方式，进行本诗的语言艺术欣赏。且每一种方式均能够引发学生学习的热情，进而积极思索、认真领悟，学有所获。教学目的，水到渠成。这要归功于：浅问——示范——引申。中学生毕竟是语言文字的粗识者流，问深了将拒其千里之外。浅问，就是低门槛、小坡度。其法有三：一是从生活角度发问，二是从字面内容发问，三是无疑而疑发问。示范，教者示人仿效也——范读、分析、鉴赏、举例……引申，就是：内容＋用法（手法）＋效果＝语言品味或欣赏。

　　例如：

　　1.师：大堰河是不是一条河的名字？

　　2.师：说他是大堰河的儿子，他是吗？

3.师：看第四节。我觉得作者这第一句"你用你厚大的手掌把我抱在怀里"显得罗唆，"抱"肯定是用手了，"用你厚大的手掌"完全多余，对吧？

4.师：看看大堰河干了多少活呀，像一架劳动的机器，没有一刻空闲的时间。如此劳碌，如此辛苦，但大堰河每每干完一些活之后，她有没有休息呢？

5.师：我再改一次，往下一节，"我被生我的父母领回到自己的家里"这一句，我觉得，肯定丢掉了一个字，丢掉了一个"我"字。应当说"我被生我的父母领回到'我'自己的家"？是不是呀？这次，老师的见解肯定对了！

……

如果是大学课堂，教授会问学生：大堰河是怎样一个艺术形象？阐述这首诗的主题。

韩老师不是外行。尽管是借班上课，但学生学得积极、热情。教学效果：学生知、会、懂。

该节课值得研究的问题，笔者觉得问题提的太多了些，与学生（少数）对话也太多了些。如果突出现代诗歌，特别是本诗的特点，提出一两个问题，并给予足够的时间，让每个学生自主读诗、思考，集中研究、组织讨论、引发创见，辅以教师必要的精当的讲解、阐发，是否会更好些？另外，本诗的思想内容能不能与现实生活、人生相联系、相关照？

韩军老师《大堰河，我的保姆》教学实录

师：刚才主持人介绍了我，其实那不是真正的我，下面我就跟同学们说说我自己好吗？

（只见韩老师走到电教平台前伸手轻按，一曲沉缓、悠扬、深情、动人的二胡协奏曲，回响在整个教室中，一种动人的气氛形成了。曲子名叫《遥远的思念》）

我是地主的儿子，我出生那年，父母找了一个算命先生给我算命，那算命的先生说，得送给一个穷苦的人家喂养，我才能长命百岁。于是我被送到我的保姆——大堰河的家，从此我就成了大堰河的儿子，我吃着她的奶水长大，她爱我"如爱自己的儿子般"。每天辛勤劳作之后，她总要把我抱在怀里，慈爱地"抚摸"。当她的乳汁流干，我被亲生父母领回家时，她是那样依恋不舍。以后，在每个年节里，她总要为我（她的乳儿）做米花糖，为的是乳儿能悄悄地来到她身边，叫她一声"妈"……后来，我读书了，再后来我被父母送到法国留学……1932年初我回到祖国，在上海加入中国左翼美术家联盟，从事革命文艺活动，不久被捕，在监狱里我又想起了乳母，看着铁窗外的大雪，我似乎看到了那被雪压着的草盖的坟墓……为表达对乳母的深深怀念，我写下了《大堰河，我的保姆》这首诗……

（这时听课的老师们才恍然大悟，韩老师以作者的身份，自述了写作的背景，很自然的引入了新课，让大家既感新奇，又深受感染，所有的学生、听课的老师都以为他就是诗人艾青，全然忘却了站在面前的是韩军老师。）

师：今天我把这首《大堰河，我的保姆》，献给我的乳母——大堰河！

（伴着舒缓、悠扬的音乐，韩老师饱含感情地朗读着，其中语调的抑扬顿挫、语速的急缓起伏、感情的含露收放，无不把握得恰如其分、恰到好处。全场似无人般寂静，有学生在擦眼泪，有老师已红了双眼，连韩军老师也潸然泪下。全诗读完，掌声雷动。）

师（微笑）我读得好吗？

生：好！

师：是艾青诗写得好，还是老师读得好？

生：诗写得好，老师读得更好！

师：诗写得好，老师才读得好。

这么好的诗就该好好去读，满怀激情地去读，读出感情来。

先看第一节，大堰河，是我的保姆 / 她的名字就是生她的村庄的名字 / 她是童养媳 / 大堰河，是我的保姆。

师：大堰河是不是一条河的名字？

生：不是，是我的保姆的名字。

师：这说明了什么呢？

生：她地位低下，身份卑微。（板书：身世关系）

师：概括得很好！谁能说说什么叫童养媳？

生：从小被卖到别人家做媳妇的人。

师：很好。做童养媳的日子好不好过？

生：不好过，和做牛做马差不多。

师：是啊，大堰河就是这样一位身世凄惨的劳动妇女。诗人对这样一位妇女有怎样的感情呢？我们来看第二节。我是地主的儿子 / 也是吃了大堰河的奶而长大了的 / 大堰河的儿子……诗人说他是大堰河的儿子，他是吗？

生：不是，也是。

师：为什么？

生：大堰河只是诗人的保姆，所以不是；诗人把大堰河当做母亲，所以是。

师：说得非常好！

第三节，诗人为我们描绘了四个画面，我认为这里语言太罗唆了。

我这样改"大堰河，今天我看到雪使我想起了你 / 你的坟墓 / 你的瓦菲 / 你的园地 / 你的石椅……"，把那些修饰语"被雪压着的草盖的、关闭了的故居檐头的枯死的、被典押了的一丈平方的、门前的长了青苔"全部省去，不是更简练吗？

生：不好。

师：为什么？

生：这些修饰语营造了一种悲惨、凄凉的氛围。

师：对。"被雪压着的"显得……

生：冷清。

师："草盖的"、"枯死的"、"一丈平方的"都说明大堰河的什么呢？

生：身世的悲苦。

师：很好！我们来读读这一节。先听我读一遍。

（韩老师很有感情地读完，又让学生读，指出其读得不好之处，指导学生有感情、有节奏地朗读。）

师：看第四节。我觉得作者这第一句"你用你厚大的手掌把我抱在怀里"显得罗唆，"抱"肯定是用手了，"用你厚大的手掌"完全多余，对吧？

（学生在窃窃私语，有的认为他讲得很有道理，有的说不多余，韩老师请一个女生说堰河的什么呢？）

生：不多余，表现了大堰河一生勤劳。

师：诗的第二部分写了大堰河勤苦的一生。（板书：勤苦一生）

看看大堰河干了多少活呀，像一架劳动的机器，没有一刻空闲的时间。如此劳碌，如此辛苦，但大堰河每每干完一些活之后，她有没有休息呢？

生：没有。

师：干什么呢？

生："把我抱在怀里，抚摸我"。

师：大堰河一直在忙，她一停下活就去抱着诗人艾青，说明她对诗人……

生：疼爱。

师：好！无时无刻都关爱着艾青，无微不至的关爱着艾青。

我们再来读读这一节。这节朗读时要与前面不同。第一句要缓慢，突出"厚大"，"抚摸我"要读得轻柔，但是却强调。接下来的连续八句的"在……之后"要读快一点，突出工作的多和忙。最后一句再读得恢复缓慢、深情。

先听老师示范一遍。（朗读）

师：咱们班男生谁读得最好？我们请他来读一读吧。

（一男生在众同学推荐之下站起来，学着韩老师刚刚的语调读完第四节。）

师：读得好不好啊？

生：好！

师：那就鼓励一下。

（大家都鼓起掌来）

师：我再改一次，往下一节，"我被生我的父母领回到自己的家里"这一句，我觉得，肯定丢掉了一个字，丢掉了一个"我"字。应当说"我被生我的父母领回到'我'自己的家"？是不是呀？这次，老师的见解肯定对了！

（有不少学生同意老师的观点，频频点头，且动手在课本上加上了个"我"。有的学生则不以为然，老师就把不同意的学生叫起。）

生："自己"是客观的，那确实是诗人的家，而"我自己"带有主观色彩，在诗人心里承认的家，诗人在这里用"自己"，而不用"我自己"，说明诗人心里并不承认这个家。

生：我觉得，这里的"自己"不是"艾青自己"，而是"父母自己"。如果在"自己前面"加上"我"，就成了"艾青自己"了。

师：两个同学说的都有道理，家不是艾青的，而是"父母自己"的，艾青根本不认同的父母的家是自己的家，他认同的是……

生：大堰河的家。

师：所以，这句话，诗人是不是丢掉了一个"我"字？

生：不是。

师：（似乎无奈地）还是老师的意见不对。

（稍微一停顿）

不过，老师又发现一个问题，有一句话写得不好，我要改一改。

"我做了生我的父母家里的新客了"，如果改成"我终于回到父母的家里了"，就好了。（似乎颇为得意）老师不但会朗读读诗，还会写诗、改诗呢！

（学生几乎都摇头）

生：老师的绝对不好。

师：还绝对不好？说说为什么？

生：你改的诗，情绪根本就不对！"我终于回到父母的家里了"好像盼望着急切回父母家一样，愿望终于实现了，非常高兴。而作者原来的意思是不愿意回去。

师：我的改句——表明作者盼望着回去，非常高兴，而原句——表明不大情愿回去，你能把这两种情绪通过朗读，表现出来吗？

生：（分别读，把老师的改句读得快而兴奋，而把原句也大体读得一样，区别不明显。）

师：我的改句，你把重音放在哪个词上？

生：放在"终于"上。

师：你读"我做了生我的父母家里的新客了"，仍然十分高兴，仍然愿意回去，能重读一遍吗？

（生重读，读得已经低缓。）

师：传达的不错。"我做了生了我的父母家里的新客了"一句，包含着一种十分复杂的辛酸的情绪。

听老师示范一下，（师示范读）大家跟读。

师：这句话里有两个名词性的字，十分矛盾，是哪两个？

生：（沉思）"家"和"客"。

师：对！大家有谁在自己的家像做客吗？

生：没有。

师："家"和"客"本是对立的，谁在自己家里做客呀，能做客的地方不是家。诗人在这里正是抓住了"家"与"客"的一对矛盾，才表达出一种复杂的辛酸。

师：往下看，仍然在这一节里，还能不能找出类似的矛盾的写法？

（学生埋头边读边找）

生："我呆呆地看着母亲怀里的不熟识的妹妹"，这句矛盾。

师：怎么矛盾？

生：既然是妹妹，就应该熟识，可是作者却不熟识。

师：本是骨肉，却是陌路。

生：我认为"我不认识"与"'天伦叙乐'"矛盾，不认识怎么能读出来呢？

师：我们可以换句话说——艾青长大后也认识这四个字理解这四个字了，可是他却……

生：从来没有品尝过四个字的感情。

生：艾青从小没有感觉到那几个字。

师：可否这样说："上面挂着'天伦叙乐'，下面却根本没有'天伦叙乐'"；"虽认识'天伦叙乐'，却没有感受过'天伦叙乐'"，这是强烈的对比的写法！家庭里所发生的事情，却根本不讲天伦，根本没有叙乐！

师：我再引申一下，——这种强烈的矛盾对比的写法、用法，是诗人、艺术家经常运用的，大家在其他地方还看到过吗？比方，在初中课本里，有一首唐诗里面就有。

生：《卖炭翁》里面，"可怜向上衣正单，心忧炭贱愿天寒。"

师：怎么矛盾。

生：卖炭翁本来应该希望天暖和一些，可是他为了把炭卖出去，却希望天寒冷。

师：再想想，还能从电影、电视中找到这种矛盾的写法吗？

生：电影中常有，如殿堂高处悬挂着"正大光明"，而下面的人干着卑鄙龌龊的勾当；

生：电视中，殿堂里挂着"明镜高悬"的条幅，下面审案的人，却贪污受贿，把案子判成冤案。

师：非常精彩。诗人艾青非常善于运用强烈的矛盾对比手法来表现人物。五十年代，他到欧洲去访问，见到一个黑人姑娘给白人家当保姆、哄孩子，白人小孩在哭，黑人保姆却在唱歌，艾青就写了一首诗《一个黑人姑娘在歌唱》，有这样两句"一个多么舒服，却在不停在哭；一个多么可怜，却在唱欢乐的歌"。这种强烈的对比能增强表达的效果。

同学们，跟着我把这一节朗读一遍。

师：第三部分写大堰河死后的凄凉。（板书：死后凄凉）。

接着看这一句，"我是这般的忸怩不安"，"忸怩"什么意思？是不是"扭捏"的意思，即"扭扭捏捏"的意思？

（一时，学生感到困惑。）

师：遇到问题，请马上查字典！

生：我查到了，"忸怩"是"形容不好意思或不大方的样子"。

师：那么"扭捏"或者"扭扭捏捏呢"？这个词最常用，不要查字典，就说出自己的理解。生："扭捏"，我理解有点"矫揉造作"的意思。

师：艾青从一个破敝的穷家来到一个金碧辉煌的豪门，应当是哪种情绪？

生：显然是"不好意思或者不大方"，不能是"矫揉造作"。

师：接下来的一节中，诗人连用了六个"她含着笑"，有什么作用？

生：大堰河以苦为乐。

生：苦中作乐。

师：我们从"含着笑"三字，还能体会到什么？

生：她生活沉重，但却非常乐观。

生：她对未来抱着希望，抱着憧憬，想象着艾青长大成人后，会报答她。

生：她希望通过自己的劳动，全家都能过上好日子。

师：同学们说的都对，也开拓了大家的思维视野。我问大家，我们读这一节时，能够同样"含着笑"来读吗？

生：不能。

师：我们感受到一种辛酸，感受到一份沉重。我们请这位同学来读这一节，要读出这种辛酸与沉重来。

（一位男生站起朗读，读完，韩老师指出不到之处，范读，再带读。）

师：到了，"大堰河，含泪的去了"这一节，用了一些修饰语，如"四十几年的"、"数不尽的"、"四块钱的"、"几尺长方的"，所有这些数量修饰语，是强调其多，还是强调少？

生：（一部分学生）强调多。

生：（一部分学生）强调少。

生：（少数学生）不对，有的强调多，有的强调少。

师：后面这位同学概括得对！有多有少。哪些是强调多，哪些是强调少呢？

生："同着四十几年的人世生活的凌侮""同着数不尽的奴隶的疾苦"是强调多；"同着几尺长方的埋棺材的土地，同着一手把的纸钱的灰"强调其少。

师：概括起来，是什么多，什么少？

生：痛苦多，而自己得到的少。

师：给予这个世界的多，从这个世界带走的少。

生：大堰河的命运悲惨。生前那么辛劳，死后没什么陪葬。

师：先听我这此段读一遍，把"多"与"少"强调出来，注意语调和停顿。

（韩老师读完后，请一位女学生读，肯定其读得好。）

师：老师和大家的讨论就此告一段落。下面的段落留给大家。大家自己阅读自己感受。有不明白的地方，请提出来大家共同研究。也就是进行研究性学习。

（一会儿有学生提出问题来）

生：我有个问题，那个"黄土下紫色的灵魂"，为什么是"紫色"的灵魂？

师：你是问我，还是问大家？

生：问大家。

师：好，大家谁帮助她回答一下。

"呈给你黄土下紫色的灵魂"这个"紫色"到底指什么？

生：我以为紫色是一种痛苦的、压抑的颜色，紫色给人的感觉非常压抑，不痛快。

生：我认为紫色是一种高贵颜色，比如有的足球队穿的球衣就是紫色的。

生：我记得古代的官服也是紫色的，也是高贵。

生：是指苦涩。我曾看过诗人的访谈录，他在谈到这首诗时说过"紫色"是一种冷色调，引起的人的心理反映是苦涩的。

生：我认为，紫色是红色和蓝色的混合色，红色表示大堰河活着时非常有热情，像火一样，温暖世界，是尊贵的，而蓝色表示她死后非常安详。

师：看来你对颜色非常有研究，你能说说各种颜色的含义吗？比方白色象征什么，绿色象征什么，蓝色象征什么，等等。

生：白色象征纯洁，绿色象征生命，蓝色象征海洋，也表示安静。

师：有道理，你的思路非常独特。并且真的抓住了问题的关键。也就是说，不能单纯强调紫色只代表一方面，紫色实际上是两种意义的综合。

生：老师你的意见呢？

师：老师补充一点学术界的"观点"，艾青诗中用了大量颜色，艾青用颜色的规律一般是，用暖色调代表光明、温暖、信念，用冷色调代表苦难、大地、忧郁等等。紫色是一种冷色调，所以不能仅仅理解为高贵。我只不过是综合大家的意见。你们看看，刚才大家的全部意见，无非集中在两方面，一方面强调尊贵、圣洁、热烈的方面，一方面强调是苦涩、忧郁、压抑的方面。慎思、深思一下，这两种意见矛盾吗？

生：不矛盾。

师：可以从痛苦角度去理解，体会一下全诗吧，似乎字字句句都在强调大堰河一生所承受的痛苦，紫色的灵魂，就是痛苦的灵魂。也可以从高贵的角度去理解，想想呀，一个人的灵魂，由于承受了太多太多的苦难、太多太多的凌侮、太多的折磨，那么，这个人的灵魂会是怎么样的呢？

生：承受的苦难越多，就越高贵。

师：所以，这里高贵与痛苦矛盾吗？

生：不矛盾。

师：这不统一了吗？请大家用一句话来概括一下对"紫色"的理解，这句话的格式是，灵魂因______而______！（板书：灵魂因______而______！）

生：灵魂因"痛苦"而"高贵"。

师：非常精彩，因"承受太多苦难"而"尊贵、伟大"！

……

大家一起来把最后两节，有感情地读一遍。（师生齐读）

师：今天的课就上到这里，谢谢！最后两节是唱给大堰河的挽歌。（板书：挽歌赞美）

（全场响起热烈的掌声）

胸中若有"花花蛋"，何愁"懒鸡"不凤凰
——韩军"新语文教育"教学之路探析

韩军所倡导的"新语文教育"，秉承当代中国"五·四"新文化运动以来科学和民主的思想传统，高举人文主义的大旗，向狭隘的科学工具主义教育理念开战，在应试教育盛行、教育文化发展积弊深重的背景之下，发出时代的强音和震耳发聩的呐喊，力图超越狭隘工具论支配下的语文教育藩篱，立足民族优秀传统文化，借鉴世界先进文化，以培育具有跨文化意识的有世界眼光的"新人"为己任，探索视野更加宏阔的语文教育。其精神实质乃是一种奠基性的国民"精神教育"，旨在通过"语言"奠定学生的民族文化精神和真实自由的个性精神。虽然曲高和寡乃至不免于争议，但是韩军和他的新语文教育思想，对于推动新时期中国语文教育改革曾经发挥并将继续发挥不可忽视的重要作用，其在基础教育改革发展历史中的影响不可抹杀。

韩军曾在《一只懒鸡和它的花花蛋》一文中，把钱钟书喻作虚其怀、遮其颜、缄其口，闭门谢客，专注造蛋的"金鸡"，而把自己喻作下蛋少而劣，却爱抛头露面，爱叫唤的"懒鸡"。事实上，现在的我们看韩军，岂不像韩军看钱钟书一样，也是一只"金鸡"吗？

一、被迫突围
1. 逼上"师道"

最初的韩军是丝毫不认同教师职业的。

带了行囊，硬着头皮去山东德州师范专科学校上学，完全是其父亲"专政"的结果。韩军说："1981 年，19 岁，我从一所高等师专毕业，我去了一所中等师范任教。做教师，本不是我的第一选择，执了教鞭，是不情愿的。不是我选择了这个职业，而是这个职业选择了我。"

然而，即便是当初的"被逼无奈"而"错上花轿"，韩军也不改初衷，矢志不渝。韩军说："不认同这个职业，一点也不表明我不敬业，恰恰相反，我同样像一头踏实的耕牛，不倦劳作；如一架充足了电的机器，不敢停歇。"韩军任劳任怨地为这个职业而努力，为孩子们付出，踏踏实实地卖力苦干，心无旁骛，几乎把所有心思都耗在学习上和学生身上。

走上教师岗位的韩军，深感自身知识的不足。一个偶然的机会，韩军从收音机里收听到了天津电台播出的中文系授课节目，并且了解到授课的是南开大学的教授，如获至宝。于是放弃休息时间收听，就这样坚持了三年。1984 年，经过三轮比当初考大学还艰难的淘汰性考试，韩军以优异成绩考入曲阜师范大学本科。

这些求知的经历给了韩军足够的养分，促使韩军抱定足够的信念，开始了"为师"的征程。

2. 夯实根基

韩军的学历并不高，但广泛的阅读为他的专业发展奠定了良好的基础。韩军在"2004年《读书》周刊十大读书人物"获奖致辞中，介绍了自己的读书经验：超越知识，读出情怀，固本、宽博。既要读"本"，即经典；也要兼通各个领域的读物；还要读"网络"。

正是阅读，开阔了韩军的视野，影响了韩军的学术思维，使韩军开始跳出学科教学的小圈子，从更广、更深的层面上去探求教育的哲理和诗意。

3. 精于反思

随着阅读的深入和拓展，韩军开始了对语文教育的宏观思考；尤其是对改革开放20年和百年语文教育史的反思，使韩军更分明地认识到，在僵硬的语文教育理论指导下，语文教育愈来愈背离自身本真，愈来愈背离汉语教育的民族化；语文教育的路径愈走愈狭窄，愈走愈拐入纯粹工具化的死胡同。

（1）着意于精神，反对"伪圣化"

他认为，语文课的"教化"情结应是"伪圣化"产生的原因之一。产生"伪圣化"的推手应是中国语文教育中的"道统"思想："文以载道"和"文道合一"。这种急功近利的狭隘思想，是中国政治极左思想在语文教育中的遗存，与封建时代的传统教化思想有着很深的渊源。所以，从实质上看，"伪圣化"走向了精神专制主义。

在禁绝个人语言、个性语言、多元解读，定制统一的公共话语套子和"圣化"、"神化"的情结里培养出来的孩子，必然出现两种极为奇特的扭曲现象：一种是"少"与"多"的反差。语文课上无话可说，课后却滔滔不绝；作文课上冥思苦想，搜肠刮肚，而在日记里、在给朋友和家人的信中，却笔下生辉。另一种是"真"与"假"的反差。在交给老师的作文，在试卷上写的文字，在公共场合的言谈，并不是自己的真心话，而是根据场合所说的违心话。

（2）着力于语言，反对"技术化"

韩军把中国语文教育中的"技术化"表现归纳为："造程式"和"练形式"。"造程式"是把强调教师心性涵养、强调教师人文底蕴的语文教育，化简为几课型、几步法、几段式的纯粹程式化的操作。这种划分，纯粹是一种外在表征，不是语文教育的根本所在，无疑是在舍本逐末。"练形式"是把注重感性内化、注重内蕴的语文教育理解为"纯粹形式"的语法学、修辞学、写作学、阅读学、文章学甚至所谓思维学、信息论、控制论等大量"西学"的堆砌，"练形式"高举纯理性大旗，抽筋剥骨、狂轰滥炸地进行纯粹语言形式"操练"，这与真正的语文教育，也是背道而驰。

语文教育是一门艺术。诚然，发展学生的语言技能需要尊重技术，但"这并不意味着语文是一门技术的课程，语文教育要警惕技术化思潮的侵袭"。否则，必将陷入精神虚无主义的泥淖。

二、理论引领

1. 哲学观

观察韩军的专业成长历程，分析他的"新语文教育"思想，我们可以清晰地感觉到先进理论对他的影响。伽达默尔、海德格尔等的"人在世的语言性"和"世界存在的语言性"的哲学思想，既为"新语文教育"提供了坚实的理论基石，也为"新语文教育"指引了方向。

韩军针对把语文当做工具、死抠字词、条分缕析而乐此不疲的现象提出了"新语文教育"的主张，通过"语言"奠定学生的民族文化精神和真实自由的个性精神。韩军把"语言即人，即存在"作为构建"新语文教育"的哲学基础，把"语言"和"人"统一起来，这既抓住了语文教育的要害，又给语文教学带来实际的指导与启发意义。

2. 学生观

韩军认为，语文教育应该以人文精神的熏陶为价值取向，给予学生人文关怀，塑造学生"真"、"善"、"美"的人文品格。

（1）鼓励学生自主探究

新课程强调形成学生积极主动的学习态度，引导学生学会自主学习，培养学生搜集和处理信息、获取新知识、分析解决问题及交流合作的能力。培养和发展学生自主合作探究学习的能力，是语文教学改革的必然趋势。

韩军在教学中非常注重对学生自主探究能力的培养，经常适时地引导学生开展探究性学习。在教学《念奴娇·赤壁怀古》时，韩军就把学术界的一些有关"故国神游，多情应笑我，早生华发。人生如梦，一尊还酹江月"的观点公布出来，提醒学生认真思考、择善而从，鼓励不同见解展开交锋和论争。

（2）尊重学生自我感悟

文学作品的阅读始终渗透着读者的体验。文学作品的教学旨在帮助和促进学生内省体察，让学生在体验感悟的过程中丰富情感，深入作品中的精神世界。重视学生的内心体验，尊重学生的阅读发现、创造，是一个语文教师的基本品质。

对学生的不同意见，韩军都会及时予以充分的关注，让每一个人都有机会发表自己的见解，陈述自己的感悟。如果课堂时间有限，韩军则能恰到好处地把其延伸到课外。

三、韩氏"花花蛋"

韩军在对语文教育的"科学主义"和"伪圣化"进行质疑和批判的同时，并没有停止对语文教育的人文精神的思考和探索。于是，"新语文教育"就水到渠成地应运而生了。韩氏"花花蛋"，完成了质的飞跃，破壳而出。

1. 美读吟诵：回归语文教育"诵读"之本

语文阅读教学，关键还在于读。美读是一种高层次的语文阅读方法。美读的目的在于传达语文课文所蕴含的美，获得美感，引起共鸣，从而发展语文阅读能力。宋代朱熹说："大抵观书，先须熟读，使其言皆若出于吾之口，继以精思，使其意皆若出于吾之心，然后可以有得尔。"

韩军认为美读吟诵才是学习语文的根本之法，他呼吁中国语文教育，应该拣起这个丢弃的"宝贝"，重视吟悟、重视背诵，回归语文教育的"诵读"之本。他在自己的教学实践中一直坚持使用"诵读"这个法宝，以致"诵读"成为韩军教学的"符号"和常规武器。

2.举三反一：回归语文教育"积累"之本

在大家都提倡"举一反三"并且努力付诸实践的时候，韩军却独树一帜，提出了"举三反一"！

韩军指出，"举一反三"会导致两大弊端：一是重分析、轻感悟；二是重理解、轻积累。而我们的语文教学则应重视课堂的主体——学生真实的自我感悟。语文的学习是一个日积月累的过程，语感的培养靠的是大量阅读、反复品味、不断积累。

韩军对"举一反三"和"举三反一"进行了对比研究，他发现："举一反三"，讲究的是唯学课本，以少胜多，强调的是分析解剖，因而效果慢、差、费、小；"举三反一"讲究的是积累、积淀，强调的是大量读书、整体感悟，因而能达到快、好、省、大的效果。当今的语文教学应该改弦易辙，回归语文教育的"积累"之本。

3.真实个性：回归语文教育"人文"之本

韩军痛感，过去受政治的冲击，语文课变成了思想政治课；改革开放以后，很多学校又把语文课上成了班会课、表演课、综合课、多媒体课，在语文课堂上唱歌跳舞，声光电乐，喧腾热闹，大有"越俎代庖"之嫌，语文课成了什么都要教又似乎什么都没有教的课，"语文"无地自容，迷失了本身！殊不知，"学生学习母语的过程，首先是一个丰富自我精神、培育自我精神、形成自我个性的过程，是本民族文化的一个教化的过程。"

韩军一再申说，人文就是真实、自由、个性地做人；语文教育的根本就是"精神培植"和"精神养育"。

不撒谎，不故意撒谎，也不被迫撒谎，是韩军最朴素的愿望；身心自由，彼此真诚、平等相待，与文本、与对方真心沟通、真情交流，是韩军最大的追求，也是韩军所提倡的"人文襟怀"。

总之，从不认同教师职业的初衷到一心扑在教学上的敬业精神，从欲转行到成为一名年轻的特级教师，从"做教师难说最爱"到"新语文教育"的提出，特殊的生活经历使韩军具有特殊的品质特点。他崇尚自由的天性和特立独行的性格，注定使他的思维带有强烈地批判性；独立思考的习惯，使他的话语不迁就、不迎合，带有披荆斩棘的锐利；他急于为新语文教育"立法"，他想努力"建设一个新世界"，所以他就要先努力"破坏一个旧世界"，理论话语就多了几分"秋风扫落叶一样"的果决；他要在一个大的铁屋子里呐喊、冲出，谈何容易！没有几分堂吉诃德大战风车的勇气，岂能在这样一个充满功利和算计的"老成"社会里保持赤子般的童真和无所畏惧？

新语文教育，任重而道远。

如今，韩军在与当下的语文教育保持着"距离审美"，在一如既往地保持着自己思想锋芒的同时，也在尝试倾听不同的声音，在与各种思潮的交融碰撞中，思考着今后的发展方向。唯愿他能为积弊深重的语文教育，开出一剂救治的良方。

新语文教育，还在路上。

袁卫星

　　袁卫星，诗意语文的倡导者和实践者。苏州市教育科学研究院语文教研员，教授级高级教师，苏州市学术带头人，江苏省十杰名师，全国优秀语文教师，全国优秀班主任。《新语文学习》主编。曾任十多年中学语文教师，获得全国语文教师教学业务大赛"四项全能"称号、全国语文教师教研成果大赛专著类一等奖；多家核心期刊封面人物。著有《细数阳光》、《美丽的过程》、《中学语文教与学》、《听袁卫星老师讲课》、《情感：像雾像雨又像风》、《生命课——一个父亲的谆谆教诲》、《生命课——一个教师的教育手记》、《生命课——一个学生的必修课程》等书。以语文教育研究为基础，致力于生命教育的研究，颇多建树，著述甚丰。

入情入境　个性体验

——袁卫星《就是那一只蟋蟀》教学案例研读

诗歌鉴赏强调个性，"诗无达诂"就是对诗歌鉴赏个体差异性的形象表述。而"入情""入境"则是引导学生体验感悟诗歌进行个性化解读的最好方式。

一、"入情"

"入情"使个性体验更加真切。

课前活动，听唱《乡愁四韵》；导入环节，诵读李白的《静夜思》和余光中的《乡愁》。执教者设计的这两个小环节，营造了鉴赏《就是那一只蟋蟀》的氛围，定下了鉴赏本诗的感情基调。这样的设置是学习者个性体验的开始。

"这一小节最有人情味的，你认为是哪一句？"——直接拨动学生情感的心弦，让学生说出自己的读诗体验。学生的感受，是别人无法替代的"这一个"，是读诗的"个性化"。这个"个性化"与学生的知识积累、生活经验、社会经历、家庭环境以及阅读时的心境都有密切关系。

生："想起妈妈唤我们回去加衣裳"这一句。

师：你为什么认为是这一句？请你结合自己的经历谈谈自己的感受。

生：我想起妈妈天冷的时候也会给我送衣服来，还有棉被。（生自发鼓掌）

师：你是寄宿生吗？

生：（点头）

师：所以你和作者有同样的感受，对吧？我想，我们在座每一个享受着母爱的同学都有这样的感受。现在，我们一起来把这一句有感情地读一遍！

这是一个住宿生的感受体验。当阅读感受与学生的生活体验交织在一起时，学生的解读就更为的感人。

诗歌教学中，诵读是入情的最好方式。诵读，是学生进入诗歌的钥匙。但何时读？怎样读？为何读？却是一个教师教学智慧的体现，需要执教者的精心设计。从这篇教学实录看，袁卫星老师深谙此道。课堂上通过有情感、有目的、有层次的诵读，创设情景，活跃气氛，深入体验，感悟情感。课前听唱《乡愁四韵》，营造氛围；导入环节，诵读李白的《静夜思》和余光中的《乡愁》，创设情景；教学过程中齐声朗读，感知内容，在初步的情感体验中，获得真切的印象，配乐朗读时，让学生闭起眼睛与作者心灵沟通，在联想和想象中，深刻感悟诗篇。正是入情的诵读体验，学生与诗人有了感情的共鸣。

二、"入境"

情景的再现与再造，是形成个性化体验的关键。

　　"情景再现"是进入诗歌意境的台阶，也是一种极具个性化的阅读体验。通过反复的诵读，借助联想和想象，神游于诗歌的人、事、物中，并在脑海里不断浮现，形成连续的画面，引发出相应的态度、情感，这个过程就是情景再现。

　　师：现在，请大家合上书本，闭上眼睛，来听一遍录音，听完后谈谈感受。

　　[生闭目听配乐诗朗诵]

　　让学生闭起眼睛来与作者心灵沟通，在联想和想象中，一幅幅画面再现于学生的头脑中。

　　生：我有一种想家的感觉。尽管我现在离家不远，但我想到我以后考上大学，如果有可能的话，还会出国留学，那时候，我一定会想家的，那时候，再读这首诗，我一定会有更深的理解，我也许我会写一首《就是那一只鹧鸪》来寄托我的思念之情。

　　情景再现缩短文本与读者间距离，使读者如见其人、如闻其声、如历其事，与作者同历悲欢离合。"无论走到哪里，家都是一个温暖的所在"，在老师的启发下，学生由想家小事，想到统一大事，然后自然联想到祖国团圆，香港、澳门乃至台湾的回归，读者的情脉与作者的意脉合二为一。这种联想不仅使思维得到有效的训练，人的思想感情也得到提炼和升华。

　　而再造情境则是把在头脑中的再现情景用口头或文字表述出来。这是一个性化的创造过程。

　　师：现在请同学用自己的话把这一小节中的意境给描绘一下。注意诗歌给出的时间、地点、环境以及人物的活动，在基础上，可以想象创造。请同学们动笔，时间：5分钟。

　　[生动笔。师轻声播放音乐：古筝曲演奏的《白发亲娘》]

　　学生试着用笔把自己头脑中再现的情景描绘出来。就如"接受美学"所主张的那样，作品的创作，最终是在读者的手中完成的。学生进入了《就是那一只蟋蟀》的意境，发挥联想和形象，再造一个与众不同的、只在他们自己心目中的那个"独一无二"的意境。

　　生1：中秋的夜晚，桂花飘香，圆圆的月亮挂在天上，一群小朋友提着灯笼在篱笆边捉蟋蟀，他们玩得很开心，忘记了回家。

　　生2：一个秋风送爽的夜晚，我和小伙伴们打着纸糊的灯笼，蹦蹦跳跳的来到后院。秋虫的呢喃仿佛是母亲在摇篮边哼的眠歌，星光的闪烁好像是幼儿仰起小脸眨巴的眼睛。那浓郁的桂花味儿，又好似一粘上就会香三天三夜。我们在石缝间寻找蟋蟀，蹑着脚，循着声，数着稚嫩的心跳。"快，别让它跑了！"一声惊呼，总能引来一阵骚动。左堵右截，一不小心，头和头碰在了一起，却忘了说疼……

　　生3：深秋的夜晚，我独自一人徘徊在院子里，望着明月，想念家乡，家乡的园子里应当是黄叶满地，野塘里应当是荷花凋落了吧？想到这里，我禁不住掉下眼泪。

　　学生笔下的与众不同的意境再造，就是学生对《就是那一只蟋蟀》的阅读体验。其珍贵之处，就在于个性、独特。学生在学，在读，在想，在说，还在实践。随着阅读体验的逐步加深，学生的情感也需要一个宣泄的渠道——"也许我会写一首《就是

那一只鹧鸪》来寄托我的思念之情"。于是在教师的引导下,学生的再造意境进一步升华:

师:名为《乡愁四韵》,这里只给出两韵,还有两韵,请同学们补上。最关键的是要找到好的意象,可以从课文中去找。同时要注意句式的一致。我给大家配上音乐

生1:给我一杯黑咖啡啊黑咖啡 / 药一样的黑咖啡 / 苦药的滋味 / 是乡愁的滋味 / 给我一杯黑咖啡啊黑咖啡 // 给我一根白丝带啊白丝带 / 梦一样的白丝带 / 梦里的向往 / 是乡愁的向往 / 给我一根白丝带啊白丝带。

生2:给我一块圆月饼啊圆月饼 / 月一样的圆月饼 / 月亮的皎洁 / 是乡愁的皎洁 / 给我一块圆月饼啊圆月饼 // 给我一支竹枝鸢啊竹枝鸢 / 云一样的竹枝鸢 // 白云的抚摸 / 是乡愁的抚摸 / 给我一只竹枝啊竹枝鸢。

生3:给我一张枯黄叶啊枯黄叶 / 纸一样的枯黄叶 / 白纸的空白 / 是乡愁的空白 / 给我一张枯黄叶啊枯黄叶 // 给我一枝桂花香啊桂花香 / 心一样的桂花香 / 心香的芬芳 / 是乡愁的芬芳 / 给我一枝桂花香啊桂花香。

学生的"乡愁之韵"确实独特,学生的阅读体验也确实"个性"。他们不仅赋予了"黑咖啡"、"圆月饼""枯黄叶"乡愁的味道,更重要的是在个性的阅读体验中,学会了怎样在"黑咖啡"、"圆月饼"、"枯黄叶"中寻找乡愁的味道。

"诗缘情而绮靡"(陆机《文赋》)。情感是诗歌的灵魂。对于诗歌教学来说,"入情"可谓抓住了诗歌的要害,如庖丁解牛,"謋然中开"。王国维《人间词话》云:"词必以境界为最上。有境界者自成高格。"诗歌的教学亦如此,"入境者自成高格"。正如叶圣陶所言"作者胸有境,入境始与亲"(《语文教学二十韵》)。诗歌教学就应该追求这种"入情入境"的诗意境界。

袁卫星老师《就是那一只蟋蟀》教学实录

[投影演示《语文课堂三提倡》]

一、提倡活跃与创新

二、提倡自主与质疑

三、提倡合作与交流

[建议学生交换座位,自由组合,以便于课堂合作与交流。]

[听唱歌曲《乡愁四韵》(余光中诗,罗大佑作曲并演唱),只放"两韵"。]

[让学生们推荐一同学上黑板板书课题及作者]

[上课铃响]

师:上课!(师生问好)同学们,对于离乡背井的人们来说,剪不断、理还乱的,无疑是那悠悠的乡思和绵绵的乡愁。唐代诗人李白的《静夜思》,不着一个"愁"字,却道出了写不尽的乡愁;台湾诗人余光中以《乡愁》为题,反复咏唱,直抒胸臆,也还是那化不开的两个字:乡愁。这两首诗,一首我们以前学过,一首课前已印在

学案中给大家。我们一起来把它们背一背、诵一诵，如何？

[师生齐背《静夜思》、齐诵《乡愁》。]

师：面对乡愁者的倾诉，我们这些安居家乡的人该以怎样的心态来理解，来接受，来思考，来慰藉呢？现在，让我们打开课本，从大陆诗人流沙河的《就是那一只蟋蟀》中，去寻找答案！

师：请一位同学来把诗歌第 1 小节给读一遍。26 号刘勇同学。请你来读。

[生读第 1 小节]

师：读得很好。现在请你回答，这里的"你"指谁？

生：Y 先生。（稍一停顿）台湾诗人余光中。

师：你是怎么知道的？

生：通过小序和下面的注释知道的。

师：读书很仔细，好，请坐。通过小序和注释，我们知道，第 1 小节实际上是起兴。它不仅交代了诗人的吟哦。那么，小小的蟋蟀为什么会有这么大的魔力呢？请同学们从蟋蟀的自身形象和生活习性这一些方面来考虑一下。我知道在座的同学有不少家在农村，见过蟋蟀的举手！（不少学生举手）那谁来给大家描绘一下蟋蟀的模样和习性？（有生举手）好，你来说！

生：蟋蟀个子不大，两条腿很粗（师修正：后腿粗壮），前面有长长的胡须（师修正：是触须），后面也有（师补充：叫尾须），喜欢在阴暗的地方叫。

师：怎么个叫法，你能描摹一下吗？

生：（拟声）矍——矍——（众生哄堂笑）

师：请用语言来描绘。

生：声音不大，时断时续，隐隐约约。

师：观察很仔细。不过，每只蟋蟀都这样叫吗？

生：(举手) 雄的才叫。两翅摩擦发出声音。

师：（惊喜地）你是怎么知道的？能告诉大家吗？

生：我查了词典。（众生再次哄堂笑）

师：借助工具书是善学的标志。我记得《劝学》中说过："君子生非异也，善假于物也。"他的这种方法值得大家借鉴，我们给他掌声鼓励！（师生热烈鼓掌）

师：不过我们还得回答刚才的那个问题。蟋蟀时断时续、隐隐约约的叫声和人的什么是比较合拍？

生：思绪。

师：而且蟋蟀叫声很小，人只有静下来才能听到。独自静处的人常常会想起天真烂漫的童年，想起生我养我的家园，想起伟大慈祥的母爱。对于这一点，诗中有没有写到？在哪小节？

生：（找）有。在第 4 小节。

师：请一位同学来把第 4 小节给朗诵一遍。11 号钱赛微同学，请你来读。

[生读第 4 小节]

师：读得很好。请问，这一小节最有人情味的，你认为是哪一句？

生："想起妈妈唤我们回去加衣裳"这一句。

师：你为什么认为是这一句？请你结合自己的经历谈谈自己的感受。

生：我想起妈妈天冷的时候也会给我送衣服来，还有棉被。（生自发鼓掌）

师：你是寄宿生吗？

生：（点头）

师：所以你和作者有同样的感受，对吧？我想，我们在座每一个享受着母爱的同学都有这样的感受。现在，我们一起来把这一句有感情地读一遍！

[师生齐读]

师：读出感情来了。现在请同学们想一想，"想起妈妈唤我们回去加衣裳"这一句，属于"童年的惊喜"还是"中年的寂寞"？

生：童年的惊喜。

生：中年的寂寞。

师：仔细想想，你小的时候，拿着竹雕的笼子，在篱笆边捉蟋蟀的时候，妈妈唤你回去加衣裳，你说你要玩呢！

生：（笑）应当是中年的寂寞。

师：是啊，人往往在拥有的时候不知道拥有，失去了之后才知道失去。这里属中年的寂寞的有哪几句，大家一起把它给读一读。

生：（读）"想起故园飞黄叶 / 想起野塘剩残荷 / 想起雁南飞 / 想起田间一堆堆的草垛 / 想起妈妈唤我们回去加衣裳 / 想起岁月偷偷流去许多许多。"

师："想起故园飞黄叶 / 想起野塘剩残荷"，我把它改成"想起故园铺绿叶 / 想起野塘满碧荷"好不好？

生：不好。

师：为什么？

生：意境不对。一个是哀景，一个是乐景。

师：很好。那我换成："想起故园的黄叶 / 想起野塘的残荷"好不好？

生：也不好。

师：又为什么？

生：一个"飞"，一个"剩"，把静景写活了！

师：好极了。不仅知其然，而且知所以然！现在，请同学们一起来把这一小节给读一遍，读出味道来。

[生齐读第 4 小节]

师：现在请同学用自己的话把这一小节中的意境给描绘一下。注意诗歌给出的时间、地点、环境以及人物的活动，在基础上，可以想象创造。请同学们动笔，时间：5 分钟。

[生动笔。师轻声播放音乐：古筝曲演奏的《白发亲娘》。]

师：请同学们依次来读自己的作品。——这一排！

生：（读）中秋的夜晚，桂花飘香，圆圆的月亮挂在天上，一群小朋友提着灯笼在篱笆边捉蟋蟀，他们玩得很开心，忘记了回家。

师：这是"童年的惊喜"吧。符合文义，可惜——旁边的同学给他打打分，评价评价。

生：70分。我觉得他没有想象，描写少了些。

师：（对众生）同意不同意这位同学的评价？

生：（齐）同意。

师：接下去，后面的同学！

生：一个秋风送爽的夜晚，我和小伙伴们打着纸糊的灯笼，蹦蹦跳跳的来到后院。秋虫的呢喃仿佛是母亲在摇篮边哼的眠歌，星光的闪烁好像是幼儿仰起小脸眨巴的眼睛。那浓郁的桂花味儿，又好似一粘上就会香三天三夜。我们在石缝间寻找蟋蟀，蹑着脚，循着声，数着稚嫩的心跳。"快，别让它跑了！"一声惊呼，总能引来一阵骚动。左堵右截，一不小心，头和头碰在了一起，却忘了说疼……

[掌声自发响起]

师：这个我看不要打分了，掌声已说明一切。Let's go on！

生：我写得不好，不及格。

师：不要紧，先读一读，课后再作修改。好吗？

生：深秋的夜晚，我独自一人徘徊在院子里，望着明月，想念家乡，家乡的园子里应当是黄叶满地，野塘里应当是荷花凋落了吧？想到这里，我禁不住掉下眼泪。

师：很好，很能入境，把自己也放进去了，不过描写是少了些，课后作补充。一只小小的蟋蟀引起了台湾诗人的想念，引来了大陆诗人的吟哦。那么，他们到底在想些什么，吟些什么呢？请同学们齐读第6小节，看能不能找到答案。

[生齐读第6小节]

师：有没有直接的答案？

生：没有。只有"你该猜到我在吟些什么 / 我会猜到你在想些什么"两句。

师：诗人"吟些什么"、"想些什么"，我们能猜到吗？

生：能。台湾诗人想念家乡，大陆诗人盼望统一。

师：好！你已经领悟这首诗的内涵了。不过，你能告诉我，作者为什么不直接说出？这样写，有什么好处？

生：这样写含蓄隽永，耐人寻味。

师：好！你又品味到诗歌——也许应当说是中国诗歌的语言特色了。作者就不怕我们猜不到吗？

生：不怕。因为，"中国人有中国人的心态 / 中国人有中国人的耳朵"。

师：好，你可抓住诗眼了。是啊，中国人有同样的祖先，同样的血脉，同样的传统，同样的文化，同样的背景，同样的感情，当然，也就会有同样的共鸣。现在，请齐读1、4、6节。

[生齐读1、4、6节]

师：读得不错。可大家一读，我就有了一个问题：剩下的几节不要，也可以成一首诗嘛！那么，剩下2、3、5节存在的价值又在哪里？现在请大家轻声地把2、3、5节给读一遍，读完之后思考并且讨论这个问题。

[生轻读2、3、5节，前后左右讨论。]

生：第2小节是从纵的方面来讲的，说明咏蟋蟀历史悠久。

师：第2小节中有两个字很难写，要注意。一个是"豳"，一个是"夔"。

生：第3小节是从横的方面来讲的，说明蟋蟀的活动空间很大，把有着深重灾难的中国人都连在一起了。

师：孤客，伤兵，苦难的见证人。

生：第5小节侧重于海峡两岸，把蟋蟀唱扩大到了"每个中国人脚迹所到之处"。

师：这一小节我正有问题呢！"比最单调的东西更单调／比最谐和的音响更谐和"，"单调"和"谐和"，不是矛盾的吗？

生：不矛盾。"单调"是客观存在，"谐和"是主观感受。蟋蟀单调的叫声和乡愁者的思绪一合拍，就再谐和不过了。

师：我还有问题呢！这里为什么要把蟋蟀比作露珠，是萤火，是鹧鸪？

生：因为它们都能使乡愁者触景生情。

师：哦，这就对了。可见蟋蟀只是一个借体，是古人情思，今人胸怀的寄托。本诗是托物言志。我们完全可以写另外的诗来唱乡愁，比如《就是那一滴露珠》、《就是那一闪萤火》、《就是那一声鹧鸪》。（众笑）这3小节，扩大了诗歌的内涵！（生点头）

师：现在，请大家合上书本，闭上眼睛，来听一遍录音，听完后谈谈感受。

[生闭目听配乐诗朗诵]

生：我有一种想家的感觉。尽管我现在离家不远，但我想到我以后考上大学，如果有可能的话，还会出国留学，那时候，我一定会想家的，那时候，再读这首诗，我一定会有更深的理解，我也许会写一首《就是那一只鹧鸪》来寄托我的思念之情。

师：无论走到哪里，家都是一个温暖的所在。但是，有没有人想到更大的家呢？今年对于我们国家来说是一个特殊的年份……

生：今年12月20日澳门回归，我想到了前年香港回归时的欣喜，想到了今后宝岛台湾的回归。

师：是啊，想家事小，统一事大。在香港、澳门相继回归的日子里，我们期盼着台湾早日回归母亲的怀抱。这不仅是大陆人民的心愿，也是台湾人民的心愿。从"乡愁诗人"余光中的笔下，我们不难找到见证。现在，让我们一起来把《乡愁四韵》给读一读。

[演示投影，生齐读。]

师：名为《乡愁四韵》，这里只给出两韵，还有两韵，请同学们补上。最关键的是要找到好的意象，可以从课文中去找。同时要注意句式的一致。我给大家配上音乐。

[师轻放《乡愁四韵》歌]

师：请同学们上来交流！

生：给我一杯黑咖啡啊黑咖啡 / 药一样的黑咖啡 / 苦药的滋味 / 是乡愁的滋味 / 给我一杯黑咖啡啊黑咖啡 // 给我一根白丝带啊白丝带 / 梦一样的白丝带 / 梦里的向往 / 是乡愁的向往 / 给我一根白丝带啊白丝带

师："黑咖啡"改成"浓咖啡"好不好？

生：给我一块圆月饼啊圆月饼 / 月一样的圆月饼 / 月亮的皎洁 / 是乡愁的皎洁 / 给我一块圆月饼啊圆月饼 // 给我一支竹枝鸢啊竹枝鸢 / 云一样的竹枝鸢 // 白云的抚摸 / 是乡愁的抚摸 / 给我一只竹枝鸢啊竹枝鸢

师："抚摸"一词用得好！

生：给我一张枯黄叶啊枯黄叶 / 纸一样的枯黄叶 / 白纸的空白 / 是乡愁的空白 / 给我一张枯黄叶啊枯黄叶 // 给我一枝桂花香啊桂花香 / 心一样的桂花香 / 心香的芬芳 / 是乡愁的芬芳 / 给我一枝桂花香啊桂花香

[生自发鼓掌]

师：时间关系，我们只能在课后再作交流了。你看，每个人写上两韵，我们合起来就是一百多韵。是的，乡愁是写不尽的。我们期盼着祖国的统一，我们期盼着民族的团圆，我们期盼着亲情早日把乡愁替代！今天下午，我将要去虹桥机场接从台北转道澳门飞来上海，离开家乡已有五十年的叔叔。我的叔叔已经七十岁了，他说他今生最大的心愿是叶落归根，我告诉他，他的心愿，是能够实现的！

师：我现在把《乡愁四韵》从头到尾放一遍，前两韵我们跟着罗大佑唱余光中词，后两韵，个人唱个人写的，好吗？

[师放录音，师生同唱。]

[下课铃响，师生道别。]

一条诗意的河流
——袁卫星"诗意语文"教学之路探析

袁卫星教育理想：做一个特立而不独行的学者型语文教师，记住每一个学生，并让每一个学生乃至学生家长记住。教育理念：让学生学会感动，让学生学有思想，让学生学出意义，让学生学得快乐。教学追求：走进学生心灵，营造课堂诗意，享受教育幸福。他极力主张诗化教育，从"归真"、"求美"、"移情"入手，孜孜以求语文教学的诗意。

袁卫星把语文比喻成"一条诗意的河流"，其实，袁卫星本人又何尝不是"一条诗意的河流"？

一、诗意的语文

袁卫星说："教育中，我也是一条快乐的游鱼，有着湿润和滑腻的幸福的外衣，有着时时浮现的内心欢乐的鳃红。我被感动喂养着，哪怕是一丁点，也足以消受一生。"

和许多教师的专业发展历程一样，"教育反思"、"理想烛照"、"同伴互助"、"专家引领"这几点，也是袁卫星专业成长的理想阶梯。

1. 睿者的指引

袁卫星生于 1970 年。那个年代出生的人，毕竟接受的理想化的东西太多，所以，选择的职业不是军人，就是作家。毕业分配，放弃留校的袁卫星被家乡文化局看中，要他去搞专业创作。可是阴差阳错，袁卫星还是被招回课堂。

面对曾经的出发点和眼前的停泊地，每个人都会生出"迷不知吾所如"的感觉。恰在这时，一位裤管挽得高高的农民，给了袁卫星睿者的指引。

那是一个细雨的午后，这位农民家长打着土布的雨伞来找他的孩子。这是一堂寻常的语文课，课开始仅有五分钟。袁卫星说："有什么急事，你把孩子叫走吧。"那位父亲连连摇头："这怎么可以？这可是语文课！让他听完这堂课我再带他走。"于是，这堂课就有了一位特殊的听众———一位打着土布雨伞站在教室滴雨檐下的父亲。

从此，袁卫星踏进课堂的第一个念头就是：这堂课是我也是学生乃至学生家长生命中不可或缺的一部分；当我和我的学生回首往事的时候，不应当为这堂课的平庸苍白而惭愧，也不应当为这堂课的碌碌无为而悔恨。从此，袁卫星走下讲台的第一个问题就是：今天这堂课，学生收获了多少，我收获了多少；课的哪一个环节处理得特棒，哪一个环节还有待提高。从此，袁卫星尘封起自己的作家梦，把人生航向修正为：做一个特立而不独行的语文教师，记住学生，并让学生记住。

这一年，是 1996 年，袁卫星把它看做是自己教育生涯的真正开始。

2. 成长的阶梯

1996 年 8 月，又是一纸行政命令，把袁卫星从母校张家港凤凰中学调入国家级示范高中江苏省梁丰高级中学任教。

刚到梁丰不久，赶上学校一年一度的对外公开课活动，语文组要开课，组长找到袁卫星，说："你亮亮相吧，这是一个证明你自己的机会！"袁卫星爽快地答应了。有人跟袁卫星说："你真傻，为什么人家不上偏叫你上？那是欺生！"袁卫星不以为然，觉得开课是一种责任也是一种机会，它锻炼人，别说让自己上，不让自己上自己还要争取呢！结果那堂以"语文课堂需要情感世界融通"立意的《一碗阳春面》课一炮打响，300 多位来自全国各地的听课教师（甚至有部分学校的司机）到最后自发起立，和 50 多名学生一起高歌了一曲《好人一生平安》，不少人是抹着眼泪离开阶梯教室的。袁卫星坚信，开的课多了，绣花针也会变成金刚钻。

1999 年，袁卫星执教张家港市首届名师展示课。那天，市教委主管教育教学业务的副主任卢元钦先生就坐在前排靠近走廊的地方，不看袁卫星"表演"，只看学生"表情"。课后，听课老师人去一空，卢元钦留下来问学生："老师平时常上这样的课吗？"

袁卫星不禁心头一震。震动之余，袁卫星写下教育手记："从今天开始，我会觉得，每堂课都是公开课，每堂课都有卢先生坐在那里。"

3. 自由的呼吸

2001 年 8 月，在经过一番激烈的思想斗争与权衡之后，袁卫星和两位同事加盟到民办翔宇教育集团。

于是，袁卫星开始了孤身一人，孤灯一盏地与思想家对话：孔子、墨子、老子，佛学大师、禅学大师、梁漱溟、冯友兰、熊十力，草原部落、北大抽屉，苏格拉底、奥古斯丁、康德，维特根斯坦、海德格尔……

于是，袁卫星开始了思考如何在教育中发展学生的精神，洗礼他们的灵魂，点燃他们的思想；如何让学生学会感动，让学生学有思想，让学生学出意义……

于是，袁卫星开始焕发自己的生命活力，在阅读教学中定位"读——解——悟"，在写作教学中定位"学——思——创"，开始了探索"专题式语文学习"……

4. 理想的烛照

袁卫星信奉"教育是必要的乌托邦"这种超越功利和现实羁绊，崇尚诗意追求和着眼于未来的理想精神。他说："语文教学是一片海。在这里赶海，不必以扭曲自己、改变本色为代价，且能收获几朵浪花，几串彩贝，几行足印。——我愿用我生命的绿色，去调和这一片蔚蓝！"

袁卫星认为，语文教学的更高境界应当是语文教育。做一个用语文教学生的老师，而不是一个教学生语文的老师，也就是说要站在教育的层面上来思考"教育是什么"。袁卫星说："教育是一种唤醒，是对学生人格心灵的唤醒。"语文教育"就像一首诗"，让师生感受到生命的绽放、灵感的闪亮、思维的碰撞、情感的激荡。语文教育的最高境界是发展学生的精神，一让学生学会感动，二让学生学出意义，三让学生学有思想，四让学生学得快乐。

二、诗意的生命

袁卫星说："当意识到生命的蜡烛在'照亮'学生的同时，也应'照亮'自己时，我们是不是应该投入到自我发展、自我完善的境界中去，寻求一种生命的意义、追求的乐趣呢？我把这种生命的意义、追求的乐趣称之为'诗意'。"

1. 学生生命的流动

课堂上，应是学生生命的流动。在上《一碗阳春面》的时候，学生想到的是自己的父母。于是，课文就不仅仅是发生在日本的故事了，而是直接地进入到学生的生命中，与他们的生活经验、生命体验融为一体。正因为如此，学生被打动了，流了泪，听课的老师也流泪了，课堂真正地大起来了，成了感受爱，感受真情，感受生命的顽强与坚韧的磁场。

2. 教师生命的流动

在这样的课堂上，是教师生命的流动。很难想象，如果没有教师全身心的投入，全身心地用自己的生命去感受，怎么可能真正地打动学生，从而轻易地走进他们的心灵？讲《就是那一只蟋蟀》的时候，教师想起了他下午要从机场去接自台湾归来的叔叔，讲《感受生命》的时候，教师想起了自己的老父亲。特别是在讲《亲近诗歌》这一节课的时候，教师直接展示的是自己的诗歌，从自己生命中流出来的诗歌！这样的课堂，怎么可能不动人？

写论文，常人看来是件苦差事，而袁卫星把它作为生命呼吸的一种方式，无论吸进的是什么成分，都希望呼出氧气，愿做思想的绿叶，奉献于葱茏的土地。

3. 师生生命的交融

在这样的课堂上，更重要的是对师生双方精神上的提升。教育，不仅仅是付出，同时也是一种享受，一节课下来，师生双方都感觉到了深深的满足。享受教育，不正是袁卫星的理想吗？

当教师把自己的生命投入课堂，并点燃学生的生命，共同燃烧，共同感受种种崇高感情的时候，诗意就诞生了！如果说，前辈教师对待教育更多地体现出一种"春蚕到死丝方尽，蜡炬成灰泪始干"的奉献精神的话，那么袁卫星更追求一种"双赢"，教学本身不但在提升学生，也在提升老师，教学不仅仅是一种负担，也可以成为一种享受，学生因为教师而体验到了成功感，教师也因为学生感受到了自己生命的价值。

三、诗意的求索

"诗意栖息在语文的大地上"是袁卫星最传神的画像。

从凤凰中学起飞，在梁丰中学羽翅渐丰，到翔宇教育集团翱翔，入苏州教科院潜心研究，一路求索，且行且歌。从年轻的名师到有成的专家，早已是媳妇熬成婆了，但是"诗人"并未就此搁笔，在语文教研的园地里继续书写学术的诗篇。一系列富有创意、切实可行的教研举措，给苏州市语文教研带来了一阵清新之风。

建立联动机制，倡导资源共享，注重过程管理，加强信息反馈，打造名师团队。强化学科指导，着力提高教师实施素质教育的水平。鼓励学科创新，积极推动语文课堂教学改革。直面高考现实，狠抓学科质量，促进语文教学质量不断攀升。兼容"本色语文"，倡导"诗意语文"，民主、开放、高效而充满生机的语文教研新局面正在天堂苏州渐成气候。"卫星教研结硕果，诗意之花出墙来。"诗意语文，在袁卫星团队的推动下，正从苏州走向神州。

如今，像袁隆平守候着他的稻田一样，袁卫星依然守望着他的诗意课堂。无论工作多么忙，他都会坚持每周至少去一次学校听课，坚持每学期在全市大型教研活动中面对一线教师执教公开课，并且敢于以自己的课作为"菜肴"供大家品尝，作为"标本"供大家解剖，作为"话题"供大家讨论，他希望能在大家的品尝、解剖和研讨中汲取继续前行的力量，找到开拓创新的路径。无疑，在他的内心有一种执着的冲动，那就是永远行进在诗意语文的路上。

诗意的生活，诗意的探索，诗意的人生……

愿袁卫星老师一路诗意盎然，不断谱写华彩乐章。

朱则光

朱则光，全国中语界新生代语文名师。北京市十一学校语文教师，曾任教于山东省微山县南阳镇王楼联中、欢城镇一中、微山县实验中学、济宁学院附中。济宁市首届杏坛名师、市十佳教师，山东省教学能手，全国中语会十佳教改新星，"教育西部行"专家团成员，教育部中西部农村中小学教师国家级远程培训主讲教师，《语文教学通讯》封面人物。获山东省优质课一等奖，"语文报杯"全国中青年教师课堂教学大赛一等奖。经常在全国各地执教公开课或作学术报告。主持参与省市重点课题多项，主编参编教材和教学用书多部。在核心期刊发表论文数十篇，著作有《活动语文》、《永不停滞的追问》等。

"在语文路上幸福追梦"，是他的人生追求;"时刻准备着"，是他日常教学的常态;"扭住语言不放松"的活动式语文，是他教学的风格特点;"准确、深刻、独到地理解和把握文本"，是他教学成功的关键;"乐于阅读和写作"，是他成功的秘诀;善于反思，"敢于煮自己的肉"，是他不断超越的法宝。

在情感的世界里激扬文字

——朱则光《我用残损的手掌》教学案例研读

成功的语文的教学，往往都离不开情感的教学，诗歌教学尤为如此。心理学家认为："情感是认知活动产生、发展和维持的动力，是构成良好心理素质的重要成分，没有情感就没有智力……"因此，这种积极情绪如果被调动起来，就会形成"情感动力"，起到促进知识掌握和智力发展的作用。戴望舒的《我用残损的手掌》一诗亦是一篇情感教学的绝佳选材，朱则光老师这堂经典的教学课例，处处闪现着语文教学的灵动光芒，精彩之处不胜枚举，本人觉得尤为成功的是其在情感教学处理上的高妙，如同引领大家投入一段荡气回肠的情感之旅，令我们在情感的世界激扬文字，共享悲欢，深刻体会到语文学习的无穷魅力：

一、情境创设，催生情感张力

创设教学情境的方法很多，如用形象生动、富有情感的语言描述；用投影、幻灯、录音、多媒体课件等电教化手段；用实物展示、小品表演等也都可以让学生"触境生情"，本课的情境创设，做到了以情入境，以境融情，足以体现其对情感教学的有力催生。

1. 结合时事热点创设情境，渲染情感氛围

例如，开篇的导入设计，朱老师抓住同一天时间发生的两件颇有关联的热点时事，敏锐地察觉到其背后赋予的深意，利用简洁而富有情感的启发性语言，创设了令人激愤的情境，引导我们走近诗人，去谛听他激情满怀的歌唱，渲染出一种爱恨交织的强烈的情感氛围。

2. 结合文史材料创设情境，唤醒情感共鸣

又如，在介绍写作背景的同时，朱老师利用确凿的史实和作者的另一首相关的诗作来辅助本文解读，既拉近了学生与诗歌本身的距离，又很好地创设了一种狱中景象历历在目的情境，让学生内心产生出强烈的共鸣，从而迅速准确地理解了诗中"残损的手掌"所赋予的生动形象和深刻内涵。

二、涵泳品味，丰富情感体验

用朱老师自己的话说，"涵"，就是没入水中，"泳"，即游泳。他用"涵泳品味"一词来形容对诗歌的反复吟咏诵读。语文教学本身就是语言的教学，诗歌的语言之美尤为突出。吟咏诵读既是加深和丰富情感体验的一种良好方法，也是对当前语文教学中"重讲轻读"的一种有效对策，它不仅可以使学生在读中受到感染，吸收作品的情

感之美、精神之美，而且能起到丰富语文积累、化用他人语言、强化语感培养等作用。这堂课，朱老师特别重视朗读，通过反复的、形式多样的吟咏诵读来解读诗歌意蕴，丰富学生的情感体验，在教学中注重朗读，锲入情感，是本课的一大亮点。

例如：

此时，谁的心中满腔怒火？请站起来！（学生义愤填膺，纷纷站起来）侵略军蹂躏了你的家乡，让你国破家亡！请你用声音告诉我们，告诉所有人，你愤怒了！你激动了！你义愤填膺了！你怒不可遏了！！——读！（学生忘情激愤地朗读）

又如：

师：末尾的叹号应该怎么读？（生读第 26 行）

师：想象一下，诗人点下这枚叹号的时候，会是什么样子？

生：神情坚定，紧握拳头，心中充满豪情。

师：这枚叹号是诗人紧握的铁拳，是诗人刚毅的表情。请配上合适的神情动作再读。（生读）

以上的读，都是鲜活而富于生命张力的情感体验。这堂课中，无论是教师的深情范读，还是学生的自由诵读；无论是教师的配乐优雅吟咏，还是学生的起立忘情诵读；无论是教师行云流水般的朗读指导与即兴点拨，还是学生思维碰撞后的个性化朗读与情感体验；都是那么的发乎于自然，有水到渠成的美感。

三、含英咀华，融入情感世界

对诗歌教学而言，最关键的什么？是掌握一种赏析诗歌的方法或模式，还是去充分体验诗歌的情感，获得一种审美感受？无疑，朱老师的这堂课给了我们一个肯定的答案，应该是后者。因为，学生们一旦进入到诗歌的情感世界中，就会很容易触碰到诗歌的灵魂。在本课的教学中，我们时时感受到一种意犹未尽的回味，这是因为在咬文嚼字、含英咀华的过程中，课堂上不仅有了浓厚的语文味道，而且在品位字词的同时，也捕捉到了诗歌的鲜明意象和深远意境，这些意象饱含了诗人的丰富情感，同时也染上了诗人的主观感情色彩，它们和诗人一道，在情感的世界里激扬文字，高歌生命。

例如：在这节课上，教师先让学生谈令自己心动的诗句——

生 1：最让我心动的是"尽那边，我蘸着南海没有渔船的苦水"，因为这句诗表现了诗人内心强烈地悲愤之情。（学生能从字里行间去挖掘作者内心的情感）

师：你从哪些词语体会出来的？（教师巧妙引导学生进行字词品鉴，进行咬文嚼字的训练。）

生 2：一个"尽"字充分表现出诗人内心的悲凉，因为诗人已经看到最南方的时候，祖国依然没有逃出侵略者的铁蹄。（学生能进一步准确地把握住了诗人的情感脉络）

生 3："没有渔船"，说明不仅是陆地，就连海上也被鬼子占领，沿海的老百姓已经失去了生活的来源；一个"苦"字，点出了人民生活在水深火热之中，只有痛苦，没有任何快乐可言。（能从具体的字词出发，深入理解和感受文本所蕴含的深意，理解能力进一步提升。）

师：你觉得南海本应该是什么样子？（教师进一步激发学生的想象力，促进其情感体验。）

生4：太阳一照，波光粼粼，大小的渔船来回穿梭，渔民们唱着欢快的渔歌，海浪轻拍着海岸。这该是多么祥和安宁啊！（在教师的循循善诱中，学生在情感的世界里激扬文字，体现了丰富的想象力和语言表达能力。）

朱则光老师《我用残损的手掌》教学实录

师：2005 年的 10 月 17 日，对于我们每个中国人，都是难忘的，为什么？

生1："神舟六号"胜利返航！

师：（屏显图片）对！因为激动人心而难忘，因为扬眉吐气而难忘！但是令老师难忘的，还有另外一件事，一件令人怒发冲冠，使人义愤填膺的事！谁知道是什么事？

生2：日本首相小泉第五次参拜靖国神社！

师：这位首相来不及换上和服，就急不可耐地去参拜了靖国神社！（屏显图片）你不想说点什么吗？

生3：我们觉得非常悲愤！因为"二战"已经结束六十年了，日本依旧坚持自己错误的军国主义主张，依旧去参拜供奉有像东条英机等甲级战犯的靖国神社，这是对中国、乃至全亚洲全世界爱好和平的人们的公然挑衅和野蛮践踏！（掌声）

师：我们的敌人却成了他们的英雄！即使两件事的重叠纯属偶然，这也足以刺激我们中国以及亚洲人民那根敏感善良的神经！屈辱我们可以宽容，但绝不可忘却。今天就让我们走近一个高贵而倔强的灵魂，（屏显作者图片及文字：走近戴望舒）去听听这个柔弱的中国文人，虽身陷囹圄却又曾怎样激情满怀的歌唱——我用残损的手掌。（板书标题、作者）

师：我们的活动任务是"涵泳品味，体悟情感"。"涵"，就是没入水中，"泳"，即游泳。这个词比喻我们应该怎样学习这首诗歌呢？

生：反复朗读。

师：对！反复朗读，反复品味，沉潜其中，才能悟得真味。这是学习语文的规律。请先允许老师按照自己的理解朗读这首诗歌，同学们要设身处地地倾听诗人内心深处的声音。（音乐《神秘园》中深情背诵）

师：你认为老师读得好的地方就试着学一学，不好的地方就改一改，然后激情朗读两遍；读后请你告诉我们，你最想问的问题是什么，或者最深刻的感受是什么？（学生激情吟诵）（屏显：话题一：最想问的问题；话题二：最深刻的感受）

生1：为什么诗人的手掌不是"完整"的，而是"残损"的？

师："残损"是什么意思？

生2：伤残破损。

师：那么诗人的手掌为什么是"伤残破损"的呢？（学生摇头，沉默。）

师：同学们现在最需要什么？

生3：给我们介绍介绍写作的背景吧！

师：好呀，正好我查找了一些资料，不知对同学们的理解有没有帮助。请一位同学来读一下。[屏显：这首诗写于抗日战争最艰苦的年代——1942年。1938年，诗人戴望舒从沦陷区的上海来到香港，主编一家报纸的副刊，编发了不少动员抗战的诗歌。1941年，日军占领香港后，立即逮捕了几乎全部的在港知名华人，包括戴望舒在内。戴望舒活跃的抗战姿态，很显然引起了日军的注意。日本宪兵动用酷刑审讯戴望舒，试图从他口中获取文艺界抗日人士名单等资料，但他始终没有屈服。

戴望舒在狱中的时间虽然很短，但所受的酷刑和折磨，是非常惨烈的，这使他出狱后仍无法摆脱这场噩梦，两年之后，他在写《等待(二)》一诗时，还记忆犹新地写下了这样叫人刻骨铭心的句子：在这阴湿，窒息的窄笼：／做白虱的巢穴，做泔（gān）脚缸，／让脚气慢慢延伸到小腹上，／做柔道的呆对手，剑术的靶子，／从口鼻一起喝水，然后给踩肚子，／膝头压在尖钉上，砖头垫在脚踵上，／听鞭子在皮骨上舞，做飞机在梁上荡……》]

师："泔脚缸"，就是废水桶、马桶。这首诗真实地记录了诗人在狱中所受到的惨无人道的折磨。这下，大家明白诗人的手掌为什么是残损的了吧？

生4：明白了。"残损的手掌"，是诗人遭到日寇摧残的结果。

生5：它也让我们想到被日寇蹂躏的山河破碎的祖国！

师：很好！同时这也是诗人不屈不挠的意志和对祖国挚爱的写照！

生1：我想问"那辽远的一角"，是指哪里？

师：（故意地）看注释呀！

生2：没有呀！

师：哦，那该怎么办？

生3：讨论讨论。

师：（高兴的）根据什么讨论？

生4：根据诗句讨论。（学生讨论）

生5：我觉得"辽远的一角"，好像是指祖国人民心中的一角，那是抗击侵略的钢铁长城。只要有这一角在，我们就会感到"温暖，明朗，坚固而蓬勃生春"，有"太阳"和"春"的感觉。

师：哦，很独到！也很合情嘛！

生6：根据"温暖，明朗，坚固而蓬勃生春""是太阳，是春"等诗句，以及老师提供的写作背景，我们认为"那辽远的一角"，还有"那里"，应该是指没有被侵略军蹂躏的解放区。

师：嗯，这个解释好像更合情合理。

生1：我想说说我的感受，读了这首诗，我好像听到了祖国母亲痛苦的呻吟和无助的呐喊！这是一首在敌人的铁窗中献给祖国母亲的歌！

师：是呀！有人就说朗读这首诗，你叹不出声，只有深沉的悲和热，在腑腔里沸腾。

生2：我感受到了蕴含在字里行间的亡国的痛苦！

师：在中国文学史上，诗人戴望舒无疑是一个独特的存在。他在诗坛以现代象征派的面孔出现，可在他生命的终端却写出了这样浸透了血泪的现实篇章。（板书：沦亡之痛　爱国之情）

生3："这一片湖"是诗人的家乡，长白山是我国东北三省的土地，黄河在华北，江南在东南，岭南在南方，最后是祖国最南边的南海。从这里可以看出，我们祖国的土地从南到北，到处都被侵略军的铁蹄践踏，而且诗人善于用最细小的事物来表现祖国被践踏的程度和侵略军对我们犯下的滔天罪行！

师：（屏显：摸索：这一片湖 → 长白山 → 黄河 → 江南岭 → 南南海）是呀，这不愧是戴望舒诗歌中最明亮最健康的歌唱！我们仅仅读了两遍，就产生了如此丰富的感受，真是难能可贵！下面我们就带着这些宝贵的感受到诗歌中细细搜寻：到底是哪些诗句带给我们如此强烈地感受？然后紧紧地抓住它，轻轻地读一读，细细地品一品，相信你的感受会更深切，更强烈！（学生自读，品味。）

生1：最让我心动的是"岭南的荔枝花寂寞地憔悴"，荔枝花本应该是漫山遍野、香气四溢和争先恐后地开放的，可是现在却"寂寞地憔悴"，这说明侵略者对祖国的蹂躏之深。

师：是啊，没有蜂围蝶阵，没有游人如织，现在只有——你读——（学生深情朗读）

师：在这里，诗人悲愤的情感不是直接明白地说出来，而是寄托在一个鲜明的形象——荔枝花上，这就是诗歌"用形象说话"（板书）的特点。诗人自己也说："诗是一种吞吞吐吐的东西，动机在表现自己跟隐藏自己之间。"（屏显）在那个以狂暴的吼叫代替艺术的凝想的年代里，这首诗显得难能可贵。

生2：最让我心动的是"尽那边，我蘸着南海没有渔船的苦水"，因为这句诗表现了诗人内心强烈地悲愤之情。

师：你是从哪些词语体会出来的？

生2：一个"尽"字充分表现出诗人内心的悲凉，因为诗人已经看到最南方的时候，祖国依然没有逃出侵略者的铁蹄。

师：请同学们把这个"尽"字标下来。

生3："没有渔船"，说明不仅是陆地，就连海上也被鬼子占领，沿海的老百姓已经失去了生活的来源；一个"苦"字，点出了人民生活在水深火热之中，只有痛苦，没有任何快乐可言。

师：你觉得南海应该是什么样子？

生4：太阳一照，波光粼粼，大小的渔船来回穿梭，渔民们唱着欢快的渔歌，海浪轻拍着海岸，非常地祥和安宁！

师：请你想象着这种"祥和安宁"地读一遍吧！（学生深情朗读）

生 5：最让我心动的是"在那上面，我用残损的手掌轻抚，像恋人的柔发，婴孩手中乳"，因为它用比喻的方法写出了诗人对解放区的向往。

师："轻抚"，是一个怎样的动作？请同学们各自表演一下。（学生做出轻轻抚摸的动作）

师：（问一名同学）你"轻抚"的时候心里是什么滋味？

生 6：我感到很幸福，也很温暖。

师：能打个比喻吗？

生 6：像沐浴着春天的阳光，像抚摸着心爱的礼物。

师：诗人为什么要说"像恋人的柔发，婴孩手中乳"？

生 7：恋人和母亲，是我们一生中最心爱的人。这两个比喻，把自己与解放区的关系，比作了恋人和母子关系，形象地写出了诗人对解放区的爱。

师：是呀，它唤起了我们生命中最亲切的感动！这两句诗我们虽然缺乏体验：一个还未曾体验，一个早已忘却，但是这位同学竟然分析得如此深刻！让我们把这种感受轻轻地读出来！（学生齐读、再读。）

生 8：让我心动的是"我把全部的力量运在手掌／贴在上面,寄与爱和一切希望"，这个动作表现了诗人对解放区的向往。

师：对，两个动作。先来看"运"，诗人都把什么"运"在了手掌？

生 9：全部的力量。

师：是呀，从字面上看是这样。还有什么？

生 10：全部的希望，全部的憧憬。

生 11：全部的崇敬，全部的爱戴。

师：或者说还有全部的向往，甚至全部的委屈等等。再来看第二个动作：贴。大家觉得这一"贴"，"贴"出了什么？

生 12："贴"出了对解放区的爱。

生 13："贴"出了一切希望。

生 14："贴"出了无限的温暖和幸福。

师：或者说还"贴"出了诗人对祖国美好未来坚定的信念。

生 15：让我心动的是"因为只有那里我们不像牲口一样活，蝼蚁一样死……那里，永恒的中国"，从"只有那里"可以看出除了解放区充满自由，其他地方我们中国人都像"牲口""蝼蚁"一样，没有自由，任由日军奴役，甚至自己连生命都不能把握。但是从"永恒的中国"又可以看出，诗人对解放区充满了真挚的情感，对祖国未来寄与了热切的希望。

师：好！我们就用这种"真挚的情感"和"热切的希望"来齐读 17–26 行！（生齐读）

师：还有谁想说令自己心动的句子？（无人举手）好，请看屏幕。（屏显：这一角变成灰烬，／那一角是血和泥；／这一片湖是我的家乡，／春天，堤上繁花如锦幛，／嫩柳枝折断有奇异的芬芳／我触到荇藻和水的微凉。）读一读，看上面的诗句漏掉了什么？想一想：哪一处错误最不可以原谅？

　　生1：这个"已"字表明"这一角"早已经变成了灰烬，那是过去的而不是现在的事情。

　　生2：这个"该"字强调"这一片湖"应该是我的家乡，但是现在不是了，被侵略军占领了，表达了诗人无限的悲愤、惋惜之情。

　　生3：这个"只"字强调"那一角"除了"血和泥"再也没有其他东西了，可见侵略者对我们国土蹂躏之深。

　　师：还有不可原谅的错误吗？（学生反复对照、思考。）

　　生4：还漏掉了一个括号！

　　师：（故意地）不就是一个小括号吗？

　　生4：不行！这个括号，表明里面的两行诗写的不是现实中的故乡，而是回忆中的故乡。

　　师：哦，可不可以这样说，回忆中的故乡越美，就越能表达诗人对现实的悲愤之情。（屏显正确句子）让我们把上面的种种理解化作朗读传达出来！（学生齐读）

　　师：不要说是多情的诗人，谁又能摆脱对家乡的牵挂？何况他的家乡就是胜似天堂的杭州呢？诗中的"湖"指的就是杭州西湖，戴望舒小时候家就在西湖的附近，在他的记忆里，西湖是世界上最美的风景，而他尤其不能忘的是最好的季节里的西湖。如此仙境一般美丽的家乡，现在如何呢？（指名朗读，再读。）

　　师：还有如锦幛的繁花吗？还有奇异芬芳的嫩柳枝吗？还有淡妆浓抹的美景吗？还有悠扬婉转的柳笛声吗？还有戴着柳条帽子的无忧的嬉戏吗？……没有了！没有了！一切都没有了！现在——（指名朗读，再读，齐读。）

　　师：此时，谁的心中满腔怒火？请站起来！（学生义愤填膺，纷纷站起来）侵略军蹂躏了你的家乡，让你国破家亡！请你用声音告诉我们，告诉所有人，你愤怒了！你激动了！你义愤填膺了！你怒不可遏了！！——读！（学生齐读）

　　师：与戴望舒同时代的东北作家端木蕻良，流亡关内，拖着疲惫的身体还嘶哑地歌唱自己的家乡：（屏显：对于广大的关东原野，我心里怀着炽痛的热爱。我无时无刻不听见她呼唤我的名字，我无时无刻不听见她召唤我回去。我有时把手放在我的胸膛上，我知道我的心还是跳动的，我的心还在喷涌着热血，因为我常常感到它在泛滥着一种热情。——《土地的誓言》　端木蕻良）我们就用这种"泛滥的热情"齐背这几句诗！（学生齐背）

　　师：看大屏幕（屏显：9-14行），接着读下去——（学生读至第14行）

　　师：老师还要提醒大家，这首诗写于1942年，当时正处于抗日战争最艰苦的阶段，解放区也陷入了极端困难的境地，很多人对抗战失去了信心。但是在侵略者黑暗潮湿的地牢里，却响彻着如此健康明亮的歌唱！这是怎样的一种民族精神呀！请大家怀着崇敬的心情把第17-26行背诵下来吧。（学生背诵）

　　师：在时代潮流的感召下，诗人戴望舒终于走出了惆怅的丛林和寂寥的雨巷，一次次充满韧劲和豪情地歌唱：（音乐声中屏显，教师朗诵：狱中题壁　　如果我死在这里，／朋友啊，不要悲伤，／我会永远地生存／在你们的心上。／／你们之中的一个死了，／在日本占领地的牢里，／他怀着的深深仇恨，／你们应该永远地记忆。／／当你们回来，／从泥土掘起他伤损的肢体，／用你们胜利的欢呼／把他的灵魂高高扬起。／／然后把他的白骨放在山峰，／曝着太阳，沐着飘风：／在那暗黑潮湿的土牢，／这曾是他唯一的美梦。）

2005 年是中国人民抗日战争和世界反法西斯战争胜利 60 周年，也是戴望舒先生诞辰 100 周年。为了再次感受他切肤的沦亡之痛和深沉的爱国之情，我想我们应该在深情吟诵中和这座不朽的丰碑依依惜别。（男女生合作朗读）

语文路上追梦人
——朱则光"活动语文"教学之路探析

把握机遇，让梦想追寻高远的希望

"在语文路上幸福额度。"二十多年来，朱则光在语文教学上的倾情投入和无悔追求，让他从一名偏僻乡镇的普通教师成长为全国名师。在这条曲折艰辛的寻梦道路上，我们可以看到他手执长篙，不断向青草更青处漫溯的诗意身影……

1998 年，从教 9 年的朱则光参加了省中语会年会，有幸听到了程翔和史建筑的课，如沐春风的智慧课堂极大地震撼了他，"我什么时候也能登上省级教研会的讲台？"年轻的他失眠了。似乎这正是一次机遇的昭示，注定要改变他一生的轨迹：从大会回来，他第一次一口气买回一提包的特级教师专著。从此，于漪、宁鸿彬、程翔、李卫东、韩军、李镇西……这些让人心动的名字相继闯入了朱则光的生活。但他知道要成为这样的教学名家，还需要把自己对教学的热爱和追求融入到沸腾的血液和生命中来：于是，他开始如痴如狂地苦练普通话和朗诵；于是，他便有了一年五六万字的读书笔记，二十多万字的教育随笔；于是，他上了数不清的没有荣誉的公开课……记得豫剧大师常香玉说过：戏比天大。对朱则光来说是：课比天大。他养成了随时随地备课，琢磨思考的习惯：热气腾腾的浴池中，骑着单车的大街上，陪伴孩子嬉戏的公园里……似乎他生命中所有的欢愉和苦恼都与他的教学有关！

面对每一次教学任务，他都倾尽全力对待，在他看来，每一节寻常的公开课都是一次提升自我的机遇，他都会百分百全情投入。十年追梦寒窗苦！这十年是他广泛阅读、丰富学养的奠基阶段，十年诗意而艰辛的追求，让他不但登上了省级优质课、教学能手、公开课的讲台，得以在国家级教学大赛、主题论坛上展示自己，更大的成功是，他深刻地爱上了教育教学，并以此作为人生的追求和信仰，在"痛并快乐"中品味甘苦，享受一切。有人说，机会就像旋转的门，每个人面对空档的机会都是平等的，但关键的是你要有看准空档并迅速跻身其中的能力，年轻的朱则光做到了，他是成功的，他终于让梦想追寻到高远的希望……

一、潜心教研，让梦想呈现厚重的辉煌

朱老师坦诚地说："我的阅读和教研一开始也有些功利性，基本上以教学设计和教学实录为起点。"只要是对自己有启发和帮助的内容，他就进行圈点勾画，批注摘抄，一个也不放过，然后再复印装订、编号索引，以便于查找。"韦编三绝"之后，一谈到很多课文的教学设计都有谁？他们是怎么设计的？在哪本书或杂志上可以查到？朱则光差不多都能脱口而出。正像医生积累病例一样，他从多年的潜心阅读与教研中积累了大量的"临床经验"，为以后在教研方面的进一步提升打下了坚实的基础。

在进一步的研究和学习中，朱老师对自己提出了新的要求，那就是对自己很喜欢的教学设计或实录，除了反复研读，他还要求自己做一些想象性的改编，这是繁重的任务，更是创造性的工作，难能可贵的是他把当时看到的程翔老师的所有的教学设计，都改编成了教学实录；又把他所有的教学实录都改编成了教学设计。一本沉甸甸的手写本，呈现的是专业追求上的厚重。这个阶段的研究持续了好几年，后来这类教学方法的文章他就基本不看了，而是通过阅读孙绍振、潘新和、程翔等人的著作，关注语文教学内容、文本解读的研究，关注专家教育思想的研究，再通过创新教育实验从课堂转向德育，从教学再扩展至教育。应该说，是潜心教研使他的视野更具前瞻性和开放性，也使得他的课堂教学呈现出丰富的厚重感和灵动的鲜活性，他终于让梦想呈现出厚重的辉煌……

二、真诚反思，让梦想闪烁智慧的光芒

朱则光是一位严于律己、善于自省的思想者。成功的光环，带给他喜悦和收获，成功之后的迷茫也曾使他经历磨砺和痛苦。

2003 年，他调到全市最好的初中任教，特别是获得省教学能手、国家级教学大赛一等奖之后，他开始感觉到自己专注于教研的心态受到了影响，发现自己的课堂有了"忽略语言学习的倾向"。焦虑之余，他诚恳勇敢地解剖自己——虚心听取了同事和专家的意见，珍视"每一句话里都有一颗心"的真诚和可贵，他开始了专业上的进一步反思和提升。在他看来，反思就是抓住自己不放，和自己过不去，"敢于煮自己的肉"。于是他又一次次满怀敬畏地走进文本，虔诚地审视每一个词语和标点，因而每每感动于这小小方块字的生命热量，惊叹于作者精心营造的言语和精神空间。他领略到"文字是生命的酒"，只有以语词的灵魂歌唱，才能真正触摸到作者的精神和生命最本质地跃动。立足于教学一线苦苦求索的他，逐渐形成了"贴着文本的地面，漫步在言语的密林，穿行在字里行间"的语文教学观。切身的体验和曲折地思索使他豁然开朗：原来语文教学的过程，就是引导学生沿着文本言语的阶梯去攀登作者精神境界的过程，攀登的过程就是作品的思想感情内化为学生思想感情的过程，同时也就是文本的言语积淀为学生素养的过程。

朱则光说："教育呼唤真诚，我以真诚待之，教育艺术的殿堂便向我慷慨地敞开大门。"

真诚地磨砺与反思，使他的课更有理性的神采和智慧的光芒，呈现出一种具有深度的语文对话的特质。这些可贵的收获，是一个真正思想者获得的智慧馈赠。他由衷地感慨：要领略一种思想，感受思想之剑"开锋"的快乐，必须要有直面自己解剖自己的勇气，必然要经过无数次磨砺的痛苦。不停地追问和思索，终于让他的梦想闪烁出更加智慧的光芒……

朱则光深有感触地说"教师身处复杂丰富的教育现实，拥有着太多值得思考的材料；只有思考才能提升我们的教育生活品位，使我们不断发现、捡拾并享受教育回馈地惊喜和幸福。"

三、坚持写作，让梦想插上腾飞的翅膀

朱则光对教育写作的心得，是颇具一番独特感受的。从投稿石沉大海和花钱发表文章，到核心期刊找他约稿，再到成为他们的封面人物，在全国中文核心期刊发表数十篇文章，甚至和很多编辑成为朋友，其中"持恒"二字成为他成功的关键。他始终认为，写作就是逼着自己思考，透过事情的表象向纵深处思考。

他先写教学日记，后写教育博客，继之写随机微博，他尝试把自己的思考公开到网络平台，先后在博客里发了 400 多篇文章，点击率由几千，上万，到二十多万。他坚持写《叩问课堂》系列，在教案基础上，增加一个"教学现场"版块，客观记录教学设计在课堂上发生的故事。课上到哪儿，文章就写到哪儿，少则一个单元四五千字，多则两三万多字。他去新疆讲课，回来写了一万多字的《西行漫记》，韩国学习，每天晚上都在构思和整理文稿，回来后二十多天没出门，写完了近三万字的《走进韩国》，思考韩国的文化、教育。朱则光所有的业余时间几乎都花在了阅读、写作和教研上，每天坚持到凌晨已经成为他教学生命的一种常态。

他也记录下不成功的教学经历，写作《教育的遗憾》，这些文字，是师生生命成长的足迹，更是对生活和教学的深刻反思。写作，以特有的魅力和价值拓展和延伸了他的专业天地，加入"创新教育博客群组"后，丰富的写作成果和迅捷的网络平台，让他被很多外地的教研活动所邀请，被很多外地的专家、老师所了解和肯定。2006 年起他开始出外讲课，足迹遍及全国十几个省。聚沙成塔，集腋成裘，合著《活动语文》，专著《永不停滞的追问》相继问世。

朱则光动情地说："一位成功的教师应该是重视写作和积累的，如果把科研当做常态的生活，而不是装潢；如果扎根学生，把每一个学生的每一天都当成课题研究；如果扎根课堂，把每一节课都当成公开课认真对待；如果扎根班级，把班级当成家一样经营——就会觉得每天都有想不完的素材"，通过写作的丰厚积淀，他终于让梦想插上了奋飞的翅膀……

诗歌阅读教学导航

秀色可餐是诗苑
——名师诗歌鉴赏教学策略研讨

当代著名美学家朱光潜认为，要培养人的文学趣味和审美能力，莫过于读诗和写诗。新课标及各版本语文教材不约而同地加大了诗歌教学的分量，中考和高考也把诗歌的诵读积累与赏析作为必考内容之一。为了学生的终身发展，培养学生对诗歌的审美情趣，学习和掌握鉴赏诗歌的基本能力，势在必行。

一、诗歌是音韵的艺术

诗歌本是一种有声的生命存在。美读吟诵，便是将无声蓄情的文字转为有声溢情的声音。读，能感知节奏，培养语感；读，能体验情感，理解诗意；读，能领会意境，明晰理趣；读，能通文字之脉，能贯文字之势，能奠语言之基，能养浩然之气。看似最拙之法，却效果最佳；实乃最实在之法，最本然之法。叶圣陶先生说："美读得其法，不但了解作者说些什么，而且与作者的心灵相通了，无论兴味方面或受用方面都有莫大的收获。"

读，还要讲究读的技巧、读的艺术：要原始地读，朴素地读，从学生的需求读，让学生自由自在地读，充满美感地读；并把读的时间真正还给学生。

读，不仅仅是语文教师的素质，更是语文教师的职能。教师不能读，无疑是缺失；不敢读，无疑是误人；准确读，是本分；适时读，是智慧；令人感动、让人落泪的读，是大功夫、真功夫。

二、诗歌是情感的艺术

1. "复活"诗人

中国诗，尤其是传统诗，有着独特的个性特质，即"尚善"。这源于中国诗"言志"的传统。"诗者，志之所之也，在心为志，发言为诗。"（《毛诗序》）

"诗缘情而绮靡。"（陆机《文赋》）。情感是诗歌的灵魂。对于诗歌教学来说，"入情"就是抓住了诗歌的要害，一如庖丁解牛，"謋然中开"。

然而，今天的诗歌教学并未真正得到广大学子的喜爱。究其原因，首要的就是情境隔膜，情感疏远。所以，要让诗歌教学获得新生，教师就必须重入诗歌所处的时代情境，复活诗人于学生面前，使课堂变成"真实"的生活，使学生置身其中，敞开心扉，忘却时空，从而架构起和诗人之间彼此平等、相互依存、情感互通的桥梁，唤醒学生与诗人"对话"的渴求。可以说，诗人复活了，诗歌自然就复活了，诗歌教学也就恢复了旺盛的生命力。

韩军老师在教学《登高》一诗时，导入即创设情境，使诗人穿越时空隧道，飘然来到了学生的面前。"一千二百多年前，一个秋天，九月九日重阳节前后。夔州，长江边。大风凛冽地吹，吹得江边万木凋零。树叶在天空中飘飘洒洒。漫山遍野是衰败、枯黄的树叶。江水滚滚翻腾，急剧地向前冲击。凄冷的风中，有几只孤鸟在盘旋。远处还不时传来几声猿的哀鸣。——这时，一位老人朝山上走来。他衣衫褴褛，老眼浑浊，蓬头垢面。老人步履蹒跚，跌跌撞撞。他已经满身疾病……"

2. 换位体验

诗歌，虽然是主情的艺术，但诗歌的情感，尤其是对深层次情感的把握，绝不可全靠教师直接的灌输和揭示，亦不可靠反复的诵读，而要作真切深入地开掘、体验与复活。诗歌情感唯在体验。可以通过换位，和诗人换位，设身处地地为诗人想想；抑或干脆假托成诗人，置身当时当地的情境，从而深切的体验诗人心灵的悸动和情感的忧乐。

袁卫星老师教学《就是那一只蟋蟀》时，课前，听唱《乡愁四韵》；导入，诵读李白的《静夜思》和余光中的《乡愁》。两个精心设计的小环节，无疑营造了鉴赏本诗的艺术氛围，定下了鉴赏本诗的感情基调。这样的设计，不仅仅是一种变相的"复活诗人"，更是学习者个性体验的开始。诗歌第4小节之问："这一小节最有人情味的，你认为是哪一句？你为什么认为是这一句？请你结合自己的经历谈谈自己的感受。"这里，已不仅仅是让学生与诗人"换位"了，更是直接拨动了学生情感的心弦，让学生与诗人面对面的"对话"了。这样的体验，自然是别人无法替代的"这一个"，是读诗的"个性化"。

毫无疑问，学生"个性化"的体验与其知识积累、生活经验、社会经历、家庭环境以及阅读时的心境有着密切的关系。一个住宿生的感受体验是，"我想起妈妈天冷的时候也会给我送衣服来，还有棉被。"当学生的阅读体验与生活经验紧密交织在一起时，学生的解读会更加感人。

三、诗歌是意象的艺术

1. 画诗再现

中国诗虽重情感的抒发，但却很少直抒胸臆，而是借助一个或几个画面，作为载体，"诗中有画，画中有诗"。这是中国诗呈现出来的又一个基本特征，即诗歌的形象性。

中国诗的意蕴唯在"形象"。"形象"是作家情感的寄托与表征。"夫缀文者情动而辞发，观文者披文以入情。"（刘勰《文心雕龙》）披文之"意"全在"形象"之中。倘只知其"意"而不能附丽于"象"，那就等于是买椟还珠，可惜了文学经典的价值和魅力。所以说，唯有再现形象，才能还原文学的情感与内容。如此看来，通过直观、引用、质疑、联想，甚或文字再现等一系列"画"诗活动，品味"象"中之"意"，就不仅仅是一种教学的艺术了，更是对诗歌审美价值的一种独特发现和欣赏。

比如徐志摩《再别康桥》的教学，即可通过"画"诗之法，给诗作作形象再现。全诗七节，每节一幅画：①招手作别图——别情；②金柳新娘图——倾情；③青荇招摇图——依情；④清潭彩虹图——悦情；⑤寻梦放歌图——忘情；⑥别离沉默图——伤情；⑦挥袖离去图——离情。每图都恰似一环情感的枷锁，环环相套，正是诗人波涛汹涌的情感旋涡。

2. 想象创造

诗歌是靠"形象"来传情达意的，而要感悟"形象"的内涵及诗歌的意境，就不能离开联想和想象。可以说，联想和想象就是打开通向诗歌神圣殿堂之门的一把金钥匙。因为诗歌的语言是精炼的，诗歌的"物象"是富有丰富内涵的，诗歌的内容是富有跳跃性的。只有想象，才能完成诗歌教学"感悟"与"体验"的重要任务；才能使学生有所得有所悟；才能使诗歌教学走出"概念传授"与"被动接受"的教学误区；才能使学生透过诗歌的学习，实现陶冶情操，开启智慧，提升素养的目标。

中学生的思维正充满了奇幻色彩。语文课如果丢缺了学生天真烂漫的"异想天开"，那就是语文教学的最大悲哀。所以，诗歌教学理应，引领学生展开想象的翅膀，在思维的天地间任意翱翔。或借题发挥，触类旁通；或浮想联翩，纵横驰骋。刘勰《文心雕龙》中所说的"寂然凝虑，思接千载；悄焉动容，视通万里"，正是诗歌教学在激发学生想象思维方面所要追求的艺术境界。

如《钱塘湖春行》的教学，听朗读时，便要求学生静下心来，把诗歌的内容想象成一幅幅充满个性体验的画面："早莺"、"新燕"、"乱花"、"浅草"、"绿杨"组成的春之图，平静的水面、低垂的春云、倒影下的孤山、绿荫下的白沙堤构成的风景图。继而抓住关键的事物和词语触发进一步想象，使形象延伸：在江南春天的美丽图画里，诗人骑着马儿在西湖边上踏青游春……

四、诗歌是意境的艺术

王国维《人间词话》开篇就说，"词以境界为最上。有境界者自成高格"，犹言有无境界就是衡量诗词高下的唯一标准。因此，理解和鉴赏诗歌的境界（即意境）就成了诗歌教学的核心问题。

1. 意境进入

相较而言,对诗歌解读,"入境"远比"悟境"重要。不得"入境"自然就谈不上"悟境"，所以，诗歌教学也是"入境者自成高格"。叶圣陶也说："作者胸有境，入境始与亲。"

诚然，诗人的思想感情往往是热烈的、直露的，但表现在诗歌中却无不是含蓄的，甚至是隐蔽的，对诗歌意境的解读，首要的便是情境创设，唤醒学生的情感，让学生带着自己的生活经历走进文本，接近诗人的心灵。唯有如此，才能使学生真正进入到文本创设的艺术境界。

韩军老师在教学《大堰河，我的保姆》一诗时，导入即假托诗人，创设情境直入诗歌意境，使听者也误以为他就是诗人艾青，全然忘却了站在面前的是韩军老师。"刚才主持人介绍了我，其实那不是真正的我，下面我就跟同学们说说我自己好吗？我是地主的儿子，我出生那年，父母找了一个算命先生给我算命，那算命的先生说，得送给一个穷苦的人家喂养，我才能长命百岁。于是我被送到我的保姆——大堰河的家，从此我就成了大堰河的儿子……为表达对乳母的深深怀念，我写下了《大堰河，我的保姆》这首诗……今天我把这首《大堰河，我的保姆》，献给我的乳母——大堰河！"

2. 意境体验

意境是诗人的思想情感和诗歌描摹的生活图景的和谐统一，是蕴含着作者思想感情的艺术境界。所以，对诗歌意境的解读就要落在诗歌图景中的诗人情感之上了。

如陶渊明的《饮酒》一诗，抒发了诗人归隐后安贫乐道悠然自得的心情。诗人远离了都市车马喧嚣的环境，不再受尘俗烦扰，面对大自然而物我两忘。诗人以宁静欣慰的心态写景，又以景物烘托自由自在的心绪，情景交融，耐人寻味。教学"采菊东篱下，悠然见南山"的优美意境时，不妨使用彩色粉笔在黑板上作一幅简笔画；然后要求学生展开想象，在脑海中描画陶渊明的神情仪态。

3. 意境再造

意境再造就是把进入诗歌意境后获得的个性体验，用文字表达出来；抑或干脆仿照原诗，选择不同意象，再作一首与之意境相同、相近或相对、相反的诗歌。无疑，意境再造也是一个极具个性化的创造过程。

袁卫星老师在教学《就是那一只蟋蟀》一诗时，就作了这方面的有益尝试。

师：名为《乡愁四韵》，这里只给出两韵，还有两韵，请同学们补上。最关键的是要找到好的意象，可以从课文中去找。同时要注意句式的一致。我给大家配上音乐。

生：给我一杯黑咖啡啊黑咖啡 / 药一样的黑咖啡 / 苦药的滋味 / 是乡愁的滋味 / 给我一杯黑咖啡啊黑咖啡 // 给我一根白丝带啊白丝带 / 梦一样的白丝带 / 梦里的向往 / 是乡愁的向往 / 给我一根白丝带啊白丝带

生：给我一块圆月饼啊圆月饼 / 月一样的圆月饼……

生：给我一张枯黄叶啊枯黄叶 / 纸一样的枯黄叶……

学生的"乡愁之韵"确实独特，学生的意境体验也确实"个性"。学生不仅赋予了"黑咖啡""圆月饼""枯黄叶"乡愁的味道，更重要的是在个性的阅读体验中，学会了在意象意境中寻找乡愁的味道。

五、诗歌是言语的艺术

1. 持守文本

诗歌语言的独立价值唯在文本文字。文字，是诗歌凝固的精美艺术品；文字，是以"大象无形，大音希声"的状态潜匿于文本世界与审美世界之中；文字，不仅仅是师生展开平等对话的平台和依据，更是与师生展开生命对话的"活的生命体"。学生独特的情感体验是在与文字亲密接触中生成的。

文字之于语文课，犹土壤之于花草；文字之于语文教师，犹钢枪之于战士。语文教师对文字的虔诚和捍卫，无疑应该是最高意义的。

文字才是诗歌的"根本"，诗歌教学绝不可游离文本文字，而必须由文字发，由文字收，文字贯穿始终。任何漠视文字，视"文字妙处"如无物，唯关注内容、主题、哲理等的行径，都是舍本逐末、背道而驰的。对诗歌教学中文字意识的强调，要"着意于精神，着力于文字"。

2. 反刍文本

众所周知，诗歌文本有语言艺术和人文精神两个价值。人文精神价值只有在语言艺术价值的研读过程中，才能得以彰显。二者不可倒置。所以说，品味诗歌的语言艺术价值无疑是首要的。

体味诗歌语言凝练、形象的妙处，可采用"加一加、减一减、调一调、联一联、换一换、改一改"的办法，设置参照物比较揣摩。

捕捉诗歌鲜明的意象和精妙的技巧，则需要巧妙地设问了。一从生活角度问，二从字面内容问，三从无疑之处问。程翔老师教学《再别康桥》时，就问得甚为巧妙。"那河畔的金柳，是夕阳中的新娘"：从"金柳"为何联想到"新娘"？"波光里的艳影，在我的心头荡漾"：看见"波光里的艳影"为何荡漾？"荡漾"是什么意思？你们的心头"荡漾"过吗？类似的问题，无不在巧妙启发学生联系实际进行联想和想象，从而达到深刻理解意象、真正体会诗歌遣词之妙的目的。"那榆阴下的一潭不是清泉，是天上虹"：明明是清泉怎么成彩虹了，表达上是否有误？"揉碎在浮藻间，沉淀着彩虹似的梦"："浮藻"和"彩虹"并不类似，作者是不是写错了？如此无疑之问，就使学生对"景随情迁，以情入景"的"移情"技法的认识，水到渠成了。

最后，还要提出的是，诗歌教学中必须特别重视"类读"积累。就是将同一类别的诗歌汇集起来，形成富有特色的教学资源板块。"类读"教学不仅能使课堂容量异常丰厚，开拓学生的视野，更能实现对教材的"超越"。

千淘万漉虽辛苦，吹尽黄沙始见金
——诗歌教学的弊病与诊治

应该讲，中学语文教学中，诗歌是难度较大的一种文体。作为文学教育的重要手段，诗歌教学不仅要使学生获得文学知识上的提升，更要促进学生审美情感上的体悟。但是，诗歌教学的现状并不乐观，存在着许多不足和漏洞。

一、误用知人论世，盲目介绍背景

任何一部文学作品，都包含着作者主观的审美感受。诗歌更是主体意识的河流，或抒情，或说理，都是有感而发，正如白居易所说"文章合为时而著，诗歌合为事而作"。每一首诗，都有其产生的社会根源和性格根源。因此，必须对诗人所处的社会环境及个人遭遇，尤其是诗歌产生的时代背景有比较详细的了解。只有这样，对诗歌的理解才能更为全面，更为具体；对诗歌情感的把握才能更为准确，更为恰切。

如教学郭沫若《天上的街市》，如果不向学生介绍诗人生活的上世纪 20 年代半殖民地半封建的中国现实，学生就根本不能清楚旧中国依旧被帝国主义列强及其豢养的各派军阀统治着，就根本不能明白诗人为何要写下这浪漫气息浓郁的诗歌，就根本不能理解诗歌所表达的对黑暗现实的憎恶和对自由美好生活的向往之情。

但是，教学中误用知人论世，盲目介绍背景的现象时有发生。

1. 面面俱到
诗歌解读的传统之法强调"知人论世"，即要对诗人及生平，更主要的是诗歌产生的时代背景作一详细的了解。可是，在具体的教学实践中，不少教师往往习惯性的做"全景式"的作者及背景简介，（尤以年轻教师为甚，可能是受大学里经院式文学教育的影响吧），从时代背景到作者生平、创作、风格流派，一一述说，翔实有加，面面俱到，而对与诗歌密切相关的背景信息介绍不够，甚至蜻蜓点水，不甚了了。老师讲了一大片，学生还是一头雾水，对于作品的理解，还是觉得很"隔膜"。

2. 敷衍了事

"淡化知识"，是新课改的一种提法。新课标教材与老教材相比，语言知识、文学常识等内容大幅度减少，对于作者的介绍也是少到不能再少。与之相应的中考和高考，一般也很少考作家作品之类的文学常识。所以很多讲究"实际"的教师也就把作家作品当做可有可无的教学内容，淡化了对作者及背景的介绍，敷衍了事，甚至让学生瞅一眼课文注释就算完事，认为"反正不考，讲不讲无所谓"。表面上看这样可以"节省"教学时间，其实这样做的结果是直接阻滞了学生对诗歌文本的理解，同时也弱化了学生必要的文学常识积累，对语文素养的形成极为不利。

3. 千篇一律

更奇怪的是不同地域不同学情的师生，教学设计千差万别，而关于某一作者的介绍几乎完全相同，教学同一作者的不同作品，对作者和背景的介绍也没有多少变化。

4. 牵强附会

受极左思想及唯政治思维的影响，所有诗歌的主题都往思想政治及社会背景上扯，牵强附会，盲目拔高，歪曲诗歌主旨，破坏诗歌的美感，使得本该生动鲜活的诗歌教学，变得面目可憎，味同嚼蜡。

二、偏重语言理解，忽视艺术鉴赏

诗歌学习尤其要注重赏析字句，因为诗歌自古就讲究"炼字"、"炼句"。"吟安一个字，捻断数根须"，"二句三年得，一吟双泪流"的美谈，都说明"炼字"、"炼句"的讲究和艰难。诗歌教学诚然应该注重对关键字句的反复探究和体味，但绝不可等同于古文教学，要进行逐字逐句的解释，甚至翻译成文。否则，破坏的不仅仅是诗歌的音韵美和建筑美，更多的是审美主体主观体验的意境美和情趣美，致使一首内容和形式俱佳的诗歌杰作堕为干巴巴的只言片语。

其实，诗歌教学，应从关键字句入手，通过对各种物象的勾连，体悟诗歌整体的情感和理趣，从而抓住诗人所要表达的真正义旨，获得更高的艺术享受。

三、推崇功利教化，漠视情感体验

文学是唯美的艺术，一旦被套上功利的枷锁，那就完全失去了空灵的美感。王国维早就发出了"物质上无当世之用，精神上有万世功绩"的忠告。美国教育家丹尼尔·科顿姆也认为，过于功利化的教育是无用的，"功利主义价值体系对教育的全面渗透是导致教育无用的首要因素。"

可惜当今的诗歌教学，因一味地为应试计，而只推崇千技百巧的理性剖解，以教师滔滔的讲析拆解替代学生的美读吟唱和自诵自悟，致使美妙诗文成万段碎尸，七宝楼台成颓垣断壁。再不然就是，走马观花、浮光掠影、匆匆而过的流于表层的

"标签"之举，根本不顾学生的真切体验和情感共振，更无视学生心灵深处对真善美的向往。结果留给学生的，除了几个抽象的符号概念和一丁点儿僵死了的知识外，就空空如也了。

诗歌教学必须打破这种过于格式化、体制化的剖解模式，从整体入手，找到情感体验的路径，让艺术更接近自然，更能反映人性，更为真实，更像艺术。

另一方面，诗歌的价值本在于陶冶人的性情，培养人的品性，让学生学会领悟生命内涵，探索事物本源，获得情感体验，生成自由精神。所以，如果硬将诗歌堕为教化的工具，并从中提炼伦理道德、哲学思想的话，那绝不是诗歌价值的全部。

但这种所谓的"现实反映论"却一直在左右着今天的诗歌教学。试想，一首再好的诗歌，如果如此地套上道德教化的作用，那么，再优美的诗情画意也会被消解得荡然无存。作为语文教师，有理由，也有责任，自觉抵制这种"反映论"，把诗歌的真正价值还给学生。

四、重视理解识记，忽视审美提升

诗歌教学的目的，是让学生通过与诗人的对话，去获得对人生、人性、人情的深刻体验与感悟，从而内化为创造性思维，发展成自身的创造能力。诗歌教学的重点，是让学生去理解诗中的情，充分感受诗歌的语言美、形象美、意境美。

可是，目前的诗歌教学正走向一种公式化、程序化的歧途。不少教师认为，诗歌教学只要"扫清字词障碍"，"翻译诗句大意"即大功告成。甚而至于，将诗歌教学的目标定位于"识记"之上。一节课，师生"五五开"：前半节是教师的讲解分析，后半节是学生的自读背诵。前后脱节，情感断裂，一堂生动的美育课变成了枯燥乏味的背诵课。

毫无疑问，这是对诗歌教学功能的片面认识。只着眼于狭隘的语言因素和知识要点，而无视深层次的情感体验和审美提升，其结果必然是无味的、失败的。

五、追求形式生动，弱于深度开掘

诗歌教学中，尤其是公开课、演示课、示范课、竞赛课，无论是听者还是教者，无不把目光聚焦到课堂的层递性、连贯性以及动态生成性。姑且不论这种课堂的真假，单是过程的过于流畅，便势必导致开掘不深。尽管课课都强调"关注一点，有所突破"，但结果还是，每一点的深度处理都有欠缺。比如关注"诵读"，是否该讲究一下层次和技巧；关注教师的"教法点拨"和学生的"个性体验"，是否该描绘一下诗歌的画面情境和尝试一下作诗。

中国自古就有"诗教"的优良传统，从孔子的"兴观群怨论"开始，就非常重视发挥诗歌的审美、教化及综合育人的功能。因此，当下诗歌教学目的也不应该过于功利，不仅要让学生掌握诗歌赏析的技能，形成健康积极的审美情趣，还可以学以致用，让学生尝试写一写诗歌，来一番"兴会"与表达。

或许当我们不再那么痴迷于条分缕析地讲解，不再那么执着于深刻含义的挖掘，不再那么过于强调教学技法的精巧，多一些趣味与吟咏，多一些体验与感悟，多一些兴会与想象……诗歌教学的诗意境界就会不期而至。

欧 阳 代 娜

　　欧阳代娜，全国著名语文教育专家，广东南海人，童年成长于革命圣地延安。原辽宁鞍山十五中学特级教师。国家教育部中、小学教材审定委员会中学语文教材审查委员、全国中语会学术委员会副主任、东三省中语会副理事长、鞍山市教育科研所名誉所长。编写教材及教学用书20余种，发表论文80余篇，计数百万字。

　　她把"语文教学艺术"归纳为四句话："要在语文教学中讲出'美'字来，'美'是语文教学艺术的基础"；"要在语文教学中悟出'巧'字来，'巧'是语文教学艺术的核心"；"要在语文教学中点出'活'字来，'活'是语文教学艺术的契机"；"要在语文教学中练出'实'字来，'实'是语文教学艺术的归宿"。

"异域"风景这边独好

——欧阳代娜《岳阳楼记》教学案例研读

反复研读了欧阳代娜老师《岳阳楼记》的教学实录，受益匪浅。课堂不夸张，不华丽，初看似有稀松平常之感，然而再三咀嚼，才品出其中真味，尤其让我叹服的是课堂的以下几个特色：

一、深入研析，运筹帷幄

吕叔湘先生曾认为，在字义与句法之外，文言文学习还要关注古代文化常识。文言文由于历史久远而存在着自身特点。文言文中的文化背景、历史条件、相关的典章制度、社会形态与学生有着巨大的时空距离。其语言表达形式、表现方式、语词含义等也与学生存在着语言距离。隐藏在古代诗文中的微言大义，增加了学生认知理解的难度，学生由于陌生、模糊而产生疏离、排斥的心理。但是，古代文化魅力无穷，如果教师讲解方法得当，学生学习文言文也会兴味盎然。

老师们总是习惯了在课堂上依据教参资料将知识罗列给学生，而备课过程也总是将手边固有的资料整理归纳，形成板书及其他课堂的重点教授内容，却很少去下工夫研读课本本身。尤其是文言文教学，老师们更把备课重点放到字义和句法的讲解上，却很少花工夫把文本内涵理解深透。殊不知，教师对文言课文解读得不深不透是无法帮助学生获取真知、品味到中国古代文化的美感的。正因为这样，欧阳老师在教授新课前，反复研读了课本，发现问题，思考问题，解决问题，并在深思熟虑之后列出了"预习提纲"。从"预习提纲"中，我们可以看到从基础知识的积累到文体常识的把握，从阅读思维的培养到朗读能力的训练，考虑周详，为课堂教学从古文化赏析角度切入进行讲解提供了很好的保证。

二、精当取舍，重点凸显

语文课知识点、能力点的细碎庞杂常常让初中语文课堂变成大量灌输知识点、能力点的"大杂烩"课堂，教师授课疲惫不堪，学生听课昏昏欲睡，整节课像一个大人拽着走路还不稳当的孩子一路狂奔，大家都忽略了从容：从容地穿行于课本的语言文字之间，从容地质疑，从容地思考，从容地作答，从容地收获知识，从容地形成能力。如何做到从容？

纵观初中三年的语文学习要求，其实如果找出其规律并加以有效整理，我们会发现，我们一直认为的零碎庞杂的知识能力点总是有体系、有章法，并非浩渺无尽的。而初中课本中有近两百篇课文，如果认真研读这些课文，针对每篇文章的特点将初中阶段学生掌握的知识点、能力点分解到每篇课文中去，每课让学生有一、二所得，我们还需在每一课的教学中将其涉及的所有知识点，能力点毫无选择地全部传授给学生吗？

在人的智力结构中，思维居于核心地位。语文教学的目的是培养学生的语文能力，"学生的语文能力是以语文知识为基础，由听、说、读、写四种能力和思维的深刻性、灵活性、独创性、批判性、敏捷性五种智力品质构成的一个开放的动态系统"，因此思维力的养成是促进学生智力，有效提高语文能力的关键性因素。欧阳老师非常注重学生思维力的培养。在阅读训练过程中，她十分注重开发学生的思维，例如本课的教学设计中就巧妙地选择了"研析作者创作的思路轨迹"作为教学重点，从头到尾牢牢扣住了"异"字来设计问题，激疑、激趣，无论其间问题怎样岔出，都被教师巧妙收回，重归教学重点的研析，而这个教学重点的精当制定也的确勾连起了全文的内容、构思、情感和主题，通过透彻分析这个教学重点来读懂全篇，较之日常授课的罗列堆砌知识，孰优孰劣，可见一斑。

三、角色明晰，互动高效

2001 年特级教师钱梦龙在《文言文教学改革刍议》中指出文言文要适量多教，对浅近的文言文，应该像教现代文那样，凡教师可以放手的地方，尽量放手让学生自己阅读，自求理解，教师只在关键处指导、点拨，着眼于培养学生的独立性。文言文阅读首先要把握文意，再谈理解词句，教学中不死抠词句，应让学生自行感悟：重视诵读指导，鼓励熟读、背诵，培养语感。欧阳老师的这节课就体现了这个理念。

《新课程标准》已经实行多年，其间曾明确提出要发挥学生在课堂的主体作用，而习惯于一言堂的文言阅读课堂如何能发挥学生的主体作用，这是困扰老师们一贯问题。我们不妨细细关注欧阳代娜老师这节教学实录中的一些细节设计：

细节一：

师：那么作者写出来"异"样的内容了吗？

[生有争议]

师：大家讨论一下，哦，同意"没有"的是少数，不过，我也觉得他没有写出新异的东西来，这是为什么呢？

细节二：

师：很对。大家研究一下，范仲淹同意不同意这两种心境呢？是不是认为应有第三种心境呢？

细节三：

以上"二者"中的前者是"以己悲"，后者是"以物喜"，都是作者所不取的。

那么应该怎么办呢？

细节四：

大家还有什么问题？

总是这样想，我们在备课时常常想当然，备教材，备教参，却忘了备学生，其实一节课除了考虑"我要学生学到什么"，是否还应当考虑"学生需要我教会他们什么"呢？尊重学生的需求，才能真正调动学生的情感共鸣，让他们乐于接受知识，并乐于主动参与课堂，积极考虑寻找答案，化被动听课为主动求知。

欧阳代娜老师一直强调"教学就是教会学生学习，让学生自己动眼、动口、动脑、动手去实践"，她打破了以往教师"抱着走"的旧的教学思想。在培养语文能力的初中阶段，她一直强调学生基本的"自学能力"。从上面的例子可以看出，学生的主体作用在欧阳代娜老师的课堂上得到了很好的展示。

而欧阳代娜老师在充分尊重学生的同时并未与学生平起平坐，她还不忘发挥教师的主导作用。例如：

"这样的触景生情，有没有新意？异字写出来没有？"

"以后大家看书，要学会把握这些关键的字词句。"

"整体的第四段有不少短语，我们今天还常用，大家找找看，都有哪些，并用横线画在短语下，以引起注意。"

一个个环环相扣的问题的精心设计，多次出现的方法指导，甚至是圈点勾画的提醒，无不让人感受到教师点拨的智慧，充分体现了语文课堂拓展性与人文性的特征。明晰的主体、主导意识，高效的互动，大大提高了课堂教学的效率。

四、不疾不徐，收放自如

大气，从容的课堂往往体现在不疾不徐的课堂节奏的把握上。让我们一起来看欧阳代娜老师的课堂：

师：很好。大家注意这句话中有一个词，十分关键，可以说是全篇文章的文眼（也叫题眼），全文由此而思路顿开，文思如涌，一气呵成地完成这篇宏伟杰作。大家找一找是哪个字？［课堂活跃，大家争论。］

这里是放，找一个带起全文的字放开了学生的思维，课堂气氛因此而活跃起来；

师：十分正确。请把这个词加上着重号，整句话下面画上波浪线。这一个"异"字，引出了下面的叙述，导出新的思路，最后抒发出伟大的抱负，十分重要。

这里是收，学生的争论到此结束；

师：那么作者写出来"异"样的内容了吗？

［生有争议］

这里又放，学生再次产生争议，在思想的碰撞中一步步走向对文本的深入理解；

师：大家讨论一下，哦，同意"没有"的是少数，不过，我也觉得他没有写出新异的东西来，这是为什么呢？现在我们先翻译出这两段的意思来。大家先默读第三段。

这里再收，带领学生到文本中寻找答案。

课堂多次收放自如的教学设计既符合了学生的认知规律，更在看似不经意间带学生由浅入深、渐入佳境，不疾不徐的课堂节奏给了我们很多美的享受。欧阳代娜老师注重以美感人，通过挖掘文本自身的美，从美学的角度来陶冶学生的情操。她说："如果我们的语文教育既不能为学生提供足够深层次的'美'的篇章，又不能由教师那里得到足够生动、激情的教学以教会学生学会理解和掌握思想境界的'美'，就不可能获得好的语文教育。"

欧阳代娜老师在课堂上曾说道："作者的'异域'在哪里呢？"她的学生是幸运的，跟随一位出色的教师领略了范仲淹笔下的"异域"风光；我们也是幸运的，在欧阳代娜老师的"异域"里欣赏到了独好的风景。

欧阳代娜老师《岳阳楼记》教学实录

预习提纲

一、查阅工具书弄懂课文中生字词的读音，朗读全文。

二、熟读并口译文章的一、二自然段。

三、思考以下问题：

第一，文章标题是"岳阳楼记"，这是什么体裁？文章是以记叙为主，还是以抒情议论为主？第二，文章有一句话可以作为全文的中心线索句，你能找出来吗？它是如何贯穿全文并引发出作者的伟大抱负的？

第三，文章为什么要详写洞庭湖的风光？这是文章的中心内容吗？

说明：本文采用两课时来讲授。在这里选录的是第二课时，以便能更集中地体现"从整体入手，重在思路点拨"和"文道统一地讲述语文课"的原则，以供大家研究。为了两节课的上下衔接，我把第一课时中的有关部分先作一简介。

第一课时（节选）

（在引导学生朗读、串解第一、二自然段落之后，重点抓住"览物之情，得无异乎？"一句来做启发引导。）

生：第二自然段的第五句是："（既然）这样，那么（岳阳楼这个地方）向北可以直达巫峡，向南可以直到潇水、湘水，被贬迁的官员和（来往的）文人墨客，都汇集到这里来，这些人目睹洞庭湖的景色而产生的情感，怎么能够相同呢？"

师：很好。大家注意这句话中有一个词，十分关键，可以说是全篇文章的文眼（也叫题眼），全文由此而思路顿开，文思如涌，一气呵成地完成这篇宏伟杰作。大家找一找是哪个字？［课堂活跃，大家争论。］

生："异"字。

师：十分正确。请把这个词加上着重号，整句话下面画上波浪线。这一个"异"字，引出了下面的叙述，导出新的思路，最后抒发出伟大的抱负，十分重要。以后大家看书，要学会把握这些关键的字词句。现在大家来研究下面的文章，作者接着写什么？请看下面第三、四自然段是写什么内容？

生：这两段写洞庭湖的风光。

师：那么作者写出来"异"样的内容了吗？

［生有争议］

师：大家讨论一下，哦，同意"没有"的是少数，不过，我也觉得他没有写出新异的东西来，这是为什么呢？现在我们先翻译出这两段的意思来。大家先默读第三段。

（接着引导学生口译第三自然段，抓住关键词语"悲"字。）

……

师：很好，大家注意"去""国"字的用法。请大家在这段后加上批注："览物之情——（　　）"是什么感触？用课文中的一个字来概括。

生："悲"字。

师：很对，请大家填上。这样的触景生情，有没有新意？"异"字写出来没有？

生：没有。因为看到这种情景，大家都会有这种感受的。

师：很好，我们再往下看，看看做者还写什么？通过什么方法引出"新"和"异"来？

（接着引导学生口译第四自然段，抓住关键词语"喜"字。）

……

师：后一句译出了作者的心情，很好。注意"偕"字的读音"xié"，一起。整体的第四段有不少短语，我们今天还常用，大家找找看，都有哪些，并用横线画在短语下，以引起注意。

生：有"春和景明""浮光跃金""静影沉璧"。

师：找得很对，还有"心旷神怡""宠辱偕忘"。大家给第四自然段作个批注："览物之情——（　　）"从课文中选出一个字来概括。

师："喜"字。

师：很对，以上是第二部分，段意是"览物之情"。现在第一课时结束前，布置一个作业，请大家思考一下，作者的"异域"在哪里呢？作者花费这么多的笔墨写出洞庭湖四时不同风光，其作用是什么？

第二课时（教学实录）

师：我们在上一节课已阅读并口译了第一、二部分，但作者的"异"还没有看到。难道这篇文章也只是一般地描写洞庭湖风光吗？作者定有他的深刻思想安排在巧妙的构思之中。请大家注意作者的观点体现在哪个句子中？我们一齐来朗读第五自然段。

生：[齐读后]体现在"予尝求古仁人之心，或异二者之为，何哉"一句中。

师：找得很对。这句话中哪个词对前面的文章作了照应，使文章顺利地从第二部分过渡到第三部分？

生："异"字。

师：很正确。"予尝求古仁人之心"一句把话题引过来，为下文的写作铺平道路。"求"字当"研究探求"讲，古代的贤者圣人，唐尧虞舜这些高尚的人物的心境，一定会有不同于"二者"的想法，这"二者"指谁？大家讨论一下。

生：[小组讨论]是指以上的览物之情的两种人之常情的心境："悲"、"喜"。

师：很对。大家研究一下，范仲淹同意不同意这两种心境呢？是不是认为应有第三种心境呢？

生：[活跃]不同意这两种。

师：既然不同意，那为什么还要写出它们来？

生：为了作对比衬托。

师：正确。先作铺垫，引出第三种心境与主张。大家在第二部分后面加上评点："铺垫"。"过渡自然，结论引出，水到渠成"。第三种心境是由哪个句子表达出来的？

生："不以物喜，不以己悲"。

师：很好。大家用波浪线画在句下。"以"字，作因为讲。全句应译为不因为客观环境好（坏）就沾沾自喜，趾高气扬（垂头丧气，心灰意冷）也不因为个人境遇顿挫（顺利）就悲观失望，怨天尤人（盛气凌人，妄自尊大）。以上"二者"中的前者是"以己悲"，后者是"以物喜"，都是作者所不取的。那么应该怎么办呢？

生：[口译]"处在高官的地位上要时刻为老百姓担忧；如果不做官了，就要时刻关心国家大事，关心朝廷的政策。"

师："忧其君"一句理解得好。作者作为一个封建社会的士大夫，有忠君思想这是不足为奇的，这当然是封建落后的东西。这位同学翻译时作了些改动，说明他注意到这点，是很好的。可不可以这样译：就要时刻关心君主的活动（也就是关心国家大事，关心朝廷的政策）。

生："进"，指做官，"退"，指在野。与前面的"喜"和"悲"相呼应。

师：很好，请大家批注在书上。那么，作者认为到底该怎样做？他的伟大抱负在哪里？

生：[齐答]"先天下之忧而忧，后天下之乐而乐"。

师：很好，这个结论就自然而然地出来了。这个句子请大家加上波浪线，在"先""后"两字下加个小注，这是什么句式？

生：[讨论] 原句应是"天下之忧而先忧，天下之乐而后乐"。"先""后"两字提前了。

师：很好，正确。这叫做句子成分前置，目的是为了突出与强调它们的作用，大家作出批注。这一先一后，就写出了人物心灵的高尚，抱负的伟大。今天我们共产党人和社会主义建设者，还很欣赏并效法范仲淹的这种伟大的抱负，说明在近千年前，我们古代的仁人志士就具有这种伟大的胸怀，的确是令人钦佩和引以为民族自豪的。所以这篇文章成为脍炙人口的杰作，教育和启发了千百万后来人去为祖国的发达、民族的兴盛不遗余力地去拼搏，奋不顾身地去斗争，不惜流血牺牲，使后人能过上幸福生活。我们从小也要立志做这样的人，为祖国为民族去拼搏，做共产主义事业的接班人。

文章到此，是否可以结束了？"微斯人"一句是不是多余的？

生：不是多余的。

师：为什么？它有什么作用？大家再回到文章的第一段，看与哪句话有关？

生：[研究片刻] 与前面"属予作文以记之"有关。

师：基本上是对的。但与"谪守巴陵郡"一句更密切。因为朋友被贬，心情不舒畅，范仲淹作此文来劝慰勉励滕子京不必"以己悲"，应振作起来，为国为民奋斗。并表示只有这样的人，才是我志同道合的好朋友。因此这句话，不但不多余，而且是十分重要的一句，其作用是"全文扣题"（请大家批注）。这样一来，本文作者的思路，就非常清晰地呈现在眼前了。

这是文章的第四部分，段意是"伟大的抱负"。

师：现在我们来总结课文：1.整理出作者的思路脉络；2.归纳文章的中心思想。大家一齐朗读全文，边读边思考以上两个问题。

生：[齐读全文并讨论]

[教师指导总结]

1. 整理文章思路脉络：

谪守巴陵郡—属予作文—前人之述备矣—得无异乎—或异二者之为—不以物喜，不以己悲—先天下之忧，后天下之乐—吾谁与归。

师：归纳中心思想不必全班同学在文字表述上完全一样，把中心思想的主要观点概括出来即可，具体文字，自己去整理。

2.本文中心思想应包括以下基本观点：

第一，通过对岳阳楼不同景色与游客登楼览物后不同心情的描述，抒发了作者忧国忧民的思想感情；第二，进而引发出"先天下忧，后天下乐"的伟大抱负。

大家还有什么问题？

生：文章是什么体裁？

师：记，本是一种比较自由活泼的古代散文体裁，可以记事，亦可以议论，熔记叙、抒情、议论于一炉。本文记叙的篇幅虽然不少，但这只是一种铺垫，为了烘托中心思想而写。它的主体部分在第四部分之中，是用抒情议论的方式表达出来的。

师：通过预习，对照课堂评点，我们基本上弄懂了课文的意思。文言文的自学方法又有了初步的训练，大家看，我们这课的学习任务完成没有？

生：完成了。

师：很好。语文课不可能一次就学会并且掌握读写能力，它很难取得"立竿见影"的效果。但只要坚持语文能力训练，不断学习语文知识，不断进行知识宝库的大门——它就是语文的听、说、读、写能力。今天只讲了一点方法，重在实践，祝愿大家成功。

语文，一生的追求
——欧阳代娜语文改革教学之路探析

当代中国唯一具有红色革命教育背景和传奇经历的中学语文名师。

欧阳代娜幼时在革命圣地延安接受当时中国最先进最具时代理念的启蒙教育，青少年时期接受大学专业教育，成年之后在国家重要的机关工作，后来投身基础教育，执着地进行长达数十年的中学语文教学和改革，在课堂教学改革和语文教材建设方面做出了极为突出的贡献。她不仅是教育改革的排头兵，而且是教学艺术的探索者，她根据自己多年的教学改革和丰富的实践经验，把语文教学艺术归纳为四句话：要在语文教学中讲出"美"字来，"美"是语文教学艺术的基础；要在语文教学中悟出"巧"字来，"巧"是语文教学艺术的核心；要在语文教学中点出"活"字来，"活"是语文教学艺术的契机；要在语文教学中练出"实"字来，"实"是语文教学艺术的归宿。

一、入"抗小"接受红色启蒙教育

欧阳代娜是著名作家欧阳山和草明的女儿。

1942年初，中共中央准备召开延安文艺工作者座谈会。当年4月，毛泽东先后约请了几十位作家、艺术家前去谈话，了解情况，搜集材料，草明和丈夫欧阳山也在受邀作家之列。文艺座谈会后，作家们积极响应号召，纷纷深入工农兵中体验生活。毛泽东在与欧阳山和草明的谈话中，问及夫妇二人还有什么困难。"一切都很好，很理想，只是 3 个孩子缠身，对下去有些妨碍。"毛泽东当即致函八路军总参谋长叶剑英，请叶剑英介绍草明的两个女儿到"八路军抗属子弟学校"入学。

68 年后的今天，欧阳代娜笑说，自己入读"抗小"，是毛主席介绍的。

"抗小"教育教学理念先进，学生多是革命军人和烈士的子女，有方志敏的儿子，刘志丹的女儿和项英的一对儿女……学校诸多做法和理念，在今天依旧有积极的借鉴意义。

二、在"抗小"里洒下教改的种子

最让欧阳代娜受益的是"抗小"的几任校长。"我的几位校长都是资深的教育家和革命家。在他们的领导下，八路军抗属子弟学校进行的是真正意义上的素质教育。"

第一任校长是人民教育家吴燕生。这位日本留学归来的教育家，大胆提出教育要与社会生产和生活实践相结合，主张培养学生的实际动手能力。"学生们可以自编教材，要了解什么知识，就走到社会上，向各部门去'采访'。"比如要了解社会治安，学生们就去公安局采访有关人士。自然课讲到大豆，孩子们就亲手种植大豆，观察它的叶子和根系……这位校长大胆地进行教学改革，"他的教育理念和教学思路完全符合今天 21 世纪的教育观念。"欧阳代娜说近四十年后的 1980 年，她积极参加全国中学语文教学改革的思想，即源于延安"抗小"实行的教学改革实践。

第二任校长是陕北老红军封克涵，曾与刘志丹并肩作战。他为学生们的革命人生观、世界观、价值观的确立，奠定了良好的基础。

第三任校长程今吾同志，是陶行知先生的学生。他带来了陶行知先生重视生活实践，重视人才培养，重视学生个性发展的平民素质教育理论。"这是位有心人"，欧阳代娜尤为感动的是，程校长重视总结经验，把学校的工作总结、同学们写的作文等资料，点点滴滴收集起来，在战争中资料不离身，从延安背到晋冀鲁豫解放区，最后背到北京城，后来编辑成《延安一学校》——这本研究延安教育的经典之作中，还收录有欧阳代娜五年级时写的两篇作文。

儿时的校长们都是"课改先锋"，"课改"的种子早已在欧阳代娜的心中生根发芽。从上世纪 80 年代开始，欧阳代娜就奋战在鞍山十五中的教改一线，这次教学改革在整个城市民众的关注下如火如荼进行。用欧阳代娜的话说，那是"在应试教育的背景下，积极进行素质教育的探索。"从 1980 年提出要改革教材，到 1985 年教材正式编成，再经过几年的实验，1989 年，这一版教材通过国家教育部审查，并在全国十几个省市地区进行实验。

配合这套中学语文教材，十五中学当时选择了六期实验班实验这套教材。从 1986 年以后，这套实验教材逐步推广到鞍山市三个城区的全部初中，在大面积范围内进行了为期十几年的教改实验。与此同时由欧阳老师亲自执教的三期实验班，也圆满地完成了预期的任务。

如今，第一期的学生已毕业30载。他们发展出色，证明了这次素质教育改革的成功。现在，每年春节，这些学生都会从全国各地，甚至从海外归来，看望欧阳老师。他们中，有人做了央企的管理者，有的成为博士生导师，很多已成为国家建设的中流砥柱。

欧阳代娜以做一线中学语文教师为荣，更以曾奋战过的鞍山十五中学为荣，以自己桃李满天下的学生为荣。

三、素质教育的践行者

作为一名老师，欧阳代娜觉得应试教育的挑战并不可怕。"目前选拔人才比较合适的方法仍是各级各类的考试，只不过大家都希望它越来越公开、公平、公正。大家担心的是考试题目和考试方法不科学，不符合大纲，把孩子难坏了。"在欧阳代娜看来，真正的素质教育绝不怕考试，就像三期实验班的同学，综合素质高，面对升学考试也游刃有余。"成绩不达标的教学改革，不算是成功的素质教育，也是站不住脚的。"

当她提出初中阶段语文能力要基本过关这个改革课题后，有人质疑：初中都学会了，高中干什么？"要干的事多着呢！"欧阳代娜说，任何一个国家的语文学习，其实都是学会一种"工具"，掌握了语文，才能掌握其他知识。

"在9年时间里基本掌握听说读写能力，这就对学生的未来发展提供了自学的工具。每位公民都有这样的能力，国民素质才会大幅提高！"初中掌握了"自学能力"，而高中更重要的是"治学能力"。"到了高中，要自己研究学问，培养欣赏能力、探究能力、质疑能力、思辨能力。"如果没有这几种能力，就不会具备创造性，到了大学，也就只不过是进入了"高四"而已。

她坚持要把游戏时间还给孩子，曾为家长提出这样的建议：不要跟着应试教育跑得太远。把游戏时间还给孩子，给孩子自由宽松的天地。欧阳老师特别提到，希望中小学能够坚持每天保证1小时体育活动时间，就像当年鞍山十五中学所坚持的那样。今天那些学生身体素质过硬，依旧要感谢学校当时的安排。

四、语文，一生的需要

欧阳代娜说，随时随地可以学习语文。她的教学改革不仅表现在课堂教学方面，也体现在她主持编写的初中语文实验教材上。

欧阳代娜老师在大学学的是历史档案专业，但她对具有五千年历史的中华民族共同使用的汉语言文字无比热爱。她感慨地说，汉语是世界上仅有的十几亿人口使用的语言。言语中充满了自豪感。青少年时代，她如饥似渴地广泛涉猎。在延安时期，她与父亲欧阳山在中央研究院图书馆旁边住，便常去看书。古典文学名著《水浒传》

和巴金的《家》、《春》、《秋》就是那时看的。1946 年，她参加工作后，在杨家岭毛泽东专用图书馆里，仅一年时间就读了一百多本名著。读书使她开阔了眼界，丰富了知识，认识到社会生活的复杂性，养成了对具体问题进行具体分析的习惯。

欧阳代娜老师从中学时代起，坚持每天看报；离休后仍自费订阅《人民日报》、《光明日报》、《参考消息》等，邮局负责办理预订报刊的人都很钦佩，戏称她是鞍山市"唯一自费订阅多种报纸的人"。她说，中学生若能每天坚持读 10 分钟以上的报纸，一天读三五千字，一年就很可观了。

她还说，学习语文要时时留心，处处留心；学习的内容很多样，看电视、听广播，阅读各种报纸、杂志、书籍，参加校内外的各种活动，随时随地都可学习语文、运用语言。她认为，中学生对中国的古代文学、近代文学、现代文学、当代文学应有个系统的、整体的了解，才不愧为中华民族的子孙。她在中共中央联络部工作期间，就自费到全国总工会听老教师主讲的中国古典文学和现代文学。

这位从"抗小"里走出来的名师，这位将在"抗小"时埋种下的教改种子培育成参天大树的非凡女子，这位素质教育的践行者，因为将语文作为自己一生的需要，终于成就了自己传奇的人生，成为当代中国语文教学改革进程中里程碑式的人物。

容理诚

　　容理诚，全国知名语文教育专家，珠海市教育研究中心高中语文教研员、市中语会会长，澳门中国语文新课程研究会会长，教育部国家级新课程骨干教师研修项目专家组成员，人民教育出版社特邀课程教材培训专家，肇庆学院客座教授。主持过一系列卓有成效的课堂教学改革研究，三次获得广东省教育创新成果奖。著作《教育的良心——中国新课程之批注》等三十余部，其著述、授课、讲座受到广泛好评，引起强烈反响，被誉为"新课程的引领者"。

　　大胆尝试阅读、写作和综合性学习等多种课型的理论与实践研究，在两岸三地多次成功举办观摩课。长期探索与实验"把白话文翻译成文言文"的教学方式，以"发展"为引领、以"评价"为载体，有效地促使学生学会学习。他认为：个性化的有效率的教学只有在安全、自由的环境和心态下才能真正完成。在教学中，老师要充分关照学生的学习现状及能力的发展，在自我评价与他人评价中，促进学生自主合作探究式的学习，借助"评价"及时修正学生思维方式和学习方式的偏差与不足，实现课堂教学的有效增值。

简明高效，别具匠心

——容理诚《两小儿辩日》教学案例研读

容理诚老师在澳门广大中学初一年级执教的公开课《两小儿辩日》，匠心独运，朴素而精彩。

这节课非常简约。上课先把课文朗读两遍；再举一例句数数原文和翻译的不同词语数，又找了七八处本是单音词，翻译过来就成了双音词的现象；自读课文 5 分钟；紧接着测试、批阅、统计分数，最后又齐读课文一遍。整节课教学环节简约而不简单，丝丝入扣，水到渠成，效果十分显著。

一、教学内容的选择别具匠心

教学的首要问题是"教什么"，其次才是"怎么教"。如果在"教什么"的问题上，即"教学内容"的选择上把握不恰切、不合宜，"如何教"的策略和方法就显得没有多少价值。当然，对于一篇文章"教什么"的确定，除却要考量文本自身的价值，还要以教授对象——学生的实际需要为重要依据。

《两小儿辩日》是一篇故事性较强的文章，两个小儿聪明好问，狡黠可爱；圣人孔子被难住，窘态可哂，非常好玩。情节清晰，勾连紧密，起因、经过、结果分明，通俗易懂。可以说，丰富的文言词语，特殊的文言句式，个性鲜明的人物形象，通过对话表现人物、展开故事情节的语言表达特点，以及文本中传达出来的科学精神与人文态度，都可以作为本文的教学内容。容老师此课的独特在于：在诸多可以入选的"教学内容"之中，确定了"积累文言实词、虚词和句式"这一教学内容。这"看似平常"的教学内容，实际却是"最奇崛"。因为，对于初一的学生来说，学习文言文最重要的莫过于熟练地掌握一定的文言词语与句式，习得一点方法，掌握一些规律，为日后的学习打下扎实的基础。

二、教学方式自出心裁

通常的文言文教学大多搞字字落实、句句串讲，单调乏味，费时低效。教师教得疲惫不堪，学生学得昏昏欲睡。而在这节课上，容老师巧妙地通过分析一个例句即"孔子东游，见两小儿辩斗"，指出"文言文中单音节词多，现代白话文中双音节词多"的规律，把艰难深奥的文言文翻译变成"用文言单音节语素组词，再在所组词语中选择最恰当的一个"的过程，教会学生学法，使学生原本头疼的问题迎刃而解，真正达到了"教是为了达到不需要教"的教学境界。

同时，在本课教学中，教师选取的例词"东一东方、游一游历、见一遇见、辩一辩论、斗一斗嘴"古今含义差别不大，方便理解。"我以日……时去人……"的句式反复出现，讲明白一句，即可举一反三，以此类推，大大降低了文章理解的难度，这些都与初一学生的心理特点和认知水平相适切。

后面的口头测试，老师说翻译句，学生对答原句；书面测试，老师给出原句，要求学生把文言句子翻译成白话文。先易后难，循序渐进，让学生们知深懂透。当堂测试，自我批阅，及时反馈，公开统分，这种无声的激励，既提高了课堂教学效率，又有效地激发了学生的学习兴趣。

三、教学风格非常民主

容老师上课多用口语，亲切、鲜活、生动而准确。比如："不要读得太快。昨天我们读得太快，好像一副重担压着我们跑。"善意提醒，语言形象生动；"挺好，再读一遍，好吗？注意，读出语气。"鼓励中明确要求，要求中含有点拨；"有味道了，所以要慢点读。"肯定中再次强调朗读文言文要慢读细品；"为什么会有不同的答案？是因为我们对'两个'有不同看法。'两个'是数量短语，所以应该看成两个词。"设问句引人深思，答案切中要害，要言不烦，举重若轻；课堂上容老师十多次用"好"、"挺好"、"有味道了"、"说得对"、"很好"、"不错"、"哇，最快最好的是你"等语言对学生进行鼓励，并提议"要把掌声献给我们所有的同学！"充分调动了学生的学习积极性，同学们参与课堂教学的热情高涨，课堂学习氛围浓厚；另外，像"好吗"、"好不好""对不对"都体现了容老师民主平等的教学态度。

四、科学合理的环节安排

由一句"'孔子东游，见两小儿辩斗。'怎么翻译"分析总结出文言文翻译的规律；同学们带着规律和方法到文中去寻找例词，印证这个规律，加深理解；然后，由词语推及句子，先把白话文译成文言文，再把文言译成白话文，由易到难，在白话文和文言文之间来往穿梭，让学生更熟练、更扎实地掌握已经学过的文言实词、虚词和句式；之后的一场测试，对同学们任务完成情况进行检测，用灵活的方式给予不同学生相应的评价。教学思路清晰，环节安排缜密，思维梯度分明，有效地保证了教学效果。

如果再深想一步，容老师能把许多师生视为畏途的文言文教得如此轻松精彩，其根本原因是什么？我认为是先进的教学理念，尤其是师生角色的定位非常准确。容老师真正把学生摆在学习主体的地位，无论是教学内容的确定，还是教学环节的设计，都是着眼于学生，为了满足学生的发展需要。整个课堂上一直让学生作为活动的主体，力争让全体学生参与到教学活动中去，把大部分时间留给学生，把动手动脑动口的机会也留给学生，让学生去自读、自学、自练、自我评价。让学生自己在实践中探索规律，逐步使他们"在游泳中学会游泳"。对于自己，容老师则心甘情愿地从授课主角退而成为学生学习活动的组织者和协助者，具体来说，做到了五个"善于"：一是善于倾听，谛听课堂里方方面面的声音，决定推进的速度；二是善于煽情；三是善于评价点拨；四是善于把握问题解决的差异度；五是善于把握教学的目标层级。以上每一点对于构建精彩课堂都十分重要。

容理诚老师《两小儿辩日》教学实录

第二课时

（第一课时是广大中学的教师执教，内容为朗读与翻译。）

（问候：生："容老师，早晨好。"师："同学们，早晨好。"生："各位老师，早晨好。"师："同学们，早晨好。"）（师板书课题：《两小儿辩日》）

师：同学们，今天我们继续学习《两小儿辩日》这篇文章。来，挺起胸，精神点，我们在一起朗读课文。一，放声读；二，读出语气；三，不要读得太快。昨天我们读得太快，好像一副重担压着我们跑。好，《两小儿辩日》，一、二……

生：《两小儿辩日》，……（用普通话读，读不准，哄堂笑，遂改为粤语读。）

师：挺好，再读一遍，好吗？注意，读出语气。

生：《两小儿辩日》……

师：有味道了，所以要慢点读。

师：请同学们看白板。（书写"孔子东游，见两小儿辩斗"）怎么翻译？

生：孔子到东方游历，遇见两个小孩辩论斗嘴。

师：我们看看原文和翻译的句子各有几个词。

（师按学生的回答划线）

孔子东游，见两小儿辩斗。

孔子到东方游历，遇见两个小孩在辩论斗嘴。

师：原文有几个词？

生：8 个词。

师：翻译后的句子有几个词？

生：（数）10 个词。

生：（数）好像 11 个词。

师：为什么会有不同的答案？是因为我们对"两个"两个字有不同看法。"两个"是数量短语，所以应该看成两个词。

师：哪一个句子的词多呢？

生：翻译过的句子词多。

师：好。我们现在再看看这两个句子，一个是文言文的，一个是现代白话文的，从用词的情况对照一下，看看什么现象？

生（思考）

师：我们有没有发现，现代白话文用的词多，文言文用的词少呢？

生（点头）

师：我们还有没有发现，文言文多用一个字作一个词，而现代白话文却用……

生：两个字作一个词。

师：就是说，文言文里单音词多，现代白话文里……

生：双音词多。

师：好：我们再一起重复一遍：现代白话文里双音词多，文言文里单音词多。（学生一起）

师：我们再来对照一下。东一东方、游一游历、见一遇见、辩一辩论、斗一斗嘴。明白了

生：明白了。

师：我们再从课文中寻找一下，看看有没有类似的情况。

生：孔子不能"决"的"决"，是"判断"。

师：大家同不同意？

生：同意。

师：再寻找。看看还有哪些？它本是单音词，翻译过来就成了双音词。

生："问其故"的"故"。

师："故"是什么意思？

生：原因。

师：说得对。

生："我以日始出时去人近"里的"以"是"认为"。

师：这位同学说："我以日始出时去人近"里的"以"是"认为"。很好。现在大家明白了吗？文言文中，单音词多，现代白话文中……

生：双音词多。

师：好！现在我们搞一个小测试，请同学们将书合上。（学生合书）我读几个句子，你来翻译一下，实在翻译不了，可以偷看书，好不好？但最好不要让你的同学发现。（众学生笑）

师：孔子问他们辩论的原因。

生：孔子问其故。

师：哇，最快最好的是你，很好。给一点掌声！

（学生鼓掌，气氛热烈。）

师：好，大家再齐答这一句：孔子问他们辩论的原因。

师：什么？

生：孔子问其故。

生：第二句：一个小孩子说。

（多位学生举手）

生：一儿曰。

师：对不对？

生：对。

师：第三句：我认为太阳刚出来时离人比较近。

师：又是这位同学，有没有其他同学呢？好，你来翻译。

生：我以日始出时去人近。

师：这一句比较长，有难度，很好！

（学生鼓掌）

师：第四句：而到正午的时候离人远。（重复一遍）

生：而日中时远也。

师：不错。

（学生鼓掌）

师：第五句：他却认为太阳刚出来的时候离人比较远。

（生思考，无人举手。）

师：翻译不出来了吧？打开书偷看一下吧。

（学生笑翻书）

师：他却认为太阳刚出来的时候离人比较远。一起翻译，一、二……

生：（齐）一儿以日初出远。

师：最后一句：而正午的时候离人近。

生：（齐）而日中时近也。

师：好，我们再来重复一遍以上六句的翻译。这样吧，能翻译的同学可以不看书，不能翻译的同学可以偷看书。现在我来读：孔子东游……（师读一句，生翻译一句。）

师：现在大家自读五分钟课文，一会我们又要搞一个测试，好，开始！

（生自读课文，师巡视辅导。）

师：现在，到了测试的时候。测试时间 10 分钟。（教师发测试试卷，测试开始，教师巡视。要求将姓名写在左上角。）

翻译小测试：请将以下的句子翻译成文言文

一、太阳出来的时候大得像车盖一样，到了正午，就像盘子和水盂一样（小）。

译：＿＿＿＿＿＿＿＿＿＿＿＿＿＿＿＿＿＿＿＿＿＿＿。

二、孔子不能判断（谁是谁非）。

译：＿＿＿＿＿＿＿＿＿＿＿＿＿＿＿＿＿＿＿＿＿＿＿。

三、谁说你知识丰富？

译：＿＿＿＿＿＿＿＿＿＿＿＿＿＿＿＿＿＿＿＿＿＿＿。

四、我到北方的青岛旅游，遇见两个女人在争辩。我问她们争辩的原因。一个女人说："我的船票是 32 号，她的船票也是 32 号。可能有欺骗。"

译：＿＿＿＿＿＿＿＿＿＿＿＿＿＿＿＿＿＿＿＿＿＿＿。

师：同学们，测试的时间已经到了，我把答案发给大家，自己评一下自己的试卷，好吗？（师发答案卷，说明评分标准及注意事项。学生开始评卷，师巡视。）

翻译小测试参考答案（总分 100，每小题 5 分）

一、1. 太阳—日 2. 像—如 3. 到了—及 4. 正午—日中 5. 就—则 6. 盘子和水盂—盘盂

二、7. 判断—决

三、8. 谁—孰 9. 丰富—多 10. 知识—知

四、11.我—吾 12.北方—北 13.旅游—游 14.遇见—见 15.她们—其 16.原因—故 17.是—为 18.她—彼 19.可能—恐 20.欺骗—诈。

师：请评完卷的同学举手。

（大部分同学举手）

师：我们来看看大家的成绩。有没有 100 分的？请举手。好，98……96……94……92……90……88……86……84……82……80 好，80 分有一位同学，噢，两位！噢，三位！举手，让大家都看到你们。噢，举手的同学有六位啦！

师：好，继续。78……76……74……72，有三位 72 分的同学。70……68……60 分以下的同学举手。数一下啊。噢，一共有 16 位同学 60 分以下。同学们，虽然我们的分数有高低的差别，但我们都做出了自己的努力，所以，要把掌声献给我们所有的同学！

（师生共同鼓掌）

师：我们再把课文齐读一遍，好不好？一、二……

（师生齐读课文）

师：同学们，我们今天做了个实验——把白话文翻译为文言文。大家表现得很出色。今天的家庭作业是：把《两小儿辩日》翻译成白话文，再把白话文翻译成文言文。好吗？

生：（齐）好！

师：现在下课。

（问候：生："容老师，再见。"师："同学们，再见。"生："各位老师，再见。"师："同学们，再见。"）

语文生南国
——容理诚"幸福语文"教学之路探析

一

珠海，依山傍海，这片南国的土地充满着神奇与灵气。容理诚和他的幸福语文就生活在这里。山，让他更多了些底蕴和厚重；海，让他更具有激情和梦想。容理诚，无疑是这座花木葱茏的城市中一道亮丽的文化风景。

　　这是一道无心插柳的意外风景。26 年前，容理诚老师为了圆自己的出国梦，想挤出更多的时间学英语，而又不希望自己教学质量和学生高考成绩下降，于是他想到了学生的兴趣、习惯、素养等问题，认为让学生喜欢读书会读书，喜欢写作会写作是最重要的。于是，在"读万卷书"和"闲书不闲"理念支配之下，他大胆尝试开设"读书课"。继而，他又提出了"作文一文一得"和"多种批改"的观点。容老师认为："作文面面俱到，往往面面不到。如果作文批改有更多更好的方法，就不能只用老师红笔批改一种方法。"那时，他就深知语文素养的获得，靠的是自觉、自愿、自由、自主的大量阅读和写作实践。他让学生广泛地阅读，反对局限于教材上那几篇少得可怜的课文，像蚂蚁啃骨头似埋头于那几篇课文。1986 年他把语文课上到了阅览室和图书室，事先不限定阅读范围，不规定阅读书目，不布置作文任务，不进行阅读提示，实行彻底的"四不主义"，让学生自主地选择，自由地阅读，无拘无束地享受读书的权利，无忧无虑地品尝读书的乐趣，无声无息地培养读书的兴趣，与书亲近，与书结缘，使读书成为自己生命的一部分。但是，容理诚是孤独的行者，"标新立异"、"偷懒不负责任"的非议和抗拒，使他注定要承受寂寞和孤独。所幸的是他遇到了一位支持他改革的校长，而他所教学生的高考优异成绩也渐渐消解了来自各方面的非议和抗拒。

　　自此，容老师主持了一系列卓有成效的课堂教学改革试验。从校内到校外，从珠海到广东。先是在校内，开设"悬念系列课"、"调查报告现场写作"、"读诗·写诗·个性作文"、"把白话文翻译成文言文"、"教你读诵古诗文"、"精彩歌词·精彩题目"、"写出你的个性来"等课程。在众多同行的迷惑和叹息声中，容老师始终孤独并幸福地坚守着自己，教改花开，他走出了珠海。2001 年，容老师设计指导的小学"读诗·诵诗"、初中"读诗·写诗"、高中"读诗·赏诗"三个课例在中国古诗文研讨会上展示；2005 年，容老师执教的《精彩歌词·精彩题目》课例在全国省会直辖市中学教师课堂教学大赛中作为专家课例进行展示；2011 年，容老师执教的《把白话文翻译成文言文——〈卖油翁〉》课例在"第四届两岸四地及新加坡资深教师课堂"上展示。近年来，容老师公开作课三十次。他的教学实录《读诗、写诗、个性作文》等相继发表在各种杂志上。

二

　　北临澳门，东望香港，这里是幸福的珠海——改革开放的前沿。独特的地域区位，让容老师的视野更开阔，思想更活跃，让容老师对语文的理解和见地更为独特和超前。于是，他 成为珠海乃至广东语文教育教学改革的领军人物。容理诚老师在珠海市率先开展了新课程语文教学案例研究活动。自 2001 年以来，就主持举办市、区、校级教学案例研究活动达 200 多次。他亲自指导青年教师的 6 个教学案例被人教社录用配教材全国发行，9 个案例被选为教育部新课程远程教师培训教材，3 个案例在教育部国家级骨干教师培训现场展示，10 个案例在两岸四地暨新加坡课程交流中展示，

50 多个案例在省市内外各种课程培训暨交流活动中展示。这些教改试验以及教学案例的研究受到专家及广大教师的高度评价，为语文课程改革提供了有益的经验与借鉴。

一枝独放不是春，百花齐放春满园。容理诚老师认为，无论是旧课程、新课程，教师的素养都是最重要的。提高教师素养的一个重要途径当然是培训，教师的培训，应该做得"小而实"。所以，他除了在各地举办课改讲座外，还花大量的时间与老师们一起备课，做这些"小而实"的事情。他说：备课的目的，是让老师看到变化，看到希望。从小学到高中，容老师已不知和多少老师一起备过课。有时一天会达到十多个人，常常还会有其他老师旁听。这样备课，对容老师而言当然是辛苦的事，但对与他备课的老师而言却是最快乐和有效的。和容老师备课，是一种享受，是一种幸福。在这个轻松愉快的过程中，你会享受到他的渊博学识、你会享受到他丰富的教学经验和人生体验，你会享受到他深刻睿智的独立思考，你会享受到他在教学上的无限创意，你会享受他的爽朗、幽默与风趣，而且，你享受更多的则是他的真诚、他的与人为善和对教育的热爱。容老师认为："教师的成功，并不是获得所谓的称号，而是通过身体力行，教学生克服困难，为学生指明方向，让学生看到希望，从而快乐地生活。成功的秘诀是：真诚做人，绝不做戏。名师不等于良师，前者可能是以学生的高分来成就自己，而后者是以自己的一切来成就学生。"在备课过程中，容老师强调最多的就是阅读。他说：用阅读，丰富我们的心灵，成就我们的教学。教师，应该是个性化阅读的引领者。要让阅读成为一种习惯，用阅读，用思考储备更多的资源。阅读越多内心就越丰富，你就越能把握自己的教学。为此，他还将自己的阅读书目打印给大家，将自己阅读的新书推荐给大家，以激发老师们的阅读兴趣。

三

富有前瞻性的理论，富于操作性的实践，产生的影响越来越大。容理诚培养了一批又一批的名师，自己也曾三次获得广东省教育创新成果奖，并主编出版课题研究专著《个性阅读与个性写作丛书》等十余本书。从珠海到澳门，容理诚的"幸福语文"香飘遍地。在澳门政府诚邀和支持下，容老师任指导专家的"个性阅读与个性写作"实验也取得良好的进展，2007 年，澳门广大中学编写的《个性化阅读暨个性化写作》研究专集也已面世。与此同时，容理诚老师还受邀在全国二十多个省市及港澳地区讲学暨进行教材课程培训。从"当务之急是转变观念"、"语文自学辅导的理论与实践"到"创意教学——教你读诵古诗文"、"写出你的个性来"，从"所谓新课程"、"教师——新课程的引领者"到"关于评价"、"大陆高考作文等级之提升"、"课程·教材·教材使用"等几十种课题，受到广泛好评，产生了深远的影响。作为澳门中国语文新课程研究会的会长，容理诚老师主持了四届两岸四地暨新加坡的课程研究交流活动，内容包括：同文异教、金庸作品教学、资深教师课堂、古诗文教学等。他认为：从两岸四地同中有异的文化背景、历史背景、教育背景以及教学理念、教学目标、教学手段与途径等方面进行全面的交流，对两岸四地教师的专业成长与发展具有积极的推动作用。因为，只有交流，才能拓展两岸四地教育者的视野，才能取得两岸四地教育的共同进步。

2007 年，容理诚老师建立并主持了全国第一个中学语文课改网站"珠海中语课改在线"，网站包括"个性化阅读与写作"、"理论探微"、"考试与评价"、"教材研究"、"互动星空"等十个板块，为语文课改提供了丰富的资源和交流平台。这一年，人民教育出版社还专门为容理诚老师开设了专栏，内容包括"新课程"、"教学案例"、"高考研究"、"教学研究"、"视频讲座"等。其实，早自 2001 年开始，容老师就被《语文教学通讯》和《语文建设》等刊物专题介绍。新课改以来，受聘为教育部国家级新课程骨干教师培训项目专家组成员、人教社课程教材培训专家，参与了全国二十多个省市暨港澳教师的课程培训。

四

在容理诚老师的教学生涯中，反思与创新是不可或缺的内容。反思与创新是他的习惯，是他的幸福，亦是一个教育者的高贵品质，这种习惯和品质的养成来自于不倦的阅读、写作和独立的思考。阅读他的著作，你会被他深刻、犀利、睿智的思想撼动。从上个世纪 80 年代中期开始，容理诚老师在教育教学方面的反思和创新就不间断地呈现在我们的面前。他的课例，他的讲座，他主持的课题研究、案例研究、备课活动，无不充满着令人振奋、令人深思、给人启迪、给人欣喜的反思与创新。这正是容理诚老师所热爱的教育实践永不歇止的动力。

坚硬的思想颗粒是美丽的，值得珍爱的。教育者理应是思想者，教育的力量说到底就是思想的力量和思想感召的力量。容理诚老师将自己的经验熔铸成思想的颗粒，毫光毕现，令人钦佩！

一路思索走过，播种了幸福，收获了幸福。教育的理想就是理想的教育。没有与人为善、学识渊博、引领示范的教师，就不会有教育的成功，而教育成功的标志是：教育之，使之成为人才。在教育中，学生的精彩才是教师真正的精彩。

生活是什么？生活是向他人、向世界、向大自然"充满爱意地敞开自己心扉的过程"。这就是生活的美丽，这就是容理诚老师幸福的语文生活。

史建筑

史建筑，具有全国声誉的新生代齐鲁名师，山东省特级教师，全国中语会优秀语文教师、十佳教改新星，全国"三育人"先进个人，现执教于北京市十一学校。曾获山东省高中语文优质课比赛一等奖、全国中学语文课堂教学大赛一等奖、全国读写训练课教学大赛特等奖、全国青年语文教师展示课大赛一等奖、全国中学语文创新作文教学大赛一等奖等。曾在全国各地讲学近百节次。在《人民教育》、《中学语文教学》等刊物发表论文近数十万字。参编国标高中语文教材，主编山东省教育厅师训教材。

走近文本的语言与思想

——史建筑《石钟山记》教学案例研读

史建筑老师的教学设计总是举重若轻，充满智慧，不留痕迹地引领学生在语文天地中诗意地行走。这一节课最值得我们学习的有三点：一是教学过程设计巧妙；二是品味语言细腻深入；三是探究文本思想拓展合理。

在教学过程设计方面，史建筑老师导入开门见山，不蔓不枝，让学生掌握了文章的相关信息，为进一步学习打下基础；然后采取"中心开花"的方式，直接从文章的主体——第二段"深夜探访"部分入手，引导学生先掌握记叙部分；最后再由具体到抽象，上升到理性认识。所谓"中间开花"，是一种形象的说法，就是在阅读教学中，教师从文章中选取突破口，确定重点，从重点段开始入手进行具体讲读，然后再讲与之联系的其他段落，也可以从难点讲起，一一延伸到其他段落，以便尽快地完成教学任务、达到教学目的的一种方法。这种方法尤其适合于篇幅较长的课文。使用"中心开花"法，难点在于选准"突破口"。《石钟山记》的第二段，直接描述作者游历石钟山的经过，是第一段的延伸和最后一段议论的基础，选取这一段做突破口，一方面便于学生把握文意，理解作者的构思技巧；另一方面符合学生的认知规律，能够引起学生的探究兴趣。

接着，史老师引导学生探究重点词语句式。其中如"舟行适临汝"中"舟"名词作状语、"大声发于水上"中的状语后置现象、"古之人不余欺也"中的宾语前置，都属于这篇文章中的重点语句。文言知识是文言文教学的重要目标，史老师引导学生在阅读中与已有积累联系，主动梳理重要语句，认识文言词法、句法的表达特点，这是一种非常高效的教学思路。不过，这节课面对的是整体素养较高的学生，学生课前预习也较为充分，如果学生基础较差，教师则可以在文言知识教学方面再多下一点工夫。

掌握重点词法句法，是文言文学习的重点，但远远不是文言文学习的全部，教师还要引导学生进入文本的审美世界和内涵世界。接着，史老师引导学生用更换词语、变换句式的方法对文章进行揣摩比较，通过"读读、改改、品品"的方式赏析文本语言，如教学中对"事不目见耳闻，而臆断其有无，可乎？"这一句的分析，引导学生体味语言的妙处。不少教师教文言文，非常重视一字一句的解释，却不重视让学生熟读文本，不重视对文本语言的赏析；而史老师则在疏通字句之后，花费很多时间来细细品味语言之美，突出"工具性"并体现了工具性与人文性的统一。

之后，史老师引导学生"知人论世"，走进文本的内涵世界，感受苏轼的个性品质、道德情操和人生哲思。如果说，了解文言文字、词、句式及常用语法，是文言文教学的基础目标的话，那么，学习古人优秀的个性品质、高尚的道德情操和永不过时的聪明睿智，则是在基础之上的更高要求和能力体现。从教书育人的角度剖析，学习文言知识是"教书"，赏析文本、领悟哲思则是"育人"。学习文言文，这几个环节必不可少。史老师从"乌台诗案"谈起，引入林语堂先生对苏轼的评论，在此基础上，要求学生课后搜集一下苏东坡的作品，感悟苏东坡豪放的文学风格和高尚的人格。这样就把文本当做"文化载体"，在品读中培育熏陶学生的人文精神，提高人文素养。"知人论世"功夫在课外，让学生课后搜集资料，可以充分发挥学生的自主性，积极与文本融为一体，将教材内容与课外研究结合起来，使课文不再是孤立的一个点，而是由一个点带动了一个面。在文言文学习中，这种拓展是合理的，也是必要的。

《语文课程标准》指出："学生是学习和发展的主体。语文课程必须根据学生身心发展和语文学习的特点，关注学生的个性差异和不同的学习需求，爱护学生的好奇心、求知欲，充分激发学生的主动意识和进取精神，积极倡导自主、合作、探究的学习方式。"在文言文教学中，怎样体现自主、合作、探究的学习方式，史老师为我们提供了一种思路，那就是通过"想想，议议，说说"的方式探究文本内涵。教师巧妙设计问题，引导学生深入思考。比如在"中心开花"学完第二段之后，教师提问："自第二段开始的话，本文更像一篇规范的游记，那第一段有没有存在的必要？"这个问题引导学生思考文章第 1 段和第 3 段的作用，从而理解构思之妙。再如在探究作者的思想态度时，史老师设计了一个问题："大家看一下课文的最后一句话'盖叹郦元之简，而笑李渤之陋也'，如果将其中的'叹'和'笑'两个词语换一下位置，大家再品味一下这句话和原文有什么区别？"这个问题既有趣味，又有深度，设计这样的问题，教学活动就会更有效。史老师善于与学生展开对话，通过宽松的课堂氛围、平等的对话渠道，使学生达到真正"自主"。时而让学生思考回答，时而让学生小组讨论，创设了"合作"平台，培养了学生的"合作"习惯。

总之，本课例教学的侧重点不是单纯的词法与句法，而是引导学生领悟语言的要义和妙处，从而走进文本和苏轼的内在世界。这样设计是比较科学的，因为对于高中生来说，理解文本的字词意思并不难，难的是理解文本语言的魅力和深刻的思想。联想到当前文言文教学的一些弊端，比如教师带领学生逐字逐句地翻译，比如抛弃文本大讲所谓的文化，我们可以更真切地感受到这一课例的价值。

史建筑老师《石钟山记》教学实录

环节一：整体把握，确定方向

师：现在，我们一起来学习课本第四单元——体悟山水神韵中苏轼的《石钟山记》。（板书：石钟山记苏轼）

师：苏轼是什么人？他的这篇文章是在什么情况下写的？请同学们认真阅读课本上面的注释①，思考上面的问题。

（学生看书，教师巡视并提示学生：看书时注意力要集中，要善于发现问题。）

师：看完了吧？大家请举手回答问题。

生：苏轼，字子瞻，号东坡居士，眉山人，北宋文学家。宋神宗元丰元年六月，苏轼由黄州团练副使调任汝州团练副使时，顺便送长子苏迈到饶州德兴县任县尉，途经湖口，游览了石钟山，写下此文。

师：大家看到本文的题目，会想到这篇文章是一篇什么文章？

生：本文是一篇记游性的文章。

师：记游性的文章，我们把你的说法改一下，把"记游"改为"游记"好不好？

（生点头同意）

师：人们对这篇文章的定性说法不一，有的人认为是游记，有的人认为是碑记。说它是游记，但又不是一般的游记，而是通过记游来解读道理。大家想一下这篇文章中直接描写游历细节的文字是哪些？

生：第二段。

师：对，那我们就先看文章的第二段。大家从第二段中的"至莫夜月明"看到本段的结束。

（师巡视，并指点学生结合课本的注释和工具书解决个别的字词，通晓文意。）

环节二：中心开花，具体鉴赏

师：大家读完了吧？谁来读一下这段文字？

（生读第二段，师纠正读音和句读。）

师：下面我来读一下课文，大家跟着我读，要注意句子的停顿和生字词的读音。

（师领读，学生跟读。）

师：下面大家自读这一段，读时要读出起伏，展现情境。

（生自读。师巡视并指导学生。）

师：请同学们找出这一段文字中含义深刻的词句，或者需要研究的重点句子，交流讨论。

（生自主寻找词句，小组交流讨论。）

师：大家准备好后，各学习小组可以派代表发言。

生："舟行适临汝"中"舟"是名词作状语。"大声发于水上"是状语后置句。

师：这位同学找的点很好，哪位同学还有新的发现。

（生仔细看课文，师指导：看一下文中的句子的语序哪些和现代汉语不同。）

生：是"古之人不余欺也"。

师：那它是什么句式？

生：宾语前置句。

师：大家记下一句话：文言否定句中代词作宾语，宾语需要前置。句子中"欺"的宾语应是"余"，前面有否定词"不"，所以将"余"前置。给大家举一个例子。（师板书：虽使五尺之童适市，莫之或欺）代词"之"在此作宾语，在文言否定句中则需要前置。

师：除去字词、句式以外，大家再找一下文中含义深刻的词句。

（生思考）

生1："舟人大恐"中的"大"，"徐而察之"中的"徐"，形象地表现了舟人当时的表情和他们亲自考察时的小心翼翼。

生2："余固笑而不信也"和"因笑谓迈曰"中两个"笑"字表达的感情不同。

师：噢，两个"笑"字表达的意思不用，那分别表达了怎样的意思？

生："余固笑而不信也"中的"笑"表现作者敢于怀疑，善于探索的精神。"因笑谓迈曰"中的"笑"则有讥笑的成分。

师：第二个"笑"有讥笑的成分，我们看一下课文，作者考察到了真相后笑着对苏迈说话是讥笑吗？那讥笑的又是谁？

生：不是讥笑。这里体现了作者在探明真相后的兴奋喜悦自豪之情。

师：那请你读一下苏轼对苏迈说的话。

（生有感情地读）

师：读的可以，有一点长者的口吻。

（生笑）

师：大家再齐读这一段，争取当堂背诵。

（生齐读，师引导学生背诵。）

环节三：前后勾连，融为一体

师：自第二段开始的话，本文更像一篇规范的游记，那第一段有没有存在的必要？

生：（齐答）有。

师：为什么呢？

（生思考）

生：因为第一段中提到了石钟山由来的两个原因，一个是"人常疑之"，一个是"余尤疑之"，这两个"疑"字引起了下文。

师：回答得很好。第一段提出了疑问，而第二段则是解疑，所以第一段就有存在的必要了。

师：下面我们看一下第三段，它在文中有什么作用？大家可以相互讨论。

（生思考，讨论。师巡视，指导学生。）

师：大家讨论的怎么样了，谁来说一下？

生：第三段通过记游来阐发一定的道理。

师：作者阐发了什么道理呢？

生：事不目见耳闻，而臆断其有无，可乎？

师：如果我们将这句话改为下面的话：

事不目见耳闻，不可臆断其有无

凡事目见耳闻，方可断其有无。（附板书）

大家想这样可以吗？如果不可以，请说明理由。

生：改的这两句只是一般的陈述句，而原文中的话是一个疑问句，这样可以引起人们的思考，较陈述句更能表达出自己的写作意图。

师：这位同学说得很好。大家看一下课文的最后一句话"盖叹郦元之简，而笑李渤之陋也"，如果将其中的"叹"和"笑"两个词语换一下位置，大家再品味一下这句话和原文有什么区别？

（师板书：盖笑郦元之简，而叹李渤之陋也。）

（生反复读这句话）

师：大家通过读找到他们的区别了吗？

生：这样一改就和原文所表达的意思不相符。

师：怎么不相符呢？

生："简"和"陋"准确表达了郦元与李渤鄙陋的程度，作者对郦元与李渤的态度也因其鄙陋的程度不同而有差异。"叹"和"笑"则准确地表达了作者对二人的不同的态度，"叹"和"笑"所表达的讥讽的程度是不同的，"笑"讥讽的程度要比"叹"的讥讽程度深。如果改为对郦元"笑"而对李渤"叹"那就和原文表达的意思不符。

师：回答得很好。在作者看来，对郦元与李渤作者比较倾向郦元，而郦元"言之不祥"，所以"叹其简"，李渤以"斧金考击而求之"，其做法简单所以"笑"其陋，在此"笑"就有"讥笑"的意思，"笑"也表现了苏轼不主观，不武断，实事求是的科学态度。

环节四：知人论世，拓展延伸

师：大家考虑这篇文章背后有无更为深层的东西？

（生讨论）

生：这篇文章表面是写记游的，但其目的是为了阐发"事不目见耳闻，而臆断其有无，可乎"的哲理。

师：（板书：游记——哲理）苏轼才高骨傲，在朝廷内部遭受排挤，受到贬迁。人们在他的文章中寻章摘句来陷害他，与他有关的二十几个人都受到牵扯，制造了历史上有名的"乌台诗案"。这篇文章写于"乌台诗案"后两年，文章阐发了"事不目见耳闻，而臆断其有无，可乎？"的道理，其实是作者对自己心志的抒发。（板书：心志）

师："事不目见耳闻，而臆断其有无"，如果用现代的话来说就是——

生：没有调查就没有发言权。

师：苏东坡政治生涯充满了坎坷，但是他却是卓有成就的文学家，他有高尚的人格，为后人树立了两座丰碑：文学、人格。（板书：文学　人格）后人写苏东坡的作品很多，现代文学大师林语堂先生的《苏东坡传》就是一部很好的著作，他在序言中这样写道：

鲜明的个性永远是一个谜。世上有一个苏东坡，却不可能有第二个。个性的定义只能满足下定义的专家。由一个多才多艺、多彩多姿人物的生平和性格中挑出一组读者喜欢的特性，这倒不难。我可以说苏东坡是一个不可救药的乐天派，一个伟大的人道主义者，一个百姓的朋友，一个大文豪，大书法家，创新的画家，造酒试验家，一个工程师，一个憎恨清教徒主义的人，一位瑜伽修行者，佛教徒，巨儒政治家，一个皇帝的秘书，酒仙，厚道的法官，一位在政治上专唱反调的人，一个月夜徘徊者，一个诗人，一个小丑。

……

这是一个诗人、画家、百姓之友的故事。他感觉强烈，思想清晰，文笔优美，行动勇敢，从来不因自己的利益或舆论的潮流而改变方向。他不知道自己的利益，对同胞的福祉倒非常关心。他仁慈慷慨，老是省不下一文钱，却自觉和帝王一样富有。他固执、多嘴，妙语连珠，口没遮拦，光明磊落；多才多艺，好奇，有深度，好儿戏，态度浪漫，作品典雅；为人父兄夫君颇有儒家的风范，骨子里却是道教徒，讨厌一切虚伪和欺骗。他的才华和学问比别人高出许多，根本用不着忌妒；他太伟大，有资格待人温文和蔼。他单纯真挚，向来不喜欢装腔作态。每当他套上一个官职的枷锁，他就自比为上鞍的野鹿。他活在纠纷迭起的时代，难免变成政治风暴中的海燕、昏庸自私官僚的敌人，反压迫人民眼中的斗士。

林语堂先生的语言富有气势，将苏东坡丰富的精神世界表现得淋漓尽致。

大家课后搜集一下苏东坡的作品，感悟苏东坡豪放的文学风格和高尚的人格。

（下课）

春风大雅能容物，秋水文章不染尘
——史建筑"超越语文"教学之路探析

一、春风大雅能容物

巴金说："人不是单靠吃米活着的。"史建筑说：这"米"之外的情感、思想、道德、智慧应该是人赖以生存的更重要的土壤，而深深扎进这片土壤的主根是书——经典的书。书虽然不是万能的，但在史建筑的生命里却举足轻重。如果说，史建筑的生命历程中迄今还没有留下太多遗憾的话，那是因为：他一路有书。

1. 生命的支点

史建筑的童年是灰色的，因其出身"富农"。上小学的第一天要报自己的家庭成分，史建筑嗫嚅着报了三次，最后一次，终于怒不可遏地吼出来。结果，被停课三天。回家等着挨批的他，却意外地得到了一本颇为精致的线装竖排繁体带插图的《西游记》。从此他与书籍结下了不解之缘，书籍成了他前进道路上的良师益友。

参加工作不久，由于编制问题，他被几个单位借来调去，往返于乡村和县城之间。当时单位住房紧张，自己又是编外人员，只好住在学校存放油罐的一间棚舍里。刺鼻的气味，阴潮的地面加上薄薄的屋顶常常是夏天烈日暴晒，冬天寒冷刺骨。正是这棚舍的生活，塑造了史建筑坚毅的性格和不屈的意志。

寒冬腊月，雪花飘飘，在寒风凛冽的冬夜，他时常被飘进棚舍来的雪花搅醒。无法入睡，索性不睡，借着昏黄的灯光，他阅读了古今中外的许多书籍，特别是列夫·托尔斯泰《战争与和平》中的一个情节深深地打动了他：当安德烈公爵受伤躺在战场上，万念俱灰的时候，是俄罗斯湛蓝的天空，广袤的草原和奔腾的河流，是自然之美、天地之美拯救了他。这时候，史建筑振作起来，望着室外飘飞的雪花，又投入到了他的阅读之中。

棚舍的生活让他至今难忘，每每提及这段往事，史建筑总会说："苦难和挫折，当你败给它时，它便是你的耻辱；当你战胜它时，它便是你的荣耀。"

2. 精神的家园

史建筑曾这样构想自己未来的书房：一侧是轻轻一点、万汇尽览的电脑；一侧是倚叠如山、幽香泛黄的线装古籍；当然还有书房的主人——站在远古和未来之间的"我"。

从教十几年来，正是因为有了对书的依恋、对语言文字的深厚情感和敏感捕捉，才有了对语文学科较为精准的个性把握，才有了课堂上一个个精彩鲜活的教学环节。

当然，环节的背后是"理念"，技巧的背后是"原则"。当语文大讨论烽烟四起的时候，当新一轮课程改革如火如荼地铺展开来的时候，当"一课成名""一文成名"的炒作浮躁之风刮得人双眼迷离的时候，史建筑却有意识地跳出语文教学的范畴，站在人才观、课程观、教材观的角度重新审视语文教学，研读了叶澜、施良方、皮连生、季羡林、冯友兰、李泽厚、周国平、沈致远、朱永新、肖川、海德格尔等名家的著作。

如今，读书，教书，写书，几乎成了史建筑生命的全部，他近乎苛刻的规定着自己每天的阅读量和写作量。史建筑无论多忙，每天都要阅读大约 2 万字的书，每学期都要结集出版一本校本阅读教材，始终如一，从无懈怠。

二、秋水文章不染尘

史建筑说："当调侃替代了诉说，当图画替代了文字，当名著受到了冷落，当语文成了习题的代名词，语文教师应敏感地意识到自己所肩负的社会责任。"

1. 守成中创新

史建筑明确表示："要想成为一名研究型教师甚至是一名教育家，必须构建一套植根于民族、切合于时代、真正属于自己的思想和操行体系。耐得寂寞，执着前行，在变与不变中找到教育教学的切入点，在守成中创新，开拓出一片教育教学的新天地。"

史建筑曾做过一次关于对语文课满意情况的抽样调查，结果令他大为吃惊：38％的学生讨厌上语文课，47％的语文教师越来越不会（含不愿）上语文课，35％的家长对学校的语文教学不满意。

从此，史建筑进行大胆创新，注重让学生平等地参与教学，科学设置问题情境；注重语言的积累和运用，引导学生品味鉴赏，感受母语的意蕴魅力。他认为，课堂是师生共同的生命主场，一堂好课应该是学生活动充分，课堂积累丰富，追求平实、丰实、充实、扎实、真实的课堂。教学中，教师应该是"首席"，与学生共同奏出优美的旋律；教师应该是"配角"，把学生衬托地光彩照人；教师应该是"热线"，让学生永远感觉到鲜活与新颖；教师应该是"导游"，引导学生探幽发微，欣赏险峰的无限风光。

正是有了理念和实践的相得益彰，史建筑的语文教学才没有随"风"摇摆，没有浮华藻饰，没有故弄玄虚，更没有本末倒置和矫俗干名。

2. 本真中彰显

史建筑对语文教学的积极探索和理性思考，形成了他独特的语文观。在史建筑看来，语文是基础学科的根基，语文是生活交际的工具，语文是生命提升的支点。

(1)学科意识

史建筑认为，语文首先是一门独立的学科，有其自身的个性与规律。语文学习必须重视积累、感悟和运用，既要尊重原始解读、个性理解，又应提倡交流融合，海纳百川。在诸多的学习途径中，阅读与写作是语文学习中最有力的两翼，两翼均衡才能飞得高，飞得远。至于高考，应视为顺其自然的一次检测，在现有国情下，它能较为公正、全面、客观地考查每位考生的学科能力。我们既不赞成以某些学者、作家做不好高考题为例证对高考一味贬斥，也不赞成把高考渲染得过于神秘与完美。每一位考生都应相信，只要夯实基础，静变结合，合理解读，恰当表达，凭着十几年的学科积累，定会取得理想的考试成绩。

(2) 生活意识

史建筑确信"语文学习的外延与生活的外延相等"，小到人际交往，大到国际交流，语文在我们的生活中无处不在，无时不在。我们的生活中既有小说的曲折、戏剧的冲突，也有诗歌的隽永、散文的飘逸。"腹有诗书气自华"，一个语文能力突出的人，能随时通过适当的自省反思调整自己，能以得体自然的形式和内容表现自己，能折射出自身深邃的人格魅力。有了语文这一有力的支撑，一个人的言行就会透射出文明、自律、谦和、幽默、深刻和自信。

(3) 生命意识

史建筑将语文上升到生命的高度。语文已经超出了学科、生活的范围，而进入到一个人乃至一个民族的精神世界。语文所负载的文化、思想、理念和传统，将深深地影响着生命和精神的进化。基于此，我们便不难理解文学巨匠可以成为一个民族或国家的精神领袖，不难理解一部名著可以支撑着一个穷困潦倒之人不断叩问自己的心灵，不难理解杰出的诗人在他的事业如日中天的时候却选择了如血的夕阳。所以，钟爱语文，就是为自己的精神家园构建屋宇；钟爱语文，就是给自己的心灵加钙；钟爱语文，就是让一个人圣洁而自信地走过每一个人生驿站……

探寻史建筑的教学历程，他的一句话很有借鉴意义："在教师专业化发展的道路上，没有成功，只有成长，我一直在路上。"面对浮躁与喧嚣，最重要的是冷静与深刻，潜心钻研，深思慎取，为每一位学生的终身发展奠定坚实的母语文化基础。这样，我们才无愧于学生，无愧于时代。

王屹宇

　　王屹宇，皖系语文名师实力派代表人物之一。安徽省铜陵市一中校长，特级教师。安徽省教坛新星，铜陵市拔尖人才、市学科带头人，全国模范教师，全国中语会优秀语文教师。曾获安徽省语文优质课大赛一等奖，"语文报杯"全国中青年教师课堂教学大赛一等奖，全国绿色园丁奖；2004 年获国务院特殊津贴奖励。曾在《语文教学通讯》、《文汇报》等报刊发表论文多篇，与人合著专著多部。

　　视教书育人为平生最重要和最快乐之事。教学沉稳大气，注重人文底蕴；重视对课文的整体感知和领悟，淡化对教材的解析手段，探索新时代多媒体网络条件下的语文教学新模式。多次在省内外讲学或成功执教观摩课，教学实况录像在本省及全国发行。

如何实现语文教师的首席地位

——王屹宇《哀江南》教学案例研读

高中新课标指出"教师是学习活动的组织者和引导者""在与学生平等对话的合作互动中，加强对学生的点拨和指导"，教师是平等对话中的首席。新课标还强调阅读教学是学生、教师、教科书编者、文本之间的多重对话，是思想碰撞和心灵交流的动态过程。这些精神对教学中师生的地位和作用作出了很明确的界定，很多教师努力践行这些精神，但是又往往出现矫枉过正的现象，很多课堂任由学生讨论、探究，教师只作肯定、表扬，这样的课堂很难深入，流于平面的热闹。从这个意义上来说，王屹宇老师的《哀江南》有纠偏的示范作用。这堂课既突出了学生的主体地位，又恰当地彰显了教师的引导作用。这堂课成功之处很多，在教学内容、教学理念、教学技巧、教学语言等方面都有可取之处。

一、教师个人对文本的解读有深度有境界

《哀江南》是传奇《桃花扇》结尾的一套北曲。这套曲子，通过教曲师傅苏昆生在南明灭亡后重游南京所见的凄凉景象，话兴亡之感，抒亡国之痛，表达了强烈的故国哀思。王老师在与学生对话时对这一主题作了有深度有境界的挖掘。比如王老师说"《桃花扇》是凝聚了作者的血泪的，寄予了对历史的深沉感叹"，"刚才这位同学说到的'优美'，我猜想是被里面忧郁的意境打动了"" 我很喜欢你用的这个词：凄美"，"打碎的仅仅是碑吗？是一种皇家的尊严"，"苏昆生是有一种亡国的切肤之痛。表面上看起来，这是写景的文字，然而我们深沉地挖掘下去，其中的情滋养了我们。一方面苏昆生作为明朝遗民，是有明朝遗民的哀痛，而孔尚任是站在历史的高度；另一方面，这是很多人共同的情感，刚才那位同学也说到了，从心理学上说，这是一种集体记忆"，"《哀江南》是有三个精神层面的（苏昆生，孔尚任，集体记忆）"，"伟大的艺术作品是人类心灵之光的投射，永远是人类心灵所需的营养"。再比如，王老师从地理位置的角度对第一、二两支曲子分析，归纳出皇家和市井生活两个方面景象的萧条，从而启发学生去体味苏昆生哀伤的情感积淀。王老师没有停留在表面的景物描写上，而是对蕴含其中的凄美忧郁深沉的情感作了多层次多角度的解读，这对实现教师引导、组织学生碰撞出思想火花，完成教师"平等对话中的首席"这一使命起到了奠基的作用。本堂课选择思想情感的体验作为教学内容，这种有层次有深度的解读无疑使教学目标的完成更有意义。

二、教师发挥了很好的组织和引导作用

与深入的文本解读相应，王老师的主导作用得到了有效的发挥。比如在赏析"白

鸟飘飘"到"新红叶无个人瞧"这一段时，学生可能由于历史知识及人生阅历的原因，把这一段写作的成功之处归于"优美"，这时候王老师有意识地把学生的眼光牵引到深层的意蕴中去。师：你这里说的"优美"是什么意思？教师启发学生："打动你的是什么？是景还是孕育在里面的东西？"这时学生注意到了包含在诗句中的作者的心境。接着教师追问什么样的心境？学生就能落实到"伤怀的、感慨的"这一具体情感上了。最后王老师总结："我猜想是被里面忧郁的意境打动了。"再比如，在梳理体验了苏昆生亡国之痛的感伤后，为了进一步解读文本，王老师又问："我在想一个问题。哀江南是苏昆生在哀，难道只有他一个人在哀吗？"这样就让学生的思路自然拓展了，"有许多人在哀"，"这许多人其中首推"孔尚任，从而得出"《哀江南》是有三个精神层面的（苏昆生，孔尚任，集体记忆）"的结论。不难看出，学生一再地偏离戏曲情感，反复掉入"优美"、"顺口"等文本形式中去，但王老师都通过巧妙的点拨使学生回到情感体验的话题中来。

王老师主导作用的发挥使本堂课环环相扣、步步推进，把学生从"一望而知"的浅表解读引向了"一无所知"的深层意蕴，成为语文阅读教学中教师主导地位不可或缺的明证。

三、朗读和表演的教学方法符合文本特点和教学目标的需要

王老师始终以朗读贯穿课堂，采用了多种朗读形式，包括通读、个别句段朗读、分角色读、表演读、教师示范读等，前后共有七次朗读。应该说多种形式的朗读是适合《哀江南》文本特点和教学目标的需要的。《哀江南》的文本特点是戏曲，主要篇幅以对白和唱词构成，如果学生没有角色体验，很难体会古代戏曲这一艺术样式的奥妙。比如有的学生读完后就觉得（离亭宴带歇指煞）不错。读起来对偶，像"眼看他起朱楼，眼看他宴宾客，眼看他楼塌了"，很顺口。王老师则适时地指出"音乐性"这一特点。在最后一遍的朗读中王老师还要求三位学生表演动作，其余学生朗读，这不仅活跃了课堂气氛，也有助于学生玩味意象，进入凄美的意境，领悟作者的情怀。

另外，王老师的教学语言循循善诱而开合有度。王老师善于诱导学生，富于激励性。在学生的目光一再离开情感而投向形式时，王老师的语言成功地把它们牵引过来。而在开篇入题、中段小结、结尾升华等处王老师的语言又是凝练深沉，充满激情的。

王屹宇老师的《哀江南》这堂课无论是从教学设计还是从现场效果看，都是一堂高质量的课，可供我们学习的地方不少。当然也有一些值得商榷的地方，本人感受最深的一点就是学生对文本的情感体验不够深入，教师的解读代替了学生的真实体验。教师还应该调动多种手段，比如改写、视频等情景还原手段，创设相应的情景，使学生受到强烈的情感冲击，让学生对《哀江南》中的情感产生更强的共鸣，从而获得设身处地的审美体验，而不是靠老师强拉学生入彀。如果这个环节解决好了，学生的主体地位就会更真实些。

王屹宇老师《哀江南》教学实录

（幻灯片展示古城南京的图片，从学生熟悉的环境入手，意在拉近师生距离，同时导入课题——《哀江南》。）

师：这里是大家很熟悉的六朝古都——南京，它承载着悠远的历史，孕育着丰厚的文化。在这里，上演过一幕幕悲剧与喜剧，让人唏嘘不已，让人回味不止，让人为之激动、为之感叹。许多迁客骚人为此写下了著名的诗篇，我们今天要学的是清代的孔尚任——一位戏剧家，用他的血泪，经过十余年，增删三次，通过李香君与侯方域的爱情故事来抒发历史兴亡的感叹。其中，《哀江南》出自它的最后一出《余韵》，是其中的名篇，其中的点睛之笔。接下来，请同学们打开书，走进孔尚任为我们描绘的世界。

这段文字我想让大家先通读一遍，请三位男同学扮演前面的角色，其他同学朗诵后面的唱词，注意把我们的心放进去。

（随意请三位男生扮演角色，师带领学生一起朗读唱词。）

师：刚才我们仅仅是读了一遍，情感还没有完全放进去。刚才我说《桃花扇》是凝聚了作者的血泪的，寄予了对历史的深沉感叹。现在请同学们再快速地通读一遍，我有一个问题：你最喜欢《哀江南》的哪支曲子？或者说你最喜欢其中的哪处描写，哪处点染？为什么？相互之间也可以做交流。（师写板书：哀江南）

（学生有些放不开，师提示学生放松并对个别同学进行引导，气氛渐渐轻松起来。）

师：好。有同学愿意起来说说吗？

生：我觉得【折桂令】，也就是描写秦淮河的最好。我觉得描写得非常优美，而且新旧的对比也容易让人伤怀。

师：你这里说的"优美"是什么意思？

生：就是"白鸟飘飘"到"新红叶无个人瞧"这一段。

师：打动你的是什么？是景还是孕育在里面的东西？

生：是包含在诗句中的作者的心境。

师：什么样的心境？

生：是伤怀的、感慨的。

师：好，请坐。我刚才为什么要问"优美"，有时候我们在说"优美"的时候，往往是美丽的、晴朗的。刚才这位同学说到的"优美"，我猜想是被里面忧郁的意境打动了。是吗？

（生点头）

师：这位学生点头了，就表示她同意我的观点。我再请另外一位同学说说。

生：我喜欢【沽美酒】，因为里面的江南景色很美，这其中，我尤其喜欢最后两句，作者用了一个"剩"字就体现了今昔对比的变迁感，表达创曲人冷清的情怀。

师：好。刚刚这两位同学的发言有两点值得注意，一个是今昔对比的问题（板书：今 昔），另一点是从美学的范畴来看，这是一种什么样的美？"冷清清的落照，剩一树柳弯腰"，是不是残缺的、冷清的美？

（生会意地点头）

师：为什么会有这样的美？还是刚才大家所说到的里面的伤怀的东西。我再找一位男同学起来谈谈，大家放开点。

生：我觉得【离亭宴带歇指煞】不错。读起来对偶，像"眼看他起朱楼，眼看他宴宾客，眼看他楼塌了"，很顺口。

师：也就是有音乐性，就像流行音乐一样。那除了顺口就没了吗？还请你说一下。

生：顺口的语言当中体现了一种残垣断壁的凄美。

师：我很喜欢你用的这个词：凄美。假如让你读的话，你会怎么读出这种凄美？不要紧张，放开读。

（生读，感情不足。）

师（笑）：凄美吗，同学们？好像……所以刚开始时我说要将你的心放进去。

（师饱含感情示范朗读，生鼓掌。）

师：把情绪放进去。可能我们在讨论时已经领会了这种情绪，但平常我们不太好意思读。其实你只要放开，用心去读，就能领会到语文的魅力。现在我们回到刚才的问题上面，哪位同学还愿意继续谈谈你最喜欢的语句。

生：我最喜欢【驻马听】这一节，因为我觉得它将明孝陵的凄惨写得很细致。在明朝的时候，朱元璋的墓很壮观，而现在上面的龙碑帽却已经被打碎了。

师：对了，打碎的仅仅是碑吗？是一种皇家的尊严。你看它写得很细致，所谓的帝王的气派、皇家尊严已经荡然无存，"牧儿打碎龙碑帽"这个细节很好，写得很细致。我们大家讨论得这么多，其实大家注意了没有，一切都围绕着"昔"和"今"来展开，如果分别加个字，来表现昔日的江南和今日江南的不同，你会用什么？

（生小声说"昔盛今衰"，师在"江南"旁写板书"昔盛今衰"。）

师：我在这补充一下苏昆生这个人。他曾经是官宦人家专门教曲的先生，相当于现在音乐学院的教授。这个人很有正义感，后来他离开了官宦人家，来到了李香君这。剧本中有句话说他是：睁着五旬老眼，看了四代时人。所以，他是历史的见证人。在他的眼里，感慨就特别深。我们南京的同学，你看一下整个曲子，从地理位置上来说有一条线。我们来找找从哪到哪？第一支曲子在哪？

生：郊外。

师：第二支曲子呢？

生：明孝陵。

师：从地理位置上可以发现，是从郊外到城内，从明孝陵到秦淮旧院，他一路走来，看到一路萧条。这些地方大家都很熟，这里以前是什么地方？

生：都是一些过去的宫殿。

师：秦淮呢？

生：是护城河。（众笑）

师：（笑）没事，可能我的问题问得不是很清楚。其实这里是从两个大的方面来说的，一是皇家，一是市井生活——当年市人如织、游人如林的秦淮河，现在是怎样的呢？一派萧条，满目疮痍。所以，这个时候，苏昆生一路走来，哀伤的情绪一直积淀在他的心里。积淀到最后怎样？最后一小节是情感积淀以后的什么？我请刚刚赏析最后一节的同学说说。

生：是情感的总结吧，情感积淀到最后一起爆发出来。

师：好。请坐。最后一节是苏昆生情感的一个大爆发。所以在这里，这么多的排比句、对偶句将一泻而下、一吐为快、抑制不住的情感爆发出来，艺术常常需要寻找这样一个爆发点，爆发点往往是最具艺术魅力的所在。我们来看最后一小节，哪个句子是点睛之笔？

生：是最后的那几句："那乌衣巷不姓王，莫愁湖鬼夜哭，凤凰台栖枭鸟。残山梦最真，旧境丢难掉，不信这舆图换稿！诌一套《哀江南》，放悲声唱到老"。

师：为什么你说是点睛之笔？表达了什么？

生：对故国的思念之情。

师：能说得更准确些吗？

（生沉默）

师：请同桌来说说看。

生：是一种怀旧伤情、十分凄凉的情感。

师：作为一个眼看明朝垮台的人，除了怀旧伤情外，还有什么？好像没有将那种切肤的东西说出来。

生：（恍然大悟）是痛。

师：对啊，是痛啊！是心痛，是亡国之痛。所以我们现在从这个角度将最后一节再朗读一下，品味一下，将我们的心放进去，让我们成为苏昆生的知音好吗？

（生有感情朗读，师提醒学生将声音放开。）

师：好。比第一遍好些，但还是觉得不过瘾。下面我请苏昆生来朗读一下。

（将话筒递给曾扮演苏昆生角色的同学，众笑，生朗读。）

师：嗯，比第一遍好多了。大家给他些掌声好吗？（生鼓掌）鼓掌声音太小，是不服气还是怎么啊？（众笑）

师：我在想一个问题。哀江南是苏昆生在哀（师在"哀"旁写板书：苏昆生），难道只有他一个人在哀吗？

生：我觉得不仅仅是他一个人在哀，是和他有类似亡国之痛情感的人都在哀，这里面的哀表达了很多人的心声。

师：讲得好。她的思路拓展开去了，是许多人在哀。这许多人中首推谁呢？有一个人可别忘了。

生：（众）孔尚任

师：（写板书：孔尚任）前面我们说了，孔尚任是在借一个爱情故事抒历史兴亡的感慨。那么，孔尚任的情和苏昆生的情有什么不一样的地方？大家可以互相商量。

生：我觉得孔尚任在抒发亡国的悲哀和离别的伤痛，他借侯方域和李香君来抒发自己和亲人离别的伤痛。（众笑）

师：这是一种理解，至少我们在这个本子里还看不见。还有没有其他同学？

生：我觉得苏昆生是有一种亡国的切肤之痛，是站在自己国家的立场上。而孔尚任作为一个把它记载下来告诉后人，所以他是纵观历史的变故。

师：讲得很好。我来总结下这位同学的意思，看看我有没有说对。有两个方面：一方面苏昆生作为明朝遗民，是有明朝遗民的哀痛，而孔尚任是站在历史的高度，刚才我有一点忘记补充了，怪不得大家说起来有点困难。孔尚任，孔子后裔，孔尚任的父亲是明朝的举人，坚持民族气节，坚持抗清复明，同时，孔尚任做过官，他强烈地感受到封建社会大厦将倾。刚才那位同学说得真好。另一方面，这是很多人共同的情感，刚才那位同学也说到了，从心理学上说，这是一种集体记忆（师板书：集体记忆）。我们南京的同学对此应该感受应该尤为深刻。南京这个地方曾经上演过一幕幕让人唏嘘哀痛的悲喜剧的地方，比如南京对抗日战争的记忆，不是哪一个人、哪一个受害者的记忆，而是南京所有人的记忆。上次我看报纸，南京一个纪念碑的移动引起了市民强烈的反应。这样的记忆让我们去反思，让我们去追求正义，追求一个文明健康的社会。从这个意义上说，《哀江南》是有三个精神层面的（苏昆生，孔尚任，集体记忆），这是情（在"哀"下，师板书："情"）这是景（在"江南"下，师板书："景"）。

伟大的艺术作品是人类心灵之光的投射，永远是人类心灵所需的营养。表面上看起来，这是写景的文字，然而我们深沉地挖掘下去，其中的情滋养了我们。我希望我们在今后的学习上，能知人论世，挖掘出它的精神内涵。另外，伟大的作品总是优美的形式与深厚的历史内容的完美统一，情与景谐，寓情于景。

说了这么多后，我想做件事情，再来试一次。我想请刚才的三位同学再来一次对白。我们就像希腊的合唱队一样，他们在前面表演，我们在后面朗读。你们三位同学最好有动作，好不好？

（生一边表演一边朗读，气氛活跃。朗读完毕，哨声响起。）

师：好，下课！

涵养穷索致其知，行者无疆践其实
——王屹宇"生命语文"教学之路探析

他情系课堂，视教书育人为平生最快乐之事，专注于网络背景下生命语文的实践和探索。30 年来，他捧着一份信仰，如一位行者，徒步上路，在语文园地里渐思渐行。在这条朝圣的路上，他用信徒般虔诚而执著的姿态，用参禅般宁静而坚定的信念，无怨也无悔，用 30 年坚实的脚印，用簇拥着的花环诠释了一个似乎简单又永远深奥的真理：世上有多少个朝圣者，就有多少条朝圣路。

一、放眼读书气自华，登高望远复乐之

王屹宇出生于安徽省铜陵市，童年生长于江苏如皋。这个历史文化名城，长江三角洲最早见诸史册的古邑，浸染着悠远的文化氛围，也浸染着这块土地上生生不息的人们。应该说王屹宇是幸运的，这个 60 后没有耕读的经历，没有"家贫无以致书"的烦忧，相反的，他生来就与书结下了不解之缘，阅读也成为他生平的最大嗜好。到王屹宇家做客的人喜欢造访他的书房，整整两面墙的书橱，书橱里的层层叠叠令人称羡。王屹宇的阅读博而杂，茶余饭后，公务闲暇，溯游在绵长深沉的文化河流中，听浪峰的兴奋欣喜，读谷底的痛苦隐忍，看生命幻象的波光粼粼。

韩愈说"气盛言宜"。就是说，写文章的人，只要气足了，发言、著述时，无论用词长短或声调高下，均能得宜。以此推之，语文课堂亦如是！一位语文教师有了广阔的阅读视野，才会积淀成个性化的学养，才会产生对文学的激情、敏感和直觉，并且在解读文本时才能够有一个较高的立足点，课堂教学中的高屋建瓴、游刃有余才成为可能。王屹宇的语文课堂是有高度的。他注重对课文的整体感知和领悟，淡化对教材的解析手段，注重文本内蕴的发掘，注重学生的精神培植。打造生命课堂，是他的追求，也是他的快乐。读王屹宇的文章就如同坐在慧者对面，虔诚地听他诉说人生角落里"只为生命而成长"的惊艳风景。"曲终人不见，江上数峰青"。不见操琴者，独有余音闻，对王屹宇而言，是一种浑厚的气质学养，一种登高望远的旷怡，对他的读者、学生而言，则是一种汲取，一种享受。

二、春发其华秋结实，业精于勤行成思

王屹宇 1983 年毕业于安徽师范大学，怀抱梦想，站在了三尺讲台前。粉笔白，黑板黑，语言磁，人文美，一次次精致纯粹的演出就这样开场了。从 1984 年铜陵市首届语文中青年教师课堂教学比赛第一名到 2000 年获全省语文优质课一等奖，从 2001 年安徽省教坛新星语文教学评比第一名到第四届 "语文报杯" 全国中青年教师课堂教学大赛一等奖……在这些跋涉的印记里，王屹宇广泛的阅读开始厚积薄发，

飞扬的激情开始沉淀，技术与艺术的分野日渐明晰，文字、文学、文化汇聚交融于语文的河流，流淌着坚实而饱满的幸福。

王屹宇作为一位追求课堂深度和课堂境界的教师，一位课堂导引者，也是一位课堂观察者、思考者。他敏锐地发现当前语文课堂的积弊就是人云亦云以致不知所云，语文课没有语文味！其根源在于教师缺乏文本解读的深度和广度。

王屹宇认为，文本阅读是一次幸福而冒险的旅行。阅读、鉴赏、探究，是语文老师作为读者的"原始"冲动，也正是备课的源头，更多的人和更多的时候阅读和解读文本甚至是语文教师备课的大部分乃至全部内容。但对文本内容的解读并不是语文教学任务的终结，只是把握文本教学价值的开始。教师还应挖掘文本的教学价值，即关注课文应当"教什么"；因此，教师应当用好教材，挖掘文本的教学价值，注意引导学生关注文本是"如何传递信息"的。

课堂实践证明，这样的点拨和品鉴是有语文味的。无论是王屹宇自己的课堂教学还是他指导的语文课堂，都借助语言及其组合层次来学习作者是如何表达情感思想的，不仅要告诉学生表达了什么，还要教给学生是如何表达以及为什么这样表达！

当然，王屹宇也清醒地认识到，在实际教学中，文本的思想内容越深刻、解读的难度越大，就越容易出现过度的解读，甚至省略了学生深入思考、探究历险的过程，直接将结论端给学生。所以王屹宇反对不顾学情的实际，"降低"我们追求的"高度"，而是让语文课多点"语文"，要带领学生品鉴和模仿经典文本语言的温度、色彩、节奏、韵律……，让母语在对文本的吟诵、品鉴、模仿的过程中流淌在学生的身体里。

课堂就是一个生命主体对一群生命主体的激发与呼唤！

可以肯定地说，能这样思考的语文教师是有抱负的，能这样执教的语文课堂是有境界的！

对于课堂个体生命的无极限的完美追求，化为王屹宇这一有着理想情怀者的无限动力。2002 年，全国中语会举行了盛况空前的"语文报"杯语文教学大赛，而王屹宇的一曲《哀江南》，获得大赛一等奖。《中国教育报》报道这一"全国中语界规格最高、规模最大、影响最广的一项大型赛事"时，评价他的课堂教学"紧扣课文内容，让学生不断深入到作品的情境当中，不断加深对内涵的理解"，"教态亲切自然，态度和蔼，平易近人，毫不做作，语言清晰风趣，教学过程中沉稳老练，极富个人魅力"。王屹宇课堂所体现的深厚的文化底蕴，意味着真正课堂所给人的，不是纯熟的技巧，而是教师百般历练后自然流露的精气神，将课文的个体生命形态化为自己的生命体悟。

三、格物致知已非浅，返躬力行务求实

知与行是相互促进的。王屹宇既是语文教育的思考者，又是语文教育的实践者。在多年的教学实践中，王老师注重对课文的整体感知和领悟，淡化对教材的解析手段，探索新时代多媒体网络条件下的语文教学模式，形成了自己的一套教学风格。

1.重视"讲述"的意义

"讲述是语文教师最重要的基本功。"今人读古典诗歌等中外经典，不像流行读物那样鲜活"好读"，多多少少都有点隔膜，主要是文字上的隔膜，情景上的隔膜和思想上的隔膜。王屹宇总是用自己的丰厚素养和相应的现代教育手段，去强力牵引学生，使受教者产生身临其境的现场感，柳暗花明的新悦感。如执教郁达夫《故都的秋》，王屹宇就充分利用多媒体技术，在课堂上营造出北平的清秋气息，在有声有色的气氛渲染下，学生很容易地走进课文，领略古都清、静、悲凉的气息。

2.发挥"美读"作用

孔尚任说："凡胸中情不可说，眼前景不能见，都以词曲咏之。"王屹宇很重视文学的音乐特征，将美读作为学生感知作品的主要途径。经常借用著名诗人臧克家的一句话来描述美读的作用和魅力："能使躺着的书本从抽屉里爬出来，从书架上跳起来，翩翩起舞，并且走进人的心灵深处"。美读现已成为王屹宇语文课堂上的一道金字招牌，闻者有绕梁之感。

3.重视学生的探究精神，注重学生的情感态度，激发学生的兴趣，让课堂成为学生真正的舞台

王屹宇在 2007 年省高中语文选修课实验研究课教学观摩活动中的一节汇报课，充分尊重学生的主体作用，让学生分小组汇报阅读鉴赏的成果，实现了研究性学习、专题研讨等教学形式的有效整合，是学生合作探究的一次成功尝试。这堂探究课的有益探索给与会老师留下了宝贵的启示。

王屹宇在教学中反思，在反思中践行，追求高明的教学艺术。涵养、致知、力行构成了王屹宇的语文教学的生命课堂，注重人文底蕴，沉稳大气。在多姿多彩的生命教育航道中，王屹宇就像一介船夫，与他的学生同行着并分享着，安静地用生命的长篙点过软泥青荇，穿过流水游鱼，一边感叹着河流的绵绵不息，一边在水的影像里发现虚化又真实的自己。激扬硕学诲后进，闲情放眼望远山。

行者无疆。愿王屹宇的"生命课堂"生机勃发，馨香久远！

虞晔如

　　虞晔如，江苏省特级教师，南京大学附中语文教研组长。南京市首届"斯霞奖"、"行知奖"获得者，南京市语文学科带头人、名教师、优秀教育工作者、师德先进个人，江苏省优秀指导教师。代表作有《朱自清散文的美学品格》、《作文教学中的哲学思考》、《文学：描绘着一幅完整的中国图像》等。著有《新课标"高考写作读本"》，参与撰编江苏省高等学校教育专业写作教材、《写作辞海》、《特级教师教学优化设计》、《高中课本作文指导大全》等多部工具书和教学用书。

　　虞晔如老师长期致力于"情知理活"四位一体动态生成审美式语文教学模式的实践研究；大力实践"原点阅读"，指导学生定向阅读和比较阅读；在作文教学中，确立了"以文体知识为序列的练习作文"与"以学生思维能力发展为序列的生活作文"这一双线分流而又完整统一的训练序列。教学追求"语文味"和"美"的境界。基于平民意识的理想主义热情，使她的教学充满艺术的机智与人文的温暖。她在全国各地讲学和执教观摩课近百场次，受到一线教师和广大学生们的热烈欢迎。

基于审美的一堂语文鉴赏课

——虞晔如《赤壁赋》教学案例研读

《赤壁赋》是苏轼在黄州谪居三年，即元丰五年（1082）的七月十六日，时年45岁，游览黄州面临长江的赤鼻矶所写。苏轼在秋夜的月光中泛舟赤鼻矶，触景生情，怀古伤今，以行云流水的赋体书写成文。全文如诗如画，情、景、理交融，是一首沉郁顿挫、至情至性的命运交响曲。文章的情思由悠闲潇洒到沉郁凄忧，进而感到人生之沉重，最后进入对宇宙万物变与不变的理性思辨，使说理从对大自然的欣赏进入一个高层次的艺术审美境界。

审美鉴赏，是语文教育的本质。对于文学作品来说，阅读能力就是审美能力、鉴赏能力。通过我们的教学，使学生具备一个基本的鉴赏眼光，拥有中学阶段的专业能力。虞老师所执教的《赤壁赋》为第二课时，从实录来看，教者主要定位在"帮学生鉴赏"，教师借助于自己的"眼力"，帮助学生去发现作品的"好处"，"传染语感于学生"（夏丏尊语）。教师从景中有情、情中有景体现在哪里设问，再到苏轼如何劝解"客"的分析，紧紧抓住文本的美学特质，如庖丁解牛般，细细解开文本的骨骼脉络，洞悉文学的精髓奥妙，让学生成为一个游刃有余的庖丁。虞老师并没有像大学一样讲深，而是通过课文这个例子进行细读、读透，培养起学生中学阶段的专业眼光。

一、紧扣"江月"，赏透景与情

赋体文章既具有诗歌特质，又有散文特点，它的解读首先要注意体味作者寄寓于文本中的情感。虞老师认为，"江月"是描写之主景，抒情之触媒，议论之载体。虞老师的教学思路是：写了哪些景，景美在何处，怎样写的，景中如何有情，情中又如何有景的。虞老师抓住"江月"之景，剖析蕴藏之情，引导学生由景到情，剥离出景物所附着的情感；再引导学生琢磨"情中有景"，审视作者如何达情。对于情景交融的解读，关键在于对情和景融合程度的深度体悟。在这一环节中，我觉得虞老师最突出的地方，是通过引导学生对文本中显示出"个人性"因素的细致观察，特别是对悲情从何而来的四个角度的挖掘：情感寄寓在叙写的对象之中（歌词中的"美人"），因景写情（客人吹箫），情感来自写景叙事（赤壁与曹操、周郎等历史人物），随事兴感（苏轼个人遭遇和理想幻灭），由表及里，披情入理，让学生看到了作者的情思灌注在哪里，破解了"美人"、"箫声"、"历史人物"的人文内涵。苏轼在这里写景状物，并不只是重在"江月"本身美的表现，而是重在通过写景状物来传达情思。这里的景，实际上是苏轼情趣、情感以及思想某一方面的投射。虞老师在这里成功地指导学生对情与景关系进行了深刻的考察和把握，不求深奥，却很透彻。需要指出的是，教师在引导学生对江月之美寄寓着苏轼精神自由方面的解读不够，教学还限于美景的一般情感表达。另外，在实录第一个板书"骈散相间形成句式参差之美"处，总结得有些生硬。因为前面是对"景中有情"的赏析，教师并没有引导学生从赋体特征入手分析文本，这里得出如此结论，就有点牵强了。

二、反复比较，析透思与理

虞老师这一课最精彩的是对文本"理趣"的学习。《赤壁赋》写的是一个短暂的游览，却展现出作者复杂的矛盾心理，如何真正理解它的思想意义，是教学的难点。如何突破难点，虞老师在这一环节值得我们学习的是几个层次的反复比较，为学生对"江月"哲学意义"变"与"不变"的解读拨云见日，洞悉了哲理。

"比较"是一种教学手段和解读策略，是用一种已有的文学眼光去审视新的文学作品。对于文本解读要避免孤立地分析问题，尽可能把文本放在可比较的语境中，有比较才有鉴别，才能提出问题。孤立地面对文本，由于缺乏可比性，无从分析。虞老师在分析苏轼由至情进入至理的思辨时，从五个比较视角引导学生进行思考：一是水、月、人变与不变的比较分析，二是苏轼取与不取的态度比较，三是客与苏轼在变与不变上的比较，四是客与主的不同表现的理趣比较，五是三种月亮的表达不同比较。同中求异，异中求同，通过变与不变的哲理比较，在大自然的清风明月中，一个豁达豪放的苏轼形象树立于学生面前。

三、拓展升华，悟透古今人生

语文教学的解读应充分注意的一个层面是，能否在对于文本独特风格和韵致的体味中获得高层次的鉴赏的愉悦，能否从散文的鉴赏中获得更加深刻的人生启迪和深层次的人格熏陶。虞老师在教学的最后一个环节，引领学生由苏轼对自然的观点到对人生态度进行深层次的对话，把古人的思想放到今天进行比照，随即又设问："如果你和苏东坡相遇，你将要同他说些什么？"打通古今，联系生活，从古代文化精华中汲取营养，来进一步丰富和升华我们的生活。孙绍振先生说过："所谓生活，并不是你所见所闻的一切现象，而是被你心灵同化了的、成为自己心灵的一部分，与最精彩的体验在一起的东西。"虞老师引导学生转换视角，把目光由作者的情感体验、精神境界转向学生自己的生活，去审视自己的灵魂，会进一步优化学生的心灵，让文学的心灵更好地丰富他们过去经验了的、体验与概括了的情感图式，实现语文教学的价值所在。

虞晔如老师《赤壁赋》教学实录

师："如果我生活在苏轼的时代，我一定想方设法嫁给他。"（学生笑）这不是我说的，是著名女作家方方的话。苏东坡不仅是一个文学奇才，更是一位通才。他的赋少而精，借用潘长江的话说，"浓缩的全是精华"。他的《赤壁赋》是古典散文名篇，前人称其"以江山风月作骨"。"江月"，描写之主景，抒情之触媒，议论之载体。把握住这些句子，也就把握住了背诵全赋之骨。你们经得起检查吗？首先，背诵出本篇描写江月的句子。

生："少焉，月出于东山之上，徘徊于斗牛之间。"

生："月影"——"桂棹兮兰桨，击空明兮溯流光。"

师：哪里的描写是月影？

生："流光"，流动的月光。

师：男同学背——"月照"。

生："挟飞仙以邀游，抱明月而长终。"

师：女同学背——"月消"。

生："相与枕藉乎舟中，不知东方之既白。"

师：难不倒你们！好，来个难一点的！背出本篇中议论江月的句子。

生："月明星稀，乌鹊南飞……"

生："知不可乎骤得，托遗响于悲风……"

生："客亦知夫水与月乎……"

师：我们一起背，苏子以月借喻人生——"惟江上之清风，与山间之明月……而吾与子之所共适。"

师：这样美的语言，令人陶醉，不诵读品味，怎么对得起它啊！

师：著名作家巴金曾说：《赤壁赋》给人潇洒神奇、出尘绝俗的纯净的美感。我们读时，只觉美不胜收，究竟美在何处？先看"景中有情"。

生："清风徐来，水波不兴。"

生："月出于东山之上。徘徊于斗牛之间。"

生："白露横江，水光接天。"

师：遇到让自己怦然心动的神来之笔，便在文字旁边圈圈画画，写上你的理解，这就是"点评法"。我请大家用"点评法"来说说，这些句子美在何处？哪一句特别有体验，就点评哪句；可评意境，也可评手法；可就词语点评，也可就句式点评。

生："清风"二句写风与江，"白露"二句写月与江。清风明月交织，露珠和水色辉映。秋江夜色在皎洁的月光照耀下引人退思。

生：白茫茫的雾气"横"在水面上，是近景；水光遥"接"天边，是远景。一"横"一"接"，像中国画的大写意，静谧的夜景，简洁又传神。

生："徘徊"用的是拟人手法，不仅形象地描绘了月亮缓缓升起的动态，更重要的是，还透露出了作者对月夜美景的眷恋之情。

师：写景带上了感情色彩，抒情又借助了景物的描写。笔墨极为简练，却蕴涵着深沉隽永的诗意，一下子把人带进了诗的国度，沉醉在山水风月之中，同作者一起去领略那深蕴的人生意义！

（板书：骈散相间形成句式参差之美）

师：再看"情中有景"，又体现在哪里？

生："纵一苇之所如，凌万顷之茫然。"

(师生齐背"浩浩乎如冯虚御风，而不知其所止，飘飘乎如遗世独立，羽化而登仙"。)

生："纵""凌"字，多么传神尽兴！既是写景：碧波万顷，水平如镜，一叶扁舟漂在水面上；又是抒情：泛游长江，忘情自然，令人如身临其境。

生：两个叠词用得好："浩浩"写出了放舟江上的客观景象；"飘飘"，用想象描绘出作者飘飘欲仙的主观心情。

生：我最喜欢"纵一苇之所如，凌万顷之茫然"这句。用小舟反衬江面的宽阔，如果是拍电影，可以拉一个远景，把船拍成一个小黑点，气势肯定非常恢弘。

师：我们好像坐在苇叶一样的小船上，有着自由自在、飘飘欲仙的感受。多妙啊！

（板书：比喻想象形成情感流转之美）

师：文中的悲情从何而来？其一，来自歌词中的"美人"。苏轼究竟想没想美女，依据是什么？

生：想了，"桂棹兮兰桨，击空明兮溯流光。渺渺兮予怀，望美人兮天一方。"

师：你把它翻译成现代汉语，声音大一些！

（生翻译）

师：看来苏轼的确是想美女了。那么若是巩俐和章子怡来行吗？

生：不行。我们在学《离骚》的时候有一句话："惟草木之零落兮，恐美人之迟暮。"老师说：屈原善于用香草比喻贤良的人。而用"美人"比喻贤明的君主。由此断定苏轼的"美人"应该是宋神宗。

生：我认为应该是贤明的君主。而不应该是宋神宗，我感觉宋神宗不能算作是贤明的君主，他身边后来都是些不学无术的奸佞小人。

生：我认为，"美人"应该是比喻苏轼的美好理想的象征。我的依据是书下注释。

师：注释也是我们解读课文的重要依据。一生忠君的苏轼，一心想为大宋王朝分忧，却被贬他乡，怎能不悲！"美人"表现他政治失意的感慨！

师：其二，来自客人悲怨的"箫声"。你背一下原句，再来点评。

生：（背诵）"如怨如慕""如泣如诉"，五个比喻连缀而下，将不可捉摸的声情写得具体可感。

师：写欢快时，可以羽化登仙、飘然世外；述哀伤时，又能拿动蛟龙、泣嫠妇作比。而"泣孤舟之嫠妇"的想象和夸张，又将我们从"乐"的云霄带入悲凉幽怨的深潭。

师：其三，来自历史人物。同桌之间合作一下。你背原句，同桌点评。

生："月明星稀……而今安在哉！"

生：英雄如曹孟德者尚且转瞬即逝，蹉跎如我辈者又岂能摆脱命运的无奈？这里有两层意思：一是生活质量太低，与英雄的曹操和周郎相比，我们只能"侣鱼虾而友麋鹿"，怎能不悲哀？二是人生短暂，"哀吾生之须臾"，转瞬即逝，如何不让人惶恐？

师：作者把人生的悲苦与茫然放在开阔的时空维度上来加以表现，三言两语，把人生悲的本质揭示得淋漓尽致。伟大与渺小原是一回事，在历史的长河中都不过是短短的一瞬。连千古风流人物都无法摆脱宇宙自然的淘洗，遑论我们？三个反问句"此非曹孟德之诗乎？""此非孟德之困于周郎者乎？""而今安在哉！"的排比，一气而下，反衬悲情。要读出深沉的感慨！

师：其四，来自个人遭遇和理想幻灭。这两组背"个人遭遇"，这两组背"理想幻灭"。

师："况、驾、举、寄、渺、哀、羡"，侧重于个人遭遇；"挟、抱、知、托、"，侧重于理想幻灭。

（要注意在理解中背诵。通过背诵来加深理解；在诵读中体会悲情层次转换的关键虚词。）

师：几番对比，几番感慨啊！生命之短暂如匆匆过客，有志而无为，何况吾与子？至悲至痛哉！

（板书：反问叠用形成文势起伏之美）

师：苏轼是怎么劝解"客"的？苏轼的话可以分几层？

生：两层，"且夫"是标志。

生：我想第一个文句是一层。不管苏轼怎么解释，"水与月"，下面两层都写到，起引起下文的作用。

生：不对。水与月是第一层，第二层是风与月。

师：第一层是以"变"与"不变"来看人与物的尽与无尽，含蓄地指出客观审视角度的偏差：作者认为，要说变都在变；要说不变，都无尽。所以不存在羡慕什么的问题，这是"何羡论"。第二层从人与物的领属关系说起，有些物属于某人或某些权力专有的，比如门口的树是属于公共的，你们是属于班主任的；（学生笑）有的是存在，不属于个人的。比如江上之秋风与山间之明月，可以尽情去听去看去享用，而且无人阻止，无穷无尽。这是"共适论"。用我们今天的话归纳一下：一是换位思考，痛也可视作乐的催化剂；二是亲近自然，一切来自社会的痛都会在开放的大自然的怀抱中稀释殆尽。

师：从什么角度说明不必羡慕宇宙的无穷？

（背诵文中关于水、月、人"变与不变"的词句。）

变	不变
逝者如斯（水）	未尝往也（水）

  盈虚者如彼（月）   卒莫消长也（月）

  曾不能以一瞬（人）   无尽也（我）

师：人是变的，好理解，为什么人又是不变的？

生：他认为作为个体的人，生命是短促的，但他参与了整个人类的生命活动，而作为整个人类，又同宇宙一样是永恒存在的。

生：可以看出佛教禅宗对苏轼的影响。

师：请从古诗词中寻找事例来证明"变与不变"之理。如："年年岁岁花相似，岁岁年年人不同。"（刘希夷《代悲白头翁》）

生：不变和变。

师：新学期，面对又一批朝气蓬勃的新同学，老师就要情不自禁想起"人面不知何处去，桃花依旧笑春风"（崔护《题都城南庄》）。

生：变和不变。

师：爱情甜美却易逝。校园里也有早恋的，我们不妨借用这两句诗送给他们。

师：从什么角度来论述苏子的态度？

生："取与不取"的角度。取的是"清风明月"，不取的是"非吾之所有"。重点讲"取"。

师：一般的人，写到这里就收笔了，留下一丝淡淡的惆怅。但苏轼就是苏轼。既然物各有主不可强求，不该取的不取，该取的就取。你看这清风，到了我耳朵里就有了声音，明月进了我的眼睛就成了景象，是上天给我们的绝好的恩赐啊，我们好好享用吧！

苏轼就是这样求得了心理上的平衡！大自然真是一部抚慰人心灵、开阔人胸襟、启迪人智慧的百科全书啊！

师：客与苏轼关于物和人在"变与不变"的问题上，观点有何不同？

物   人

客：无穷 不变 须臾 变化 （片面）（悲）

苏轼：物与人都有变与不变的两面 （全面）（喜）

生：客人的观点是片面的，也是悲观的；苏轼的观点是全面的，也是乐观的。

师：世上的事没有一成不变的，任何事都有它的两面性，好事可以引出坏的结果，坏事也可以引出好的结果；人不论处于顺境还是逆境，都要看到另一面，就像天空中的月圆月缺一样，是一种自然的必然、必然的自然：这就是生命旅程上的一曲永远的"二重奏"。

用全面的观点去看待事物、分析问题，是一种理性的思辨！

师："客"之疑问和"主"之超旷，实际上都是苏轼自己。这样写有什么好处？

生：作者虽然借客之口表达了自己的悲愤，但醉翁之意不在酒。他不是宣扬这种悲观的论调，而是借客人的话来表达自己的观点。

生：其实是作者虚构，作者借"客"之口，来写自己对人生的多种感悟，借"客"之口道出自己对于人生的悲观的一面。然而悲过之后，又能重新审视人生，表现出积极的那一面。

师：说得对。这样写，一则有助生发义理，是苏轼用老庄思想与厄运抗争的表现，体现了苏轼思想上的矛盾以及所选择的解决矛盾的方式。人的一生中，不可能没有打击，问题是面对打击的态度。二则行文显得奇崛多变，好似此与彼苏在意气相斗相和、自说自话，被排挤、遭贬谪的心中郁结苦闷，就在这轻松的对答中得以消解缓释。

客：体现了作为"儒者"的苏轼——人生短暂，生命渺小（悲观）

主：体现了作为"释道"的苏轼——因缘自识，随遇而安（达观）

师："盖、而、则、且夫、苟非、虽、惟、"，仔细体会这些虚词的作用及作者要表达的内容。

（板书：关联相扣形成义理奇崛之美）

师：这真是：江山无尽，风月长存，声色俱美，"共识"而乐！课文中有哪些月亮？有什么异同？

生：写到两种月亮，一是第一段写到的月亮，一是第三段写到的月亮。

师：其实，再想一想，是写到了三种月亮。三种月亮都给我们以美感。但是，在表达上有什么区别呢？

生：现实中的水月，作者是实写的，而历史中的水月和哲理中的水月，作者是虚写的。

> 现实中的"水月"　　柔和之美　欣赏风月（实）
>
> 历史中的"水月"　　苍凉之意　凭吊古人（虚）
>
> 哲理中的"水月"　　人生之感　超越生命（虚）

师：好一个苏东坡！并不是所有的人都能忘却痛苦，即使李白，浪漫诗情中也脱不了苦闷的抑郁，但悲哀和不幸降临，东坡总是微笑接受。有人形象地说，人类的内心要表达产生了文学，人类的苦闷欲求宣泄，于是又继生了哲学。从这个意义上讲，文学与哲学便都是苦闷的产物。而苏轼的《赤壁赋》呢？

生：是"文学"与"哲学"的完美结合，是哲理化的文学。更是诗化的、美文化了的哲学。

师：文学是其形式，哲学是其灵魂！生命，是这个世界上最美丽的花朵；那么，对生命的感悟、阐释，就成为作者最富灵性的文字。

师：东坡听任自然的观点，在现代竞争激烈的社会是否可取？

生：得和失是相对的。生命是一种感受。

生：淡泊一点，有一种爱叫放手。享受自然，顺其自然，一切都会过去的。

生：前方是绝路，希望在转角。懂得变通，才会生存。

生：尝试过的人总比听任自然的人多一份可能，也善于调节精神的压力。

师：同学们说得好！生命享受着生活的欢乐，但有时还承载着生活的苦难。面对仕途风雨，坦然相对，就会进入"也无风雨也无晴"的佳境。

愈是优秀的作品，愈存在巨大的解读空间。只要调动我们的体验，每个人都能读出自己的"赤壁江月"来。如果你和苏东坡相遇，你将要同他说些什么？

生："是你的就是你的，不是你的就放弃"，在儒家看来，独善其身也是一种生命选择，否则在不利于自己的境况下还要硬碰硬地干，那这个人的生命就很脆弱。

师：当然也有宁折不弯的悲壮典范，像屈原投江，老舍沉湖，为了自己的理想决不苟且。但更多的是像苏东坡，化困为通。如果苏东坡跳到江里死了，中国历史上就缺少一个伟大的文人了！

生：天之高，无极也。天就是人生的理想。心有多高。你就能触摸到它。

师："最难耐的是寂寞，最难抛的是荣华，从来学问欺富贵。真文章在孤灯下。"1082年，他用《念奴娇·赤壁怀古》、《前后赤壁赋》为他苦难多变的人生作了最精彩的诠释。在苏轼看来，荣华富贵是身外之物，如过眼云烟，不必强求。他在寂寞中反省过去，在山水中沉淀灵魂。于是他与自然山水对话，与历史人物对话，与自己的灵魂对话，在孤灯下完成了流传千古的名篇佳作。

人们在阅读玩味苏轼文章诗词的同时，就是在解读品味着自己生命的真谛。苏轼，真君子啊！一个旷世奇才，一个伟大的智者，人世间不朽的精灵！试问能达到苏轼这样人生境界的又有几人？我想方方说执意要嫁给苏轼，其实更多的是表达她对苏轼的景仰与崇拜！

基于平民意识的理想主义
——虞晔如"审美语文"教学之路探析

一、我是一个教育界的"草根"

语文教育对虞晔如老师而言，不仅仅是一份职业，一个工作，而是一种生命的活动方式，一项心灵的塑造工程，一种对于自由的领悟和实践。她说："我是一个教育界的'草根'，生于民间，来自田野，经受阳光、雨露和大地的滋孕，看似散漫无羁，但生命平凡、顽强、绵绵不绝。充满着乡土气息、大众精神，平民化倾向，甚至包括底层人共有的弱点。"

虞晔如是恢复高考制度后录取的第一批大学生。她是怀着对教育事业的满腔热爱走上岗位的。"站在三尺讲台前，只觉天高地迥，宇宙无限……既然时代选择了我，我又选择了这种活法，就让心灵和事业和谐交融吧，不亦乐乎！"她用自己的全部心灵拥抱她所面对的学生世界，不仅仅是时间、精力，更是情感、思考、生命的体验。

她将自己生命内核的智慧和才情化为养料，去滋润、培育每一颗灵魂的种子。

教育其实是和生命一样的，都必须长时间的坚守。

当选择已经成为必然，市场经济的大潮又把许多同行带离了这块圣地，虞晔如始终"固执己见"而无怨无悔。"教育是教师人格魅力影响学生的过程。"每个教育者都有对教育教学的独到领悟与见解，都有独特的经历与感受。因为它来自教育实践，来自教育的田野，平民、朴素、原生态，带着泥土气息和露珠光泽，这样的思想，是充满生机活力的。其影响，往往也更加鲜活、广泛、强烈、深刻。

小草是柔弱的，又是最顽强的。"草根"的品格，就是植根大地的坚守品格；就是于踏实中创造生命奇迹的创造品格；就是以绿色装点山川大地的奉献品格。

二、做最好的自己

虞晔如说："梦想在心中，创造在手中。一步登天做不到，但一步一个脚印能做到；一鸣惊人不好成，但全新做好一件事可以成；一下子成名不可能，但每天进步一点点有可能。"

1. 自己和自己比

在虞晔如看来，"做最好的自己"，就要自己和自己比，昨天的自己和今天的自己比，不断地超越自己——我今天备课是不是比昨天更认真？我今天上课是不是比昨天更精彩？我今天批改的作业是不是比昨天更有效？我今天找学生谈心是不是比昨天更诚恳？我今天处理突发事件是不是比昨天更机智？我今天组织活动是不是比昨天更有趣？我今天帮助"后进生"是不是比昨天更细心？我今天所积累的教育智慧是不是比昨天更丰富？我今天所进行的教育反思是不是比昨天更深刻？我今天所听到各种"不理解"后是不是比昨天更冷静？……每天都不是最好，甚至每天都有遗憾，但每天都这样自己和自己比，坚持不懈，我们便不断地向"最好的教师"境界靠近。

2. 多从学生的角度考虑

在虞晔如老师看来，"做最好的自己"，就要多试着从学生的角度考虑问题，用"学生的眼光"看待，用"学生的情感"体验，用真心、爱心、诚心、耐心，换来学生们纯真的笑容，赢得学生们的尊敬和爱戴。这世界变化太快，令人难以捉摸，面对一个个鲜活的生命，面对一个个"鬼精灵"，不研究，不创新，不出现问题才怪呢！

在"筛选策略"中虞晔如明确告诉我们："先做减法。突破学科本位偏重书本知识的现状，砍掉学科内容的繁、难、偏、旧的内容，减去繁琐、重复、低效的负担，才有丰富、变化、新颖、创新。""作为引导者和合作者的教师，要允许一千个读者有一千个哈姆雷特，允许'说不清，道不明，只可意会，不可言传'。允许有理的叛逆，允许学生怀着挑战进课堂，允许学生带着不满出课堂。"

虞晔如说："山不过来，我过去！"这是睿智，也是责任，更是义务。

三、问语文教育"情"为何物

虞老师的语文课，是从心泉里流淌出来的，目中有人，心中有爱，充满了人情、人性和人道，充满了对生命的期望、关爱和温暖。她千方百计建立情感前提，寻找移情途径，抓住情感载体，创设情境舞台，实现教情、学情、文情的三情统一。"情"是虞老师语文教学的鲜明个性之一。问"语文教育'情'为何物"，虞老师答："是忧患意识、人文精神，是对生命的终极关怀。"

1. 走进文字的"归家情"

"祖国语言承载着祖国和民族的思维方式、思想情感，承传着自己祖国绵延不绝的文化"，是我们精神的家园、灵魂的栖息地。走进家园、走进栖息地就是走进从狂喜的、悲凉的心中流淌出来的文字。再没有归家的路更安宁，更温馨的了。所有的冷漠、严峻、束缚都置之不理，所有的轻松、舒展、欣喜都扑面而来，自由自在地爱所爱，恶所恶，肆意袒露赤诚的情怀，成为自己。

她认为：语文教学作为母语教学，应注重习惯，讲究兴趣；注重诵读，讲究积累；注重感悟，讲究灵性；注重综合，讲究实践；注重环境，讲究长效。注重坚实的科学素质和博大的人文素质的综合培养，实现听、说、读、写、思的语文素质与情、知、理、能的综合素质的统一。

2. 多姿多彩的"诗意情"

听虞老师的课是一种享受。在她的课堂里，师生如沐春风，如饮甘泉；或惊或喜，或悲或泣，或开怀畅笑，或拍案而起，或冥思苦想——"独上高楼，望尽天涯路"，或恍然大悟——"蓦然回首，那人却在灯火阑珊处"；师生心魂为之勾摄，情思随之起伏，身心俱在其中，霎时无暇旁顾；真知、真情、真理，浑然一体；知识、技能、心性，无不得到历练。

3. 启思益智的"体验情"

学习的本质是体验，走出教室，体验自然，感悟人文，积淀情思。生活，原本就是读写主体所感觉到的"事相"，是与其心灵发生了价值联系、激发了其思绪的东西。每一个孩子都有自己并不一定与流行的标准化模式相同的初始观感，这应该是最为宝贵的，只要经过几个层次的转折就可能上升到更新、更具开阔视野的高度。这是最富个性色彩的精神现象，最有可能升华为创造力。虞晔如的课堂正是从尊重学生的这种原初感受出发，引导学生找到与生活的契合点，使心灵如同"建构"课堂知识那样去"建构"客体的生活，从而自我与生活才合二为一。

4. "愤""悱"的"问题情"

虞晔如强调，课堂应点燃学生智慧的火把，而给予火把、火种的是一个个具有挑战性的问题，让学生走出教室的时候仍然面对问号，怀抱好奇。教师应在创造性问题和评价性问题上下苦功，设计出能培养学生的求异思维能力，能引发学生见仁见智，能从"小课堂"引向"社会大课堂"，能促进学生质疑能力培养的问题。同时创设"问"的空间，或对课文内容作"蜻蜓点水式"的讲解，以促进一知半解的学生的提问；或对一个众说纷纭的问题，故作"一言堂"，以激起另有己见者的疑问；或精心设计"疑云密布"的板书；或引导学生研读重点段落，开展提问比赛，看谁提的问题多，提的问题好。总之，正如朱熹所说"读书无疑者须教有疑"，"于不疑处有疑，方是进矣"。切不可把一堂课搞成"大问小问有问就好"的"满堂问"。一些成功的语文教学之所以成为经典，就在于问得经典。

5. 活学乐学的"活动情"

人的发展只能在有意义的实践中才能实现。"活"的内容和"动"的形式有机结合，才能真正体现出语文活动的本质。或"眼"动，或"嘴"动，或"手"动，或"互"动，归根到底是"心"动。

虞晔如指出，不要老是抱怨学生阅读视野狭窄，厌倦写作。引导他们拥抱生活吧，观赏日月星辰，凝思山川河流，触及社会焦点，追踪时事话题，关注家长里短，放眼环球世界；引导他们关注和思考身边 "精彩纷呈"的"事件"：企业改制、下岗分流、环境保护、西部开发、素质教育、农民负担、腐败现象、青少年犯罪、庸俗文化的泛滥、社会风气的恶化、贫富悬殊的加剧、精神家园的丧失，党风、行风、民风、贫困、失业、失地、失学、民生、民心乃至天下风云变幻。

6. 全员参与的"合作情"

对课堂活动，虞晔如是目光如炬的。活动虽然深受学生欢迎，但也不乏抱着凑热闹看热闹心理而参与其中者。为强化自主、合作、竞争意识，增加活动的趣味性，可借鉴电视综艺节目的形式。比如针对高考中的正确使用成语这一专项，举行"成语大比拼"活动：一气呵成（即成语接龙，检验成语积累效果）、出口成章（命题用成语口头作文，或新编）、心领神会（描述、释义、表演猜谜）、八仙过海（各显其能，自编自导自演成语故事小品）、孰是孰非（成语运用辨析）等。

回首自己的教育人生，虞晔如老师感慨颇多。教育之路迢迢，追求之心拳拳。语文教育的绿洲，要用语文教师的真情去滋润。"一次次耕耘只为将感动我心的梦想与奋斗去感动更多的年轻人，为将使我迷恋的美去迷恋我所面对的年轻人，将片片灵感化为丝丝雨露去浸润更多的心田。"生命的智慧、才情的创造则成为教育的最高境界和最终目的。缺乏对生命的关爱，所谓情，就是滥情，就是矫饰。

虞老师说："教育追求永无止境，我希望自己在语文教育的王国中能获得更多自由。""爱，并坚持着；学，并充实着；研，并思考着；教，并成长着；痛，并快乐着！"

文言文阅读教学导航

文辞·文思·文化
——名师文言文教学策略研讨

文言是我国宝贵的文化遗产，虽然从语言环境来说，它已经失去了交际依存的土壤，但是作为中国传统文化的载体和现代汉语的源头，它将永远为我们提供丰富的精神滋养和审美愉悦。所以不论是从文化传承的角度，还是从语言发展的角度，都应重视对文言和文言文的学习。为此，新的语文课程标准，也进一步凸显了文言诗文在中学语文教学中的地位。

一、文言文教学的"根本"
1. 根本在"学生"
（1）"主体"意识

文言文教学，教师必须有强烈的"主体"意识。文言文的教学，其目的是更好地帮助学生积累知识、陶冶情操、塑造人格。因此应对师生各自的角色作出准确恰切的定位。

第一、要充分考虑学生的需求。每节课都不能仅仅考虑"我要学生学什么"，更多的应当考虑"学生需要学什么"。只有尊重学生的学习意愿，才能真正引起学生的情感共鸣，让学生乐于参与课堂，积极寻找解决问题的方法，化被动听课为主动求知。

第二、要尽量把课堂还给学生。课堂是学生的学堂，不是教师的讲堂。课堂上让学生始终处于学习的主人角色和教学活动的主体位置，尽可能多地把活动时间留给学生，让学生去自读、自悟、自练、自评；让学生自己在实践中探索规律，在游泳中学会游泳。

第三、要尽可能放手让学生自主学习。不要以为文言文比较难，不讲学生就不懂。要充分相信学生，坚决摒弃以往"抱着走"的旧思想。对浅近的文言文字，应该像教现代文那样，凡是教师可以放手的地方，尽量放手让学生自己阅读，自求理解，教师只在关键处指导、点拨，心甘情愿地从授课主角退而成为学生学习活动的组织者、协助者。

一句话，只有适合学生基础，适合学生水平，适合学生年龄特征，一切从学生实际出发，从学生中来，再到学生中去的文言文教学，才是最有效的教学。所以，潘凤湘老师在《〈梦溪笔谈〉二则》一课的教学中，鲜明地呈现出"教读法"的思想，始终致力于学生自学能力的培养，鼓励学生运用自己的思考力，去猎取知识；并在猎取知识的过程中，进一步发展思考力。

（2）"规律"意识

文言文教学，教师必须有强烈的"规律"意识。纵观整个中学的语文学习，知识点、能力点尽管异常细碎庞杂，但是有体系可依、有章法可循的。所以，教会学生学习的方法，才能使学生原本头疼的问题迎刃而解，真正达到"教是为了不教"的教学境界。

首先是举一反三，先易后难，循序渐进，让学生们知深懂透。比如容理诚老师的《两小儿辩日》教学，即由一句"'孔子东游，见两小儿辩斗'怎么翻译"分析总结出文言文翻译的规律；然后让学生带着规律和方法到文中去寻找例词，印证规律，加深理解；最后由词语推及句子，先把白话文译成文言文，再把文言文译成白话文，由易到难，在白话文和文言文之间来往穿梭，让学生更熟练、更扎实地掌握已经学过的文言实词、虚词和句式。

其次是联系旧知，悟得规律。古代文言和现代白话虽然确有区别，但文言的诸多因素依然留存在现代汉语里，而现汉语里的不少词语，尤其是成语就直接源自历代古籍。文言和白话之间，关联其实是甚为密切的。文言文教学时，倘能激活学生已有的现代白话的语言经验，打通古今之法，就会极大地有利于文言的理解和积累。

比如实词词义的推断即可建立新旧知识间的联系，由旧有知识推断出相关实词的含义。汉语词汇的演变是经历了一个由单音词到双音词，由一词一义到一词多义的过程的。据此，可从实词的某一义项，推想其他相关义项。

（3）"等待"意识

文言文教学，教师必须有强烈的"等待"意识。绝不可在学生还没好好读书时，就迫不及待地让学生"说说你的体会"、"谈谈你的感受"，甚至穷追猛问"你还有什么与别人不一样的体会"，"还有什么不同看法"，"还有什么不同感受"。学生现有的学习能力极其有限，教师一定要学会等待，给学生"个性化阅读"足够的时间与空间。学生只有在潜心会文，走进文本之后，才有可能进行充分的思考、感悟和联想。

2. 根本在"文辞"

如果说，新时期文言文教学还有一种新的超越和突破需要完成的话，那就是，致力于寻找新课程视野下的"文言文语言教学"：认真思考与现代汉语一脉相承的文言语言究竟在语文教学中占有什么样的地位，在培养学生语言能力的过程中有何价值，进而寻找出语言特点作为文言文教学的切实"抓手"。

（1）字音

重视字音的教学，字的读音是与它的含义紧密联系的，字的含义决定它的读音。再者，同一个字，古今的读法并不一样，如，破音异读、通假异读、古音异读。这一类字，学生更应该重点掌握。因而，实际教学中，应让学生使用工具书，读准字音，进而理解其义。

（2）断句

断句标点乍看是小事一桩，实则是一件技术含量很高的工作。断句标点确当与否，见出一个人文言语感素养的高低。要准确断句标点，就要推求字义，就要梳理文脉，就要感知文意；看似只在研究几个标点，断句标点，实乃文言语感的绝好训练。

（3）词语

理解常见的文言实词,（高考要求掌握120个）在文中的意义是"文辞"教学的重点。实词教学，应该特别注意区分古今词义差别较大的实词。从古到今词义的扩大、缩小、转移和褒贬色彩变化等，要注意结合具体的语言环境加以辨别。理解常见的文言虚词（高考要求掌握18个）在文中的意义和用法，是"文辞"教学的又一重要内容。文言虚词的词汇意义虽比较抽象，但它有表达语气、组织实词等多种功能，在文言文中出现的频率比较高。教学时应特别注意关注用法多变的虚词。

（4）句式

理解与现代汉语不同的句式，也是"文辞"教学的范畴。常见的文言句式主要包括判断句、被动句、倒装句、省略句等。文言句式教学要遵循"少而精"的原则，注重举一反三。

（5）翻译

文言句子的翻译，是文言文教学必不可少的一环。句子的翻译过程，不仅是一个修饰语句、斟酌语言、严密逻辑的过程，更是理解与表达的双向过程。翻译既要运用"增"、"删"、"调"、"留"、"换"、"变"的技巧，又要遵循"信、达、雅"的要求。

二、文言文教学的"关键"

1. 关键在"言文合一"

传统的有效的文言文教学方法，莫过于"言文结合"，或"言文并重"。"言""文"的有机融合，以"言"带"文"，以"文"带"言"，在"言"的基础之上理解内容，领悟思想，赏析情感，诚能展示文言文作为民族文化的博大精深和撼人魅力，激发学生学习文言文的兴趣，但也难免生出令人费解的疑问。

文言文教学的首要矛盾是文言词句的理解和认知，那么，对一篇文言文的教学，在凿实字词后，完全甩清字词，大大方方地讲文章、讲文学、讲文化，是不是文言文教学"言文结合"的应有之义？很显然，这绝不是"言文结合"，而是"言"与"文"的简单拼盘和简单叠加。

恰切的解释应该是，不同课时，可以在"言"和"文"上各有侧重，但侧重绝不是隔离。侧重于语言的认知和理解，是在篇章语境上的认知和理解，侧重于文章内容的阐释和赏评，是在具体语词揣摩玩索基础上的阐释和赏评；二者是对立的统一。就是说，文言文教学中的"言文结合"，不是由"言"到"文"的简单叠加和单向线性过程，而是"言"中有"文"，"文"中有"言"，"言""文"之间来回穿梭，循环往复。

（1）因声求气

"因声求气"就是朗读之法，即由有形的声音传递无形的"文气"，进而领悟文意、文辞、文法。文言文教学，朗读和吟诵本身就是教学的内容，不仅仅是一种教学方式。朱自清在《再论中学生的国文程度》一文中说："文言文和旧诗词等，一部分的生命便在声调里；不吟诵不能完全领略它们的味儿。"古人也有"口诵心惟"之训，把"口诵"和"心惟"融合在一起，诵在口而动在心。

所以说，触摸到文气、文势、文法的朗读是好的朗读。知道怎样读，并知道所以怎样读，就是把"口诵"和"心惟"融合在了一起。想得深，说得清，即便朗读的外在"腔调"不那么悦耳，但也是心耳相感的好朗读。反之，如若一味追求朗读的技巧，走向形式主义或技术主义，就会丢掉朗读的"魂"，无异于买椟还珠了。

（2）咬文嚼字

如果说"咬文嚼字"中的"文"是指"文章"、"字"是指"语言"的话，那么，"咬文嚼字"就是另一种意义上的"言文结合"。疏通字义时，既做训诂学上的、语法学上的疏解，也从篇章阅读的角度推敲语词的语境义；分析篇章时，着眼于篇章的整合，但又以具体的语词为接榫。这样，"言"与"文"之间就有了多个来回，在理解中赏评，在赏评中理解，"嚼字"中"咬文"，"咬文"中"嚼字"，"言""文"贯通，养成实而活的言语经验。比如理解《五柳先生传》中"颇示己志"的"颇"字的意思是"很，非常"还是"稍微"。虽然后者也能从训诂学上找到更合理的解释和更多例证，但前者在语义学上也并非一窍不通。怎么办？这里完全可从篇章阅读的角度做一推敲：从全篇看，"颇"字作何解释更与主人公的精神品行相吻合？学生定会搜索全文，整体着眼，通过"闲静少言，不慕荣利"等推知主人公淡泊明志、不事张扬的品性，进而推求出"颇"讲作"稍微"更为妥当的结论。

2. 关键在"审美体验"

长期以来，文言文教学偏重词语教学，忽视对布局谋篇、写作技巧的鉴赏，忽视对学生审美情趣的培养和文化品位的提高。因此，新课标特别强调："语文课程还应重视提高学生的品德修养和审美情趣，使他们逐步形成良好的个性和健全的人格，促进德、智、体、美的和谐发展。"

（1）思想

引导学生理解文言文的思想内容很重要。选入教科书的文言文，大都文质兼美。如《离骚》描写诗人屈原对理想的追求、坚持和献身，表达了诗人对黑暗现实的强烈反抗和坚贞炽烈的爱国之情。教学《离骚》，如果仅就"楚辞"体本身来析词、释句，忽视文章的思想教育意义，就有失偏颇了。

（2）思路

理清文章的写作思路也不容忽视。选入教科书的文言文，大都独立成篇，其巧妙构思很值得学习和借鉴。如《六国论》的行文思路堪称议论文结构的典范。第一段单刀直入提出观点，"六国破灭，弊在赂秦"；第二段紧扣"赂"字，摆事实、细分析、出结论、层层递进；第三段从"赂"的反面——"不赂"来列举，平面展开；第四段紧承上文，重申论点；第五段画龙点睛，揭示为文目的。教学《六国论》，如果能够系统分析这一思路，并使之内化为议论文构思能力，学生一定获益匪浅。

三、文言文教学的"拓展"

1. 拓展在"浸入文言"

文言文教学，要达到培养学生良好的人文素养的目的，就必须具备创新的精神和开放的视野，强调学生学习的主动性和教学内容的开放性。新课程背景下的文言文教学，要由课内拓展延伸到课外：或引导学生阅读与课文"藕断丝连"的文章，开展比较阅读；或加大阅读量，课外进行自由阅读，由点扩面、自主学习、自主探究、拓展思维。比如教学柳宗元的《黔之驴》，可选《三戒》之另外"两戒"《临江之麋》和《永某氏之鼠》，让学生比较阅读，对作家作品拓展与延伸。这样，既让学生掌握了更多的文言知识，又能居高临下地把握作者的创作风格。

2. 拓展在"文化承传"

（1）文化常识

进行文言文教学，必然要关注古代文化常识。虽然文言文中的文化背景、历史条件、相关的典章制度、风俗礼仪、社会形态和今天的学生之间有着巨大的时空距离，但了解相关的文化常识，不仅能有助于学生更好地理解文章内容，发掘掩蔽在文字中的微言大义，更能有助于中华民族璀璨文化的传承，有助于学生形成健全人格。比如《寡人之于国也》传递的"民本思想"，《五人墓碑记》表达的"杀身成仁"的民族精神等。

（2）人文精神

文言文的教学，还要充分注意的一个层面是，在对文本独特风格和韵致的体味中获得高层次的鉴赏的愉悦，从对文本的鉴赏中获得更加深刻的人生启迪和深层次的人格熏陶。这就要求教师要引导学生转换视角，把目光由作者的情感体验、精神境界转向自己的生活，让学生去审视自己的灵魂，进一步优化自己的心灵，让文学更好地丰富学生过去经验过的、体验与概括过的情感图式，真正实现文言文教学的价值取向。

文言文对我们长期甚至一生的影响，正是其蕴含的深邃思想和人文精神。是愚公"子子孙孙无穷匮"的坚持不懈，是孟子"生于忧患，死于安乐"的成才治国之道，是陶渊明"悟已往之不见，知来者之可追"的旷达胸襟，是范仲淹"先天下之忧而忧，后天下之乐而乐"的伟大抱负等等。

（3）古文今读

古文今读，就是教会学生把"古"与"今"对接起来，把读古人和读自己联系起来，既尊重历史，尊重文本，也珍重自己的阅读体验和感悟。古文今读，旨在培养学生"入乎其内"又"出乎其外"的评价能力。虞晔如老师的《赤壁赋》一课，就把"古文今读"做到"凿实"的境地。《赤壁赋》里有苏轼的人生大悲痛，有穷途之哭的无奈，有儒、释、道的矛盾与统一，有对世事人生的哲理探寻等等。要让中学生完全品味其中的奥妙，真是谈何容易！虞老师却相当豁达，并不强求学生登堂入室。这一教学思想很值得我们注目凝神，"愈是优秀的作品，愈存在巨大的解读空间。只要调动我们的体验。每个人都能解读出自己的'赤壁江月'来"，"人们在阅读玩味苏轼文章诗词的同时，就是在解读品味着自己生命的真谛"。

章句清议两俱废，语言文化比翼飞
——文言文教学的弊病与诊治

教学的首要问题是"教什么"，其次才是"怎么教"。如果不能在"教什么"的问题上，即"教学内容的选择"上作出恰切、合宜的把握，那么，就根本谈不上"怎么教"的价值意义。新课程对此的诠释是，文言文教学既不同于现代文教学，也不同于大学的古汉语课，要担负着三方面的任务：一是语言教学，通过教材中的例子积累文言实词虚词的含义与用法，关注文言语法，为学生阅读浅易的文言文打下坚实的底子；二是阅读教学，从教材所选的文言文中感受思想之精、语言之美；三是文化传承。所以，教学中既要重视其基础性，又要重视其文学性，更要重视其文化性，三者都不可偏废。常见的四种弊病必须彻底根除。

一、以"琐细解析"湮灭"简约学习"

语文知识点、能力点的细碎庞杂常常让课堂变成"大杂烩"教学，整节课师生都在字音、字义、句法、词法上下工夫，务求字字落实，句句翻译，处处明白，匆匆忙忙，忙忙匆匆，唯恐漏下一点。殊不知，怕神就有鬼，唯恐漏下一点，却反而漏下了文言文的精髓：漏下了文章的思路架构，漏下了其中的文学韵味，漏下了蕴含的文化积淀。正如一个大人拽着走路还不稳当的孩子一路狂奔，大家都忽略了应有的从容：从容地穿行于课本的语言文字之间，从容地质疑，从容地思考，从容地作答，从容地收获知识，从容地形成能力。"大杂烩"式的满堂灌教学，必然是结构涣散，说到那里算那里；流程机械、刻板，缺少创意；无视文本特点，刻板组织教学。其结果必然是教和学的完全脱节，探索与研究的完全缺失，严重束缚学生的思维，遏止学生的创造，令中国传统文化的名篇沦为学生难以接受、甚至拒绝接受的"残羹冷炙"。

容理诚老师《两小儿辩日》的教学就十分简约。上课先把课文朗读两遍，再举一例句数数原文和翻译的不同词语数，又找了七八处本是单音词、翻译过来就成了双音词的现象，自读课文几分钟，紧接着测试、批阅、统计分数，最后又齐读课文一遍。但是简约却毫不简单，丝丝入扣，水到渠成，效果十分显著。

二、以"文白迥异"拆解"文言合一"

现代文与文言文之间，原本是存有承继关系的，所以，现代文教学尤其现代文阅读教学中的诸多方法，是完全可以移植到文言文阅读教学中的。可惜，还是有不少教师，至今仍在强调"文白迥异"之处，漠视"异曲同工"的一面。或大搞字字落实，句句翻译，结果是教师在讲台上讲得天花乱坠，学生在讲台下学得昏昏欲睡；教师教得是疲惫不堪，学生学得是苦不堪言：难怪有学生要把文言文比作"第一天书"、"第一外语"。或完全按现代文教学，高举"人文性"旗帜，抛弃"工具性"作用，不管学生懂不懂意思，即大事赏析行文之妙、语言之美、思想之深。表面上轰轰烈烈，热闹非凡，但喧哗过去，却什么也没有留下。

这样看，"文白迥异"的教学，的确是很有些"章句清议"的味道。古人即曾以"死于章句，废于清议"来形容文言文教学的弊端；就是说，文言文教学若在教"章句"和教"清议"之间游走，就会收效甚微。章句，即"离章析句"，是一种经学阐释体系，始自西汉中叶。章句之学本意在通过串讲文句，阐发经文义理，但却彻底走向了反面。比如单单解释篇名"尧典"二字就花去洋洋十万言，这已经与解经的本义相去甚远了。"死于章句"于文言文教学，应该是指死抠字词，不见文章、文学、文化，或者说，更多的是把文言文当做孤立的"语言材料"处理，而不是当做活生生的"作品"来教学。至于"清议"，则源自东汉末年，魏晋士族以"清议"为时尚，乐此不疲，但多放言高论，空而无物。文言文教学中的"废于清议"，是指架空文本，架空语言，侈谈文学、文化，结果语词掌握不了几个，文章没有读懂多少，得到的只是抽象空玄的人文思想的"碎片"而已。

三、以"教师解读"替代"学生体验"

阅读教学其实是学生、教师、教科书编者、文本之间的多重对话，是思想碰撞和心灵交流的动态过程。新课程在完成教学中心由教师向学生的转移后，并未忽略对教师角色和地位作出明确的界定。"教师是学习活动的组织者和引导者"，是平等对话中的首席，"在与学生平等对话的合作互动中，加强对学生的点拨和指导"。

于是，就有教师似乎又找到了自己的"用武之地"，打着新课程的幌子，行矫枉过正之实。或任由学生讨论、探究，教师只作肯定、表扬；或时时引导，处处启发，环环设疑，步步助推，诱使学生自投罗网，从"一望而知"的浅表解读走向"一无所知"的深层意蕴，掉入教师早已设下的彀中。究其实际，无不是以教师的解读代替学生的真实体验，学生并无半点设身处地的审美体验。

四、以"翻译背诵"消解"语言教学"

不少教师因受"文言文教学淡化词句解析，鼓励翻译背诵"的误导，而唯在"翻译诵读"的教学上痛下苦功。或在翻译上字字落实，句句考究；或在诵读上花样翻新，穷形尽相。其实，无不完全消解了文言文教学最基本的东西，就是"语言"。

总之，文辞、文思、文化，三位一体，构成了文言文教学的最基本的课程资源。其中，文辞犹如基础，文思则是建立在文辞基础上的亭台楼宇，而文化，则是生活在亭台楼宇之中的人。文言文教学，丢掉了文辞基础的训练，则无疑是断线风筝、空中楼阁、竹篮打水；而只有文辞基础的训练，则又恰似野草丛生的荒芜之地。只有三者兼顾，三位一体，才能使文言文教学焕发蓬勃的生机，展现无穷的魅力。

至于策略，本无定法，但最重要的是相时而变，变才是永恒的。只有在实践探索中不断寻觅属于自己课堂的教学策略，才能以古文的魅力吸引学生，让中国的古典文学艺术光辉永驻。

综论：思想的高度决定课堂教学的高度

——二十位语文名师典型课例研究的启示

孟子云，大匠能与人规矩，不能使人巧。

研究名师就是要破解名师成功之"巧"。而国画大师齐白石却说："学我者生，似我者死。"可见，学习借鉴名家的艺术精神有利于个人成长，而机械模仿大师的艺术形式却只能是死路一条。的确，所有的名师大家，其成功之路都着极强的个性色彩。正如世界上没有完全相同的两片树叶一样，世界上也不可能有两个完全相同的名师。从这个意义上说，名师可以"学习"，却不可以"复制"。因而，我们研究学习名师及其教学案例，不能止于"一招一式"，也不能仅仅停留在方法和技巧的层面，而是要从名家大匠那里学得"规矩"，用这些"规矩"指导自己的教学实践，并在实践中不断地自我反思、自我完善，才有可能逐步达到"巧"的境界。

老子云，技止乎道。

研究名师更重要的是破解名师成功之"道"。学习名师，不可止于"技与艺"，更重要的是得其"道与法"、悟其"精与神"。正如魏书生老师所说，如果没有先进的理念做支撑，任何教学技巧都只是雕虫小技。然而"道可道，非常道；名可名，非常名"，对规律的把握不可能一蹴而就，对名师之道的探究，也需要一个由浅入深、循序渐进的过程，这不是一次就可以完成的，也不是从一个或几个角度就能完全把握其精髓的，只有在不断领悟和反复实践的过程中，才能逐步从"技"的层面到达"道"的境界。

辩证唯物主义哲学告诉我们，事物的共性寓于个性之中。名师"之所以"成为名师，虽然成功的路径千差万别，其人其课各不相同，但是他们成功的背后，一定有着共同的规律，有着具有普遍指导意义的"观念和意识"。正如托尔斯泰所说，幸福的家庭都是相似的，不幸的家庭却各有各的不幸。同样，成功的教学也是相似的，不成功的教学各有各的原因。我们在深入研究了全国不同流派的二十位语文名师的成功案例之后，我们发现了其中的一些"相似"之处，即他们所共通的教育理念与教学意识。

意识决定行动，理念指导实践。名师们的成功课堂，至少具有以下四个方面的鲜明特征。

一、名师课堂具有鲜明的"生本"意识

以教师为主导的传统教学，一般是严格按照教师事先确定好的教学程序和教学策略开展教学活动，这就如同工厂的生产流水线，完全漠视学生的个性差异和主观能动性，使原本平等的师生关系，严重偏移于教师本位，教师实际上已经成为课堂的"统治者"。新世纪的教育已经作为一种"服务"存在着，学校自然也成了提供"教育服务"的场所。为此，新课程确立了以学生为本的理念，促进学生发展才是教学活动的最终目的。相应地，教师也应该自觉地由教学活动的"统治者"变为学生学习的"服务者"。谁提供的服务越人性化、越符合《新课程标准》，学生就越愿意接受谁的服务。而朱则光老师"以学定教，先学后教，教是为学"的教学实践，就鲜明地体现了"以学为本，教服务于学"的新课程理念。可以说，只有高度的、文明的、诚信的和优质的服务，才能在师生间架起信任的桥梁，才能使学生真正地"亲其师，信其道"。

在综合分析名师的课堂教学案例之后，我们也会发现这样一些共通的教学理念和实践特征。

1."教"为"学"服务

人民教育家陶行知先生曾说："先生的责任不在教，而在教学，而在教学生学。"

何谓教学？争议颇多，但有三点毋庸置疑："教和学"，"教学"，"教为学"。即是说，"教学"至少包含三重义理："教师教和学生学"，"教学生学"，"教为学服务"。其核心问题是"究竟谁在学"。当然是学生在学，是教师在帮助学生学，而不是教师在学，更不是代替学生在学。这是成功教学的基本前提，也是所有名师不约而同的共识。如果说"没有爱就没有教育"是真理的话，那么这"爱"的核心就是诚挚的"生本意识"。

（1）学的起点在"学生"

曾经，有无数时日，无数次麻木呆滞、思维僵化的沉寂课堂在一遍遍上演。究其原因，就是教师总是一厢情愿地为学生精心设计巧妙的切入点，寻找着进入文本的最快捷，甚至是最"科学"的方法，而把学生的感受和问题冷落一旁。难怪很多时候学生对老师的这种"敬业"行为并不买账，因为教师所讲的根本就不是他们心中所想的，根本就不是他们最关心、最急于要解决的问题。于是课堂上也就出现了你讲你的、我想我的，师生之间缺乏平等对话的共同话题，从而使交流几乎陷于停滞。本应是水乳交融的和谐，却成了油水难融的尴尬。自然，语文教学也就失去了原有的生命力。

学生才是学习的主人，他们现有的经验、能力、情感、态度和习惯，以及初步接触文本时的感受、体验和产生的问题，才是教学的真正起点。朱震国老师在教学《星期一早晨的奇迹》时，就充分尊重了学生已有的生活体验和认知水平，就很好地体

现了这一"起点"论。

所以，教师在备课时，首先不能依赖任何资料，而是要以学生的眼光和心理审视文本，设想学生在阅读这篇课文时可能出现的兴奋点或疑难点，最大限度地预测学情，获得宝贵的"第一印象"。而后据此设计教学过程，设置的教学"高度"也始终都在学生生活体验的范围之内。这种亲自"下水"体验到的"温度"，才是师生的共同感受，才是师生平等对话的话题。

（2）教学的过程在"学生"

究其实，教学的过程就是教师教学生学习的过程。所以，教学中应该由学生提供师生间对话的话题，教师跟着学生的思路走，"以学定教"。学生能自行解决的坚决不教，不能自行解决的，则一定要教，而且一定要教好。

在教学过程中，教师应该始终是学生学习的"守望者"和"参与者"，绝不可目中无生，更不可唯教材是上，不可只关注自己"教"的结构形式的严整，而无视学生的基础和生命体验。

所以，郑晓龙老师才从"讲析细致，顾及学生心理"处出发，不仅内容选择精细，课文分析透彻，而且对学生心理倍加呵护。因为在课堂对话前，教师就对文本做了深入地研读，并查阅了大量相关的资料，自然"垫高"了自己，而且几乎已经到了与文本相同的位置。但是，学生则受生活阅历、解读能力和研读程度的限制，仍处于弱势地位。因而在课堂学习中，学生难免会出现肤浅、片面甚至错误的解读。这正是最需要教师的时候，教师此时的降临，无疑是雪中送炭。

一句话，教师的"教"，要时时处处从学生出发，把肤浅的"教"深刻，把片面的"教"全面，把误读的"教"正确，把笼统的"教"细致；"教"个明明白白，"教"个透透彻彻，"教"个淋漓尽致，"教"个心音共鸣。

（3）教学的归宿是在"学生"

教学最终的落脚点，是学生实实在在的发展，发展才是课堂教学评价的核心指标。

学生发展在语文知识的积累。知识是能力的基础，是构成语文素养的基础要素。新课程虽然强调淡化知识，但绝不是不要知识，而是不要僵化的、静止的、毫无生命的知识。

学生发展在阅读能力的提高。语文教师不仅要带领学生读懂，还要指导学生读新、读深，从而让学生走进文本的深处，悟得文本的真味。

学生发展在人文情怀的培育。语文是人文性极强的学科，结合文本对学生适时地进行人文熏陶，不仅仅是语文学科本身的教学内容，更是最高境界的追求。所以，语文教学理应旨在增加学生生命的厚度，提升学生生命的高度。

程翔老师在引导学生读《再别康桥》中"在我的心头荡漾"时，就对"无论兴味方面或受用方面都有莫大的收获。"（叶圣陶语）做了最完美的尝试。"你荡漾过吗？"这个问题在羞涩的学生那里没有成功。接着程老师迅速变换问题，用诵读的动作来辅助诵读："抬头正前方、斜着，带着一种什么？"学生回答："憧憬。"程老师又追问"你们知道什么是憧憬吗？"他开始引导学生进入这个场景。最后，程老师对学生进行技术上的指导："水波动荡，心也荡漾，怎么技术处理，'漾'能不能拉得长一点？"随即，程老师又进行了精彩的范读，学生终于读出了"荡漾"那种摇曳的感觉。

2. 鼓励学生个性解读

就阅读教学而言，学生才是阅读的主体，教学的过程应该是激发和促进学生阅读的过程。彻底改变以教师的理解代替学生阅读的"师本"课堂局面，实行学生自主、合作、探究的"个性化阅读"，充分彰显学生的主体地位，尊重学生的个体差异，切实践行结合学生个体情感体验，多元化、多角度理解文本的新课程精神，真正体现语文学科重实践、重人文精神培养的新课程目标。可以说，在"个性化阅读"的教学中，学生的思维是异常活跃的，甚至有不少生成性的问题也会令老师猝不及防、束手无策，因而，作为学习主体的学生，学习兴趣一旦被激发、思维一旦被打开，学生在快乐的同时，语文课也在时时闪烁着智慧的光芒，长此以往，语文课自然就会枝繁叶茂，学生的语文素养也就落地生根了。

对"个性解读"价值和意义的探究，李百艳老师的《雁》一课中，生 15 的回答堪称"神来之笔"。本来，李老师已做出了明确的解读指向："如果把雁当做一个人来看，你心中雁的形象是什么样的呢？"生 14 也已走上了这一指向，而生 15 却说："老师，我还是想把雁当成雁来看。因为，我觉得大雁对爱情的忠贞是超过人类的。大雁对爱情是那样忠贞，不能相爱，宁可双双殉情。我还知道所有的大雁都是这样，一个配偶死了，另一个终生不再嫁或者不再娶。"

3. 纠正学生学习偏差

（1）纠正个性阅读偏差

"个性化阅读"本是一种阅读方式，旨在培养学生形成适合自身发展的阅读兴趣、阅读风格、阅读品质，养成良好的、富有个性的、健康的阅读习惯，从而提升适合自身的阅读理解能力和鉴赏水平。不同的学生，阅读个性既有自身独特的体验，也有其共同之处。但不少教师却视"个性化阅读"为法宝，以为"个性化阅读"了，就是"新课程"了，就是"自主"了，甚至片面理解"个性化"，由"独特体验"引申出"与众不同"、"独一无二"，大加赞赏、大力提倡。于是学生便挖空心思去寻找"独特"，发掘"独特"，提出一些肤浅讹误，甚至不可理喻的问题，或哗众取宠、或游离主题、或断章取义。

（2）纠正偏激思维

不少教师因未能全面透彻地理解新课程理念，导致对"个性化阅读"赞赏有加，纠错不力；民主有加，集中不力；放任有加，收束不力；讨论有加，总结不力；改革有加，继承不力。"个性化阅读"在教学实践中往往流于形式，表面上轰轰烈烈，热闹非凡，其结果却是学生一无所获，教师一头雾水。甚至，有教师竟沦落成了看热闹的旁观者，这个观点也赞赏，那个观点也表扬；这种解读也称道，那种解读也显扬。本来，张扬学生个性并没有错，但应该好好想一想，长此以往，我们极有可能培养出一批批刁钻古怪、个性乖张的"人才"。这和新课程"情感态度与价值观"的培养目标是完全背道而驰的，这与尊重学生的主体地位、尊重学生生命体验的理念也是完全相左的。

说到底，这纯粹是一种"捧杀"，残忍之至。

二、名师课堂具有自觉的"个性"意识

毫无疑问，新课程是对学生地位的一次大解放、大确立。随着新课程的全面推行，"学生中心论"理所当然地进驻到实际教学中，教师角色转换已是大势所趋、势在必行。但当我们为解放学生思想、张扬学生个性欣喜时，却忽然发现，在新课程浪潮的冲击下，教师"教"学的模式化、固定化、边缘化的倾向越来越明显；教师鲜明、健康的教学个性越来越式微，越来越沉默，越来越消解；教师主体性失落、能动性枯竭、创造性凝滞、自主性封闭的势头越来越突出。作为"教"的主体的教师，似乎早已丢却了展示教学个性的舞台，成了"名副其实"的旁观者。名师们依然能够站稳脚跟，自觉坚守教师的角色地位，有效避免了以下偏颇。

1. 角色个性的消解

教师的教学个性，原本是教师在教学中所融入的"独特情感"、所张扬的"独立人格"、所表现的"自我创新"、所反映的"个人思想"、所应用的"匠心方式"，是教师教学机智、教学风格和教学艺术的有机统一。

本质上讲，教师的教学个性就是"人性"在课堂教学中的体现。一方面，教学个性能使教师作为主体生命存在于课堂之中；另一方面，教学个性在实现教师自由生命价值的同时，也能促使教师教学方法的改进、教学观念的更新和教学风格的形成。具体来说，教师教学个性彰显的过程就是教师个性倾注于课堂、实施教学的过程，是教师能动地、创造性地实现其主体生命的建构过程。所以，"学生中心论"进驻课堂后，教师的角色必然会发生转换。但角色的转换，绝不等同于教学个性的式微、沉默和消解。服务学生，绝不是迁就学生、放任学生，更不是取悦学生。

如此说来，在大谈特谈角色转换的今日，李镇西老师的"力避新奇、务实本真、三一家当"教学，以及张峰老师的示范朗读教学，韩军老师的深悟朗读教学，郭惠宇老师的比较扩容教学，就更显得意义深远了。

2. 教学个性的彰显

（1）"边缘化"纯属认识偏差

"体验教学"、"愉快教学"、"情境教学"和"生命教学"等新时期的教学模式都无一例外地要求学生为教学的主体，要求重视学生的情感、经验、自发成长和自我体验，要求把学生看成活生生的独立的生命个体。在这种价值取向的背景下，学生毫无疑问成了教学的中心。诚然，"教师中心论"的长期盛行，致使今天的语文教学太过缺乏对学生生命情感的关注，太过缺乏对学生主体意识的呼唤。但当"中心"的帽子戴在学生头上时，我们是不是应该审视审视自己的教学行为已经矫枉过正，从一个极端走向了另一个极端？是不是应该回望回望曾经的"中心"？

苏霍姆林斯基曾说："一个无任何个性特色的教师，他培养的学生也不会有任何特色。"就是说，教师教学个性对学生个性的形成起着至关重要的作用。所以，当我们解放学生的同时，是不是也应该解放解放课堂上的另一个"人"的因素——教师？当我们绽放学生生命活力时，是不是也应该绽放绽放教师的生命活力？当我们强调学生的学习个性时，是不是也应该强调强调教师的教学个性？

遗憾的是，即便在汗牛充栋的教育理论和文献参考中，教师的角色背景和生命敏感依然在被严重地束缚着，或者在被轻易地放弃。教师教学个性的彰显在教学实践中仍然遇到了前所未有的阻力，教师的情趣、态度和个性在实际教学中越来越得不到彰显。"一切为了学生"的呼喊，让教师的教学犹如带着镣铐去跳舞。

既然课堂是一个生命相遇、相知的场所，那么，在学生生命成长的过程中，教师就应该有权在课堂上实现"全域发展"，有权体验到生命的价值和自由。

（2）"旁观者"的行为误区

教学，不是简单的认识活动，不是简单的技能训练，而是提供生活世界的东西让学生去理解、去体验。所以，教师的教学个性是融入了教师自身的情感体验和人生观、价值观、审美观之后的师生对生命的审美体验，是师生每一个生命个体的健康成长过程。但是，在实际教学中，教师却往往忽视自身的体验，主动放弃自主能动性的发挥，把自己看做"帮助学生体验的人"，把审美体验式的生成性教学理解为"学生的单边活动"，直至丢却自身的教学个性。

教师总认为"美"是学生才能去追求的，体验也是学生的事情，自己最好的办法就是"无为而治"、"袖手旁观"，让学生自己去发现、去欣赏、去生成。这种行为误区最终必然导致教师由"控制教学"的极端走向"旁观教学"的极端，把多层次的、立体式的教学拆解成单向的教学。

其实，教师富有生命力的"教"，不仅仅融合了自己对世界冷静地观察和思考、融入了自己对人生的切身体会，而且能对学生发现美和个性的形成提供方法的支持。

所以，娄红玉老师在《俗世奇人·泥人张》一课中，对"戳"字的品析，采取的是示范方式。"'戳'字何解？立也，放也。可这'戳'还有着速度和力度，表现出泥人张内心的愤怒、鄙夷与不屑。"通过对一个"戳"字的具体欣赏，娄红玉老师给学生指明了一条语言欣赏的路径。倘若没有这种有效的示范，完全放手于学生，那么，学生对于语言的欣赏就会失之于细腻。因为大多数学生对于语言只是有感觉，只知道作家写得好。但究竟好在何处，怎么个好法，却往往缺少一个抓手、一种路径。

这样看来，在对文本进行赏析之时，教师绝不能完全放手，任其自由感悟，而应在一定程度上给予指导。只有这样，学生的学习才能是有效的。

（3）"单一性"评价的桎梏

新课程要求改变原有的单一、量化的评价模式，实现多元、发展性的教师评价。但考试升学的压力、社会期望的压力，致使现有的教师评价仍在如同面对"一个不动感情的、只按照某种抽象的条例来办事的判官"。学生成绩排名、升学率、通过率和优秀率依旧是评价教师最主要的依据，甚至是唯一的标准。每年优秀教师、优秀班主任的称号，注定是授予班级成绩优秀、升学率最高的老师。量化的数字在直观的、单向的反映教师教学成果的同时，也如同遥控器一般支配着教师的教学。当客观的数字成了评价教师的主要准则时，教师所做的一切无不是围绕令人心动的数字展开。教师如同机器一般重复同样的工作，因为流水线的"生产"带来的是效率，是"高合格率"，是决定评价好坏的"通过率"。教师展现给学生的是一个"机械工人"的角色，尽可能地把"更多的知识"塞到学生的头脑里，而学生也成了"机械工人"手中的"物品"。

如此，在教学过程中，教师当然不会有个人情感的投入，不会有自我思想的融入，不会有个性的加工，而仅仅充当着社会职业者"工具性"的角色。教师的生命本真被严重歪曲，教师的情趣、爱好和个性被严重遮蔽。

作为教师，在课堂上理所应当地要拥有自己的生命体验。所以，新课程背景下的语文教师应从社会的职业者变为生命的体验者，让课堂成为教师生命价值体验的空间，让学生成为教师生命价值体验的促进者，让教学活动成为教师生命价值体验的主要形式。唯有如此，教师职业才能焕发光彩。

三、名师课堂具有积极的"生成"意识

新课程的课堂教学不再是一个封闭的系统，也不再拘泥于预先设定的固定不变的程式，而是越来越走向开放。教师预设的东西在实施过程中完全可以依据学生心理、情感和知识的需要随时做出富有创意的调整，艺术地将教学常式和变式相结合。正如布鲁姆所说，"人们无法预料教学所产生的成果的全部范围，没有预料不及的成果，教学也就不成为一种艺术了"。

1. 课堂，是"生成"的课堂

课堂教学既然不是简单的知识学习的过程，就应该是师生共同成长的生命历程，就应该是五彩斑斓的，蕴涵着无穷生命力的。因此，教师应该用变化的、动态的、预设生成的观点来对待课堂教学，着力构建开放、和谐、动态生成的语文课堂。

（1）学特质决定课堂的"生成"

人是生成性的存在，生命既不可预测，又不能被保证。学生的发展具有无限的可能性，是不可确定的，也是不可限量的，更是不可忖度的。教师不应采用僵化的形式作用于学生，不应僵硬地用预先设定的目标规定学生、限定学生，而只能引导学生自由、主动地生成和发展。学生不是画家笔下被动的图画，也不是电视、电影面前无可奈何的观众，更不是配合教师上课的配角，而是具有主观能动性的人。作为一种活生生的力量，学生势必会带着自己的知识、经验、思考、灵感和兴致进入课堂活动，成为课堂教学不可分割的一部分，自然也会让课堂教学呈现出多样性、丰富性和随机性的景象。

张峰老师的《论美》一课，最引人注目、也是最大亮点的就是学生对课文语句的突发性质疑。正是这一质疑生成了张老师这节预设自然流畅的原生态课堂。

袁卫星老师教学《就是那一只蟋蟀》第 4 小节时，一个住宿生的感受——"我想起妈妈天冷的时候也会给我送衣服来，还有棉被"，也可以说，这不仅仅是该生的生命体验，更是课堂的即时生成。

（2）课程性质决定课堂的"生成"

课程不只是《新课程标准》、教科书等的"文本课程"，更是被教师与学生实实在在地体验到、感受到、领悟到和思考到的"体验课程"。也就是说，课程的内容和意义对所有人来说在本质上并不都是相同的。在特定的教育情境中，每一位教师和学生对给定的内容都有其自身的理解，对给定内容的意义都有其自身的解读，从而对给定的内容不断进行变革与创新，以使给定的内容不断转化为"自己的课程"。因此，教师和学生不是外在于课程的，而是课程的有机构成部分，是课程的创造者和主体。师生共同参与课程开发，从而使课程实施的过程成为课程内容持续生成与转化、课程意义不断建构与提升的过程。

李百艳老师教学《雁》一课时，生 11 表达了对"望"字的个性化咀嚼："冬天来了，她仰头望着天空，然而她看不见她丈夫的身影，也不知道她什么时候能再来，她的孤独和痛苦都从'望'字中体现出来了。"之后，李老师做了恰当地补充："形单影只的她望着落雪的天空，可能还有许多美好的回忆。然而，回忆越美好，现实越痛苦。就像元好问的词——'欢乐趣，离别苦，就中更有痴儿女。君应有语，渺万里层云，千山暮雪，只影向谁去。'真的让人落泪。"一个"望"字，师生共同揣摩出一个饱含真情的境界。

（3）教学本质决定课堂的"生成"

从本质上讲，教学不是教师教学生学、教师传授学生接受的过程，而是教与学交流、互动的过程。师生双方相互交流、相互沟通、相互启发、相互补充，从中分享彼此的知识、经验和思考，交流彼此的情感、体验与观念，丰富教学内容，求得新的发现。从这一意义上讲，教学也是一个发展的、增值的、生成的过程。

所以，朱则光老师在范读《我用残损的手掌》一诗时，不提供任何写作背景和作者介绍，也不使用任何带有暗示性的导语，而是强调"请允许老师按照自己的理解朗读这首诗歌，同学们要设身处地地倾听诗人内心深处的声音"；范读后，他再一次强调"你认为老师读得好的地方就试着学一学，不好的地方就改一改，然后激情朗读两遍；读后请你告诉我们，你最想问的问题是什么，或者最大的感受是什么"。

2. 课堂的"生成"是预设的

（1）预设和生成的失衡

预设和生成之间原本是对立统一的关系，课堂既需要预设，也需要生成，二者融为一体就构成了课堂的两翼。然而在实际教学中，却常常会有教学失衡的现象。

① 过于重视预设，忽略生成

教师教学时忠实地实施预设方案，按部就班地执行预定任务，似乎永远都在重复着昨天的故事。这种程式化、平庸化、一律化的教学当然不能活跃学生的思维，当然不能激发学生学习的兴趣。其结果，必然是使教师的"教"变得机械、沉闷和乏味，使学生的"学"丧失探索的好奇心和进取心；这既限制了对预设目标的超越，又泯灭了学生的创造智慧，更抑制了师生的生命活力。甚至会导致教师缺少教育机智，在面对纷至沓来的生成时变得束手无策，以致教师在丰富多变的生成中迷失了方向，再也不能把学生硬拉回预设。

② 一味追求生成，没有预设

教师在课堂教学中没有任何预设，而是一味地追求生成。其结果是，"生成"出许多离题万里、毫无必要的"麻烦"，导致教学的停顿、尴尬和失控。其实，生成根本就不是目的，而只是手段。生成只是为师生提供一个宽松自由的空间和富于挑战性的话题，以达到解放学生身心、促进学生发展的目的。既然如此，就不应该牵强附会地、虚假造作地制造生成，而只能是提供机会，在自然的、"愤悱"状态下生成，这才是真正意义上的生成。

李百艳老师的《雁》一课中，生 15 的回答也正说明了"预设"和"生成"的对立统一。正是因为此前有李老师彼样的"预设"，才有了后文生 15 此样的"生成"。倘若没有前面对语言的深入品析，生 15 是无论如何也不可能做出如此精彩的表达，即便他早就知道大雁的此种习性。

（2）生成根植于预设

作为新课标倡导的一个重要理念，生成是师生、生生在心与心的交流中、思与思的碰撞中、情与情的感应中滋生出来的。生成是纯动态的，但也并不完全是师生的即兴创造，并不完全是不可预知的，并不完全是不可推演的，并不完全是不可捕捉的。生成往往是基于预设的，以预设为基础，是对预设的丰富、拓展或调节、重建。

所以说，预设是必要的，凡事预则立，不预则废。真正的新课程是不排斥预设的，预设是为了更好地生成。只有充分的"预设"，才能灵活地捕捉、调控课堂的"动态生成"。一堂颇具"生成"活力的课，是无论如何也不会离开恰如其分的预设的。

而课堂上"动态生成"的质量，在很大程度上就取决于教师专业化的"预设"。这种预设主要是教案预设简约化、学情预设精细化和突变预设周详化。具体来说，教案预设简约化旨在随时收纳始料未及的体验和弹性灵活的成分，学情预设精细化旨在最大限度地关照每个学生的知识储备、认知水平和情感体验的不同，突变预设周详化旨在尽可能多地预测课堂上的突发事件和应对策略。教师只有储备足够多的预设信息，才能在课堂上有备无患、应对自如。

所以说，"生成"并不是一种意外收获，而是一种艺术追求。如果说传统课堂把处理好预设外的情况看成一种"教育智慧"的话，那么，新课程则把"生成"当成彰显课堂生命活力的常态要求。只有把课堂统一成精心预设与即时生成的多元发展过程，实现预设与生成的和谐统一时，才能使课堂充满生命活力。

郭初阳老师"自我坎陷与被迫突围"的教学模式，正是生成是预设的最好体现。郭老师不断抛出新异材料，设置大量始料不及的假设追问来瓦解学生固有的认知，并不断地为学生设置思考的陷阱，逼迫学生无路可走，被迫突围，不停地走出原有的局限而产生新的感悟。

袁卫星老师在《就是那一只蟋蟀》一课中，要求学生尝试仿写诗歌，这也能说明课堂的生成就是预设的。

四、名师课堂具有强烈的"问题"意识

问题意识，是指问题成为学生感知和思维的对象后，在学生心理上造成的一种悬而未决但又必须解决的求知状态。问题意识不仅仅能激发学生强烈的学习愿望，使学生高度集中注意力、积极主动地投入学习，更能激发学生勇于探索和追求真理的科学精神。如果没有强烈的问题意识，就不可能激发学生认知的冲动性和思维的活跃性，更不可能激发学生的求异思维和创造性思维；尤其是在自主学习、发现学习和探究学习的过程中，问题意识更不可缺失。

1."问题"就是发展

问题，就是疑点，即以现有的知识、经验尚不足以诠释、理解和说明的现象。

因而，问题是思想的源泉。它不仅仅是科学研究的出发点，更是开启每一门学科的钥匙。没有问题就不会有解决问题的思想、方法和知识。所以说，问题是思想、方法、知识积累和成长发展的逻辑力量，是生长新思想、新方法和新知识的种子，是我们心灵的一笔宝贵财富。

学生学习同样必须重视问题的作用。从一定意义上讲，教育的真正目的就是让人不断提出问题、思考问题。所以，感知并不是学习产生的根本原因，学习产生的根本原因是问题。没有问题就难以诱发和激起求知欲；没有问题，就感觉不到问题的存在，学生就不会去深入思考，那么学习也就只能是表层的，所以现代学习方式特别强调问题在学习活动中的重要性。一方面强调通过问题来进行学习，把问题看做是学习的动力、起点和贯穿学习过程中的主线；另一方面通过学习来生成问题，把学习过程看成是发现问题、提出问题、分析问题和解决问题的过程。

尤其是起着"牵一发而动全身"作用的主问题，其引领意义更是非凡。在《守财奴》中，"以'守财奴'命名是否十分合适"之问，表面上是探讨题目是否合适，实质上是在分析小说主旨，是对全文的整体把握。在《孔乙己》中，"孔乙己最后究竟死没死"之问也是一个"牵一发而动全身"的主问题。教师抓住了这一问题，教学内容立刻就变得紧凑起来，结构层次也立刻清晰起来。

朱震国老师在《星期一早晨的奇迹》一文的教学中，课始即紧抓"奇迹"一词，以一"主问题"贯穿："在课文的前三段文字中，你认为哪一个句子，哪一个词语，哪一个细节，使你感到心里不舒服，产生了压抑的感觉？"

2."问题"取决于提出者

其实，问题引领的真正意义并不仅仅在于问题设计的巧妙性和深刻性，更重要的是问题的来源。从根本上讲，就是问题最先由谁提出的。

难道，同样的一个问题，由老师提出和由学生提出，还有什么区别吗？是的，是有区别，而且是很大的区别！教师提出问题，那是教师的研究发现，传达着教师的阅读感受；而学生自主提出问题，则是他们在主动参与文本阅读的基础上所做出的思考和发现。其间最大的区别是发现的"主体性"问题。

特别是主问题的提出，更是不可小觑。李镇西老师在《孔乙己》一文的教学中，他一遍又一遍地启发："我上课喜欢同学提问或者同学发表自己独立的见解。在我看来，凡是能够提出问题或和其他同学甚至和老师不同观点的学生，是最好的学生。""现在请同学们快速阅读一遍课文，把你有什么不懂的问题提出来，看谁的问题提得最多。""这位同学第一个提问了，很好！""好，出现不同看法了。""其他同学，还有没有什么问题？""又有同学举手了，请那位男同学提问。"

在李老师的层层鼓励，种种"诱惑"之下，终于有学生提出了自己的阅读困惑："为什么作者在小说的结尾说'大约孔乙己的确是死了'？既是'大约'又是'的确'，这好像是矛盾的。该怎么理解呢？"李老师根据这个颇具"科研价值"的问题，才延伸出了本节课的教学主问题。难道李老师课前并未找到本课的主问题吗？当然不是。李老师绝对深知，主问题由学生提出和老师提出之间的天大"玄机"。

发现问题、提出问题对学生学习和科学探究都极具重要意义。只有有了明确、具体的问题，学生学习和科学探究才能有明确的方向。

从某种程度上说，发现问题和提出问题的过程又是极具创造性的，比在现成的问题下寻求解决问题的方法更需要创造性思维。所以说，学生发现一个问题远比老师讲十个问题更有意义。苏霍姆林斯基曾说过："在人的心灵深处都有一种根深蒂固的需要，那就是希望自己是一个发现者、研究者、探索者，而在儿童的精神世界中，这种需要特别强烈。"学生一旦进入主动发现者的角色，其热情和积极性就会被强烈地唤醒，那么，学习与探讨也就不再是一件苦差事，而是变成了一个富有挑战性的"登山运动"，他们迫切地渴望登上"山顶"，一览风景。

不难发现，学生能主动提出问题，就表明学生是以"主人翁"的姿态出现在课堂上的，而不是被教师的一个又一个的问题"牵"着鼻子往前走的。学生的主动意识和进取精神，正是新课程大力倡导的学习理念。

总之，有道是"缀文者情动而辞发，观文者披文以入情"，文章不是无情物，师生都是有情人。语文教学已经不再是简单的知识学习的过程，而是师生共同成长的生命历程，那么，这就要求教师充分彰显自己的教学个性，从关注生命的高度，细心呵护学生，融文情、师情、生情于一体，营造出民主、平等、和谐的教学氛围，使课堂真正成为师生互动、生机盎然的舞台。在新课程背景下，在同一个舞台上，师生携起手来，定会齐奏出教学的美妙华章，共展生命的绚丽色彩。

参考文献

［1］教育部师范教育司．教师专业化的理论与实践．人民教育出版社，2003.

［2］教育部师范教育司．李镇西与语文民生教育．北京师范大学出版社，2007.

［3］程翔．路在脚下延伸．中国青年出版社，2010 年．

［4］雷玲．中学语文名师教学艺术．华东师范大学出版社，2009.

［5］李百艳．上海名师课堂、中学语文李百艳卷．上海教育出版社，2009.

［6］李海林．语文教育研究大系（理论卷）．上海教育出版社，2005.

［7］李镇西．听李镇西老师讲课．华东师范大学出版社，2011.

［8］倪文锦．初中语文新课程教学法．高等教育出版社，2003.

［9］裴娣娜．教育研究方法导论．安徽教育出版社，2003.

［10］施良方，崔允漷．教育理念：课堂教学的理论策略与研究．华东师范大学出版社，1999.

［11］汤振纲，刘立峰．把人的教育写在旗帜上．语文出版社，2009.

［12］王开东．深度语文．漓江出版社，2009.

［13］王荣生，黄伟．高中语文新课程课例评析．高等教育出版社，2006.

［14］王荣生．听王荣生教授评课．华东师范大学出版社，2009.

［15］王尚文，吴克强．中学与语文教学研究．高等教学出版社，2004.

［16］温儒敏．语文课改与文学教育．凤凰出版传媒集团，2007.

［17］谢锡金，吴惟粤．中国语文新课程研究及校本教学优秀案例．广东高等教育出版，2005.

［18］叶澜等．教师角色与教师发展新探．教育科学出版社，2004.

［19］叶圣陶．叶圣陶语文教育论集．教育科学出版社，1980.

［20］袁卫星．听袁卫星老师呢讲课．华东师范大学出版社，2006.

［21］张正君．当代语文教学派概观．中国社会科学出版社，2002．

［22］郑桂华．听郑桂华老师讲课．华东师范大学出版社，2011．

［23］周成平．中国著名教师的精彩课堂．江苏人民出版社，2007．

［24］朱震国．上海名师课堂中学语文·朱震国卷．上海教育出版社，2009．

［25］曹海明，陈秀春．语文教育文化学．山东教育出版社，2006．

［26］巢宗祺等．普通高中语文课程标准解读．湖北教育出版社，2004．

◎ 跋

如果学术因枯燥而钳制了人的鲜活生命，如果规范因僵化而泯灭了人的自由天性，那么规范的学术就将堕落成为一种文明的罪恶。

——叔本华

上世纪八十年代初我在读大学期间，晚饭后总有许多同学聚集在餐厅中央，围着一台"雪花"闪烁的电视机看新闻联播和港台连影视片。那时的港台片的片头总有这样一行字幕："本故事纯属虚构。如有雷同，纯属巧合。"我在本书的"片尾"，不知为何竟想起了当年港台片的这句片头语了。思绪至此，我也姑且声明："本拙作纯属'实构'，如有雷同，纯属无意。"

本书所选课例均为名师教学"实录"，所做研讨立足于"实证性"研究，课例评析秉承"实话实说"原则，总之，本书纯属"实构"，而非"虚构"。如果说本书也有"虚"的一面，那就是我们对所有名师及其课例自始至终是"虚心以对"的。为此，本书在"实构"的过程中，也经历了一次次"重构"。

名师课例选评方面的著作不少，如何"出新"是个挑战。名师典型课例研究，是一个值得研究的课题。名师典型课例，是名师的教育思想、教学风格、文化底蕴和个人禀赋等多种因素的综合体现，不同的人对此会有不同的看法，因此课例评析是一件颇具争议的事情。语文课堂教学是一个"情境性"非常强的实践活动，教什么、怎么教，因教学对象和教学情境等因素而定，不可能有固定的标准和模式。即便是相似的教学对象和教学情境，由于执教者专业素养、教学能力和习惯不同，教学方法和手段也会有所不同，这使得书中二十位名师的教学各具特色。但是，我们同时坚信"成功的教学都是相似的"，这个"相似点"就是"适合"。名师教学的成功之处就在于能最大限度地"适合"教学对象和教学情境，"适合"是因材施教的精髓所在。评析名师课例是一项综合性很强的思维活动，评课的艺术无疑是一项综合性极强的艺术，不可简单化、片面化和绝对化，而常见的评课中"简单化、片面化和绝对化"的现象比比皆是，本书所做的是一种尝试性地突破。我们努力的成效如何？坦率地说，我们并没有多大把握。

在本书的编写过程中，我们有一个最深的体会——课即人，人即课。课的核心是"人"，研究名师课例，必须"知人论世"。韩军、郑晓龙、郑桂华、朱震国、王开东、郭惠宇、朱则光、李百艳、袁卫星和虞晔如等多位名师把许多宝贵的第一手资料提供给我们，让我们了解到许多鲜为人知的名师故事，包括他们成长路上的坎坷与欢欣、掌声背后的汗水与泪水。因书结缘，我们得以与诸位名师如此近距离地接触，大开眼界，深受感动，也让我们对"名师"这一概念经历了一次又一次"重新建构"。对编者来说，这既是一个学术研究的过程，也是一个精神洗礼的历程，正所谓"研究即成长"。

本人近年来多次有幸参加全国中语会组织的教研活动，也曾忝列大赛评委并做评课发言，稚拙的发言也曾得到陈金明、苏立康、张定远、陈钟梁和程汉杰等诸位前辈专家的鼓励。一些青年朋友也曾戏称我的评课为"葛评"，但是我却常常为自己的评课而羞愧不已，坦率地说，我对自己的评课并不自信。但是在"假上课"、"假评课"虚假之风日益盛行的当下，语文教研需要敢说真话的"孩子"，这就是我发言幼稚还要发言、评课无当还要评课的动机。而今堂而皇之地出一本书，和诸位同仁一起对全国不同风格流派的二十位语文名师的经典课例"品头论足"，多少有一点儿堂吉诃德大战风车的味道。书中所评纯属个人见解，是否贴切、精准，有待课例作者和读者指正。毋庸讳言，我们对书中的二十篇典型课例，并非持百分百赞同的态度，我们有自己的看法，正如读者也会有自己的看法一样，欢迎更多的朋友参与争鸣，这正是"实证研究"的价值追求所在。如果我们充满傻气的努力能得到语文教育界广大同仁的理解与呼应，我们将不胜欣喜，深受鼓舞。

本书由葛维春负责全书的整体架构、统稿和编写工作，四个单元的"教学导航"和全书综论部分由葛维春和高凤岐统稿编定。张峰、胡玲撰写的课例评析经主编修订后作为全书各单元的参考样稿。除编委之外，李安国、范吉先、魏薇、王衡等参与了本书部分编写和修订工作；本课题组负责人之一王静女士，对本书的编写工作给予全程支持与大力协助；杨桦女士、何更生博士、张正君教授和沈松怀老师对本课题研究顺利实施和拙著编纂给予了热情指导，刘立峰先生为本书的出版花费了大量心血，在此一并谨致谢忱！

此跋纯属"实构"，如与规范的书跋不同，纯属本人才疏学浅。

葛维春

2013 年 3 月于细阳古城